기독교 정통과 이단,
무엇이 다른가?

총회 이단(사이비)피해대책 조사연구위원회 · 김인환 · 심창섭

기독교 정통과 이단, 무엇이 다른가?

총회 이단(사이비)피해대책 조사연구위원회 · 김인환 · 심창섭

총회이단(사이비)피해대책 조사연구위원회

발간사

칼빈은 16세기에 이미 이단은 뱀처럼 교활하게 숨어 들어오며 속임수를 쓴다고 경계하였습니다. 칼빈주의는 이단에 대해서 아주 철저한 신앙입니다. 하나님의 은혜로 〈기독교 정통과 이단, 무엇이 다른가?〉가 단행본으로 나오게 된 것을 진심으로 감사드립니다.

지난번 제91회기 때 개혁주의 신앙과 이단에 대한 이론적 고찰과 제90회기까지 본 교단의 이단 결의 내용을 수록하여 전국 총대님들께 보급하였습니다. 이번 증보판은 그때 다 수록하지 못한 개혁주의 신앙과 군소 이단들에 대한 연구, 제91~제93회기 때 추가된 내용을 수록한 것입니다. 한국의 큰 이단들의 계보이기도 한 그들은 실제로 교회에 많은 영향을 미치고 있습니다. 이로 인해 필요성과 시급함을 느끼고 온 힘을 다하여 옥동자를 탄생시키듯이 발간하게 되었습니다.

지금 이단들은 그 어느 때보다 기승을 부리고 활개치고 있으며 세력이 날로 부흥하고 있습니다. 이로 인하여 교회는 많은 피해를 입고 있고, 교인들은 미혹을 당하며, 서울은 물론 지방에서도 대학생과 청년들이 이단에 현혹을 당하고 있는 실정입니다. 교회 성장과 더불어 어느 때보다 이단에 대한 목사님들의 지식과 대처 능력이 절실히 필요합니다.

  일선에서 교회를 섬기시는 목사님들께서 개혁주의 신앙으로 더욱더 무장하고, 이단들에 대한 경각심과 지식은 물론 적절한 예방과 대처를 통해 교회를 지키며 교인들의 신앙을 올바른 길로 지도하고 보수 신앙을 사수하는 데 이 책이 도움이 되었으면 하는 바람입니다. 그리고 교회에서 믿음 생활을 하는 평신도들에게는 이단의 간교한 미혹을 분별하는 데 길잡이가 되기를 바랍니다.

  총신대학교 김인환 교수님과 심창섭 교수님의 노고, 교육개발국장님과 직원 여러분, 임원들, 위원 여러분들께 감사를 드립니다.

총회 이단(사이비)피해대책 조사연구위원회
위원장 **박 호 근** 목사

인 사 말

　사탄의 가장 훌륭한 무기이자 반기독교 운동의 최대 효과를 누리는 사업이 이단 사업입니다. 이단이라는 사탄의 도구는 주님께서 오실 때까지 뿌리 깊게 자리 잡아갈 것이고 그 자리를 내놓지 않기 위해 발악을 할 것입니다. 그런데 이단이라는 사탄의 공작은 교회가 어떻게 대처하느냐에 따라 흥왕할 수도 있고 쇠약하여 사라질 수도 있습니다.

　그동안 한국 교회는 이단에 대해서 적절하게 대처하지 못했을 뿐 아니라 심지어 이단에 휘둘려 정신을 차리지 못하고 혼란에 빠지기도 했습니다. 한국 교회가 양적 성장과 성전 건축에 집착하고 있는 동안 이단은 활개를 치며 세력을 확장했습니다. 그 결과 스스로 하나님이라고 자처하는 사람들이 40여 명, 이단에 속한 사람들이 약 200만 명에 이르렀고, 아직도 끊임없이 교인들을 빼내어가고 있는 실정입니다. 이렇게 된 데에는 여러 가지 이유가 있겠지만 교회가 성도들의 입맛 맞추기에 급급하여 영적인 뼈대와 같은 교리 교육을 기피하고 기복주의, 번영주의적인 사고 아래 값싼 복음과 비복음적인 설교가 난무했기 때문임도 부인할 수 없습니다. 그러므로 이제라도 정신을 차리고 원칙으로 돌아가야 합니다. 말씀과 교리 교육에 충실하고, 건전한 교회 부흥을 추구하며, 성도들의 영적 성장과 도덕적 성숙을 위한 지도가 필요합니다. 특히 이단에 대한 기본적인 교육이 철저하게 이루어져야 합니다.

〈기독교 정통과 이단, 무엇이 다른가?〉는 교회가 이단을 알고 대처하는 데 매우 요긴한 지침서와 자료가 될 것입니다. 이 책이 이단을 물리치고 한국 교회가 부흥하고 발전하는 데 큰 공헌을 하리라고 확신합니다. 이 책의 출판을 위해 수고하신 모든 분들에게 큰 은혜가 충만하시기를 기원합니다.

총회교육개발원장 **노 재 경** 목사

들어가며

예수님께서는 어느 날 이렇게 말씀하셨다. "너희 중에 죄 없는 자가 먼저 돌로 쳐라." 그때 이 말을 들은 사람들 중 한 사람도 간음한 여인을 돌로 치지 못했다. 아무도 그 여인을 돌로 칠 만큼 깨끗하지 못했기 때문이다. 그렇다면 우리는 돌을 들어 이단을 칠 만한 자격이 있을까? 생각해보면 우리도 남을 정죄할 만큼 신앙적으로 완벽하지 못한 것이 사실이다. 중세기에 도미니크회를 창설한 도미니크의 깨달음도 이와 유사하다. 그는 알비겐파라는 이단을 박멸하기 위해 나섰으나 이단들의 청렴한 신앙 생활을 보고 크게 감동을 받는다. 그리고 돌아와서 자신이 이단들보다 더 청렴하게 사는 길만이 이단을 이길 수 있는 길임을 알고 도미니크 교단을 창설하게 된다. 사실 우리도 완벽한 신앙 생활을 하지 못하면서 다른 사람을 이단이라고 정죄한다는 것이 두려운 일이기도 하다. 이단을 정죄하기 전에 우리가 이단들보다 더 모범적인 기독교인의 삶을 살아야 한다는 반성과 함께 이 책자를 집필하게 되었다.

우리의 완전하지 못한 신앙생활에도 불구하고, 역사적으로나 성경적으로 확실하게 믿어온 기독교의 진리를 왜곡되게 전하는 자들에 대하여 분명하게 오류를 지적하고 치유해야 할 의무 또한 우리에게 있다. 예수님도 거짓 선지자들이 나타날 것을 예언했고 이미 바예수, 즉 자칭 예수라고 부르짖는 사람도 나타났다(행 13:6). 사도 요한도 모든 영들이 다 하나님께 속한 것이 아니니 영을 분별하라고 했다(요일 4:1). 그리고 예수님께서 예언하신 대로 일찍부터 예수님의 가르침에 반대하는 시몬 마구스, 나사렛파, 니골라당과 같은 이단들이 사도 시대에 나타나기 시작했다. 사도 시대 이후 초대교회의 대표적인 이단들은 영지주의, 말시온, 몬타누스, 마니교 등이었다. 중세기에는 여러 이단들 중에 카타리와 폴리시안, 알비젠파가 있었다. 근·현대에도 이단들은 교회 역사의 단골 메뉴로 등장하여 교회를 혼란에 빠지게 하고 믿는 자들을 유혹해왔다. 특히 19세기에 나타난 미국의 대표적 이단인 여호와의 증인이나 모르몬교, 크리스천사이언스 등은 교회에 큰 도전과 영향을 미쳤다. 한국 교회에도 이단의 출현은 예외가 아니었다. 전도관과 통일교 등이 대표적인 이단으로 등장하였다.

기독교의 이단들은 힌두교나 불교 같은 이방 종교와는 달리 기독교 안에서 발생하여 정통 교회를 혼란에 빠지게 만든다. 그들은 기독교의 교리를 왜곡되게 주장하는 무리들로서 정령 숭배나 점성술, 마법과 같은 오컬트(Occult)와 구분된다.

기독교의 이단들은 기독교의 기본 교리를 고백하고 주장하는 것처럼 보이기 때문에 그들의 속내를 가려내어 판별하기가 쉽지 않다. 바울도 이단들의 이러한 이중성을 잘 설명하고 있다.

"이는 가만히 들어온 거짓 형제들 때문이라 그들이 가만히 들어온 것은 그리스도 예수 안에서 우리가 가진 자유를 엿보고 우리를 종으로 삼고자 함이로되"(갈 2:4)

16세기의 칼빈도 이단은 뱀처럼 교활하게 숨어 들어오며 속임수를 쓴다고 하였다. 이런 표리부동한 태도 때문에 이단들을 구분하기가 쉽지 않은 것이다. 특히 오늘날은 모든 종교적인 주장이나 가르침이 다원화되고 상대화되어 절대적인 진리가 환영을 받지 못하는 상황이다. 이런 정황에서 누가 누구를 정죄하거나 틀렸다고 하는 것은 바람직한 학자의 태도가 아니라고 할 수 있다. 그러나 기독교의 가르침 가운데는 상대화시킬 수 없는 본질적이고 근원적인 것들이 있다. 예를 들면 예수님의 신성과 인성에 관한 것, 구원관이나 부활과 영생에 관한 것, 성경의 가르침에 대한 절대성 등이다. 이러한 기독교의 가르침에 어긋난 주장을 하면서도 이단들은 기독교의 이름으로, 아니 예수의 이름으로 기독교인처럼 말하고 행동한다. 그리고 역사적인 기독교의 정통 진리를 모호하게 만들거나 잘못 인도하고 있다. 건강한 신앙 생활을 위해 나름대로 노력하는 신자들을 유혹하고 때로는 그들의 가정을 파괴하는 극단적인 방법까지 동원한다.

기독교이단사이비연구대책협의회의 발표에 의하면 2002년 4월까지 무려 137개의 이단들이 한국 사회에 존재하고 있다.[1] 그리고 그 수는 지속적으로 증가하고 있다. 이런 급박한 상황을 맞이하여 대한예수교장로회총회 이단(사이비) 피해대책 조사연구위원회에서는 잘못된 이단들의 유혹에 교회 지도자들이나 교인들이 현혹되지 않도록 본서를 발간하기로 하였다. 이미 많은 사람들이 이단에 대한 연구를 진행하여 관련 자료들이 많이 있지만, 정통 개혁주의 신학적인 접근을 통해 이단 문제를 제시하는 책의 출판이 필요함을 공감하게 되었다. 그래서 본서는 교회 지도자들과 평신도들에게 정통 개혁주의 신학과 이단의 특징들을 간략하게나마 제시하고, 본 교단에서 결의된 이단 관련 자료를 부록으로 추가하여 수록하였다.

제1부에서는 정통 기독교의 교리에 대해 간략하게 정리하여 독자들이 이단들의 주장이 얼마나 잘못된 것인가를 판단할 수 있도록 하였다. 제2부에서는 개혁주의 신학에 대하여 핵심적으로 제시하였다. 제3부에서는 이단에 대한 정의와 판정 기준, 발생 원인, 특성, 대처 방안을 다루었으며, 제4부에서는 이단들의 잘못된 주장에 대한 비판을 다루었다. 마지막으로 제1회부터 제93회 총회까지의 이단 관련 결의 사항들을 제시하여, 관심 있는 독자들에게 유익한 자료가 될 수 있게 하였다.

한국의 이단들에 대해서는 모든 이단들의 내용을 상술하지 못했지만 그들이 이단임이 분명한 객관적인 이유들을 설명하였다. 통일교와 같은 대표적인 한국의 이단들에 대해서는 많은 부분을 할애하여 다루었다. 기존 한국 교회의 대표적인 이단들을 중심으로 다루다 보니 그들의 계보로 현재에 활동하는 소집단들을 조사 연구할 시간적인 여유가 없어서 아쉬웠다.

---

1) 이대복, 한국교회 100주년 기념 이단종합연구, 큰샘출판사, 2002, pp. 872~876.

차 례 | contents

발간사　04
인사말　06
들어가며　08

제1부　기독교 정통 신앙의 요점　15

제2부　개혁신학이란 무엇인가?　29

개혁신학이란 무엇인가?
성경은 무엇인가?
하나님은 어떤 분이신가?
기독론
성령론
구원관
성도의 생활
교회와 사회적 책임
역사의 종말

제3부 이단의 정의 및 대처 방안   83
　　　이단의 정의
　　　이단에 대한 대처 방안

제4부 이단들의 주장과 비판   107
　　　서양의 대표적인 이단들
　　　한국 교회의 대표적인 이단과 신흥 종교들
　　　발생원인
　　　대표적 이단들
　　　나머지 이단성 종파들
　　　종합적 결론
　　　마무리

　　　부록   이단 관련 총회 결의사항(제1회~제93회)   297

　　참고자료   400

제1부

기독교 정통 신앙의 요점

총회 이단(사이비)피해대책 조사연구위원회

너는 배우고 확신한 일에 거하라 너는 네가 누구에게서 배운 것을 알며
또 어려서부터 성경을 알았나니 성경은 능히 너로 하여금
그리스도 예수 안에 있는 믿음으로 말미암아
구원에 이르는 지혜가 있게 하느니라

딤후 3:14

제1부 기독교 정통 신앙의 요점

 이단의 가르침이나 신조를 비판하기 전에 기독교인들은 먼저 자신이 믿는 기독교의 정통 교리에 대해 철저하게 인식하고 있어야 한다. 오늘날 고집스런 주장에 집착한 사람이나 교파들의 오용 또는 과용으로 '정통' 이라는 용어의 좋은 이미지가 퇴색되는 안타까움이 있다. 그러나 정통이란 참된 진리를 지키기 위해 사용된 역사적인 용어다. 정통에 해당하는 그리스어의 원래 의미는 '옳은 믿음' 이나 '옳은 의견' 이다. 초기 기독교인들은 여러 이단 사상에서 부터 기독교의 진리를 보호하기 위해 정통이란 용어를 사용하여 기독교의 교리와 사상을 지키려고 했다. 기독교인들은 무엇보다도 먼저 올바른 신앙을 확립해야 한다. 올바른 신앙에 견고하게 서야 유혹 속에서도 믿음을 지키고 더 나아가 다른 사람을 바른 신앙으로 인도할 수 있기 때문이다. 그래서 이단의 잘못된 교리와 가르침을 구분하기 위해 먼저 정통 기독교의 교리와 가르침을 정리하려고 한다.

정통 기독교는 성경을 기록된 유일하고 정확 무오한 하나님의 말씀이요, 성도의 삶과 행위에 대해 최고 권위를 가진 근거라고 믿는다.

 보편적으로 이단들은 교주의 가르침을 성경의 권위와 동일시하거나 성경을 능가하는 권위로 인정한다. 그러나 정통 기독교(개신교)는 성경만이 유일한 최고의 권위를 갖는다고 믿는다. 로마 가톨릭에서는 외경과 교회의 전통을 성경과 동일한 권위로 인정한다. 동방교회는 교회의 전통을 성경과 동일한 권위로 인정한다. 이에 반해 정통 기독교(개신교)는 성경 계시의 완전성을 믿으며, 성경이 교리의 최종적인 표준이 되고 신앙과 행위의 절대적인 기준이 됨을 믿는다(딤후 3:16; 벧후 1:20, 21; 신 4:2).

　정통 기독교 신학과 신앙은 하나님의 말씀인 성경에서 시작되고 성경 말씀을 중심에 두고 있으므로 하나님의 말씀을 신앙과 생활의 표준으로 삼는다. 본래 하나님께서는 주께서 창조하신 세계를 통하여 나타내셨으나, 인간이 죄로 인해 어두워지자 특별한 계시를 주셨다. 그것이 곧 하나님의 말씀이다.

　성경은 하나님께서 주신 특별한 계시다. 성경을 주신 이유는 인간의 죄 때문이다. 죄로 인하여 고통당할 뿐 아니라 마음과 모든 것이 어두워져 창조 세계를 통하여 하나님을 보는 것이 흐려진 인간에게 하나님을 알게 하려고 주신 것이다.

　성경은 만물에 대하여 계시하고 있으므로 진리의 성령이 어두운 마음을 밝혀 성경의 진리를 바로 깨닫게 하여 세상 만물을 바로 보게 하고, 창조 세계에 대한 왜곡된 시각과 우주관, 신관을 바로잡아준다.

　뿐만 아니라 성경은 죄인의 구원에 대한 특별한 계시를 포함한다. 자연이나 인간의 가르침은 구원에 대하여 말할 수 없다. 하나님께서는 오직 성경을 통해서 창조 세계의 본래 모습을 바로 볼 수 있게 하시고 인간의 구원의 길에 대하여 말씀하여주신다. 더 나아가 성경은 인간에게 참된 삶의 원리를 제시하여 사람다운 사람으로 살아가도록 가르쳐준다. 성경은 하나님의 유일한 말씀이기 때문이다.

　성경의 권위는 하나님의 감동으로 기록된 하나님의 말씀으로서의 권위다. 따라서 성경의 권위는 절대적이며, 인간은 성경을 하나님의 말씀으로 믿고 살아가는 삶의 자세를 보여야 한다.

　요점
- 신구약성경은 하나님의 말씀으로, 신앙과 본분에 대하여 정확 무오한 유일의 법칙이다.
- 성경은 하나님의 감동으로 기록되었다.
- 성경은 생명의 말씀이며 인간을 구원에 이르는 지혜가 있게 한다.
- 성경은 신앙과 행위의 유일한 법칙이다.
- 성경의 권위는 하나님의 말씀의 권위다.
- 신구약성경 66권은 하나님께서 주신 완전한 말씀이며 그 외에 다른 정경은 존재하지 않는다.

　주의사항 | 이단들은 하나님의 말씀인 성경보다는 교주의 말이나 다른 계시 또는 성경 외에 다른 경전을 두고, 이를 신봉하는 특징이 있다.

정통 기독교는 살아 계신 하나님을 믿으며 모든 것을 하나님 중심으로 한다.

정통 기독교에서는 모든 것이 하나님 중심이다. 신앙과 신학이 인간에서 출발하지 않으며, 전능하신 하나님 중심 사상의 신앙을 가진다. 로마서 11장 36절의 "이는 만물이 주에게서 나오고 주로 말미암고 주에게로 돌아감이라 그에게 영광이 세세에 있을지어다 아멘"이라는 말씀처럼, 하나님 중심 사상은 우리의 신앙에 관한 것뿐 아니라 모든 자연의 영역에서까지도 하나님 주권을 인정하게 한다. 하나님의 존엄성을 이해하지 않고는 참된 신앙이라고 말할 수 없다. 기독교 신앙은 인간의 창조 문제와 구원 문제, 피조물의 모든 영역까지도 하나님 중심 사상이다. 하나님은 인간의 창조자이실 뿐 아니라 만물의 창조자이시며, 영원까지 만물을 다스리는 통치자이시고 예수 그리스도를 통하여 인류를 구원하시는 분이다.

요점
- 하나님은 한 분이시니 오직 주만 경배해야 한다. 하나님은 스스로 계시고, 안 계신 곳이 없으며, 다른 신과 모든 물질과 구별되며, 그 존재와 지혜와 권능과 거룩하심과 공의와 인자하심과 진실하심과 사랑하심이 무한하며, 변하지 않는 신이다.
- 하나님은 창조주로서 모든 만물을 다스리신다.
- 하나님은 한 분뿐이시며 참 신이시다.
- 하나님은 사랑이시며 의로우시다.
- 하나님 외에 다른 것을 섬기는 것은 우상이요 죄악이다.

주의사항 | 이단들은 하나님의 존엄성을 약화시키거나 개인을 우상시하는 특징이 있다.

정통 기독교는 삼위일체 하나님을 믿는다.

삼위일체는 초대교회 때부터 기독교가 고백한 진리다. 고대 신경인 사도신경과 니케아 신조(A.D. 325)에서도 삼위일체 하나님을 믿으며 인격적인 존재로 고백하고 있다. 삼위일체는 본체에 있어서 같은 분이지만 삼위로 존재하신다는 것을 믿는 것이다. 삼위는 성부, 성자, 성령으로서 서로 혼돈되지도, 혼합되지도, 완전히 분리되지도 않는다. 삼위는 존재의 신성과 능력과 영광에서 완전히 동등하신 한 하나님이시다.

첫째, 하나님은 아버지라 불리는 한 인격체로 존재한다. 그래서 우리는 하나님 아버지라고 부른다(갈 1:1).

둘째, 하나님은 아들, 말씀(logos), 또는 예수라 불리는 인격체로 존재한다 (요 1:1, 5:18).

셋째, 하나님은 성령이라 불리는 인격체로 존재한다(행 5:3, 4).

이와 같이 성경이 가르치고 있는 사실은 하나님은 한 분이신데 세 인격을 갖고 계시다는 것이다. 이 한 분 하나님은 아버지, 아들, 성령으로 불리며, 모두가 각기 독립되어 있는 인격이시며, 또 모두가 하나님을 가리킨다. 그러므로 우리는 삼위일체의 교리 즉 아버지, 아들, 성령이 한 분 하나님이시라는 결론을 지지할 수밖에 없다.

요점
- 하나님의 본체에 세 위가 계시니 성부 · 성자 · 성령이신데, 이 세 위는 한 하나님이시다. 본체는 하나요, 권능과 영광이 동등하시다.
- 하나님은 한 분이시다.
- 하나님은 성부와 성자와 성령, 삼위로 계신다.
- 성부와 성자와 성령은 인격체로 존재하신다.
- 성부와 성자와 성령은 영광과 능력이 동등하시다.

주의사항 | 이단들은 성령 하나님을 인격적인 하나님으로 믿지 않고 에너지나 힘 등으로 절하하거나 특정인을 성부나 성자 또는 성령으로 일치시키기도 한다.

정통 기독교는 예수 그리스도가 참 하나님이시며 참 사람임을 믿는다.

하나님께서는 죄와 부패함, 형벌에서 인류를 구원하고 영생을 주기 위해 하나님의 무한하신 사랑으로 그의 영원하신 독생자 주 예수 그리스도를 세상에 보내셨다. 예수로만 하나님께서 육신을 이루었고, 예수로만 사람이 구원을 얻을 수 있다.

그 영원한 아들은 한 위(位)에 특수한 두 성품이 있어 영원토록 참 하나님이시요, 참 사람이시다. 성령의 권능으로 잉태되어 동정녀 마리아에게 났으되 오직 죄는 없으신 분이다.

기독교 신앙의 중심부에는 언제나 예수 그리스도가 있다. 그는 누구인가? 그는 위대한 선생인가 아니면 신인가? 정통 기독교는 '예수 그리스도는 하나님이시다' 라는 것을 명백한 진리로 고백하고 믿는다. 그가 인간의 몸으로 세상에 오신 하나님이시라는 것을 성경은 두 가지로 증명한다.

첫째, 그의 사역들이 말해준다. 성경은 그가 신이었다는 것을 이렇게 말한다. 그는 만물을 창조하셨고(요 1:3; 골 1:6; 히 1:10), 만물을 붙드시며(골 1:17; 히 1:13), 역사를 주관하시고(고전 10:1~11), 영생을 주시며(요 5:10, 10:28), 죽은 자를 살리시고(요 5:21, 28, 29, 11:25), 최후의 심판자가 되신다(마 25:31~46; 요 5:22, 27; 고후 5:10).

둘째, 예수님 자신과 제자들의 증언에 의하면 그는 태초에 하나님과 함께 계셨고, 하나님이셨다(요 1:1). 예수님께서는 '나를 본 자는 하나님을 본 것' 이라고 하시며(요 14:9), 자신이 하나님과 동등하다고 하셨다(요 5:18, 10:30). 원래 하나님과 같으신 분이지만 자기를 낮추어 하나님과 동등함을 취하지 않았다고 하셨다(빌 2:6~7). 그리스도는 하나님과 같은 신성을 가진 참 하나님으로 자존성, 영원성, 전지성, 전능성, 편재성을 갖고 계신다.

이와 같이 그리스도는 신적인 존재일 뿐 아니라 참 인간이시다. 그리스도는 참 하나님으로서 동정녀 탄생을 통해 인간의 몸으로 육화하셨다. 그래서 그는 참 인간이시다. 그는 고대 신화에서 말하는 반인반신의 존재가 아니라 완전한 하나님이신 동시에 완전한 인간이시다.

성경은 그가 완전히 인간의 혼과 육체를 가진 분으로 성장했다고 말한다(눅 2:52). 그는 음식을 먹었고(마 4:2), 피곤을 느꼈고(요 4:6), 잠을 잤으며(마 8:24), 눈물을 흘렸고(요 11:35), 그리고 죽으셨다(요 19:33). 예수님은 인간의 참 육체와 인간의 완전한 성정을 지닌 분이었다.

요점
- 예수 그리스도는 참 하나님이시며(신성) 참 사람(인성)이시다.
- 예수님은 하나뿐인 하나님의 독생자이시다.
- 예수님은 참 사람이지만 죄는 없으시다.
- 하나님이신 예수 그리스도가 육신을 입고 오신 것은 인간을 죄에서 구원하시기 위해서다.

주의사항 | 이단들은 예수 그리스도의 신성, 즉 하나님 되심을 부인하거나 인성, 즉 참 사람으로 오심을 부인한다. 또 특정한 사람을 구원자로 내세우기도 한다.

정통 기독교는 예수님의 육체적인 부활을 믿는다.

기독교는 예수님이 십자가에서 죽으신 것과 사흘 만에 다시 사셨음을 믿는다. 예수님의 십자가는 인간을 죄와 함께 죽게 하고, 예수님의 부활은 인간을 사망에서 살려 새 생명을 주신 구원의 은총이요 하나님의 능력이다.

부활의 교리는 기독교의 기초이며 소망이다. 정통 기독교는 예수님께서 죽음을 정복하고 육체적으로 부활하셨으며 영원한 생명을 보장하셨다는 것을 믿는다. 특별히 육체적인 부활을 믿는다. 이단들은 영적인 부활만을 강조하는 경향이 있지만 성경은 육체적인 부활에 대해 확실히 증언하고 있다(마 28:1~10). 바울은 다음과 같이 말한다.

"그리스도께서 다시 살아나신 일이 없으면 너희의 믿음도 헛되고 너희가 여전히 죄 가운데 있을 것이요"(고전 15:17).

요점
- 예수님은 죄인을 대신하여 하나님의 법에 완전히 복종하시고, 몸을 드림으로 참되고 온전한 제물이 되어 하나님의 공의를 만족하게 하시며, 사람으로 하여금 하나님과 화목하게 하려고 십자가에 못 박혀 죽으시고 죽은 자 가운데서 사흘 만에 부활하셨다.
- 예수님은 말씀하신 대로 사흘 만에 다시 살아나셨다.
- 예수님은 완전한 육체로 부활하셨다.
- 사망을 이기고 다시 사신 예수님의 부활은 그를 믿는 자에게 생명을 주는 은혜와 능력이 되었다.
- 인간의 구원은 나를 위한 예수님의 십자가의 죽으심과 부활 신앙에 있다.

주의사항 | 이단들은 예수 그리스도의 부활을 부인하거나 영적 부활로 치부한다. 어떤 이단은 부활의 의미를 곡해하여 신도들이 죽어도 다시 살아날 것이라고 시체를 유기하기도 한다.

정통 기독교는 그리스도가 유일한 구세주이신 것과 그의 속죄의 은총을 믿는다.

이단들은 교주를 구세주로 믿는 경향이 있지만 정통 기독교는 예수 그리스도만이 인류의 구세주이심을 믿는다. 그리고 그의 대속의 은총만이 인간을 속죄하며 영생에 이르게 함을 믿고 고백한다.

"내가 곧 길이요 진리요 생명이니 나로 말미암지 않고는 아버지께로 올 자가 없느니라"(요 14:6).

"우리는 그리스도 안에서 그의 은혜의 풍성함을 따라 그의 피로 말미암아 속량 곧 죄 사함을 받았느니라"(엡 1:7).

"그런즉 누구든지 그리스도 안에 있으면 새로운 피조물이라 이전 것은 지나갔으니 보라 새 것이 되었도다"(고후 5:17).

요점
- 예수 그리스도의 죽으심은 죄인을 향한 하나님의 사랑을 나타내신 것이다.
- 예수 그리스도의 죽으심은 우리의 죄를 대신한 것이다.
- 예수 그리스도의 죽으심은 다시 희생 제사를 드릴 필요 없이 우리의 죄를 다 담당하신 것이다.
- 예수 그리스도의 죽으심은 우리 죄를 대신한 형벌이므로 그를 믿는 자는 죄의 형벌을 받지 않는다.

주의사항 | 이단들은 예수 그리스도의 죽음을 부인하거나 우리의 죄와의 연관을 부인한다.

정통 기독교는 이성과 신비주의보다는 신앙을 중요시한다.

정통 기독교의 신학과 신앙은 인간의 지식주의나 이성주의와 다르다. 신앙이 중요하다. 초자연적인 하나님의 창조와 역사를 부정하면 하나님을 믿을 여지가 없다. 기독교 신앙은 대단히 상식적이며 도덕적이며 인간적이나, 인간의 능력이나 한계를 뛰어넘는 초자연적인 하나님의 능력을 믿는다. 모든 만물이 하나님의 말씀으로 지어진 것은 인간의 지식이나 이성으로가 아니라 믿음으로 알게 된다.

요점
- 기독교는 전능하신 하나님을 믿는다.
- 믿음으로 모든 세계가 하나님의 말씀으로 지어진 줄을 안다.
- 믿음은 하나님을 신뢰하고 경외하는 것이다.

주의사항 | 이단들은 하나님에 대한 신앙보다 인간에 대한 맹신이나 광신에 빠지게 한다. 또한 이성주의에 빠지게 하여 신앙을 갖지 못하게 하기도 한다.

정통 기독교는 행위 구원이 아닌 하나님의 은혜로 말미암아 믿음으로 구원 받는다는 것을 믿는다.

정통 기독교는 하나님의 은혜로 말미암아 구원 받음을 믿는다. 하나님의 아들 예수 그리스도는 죄인을 대신하여 십자가에서 피 흘려 죽으셨다. 오직 그를 믿을 때만 죄 씻음을 받고 하나님의 자녀가 되는 은혜를 받는다.

이단들은 행위 구원을 강조하는 경향이 있지만, 정통 기독교는 인간의 행위와 공로에 관계없이 구원은 값없이 주시는 하나님의 선물이며 은혜로 말미암은 것임을 믿는다.

"너희는 그 은혜에 의하여 믿음으로 말미암아 구원을 받았으니 이것은 너희에게서 난 것이 아니요 하나님의 선물이라 행위에서 난 것이 아니니 이는 누구든지 자랑하지 못하게 함이라"(엡 2:8~9).

"우리를 구원하시되 우리가 행한 바 의로운 행위로 말미암지 아니하고 오직 그의 긍휼하심을 따라 중생의 씻음과 성령의 새롭게 하심으로 하셨나니"(딛 3:5).

요점
- 믿음은 예수 그리스도를 영접하는 것이다.
- 모든 사람은 믿음으로 말미암아 구원을 얻는다.
- 율법의 행위나 공로로는 구원에 이를 수 없다.

주의사항 | 이단들은 믿음보다는 인간의 행위나 공로를 강조하여 맹신을 이끌어내거나 신비주의 또는 영지주의처럼 영적 깨달음으로 구원에 이른다고 현혹한다.

정통 기독교는 제도권 교회를 인정하고 신자가 지상의 교회에서 신앙의 본분을 다할 것을 믿는다.

이단들은 제도권 교회의 정통성을 부인하고 자신들의 집단이 구원의 방주이며 진리를 가르친다고 주장한다. 기존 교회는 위선적이고 거짓이며 배교의 무리라고 가르친다. 이런 현상은 이미 초대교회에도 있었다. 2세기의 몬타니즘, 3세기의 노바티아니즘, 4세기의 도나티즘이 대표적이다. 현대의 이단들인 모르몬교, 여호와의 증인, 전도관, 통일교도 마찬가지다. 이들은 기존 교회를 마귀의 세력이 지배하는 집단이라고 주장한다.

그러나 정통 기독교는 주님께서 이 세상에 세우신 지상의 교회를 인정하고 하나님께서 교회 공동체를 통하여 예배하게 하시고 신앙 교육과 성도의 교제, 복음 전파를 위해 제도권 교회를 세우셨음을 인정한다.

그러므로 모든 신자의 본분은 입교하여 서로 교제하고, 그리스도의 성례와 그 밖의 법례를 지키며, 주의 법에 복종하고, 항상 기도하며, 주일을 거룩하게 지키고, 주님께 경배하기 위하여 함께 모여 주님의 말씀으로 가르치는 것을 자세히 들으며, 주 예수 그리스도의 마음과 같은 심사를 서로 표현하고, 또한 일반 사람들에게 그와 같이 하며, 그리스도의 나라가 온 세상에 확장되도록 하기 위하여 힘쓰고, 주께서 영광 가운데 나타나실 것을 바라고 기다리는 것이다.

요점
- 예수 그리스도를 믿는 성도들이 모이는 교회는 주님께서 세우셨음을 믿는다.
- 사도들을 세워 초대교회를 세우신 것같이 하나님께서 목사와 교회 제도를 통하여 일하심을 믿는다.

주의사항 | 역사적으로 이단들은 제도권 교회를 우상처럼 떠받드는 경우도 있었지만, 반대로 제도권 교회를 비판하고 부인하는 일을 일삼아 신자들로 하여금 직분이나 봉사, 각종 집회 등을 비판하며 불평 불만하게 함으로써 정통 교회에서 이탈하여 자신의 이단 집단으로 오도록 유혹한다.

정통 기독교는 신앙의 근거를 개인적인 체험 신앙(계시)이나 예언에 두지 않고 하나님의 말씀인 성경에 둔다.

대부분의 이단들은 체험 신앙(계시, 환상, 예언, 꿈 등)이 있는 교주에 의해 절대적으로 신앙의 지배를 받는다. 그들은 비성경적인 체험을 하였음에도 자신이 체험한 거짓 경험을 내세우면서 신도들을 유혹한다. 그러나 성경의 가르침은 명료하다. 정통 기독교는 성경 말씀으로 그리스도를 증거하는 것이지 자신의 체험으로 복음을 증거하는 것이 아님을 가르친다. 바울은 엄청난 계시 체험을 했음에도 불구하고 그것을 결코 자랑하거나 내세우지 않았으며 오직 그리스도의 복음을 말씀으로 증거하였다(고후 12:1~10).

요점
- 기독교 신앙은 하나님의 말씀인 성경에 근거를 둔다.
- 기독교 신앙은 인위적인 체험이나 비성경적인 행위를 금한다.
- 자신의 어떤 주관적 체험도 하나님의 말씀을 대신할 수 없다.

주의사항 | 이단들은 교주의 주관적인 지시에 따라 신도들을 신비, 환상 등 자기 주관적인 체험 신앙에 빠지게 하여 분별력을 잃게 한다.

정통 기독교는 지상 천국이 아니라 영원한 천국과 지옥을 믿는다.

이단들은 대부분 지상 낙원을 이야기한다. 통일교, 전도관, 여호와의 증인은 모두 지상에 낙원이 이루어질 것이라고 주장하면서 신도들을 일정한 곳에 회집하고 집단 생활을 유도한다. 그러나 성경은 그리스도의 재림과 더불어 심판이 이루어지며 심판 후 영원한 새로운 천국이 도래할 것임을 이야기한다(계 21:1~27).

요점
- 기독교 신앙은 이 땅에서도 하나님 나라를 체험하게 하는데, 그것은 하나님의 말씀을 따라 하나님의 거룩하심을 이루며, 하나님과 함께하는 삶을 말한다.
- 예수님의 재림과 함께 새 하늘과 새 땅, 곧 영원한 천국이 도래함을 믿는다.
- 이 땅에서는 하나님께서 주신 말씀을 따라 주님과 함께하며 성실과 진실, 봉사, 복음 전파의 삶을 살아야 한다.

• 예수 그리스도의 재림으로 심판이 이루어진다.

주의사항 | 이단들은 지상 천국을 강조하며 무분별적인 희생이나 충성을 강요하는데, 심지어 가정이나 직장까지도 버리는 맹신적 충성을 강요하기도 한다.

정통 기독교는 영과 육을 분리하는 이원론적인 세계관을 배격한다.

대개 이단들의 사고는 이원론적이다. 물질 세계와 영의 세계를 분리하여 물질 세계는 악하고 영의 세계는 선하다고 가르친다. 그러나 정통 교회는, 모든 피조 세계는 하나님의 창조 세계로서 선하다고 가르친다. 영의 세계든 물질 세계든 하나님께서 창조하신 세계이며 선한 것이다. 하나님께서는 천지를 창조하면서 보시기에 좋았다고 하셨다. 시편은 피조 세계가 하나님을 찬양함을 표현하며 하나님께서 영광을 거두는 말씀들로 기록되어 있다(시 148편).

요점
• 하나님께서는 세상을 창조하시고 보시기에 좋았다고 하셨다.
• 물질 세계나 영의 세계는 선악으로 분리되지 않는다.
• 모든 피조 세계가 하나님께서 선하게 지으신 세계이나 인간의 타락으로 고통하고 있다.
• 육신은 악하고 영은 선하다는 말은 성립될 수 없다.

주의사항 | 이단들은 영의 세계와 물질 세계로 분리하여 영의 세계는 선하고 물질 세계는 악하다고 가르치기도 한다.

정통 기독교는 예수님의 재림과 심판을 믿으며 동시에 진실하고 성실한 삶을 살아야 함을 믿는다.

종말론적 이단들은 예수님의 재림에 맞추어 많은 사람들을 혼란에 빠뜨린다. 성경을 자의적으로 해석하고, 시한을 정하여 예수님의 재림을 예언하고, 신도들을 모아 정상적인 생활에서 이탈하게 하거나 재림주를 자칭하여 현혹하기도 한다. 혹 예언한 날에 재림하지 않으면 영적 재림이니 연장이니 하는 온갖 감언이설로 속임에 빠뜨린다. 최근 우리나라에서는 시한부 종말론자들로 인하여 사회적인 혼란을 크게 반복적으로 겪고 있는 실정이다.

정통 기독교는 성경에 기록된 대로 예수님께서 다시 오심을 믿지만 아무도 그 때와 시한을 모르며 오직 하나님만이 아신다고 믿는다. 다만 성도들은 때가 가까울수록 신앙 생활도 깨어서 열심히 하고, 자신이 해야 할 일들도 가정에서나 사회 생활에서 진실하고 성실하게 감당함으로써 예수님의 재림 시에 부끄러움이 없게 될 것임을 믿는다.

또한 심판이 있으며, 죽은 자가 마지막 날에 부활하여 그리스도께서 심판하시는 보좌 앞에 서서 이 세상에서 선악 간에 행한 바를 따라 보응을 받을 것을 믿는다. 그리스도를 믿고 복종한 자는 사함을 얻고 영광 중에 영접을 받지만 믿지 않고 악을 행한 자는 정죄함을 입어 그 죄에 적당한 형벌을 받는다.

요점
- 주의 재림을 믿는 자일수록 믿음, 소망, 사랑의 생활에 충실해야 한다.
- 예수님의 재림은 부활 시에 육체적으로 부활함같이 육체적으로 오신다.
- 예수님의 재림은 전 우주적이고 가시적인 재림이며 특정한 장소가 아니다.

제2부

개혁신학이란 무엇인가?

김인환 | 총신대학교 전총장

이는 만물이 주에게서 나오고 주로 말미암고
주에게로 돌아감이라 그에게 영광이 세세에 있을지어다 아멘
롬 11:36

제2부 개혁신학이란 무엇인가?

　오늘날 우리 세대는 포스트모더니즘과 정보화 영향으로 하나님과 성경의 권위를 비롯한 기존의 권위와 전통을 부정하고, 자신의 쾌락과 권위의 극대화를 도모하면서 새로운 정보에 따라 자신도 무한정으로 변화해가는 시대를 살아가고 있다. 이러한 시대에 이단은 더욱 발호하여 과거보다 훨씬 세련되고 매우 교묘하게 정통으로 위장함으로써 성도들과 교회를 미혹하고 있다. 신학자들도 성경의 권위를 뒤로하고 자신의 이성과 판단을 기준으로 성경을 이해하고 그것을 체계화하면서 성경 자체가 갖는 신학을 그려내야 할 역사적 책임을 포기하고 있다. 교회는 이러한 신학자들의 준동으로 교회의 본질을 망각하고 교회의 권위와 영광을 상실한 채 책임을 유기하고 있다.
　그러나 하나님은 영원 불변한 우리의 언약의 주시며 교회의 주인이시다. 하나님께서 영감으로 기록하여 우리에게 주신 성경은 영원 불변한 하나님의 무오한 말씀이며 우리의 신앙과 생활에서 최고의 권위가 있는 기준이다. 개혁신학은 바로 이러한 신관과 성경관을 가지고 성경 중심의 신학을 세워 성도 개인과 교회의 삶을 이끌어가고 있으며, 이 사회를 하나님 나라로 변혁, 확장시켜 나가고 있다. 그러므로 개혁신학이 무엇인가를 아는 것은 오늘의 시대를 살아가는 데 매우 중요한 일이다. 개혁신학에 대한 올바른 이해와 그 삶은 우리의 삶을 하나님께서 기뻐하시는 올바른 삶이 되게 하고, 우리의 교회를 올바른 교회가 되게 하며, 우리가 사는 사회를 하나님께서 재창조하신 올바른 사회로 만들어갈 것이다. 개혁신학은 성경 중심의 신학이므로 그 깊이는 심오하고 그 넓이는 매우 광범위하다. 짧은 지면에 그것을 다 다룰 수 없으므로 우리의 신앙 생활에 꼭 필요한 부분만을 간추려서 쉽게 이해되도록 진술하면서 개진하고자 한다.

개혁신학이란 무엇인가?

　개혁신학(the Reformed Faith, the Reformed Theology)은 넓은 의미에서 종교개혁자들의 신학이었다. 로마교회가 성경에서 벗어나 심각하게 부패하자 츠빙글리와 루터와 칼빈이 중심이 되어 종교개혁을 일으켰다. 이들은 모두 두 가지 원리, 즉 '성경 전체'와 '오직 성경만으로' 라는 원칙에 입각하여 성경에 일치하는 교회의 교리들을 새롭게 정립하고, 그 교리에 입각하여 성경적인 교회와 성경이 지향하는 올바른 사회를 이룩하기 위해 활발하게 개혁 운동을 주도해갔다. 그래서 이들의 신학을 개혁신학이라고 한다. 그러나 츠빙글리가 일찍 세상을 떠난 후 츠빙글리의 개혁 운동이 칼빈에게로 합쳐져 계승, 발전되면서 종교개혁은 칼빈계와 루터계로 정리되었고 이 명칭에도 변화가 일어났다.
　세월이 흐르면서 루터계와 칼빈계 사이에 차이점이 서서히 드러나기 시작하였다. 주로 성경 연구의 방법과 적용에 대한 차이였다. 루터는 영적인 문제, 교리적인 문제, 교회적이거나 사회적인 문제에 대한 답을 성경에서 얻기 위해 성경의 필요한 부분을 연구하여 그 결과를 체계화하였다. 그러나 츠빙글리와 칼빈은 성경 전체를 체계적으로 연구하는 공통점이 있었다. 칼빈은 더욱 철저하게 창세기부터 일정 부분씩 정하여 차례로 연구하면서 그 결과를 정리하고 체계화하여 신학적 정체성으로 삼았다. 또한 이것을 자신과 교회 및 사회 전반에 걸쳐 적용하면서 성경이 가르치는 대로 교회와 사회를 철저하면서도 일관성 있게 개혁해갔다. 칼빈과 칼빈을 추종하는 사람들의 개혁 운동도 루터와 루터를 추종하는 사람들보다 훨씬 체계적이고 철저하며 일관성이 있었다. 그래서 점차 개혁신학은 칼빈과 칼빈 추종자들의 신학으로 고착되고 고유명사화되었다. 그 결과 개혁신학은 칼빈주의와 동의어로 자리매김하여 오늘에 이르렀다.
　개혁신학 또는 칼빈주의는 성경의 무오성과 절대적 권위에 입각하여 신학과 믿음을 정립하고 그것을 실제 생활에 실천하는 삶의 체계다. 영원 전부터 삼위일체로 존재하는 하나님께서 천지를 창조하시고 자신의 형상대로 인간을 창조하신 후 그와 언약의 관계를 맺고 언약의 주가 되셨다(창조 언약). 그리고 하나님께서 창조한 세상을 채우고 정복해야 하는 언약적 책임을 인간에게 부여하셨다. 창조주 하나님께서는 이러한 방식으로 왕권을 행사하면서 주가 창조한 세상을 자신의 영원한 나라와 성전으로 삼고 자신을 영광스럽게 하시며, 피조물들로부터 영원토록 존귀와 찬양과 영광을 받기를 도모하신다. 인간이 타락한 후에도 인간과 다시금 언약을 맺으시고(구속 언약) 창조 언약을 계승, 성취하도록 하셨다. 이러한 언약의 체계 속에서 하나님께서는 친히 구속 언약의 주가 되어 자신의 은총으로 역사를 이끌어가시다가 그리스도의 오심과 사역의 완결을 통하여 창조의 목적을 성취해가셨다.

그러므로 개혁신학은 철저하게 성경 중심의 신학이며, 창조주이자 구속주이신 하나님의 왕권을 중심으로 하는 신학이다. 그리고 개혁신학은 그리스도를 통하여 새롭게 재창조된 세상을 그리스도와 함께 성경 말씀에 따라 다스리며, 하나님 나라의 확장과 그 영광을 추구하면서 하나님의 교회를 세우고 성장시키며, 문화의 변혁과 새로운 문화의 창달을 추구한다.

성경은 무엇인가?

성경은 구약 39권과 신약 27권, 모두 66권으로 이루어져 있다. 성경은 하나님께서 그의 영감으로 기록한 하나님의 계시이며 하나님의 말씀이다. 하나님께서는 창조 세계와 구속의 역사를 통하여 자신을 계시하기도 하셨지만, 범죄 후 부패하고 무능해진 인간은 자연과 구속 역사를 통하여 하나님을 온전하게 알 수 없었다. 그래서 하나님께서는 구속 역사를 이끌어오며 자신을 계시하신 내용들을 그가 세우신 특별한 사람들을 통하여 기록하게 하셨다. 그것이 바로 성경이다. 성경만이 오류가 없고 가장 권위 있는 하나님의 계시이며 하나님의 말씀이다. 이 성경만이 성도의 신앙과 생활에서 유일무이한 최고의 권위가 있는 정경(正經)이다.

하나님께서는 이 책의 내용을 기록하기 위해 오랜 기간 동안 많은 저작자를 동원하셨다. 하나님의 계시가 목적이기 때문이다. 그러나 각 시대에 각 사람을 통하여 성경의 각 권을 기록하실 때, 하나님께서는 주의 영감으로 그 모든 성경을 기록하게 하셨다. 주의 주권적인 역사하심에 따라 인간 저작자를 선택하고 그들을 활용하며 각 성경을 기록하게 하실 때 하나님께서는 각 저작자의 저술에 저작자의 인간적 자질과 특성이 그대로 반영되도록 허용하셨다. 그 결과 각 성경은 역사에 대한 저작자의 시대적 안목과 이해, 작가적 기법과 표현

방법, 작가의 인격 등이 그대로 반영되었다. 이렇게 비록 인간이 실질적으로 성경을 기록하였지만, 성경 전체가 유기적인 방법에 따라 하나님의 영감으로 기록된 이상 성경의 궁극적인 저작자는 하나님이시다. 그러므로 성경에 기록된 모든 말씀은 오류가 전혀 없는 하나님의 말씀이며, 이 말씀을 통하여 하나님께서는 자신을 계시하신다.

하나님께서는 성경을 이렇게 독특한 방법으로 기록하여 언약 백성들에게 언약의 말씀으로 주셔서 신앙과 생활의 최고 규범이 되게 하셨다. 그러므로 성경은 기록되는 바로 그 순간부터 정경으로 출발하였다. 하나님의 언약 백성들의 회집 곧 교회는 이 사실을 공적으로 재확인할 뿐이며, 하나님께서 또 다른 계시를 위해 성경을 기록하시지 않는 이상 66권의 정경 이외에 다른 정경은 있을 수 없다. 그러나 하나님께서는 그리스도를 통하여 자신의 존재를 포함하여 모든 것을 계시하셨으므로 또 다른 계시란 있을 수 없고 따라서 더더욱 66권 이외의 성경은 있을 수 없다. 성경은 비록 고대 사람들의 언어와 문화, 역사 및 그들의 실제적 삶 속에 일어난 많은 것을 활용하여 기록되었지만, 성경에 기록된 내용은 시대와 문화와 장소를 초월하여 지속적으로 하나님의 언약의 백성들에게 선포되는 하나님의 말씀이다.

이처럼 성경은 유일한 하나님의 계시이며 우리의 신앙과 생활에 대해 유일무이한 최고의 권위가 있는 정경이므로, 이 성경을 우리의 신앙, 생각과 말과 행동, 지식과 학문, 삶의 방향 등 모든 영적·지적·의지적인 삶의 지표로 삼으며, 성경 말씀에 따라 옳고 그름을 판단하여 잘못을 고쳐야 할 책임이 우리에게 있다. 성경 말씀은 언약의 주 하나님 외에 어느 누구도 가감할 수 없다. 또한 성경 말씀을 사사로이 임의로 풀이해서도 안 된다. 오로지 성령의 인도하심과 성경이 지시하는 방식에 따라 성경을 성경대로 풀이하면서 올바르게 이해해야 한다.

따라서 우리는 성경 말씀을 항상 읽고 배우며 올바르게 이해하고 말씀을 실천하도록 힘써야 한다. 이를 위해 학문적 훈련도 중요하지만 하나님과의 깊은 인격적 교제를 통해 하나님을 알고 사랑하며 하나님께 전적으로 헌신하고 순종하는 자세가 더욱 중요하다. 성경 이해를 위해 기도는 매우 중요하다. 기도를 통해 하나님과 깊은 인격적 교제가 이루어지며, 성경을 올바르게 이해할 수 있는 훌륭한 자세를 갖출 수 있기 때문이다. 그러나 기도 속에서 하나님께서 성경을 풀이해주시는 것은 아니며, 성경 이외의 새로운 말씀을 주시는 것은 더더욱 아니다. 흔히 산에서 기도를 많이 한다는 사람들이 하나님의 계시를 받았다고 주장하거나 하나님의 말씀을 새로이 받았다거나 하나님께서 성경을 풀이해주셨다고 하는 것은 모두 거짓된 주장이다.

성경은 크게 구약과 신약으로 나뉜다. 구약은 하나님께서 구속 역사의 목적을 성취하기 위해 보내실 예수 그리스도가 오기까지 하나님의 옛 언약의 백성들에게 나타내 보이신 하나님의 계시를 기록한 것이다. 최초의 성경 기록자는 모세다. 모세는 창세기에서 신명기까지의 5경을 주전 1,400여 년대에 기록하였으며, 그 후대의 기록자들은 5경을 통해 나타내 보이신 하나님의 언약과 그 언약의 말씀이 역사 속에서 어떻게 성취되었는지, 하나님의 언약의 백성들이 5경에 기록된 말씀에 따라 어떻게 생활했으며 이에 대해 하나님께서는 어떻게 대응하셨는지를 기록하고 있다. 구약성경의 마지막 기록자는 말라기를 기록한 저작자로 이해한다. 말라기가 주전 400여 년에 기록되었으므로 구약 성경이 다 기록되기까지 무려 1,000여 년이 소요되었음을 알 수 있다.

구약성경 기록에 이렇게 오랜 기간과 많은 저작자가 동원되었음에도 불구하고 구약성경은 하나님께서 친히 궁극적인 저작자가 되어 기록하신 것이므로 유기적으로 통일성을 이루면서 오실 그리스도를 말씀하고 있다. 오실 그리스도를 통하여 자신을 온전하게 계시하게 되므로 구약에서 하나님께서는 여러 매개체를 활용하여 모형과 상징으로, 예언적으로, 그림자적으로, 간접적인 방식과 점진적인 방식으로 자신을 계시하셨다. 그러므로 구약의 실체이신 그리스도를 통해서만 이 계시를 온전하게 이해할 수 있다.

신약은 그리스도께서 오셔서 이루신 구속 사역의 완성과, 그 완성을 통하여 하나님의 백성들이 어떠한 삶을 살아야 할 것인지를 기록하고 있다. 신약 저작자들은 예수님의 인물, 그의 오심, 생애, 가르침, 하나님 나라의 복음 전파, 고난 받으심과 십자가에 못 박혀 죽으심, 부활, 세상의 재창조, 승천, 하나님 보좌 우편에 앉아 만왕의 왕으로 온 세상을 다스리심, 택하신 백성들을 구속하시고 불러 모으시고 그들을 통하여 세상을 다스리시며 그의 나라를 확장하시는 일 등 모든 것을 구약의 내용과 연관지으면서 설명하고, 구약에 기록된 옛 언약의 말씀들이 모두 성취되었음을 선언한다. 그리고 예수 그리스도의 철저한 순종을 통하여 옛 언약을 다 이루었을 뿐만 아니라 옛 언약의 성취를 바탕으로 하나님의 언약의 백성들과 새롭게 맺어지는 새 언약을 기록하면서 옛 언약의 성취를 영광스럽게 함을 천명한다. 더 나아가 새 언약의 본질과 그 백성들의 삶의 모습, 궁극적으로 하늘로 승천하신 예수님이 다시 재림하게 될 때의 여러 징조, 이미 예수님이 이루어놓은 하나님의 구원과 하나님의 나라가 재림을 통하여 궁극적으로 영광스러워질 것을 기록한다.

옛 언약과 새 언약이 하나의 언약인 이상, 옛 언약을 기록한 구약과 새 언약을 기록한 신약은 하나님의 한 말씀이다. 다른 말로 하면 신약은 그리스도를 중심으로 구약을 해설하는 내용이다. 따라서 구약과 신약 및 성경의 각 권은 한 하나님이 그의 영감으로 여러 저작자를 통하여 기록한, 오류가 없는 말씀이므로 유기적으로 통일성을 이루고 있다. 그래서 성경을 이해하는 가장 기본적인 자세와 방법은 성경을 성경으로 이해하는 것이다. 특히 구약은 신약의 안목으로 이해해야 하며, 신약은 구약을 바탕으로 이해해야 한다.

성경은 신적 권위가 있으며, 성도의 신앙 생활의 최고 규범이므로 하나님의 모든 백성들은 성경의 가름침에 순종해야 한다. 성경은 그리스도께서 재림하시는 날까지 성도와 교회의 신앙 및 생활이 올바르게 이루어지며 하나님의 뜻을 올바르게 성취하도록 하기 위해 절대적으로 필요하다. 성경은 그리스도를 믿고 구세주로 영접한 성도로서 성령의 인도하심을 받는 자라면 누구나 쉽게 이해할 수 있도록 명료하게 기록되어 있다. 그러므로 로마 가톨릭 교회처럼 교회나 성직자에게 성경 풀이의 독점적 권위가 있다는 주장이나, 어떠한 신령한 사람이나 학자가 성경을 풀이해주어야만 일반 성도들이 이해할 수 있다는 주장은 있을 수 없다.

또한 성경은 현재 기록된 상태대로 하나님의 말씀으로서, 신앙과 생활의 최고 규범으로서 완전하고 충족하다. 성경 이외의 어떤 것으로도 성경은 보충될 필요가 없다. 하나님께서는 성경 이외의 다른 방식으로는 더 이상 자신을 계시하시지 않는다. 성경 이외에 다른 하나님의 말씀은 존재하지 않으며, 또 특정한 사람에게 말씀을 주시지 않는다. 신비주의자들의 예언은 이러한 성경의 충족성에 비추어볼 때 아무런 권위나 의미가 없다. 또한 이성의 자율성에 의해 성경을 올바르게 이해한다는 것도 잘못된 주장이다. 이성은 부패하고 무능해졌으므로 성령의 사역으로 중생하고 성령의 지속적인 인도하심을 받지 않으면 결코 올바른 기능을 행사할 수 없다. 성령의 지속적인 인도하심과 조명에 의존하는, 중생한 이성만이 성경을 올바르게 이해하고 자신의 모든 삶에 올바르게 적용할 수 있다.

종교개혁가들의 '오직 성경만으로', '성경 전체' 원칙은 포스트모던 시대를 살아가는 우리에게 더욱 절실히 요청되는 신앙과 생활의 원리다.

하나님은 어떤 분이신가?

하나님의 존재

하나님은 인간을 포함한 모든 피조물과 절대적으로 구별되는 신으로, 오직 한 분만 존재한다. 성경에서 하나님의 이름은 매우 다양하게 표현된다. '하나님'이라는 우리말 어휘는 구약 원문에서 인간 및 피조물과 구별된 신을 총칭하면서 그 속명(屬名)으로 사용되는 '엘로힘'을 번역할 때 일관성 있게 사용되었다. 그런데 엘로힘은 하나님만을 지칭하는 것이 아니라 모든 신들을 지칭할 때도 사용되었다. 하나님의 가장 중요한 명칭은 '여호와'다. 여호와란 이름은 창조주며 구속주가 되신 하나님의 고유명사다. 한글 성경은 이 명칭을 여호와, 하나님, 여호와 하나님, 만군의 여호와, 주, 왕, 아버지로 지칭하면서 여호와만이 유일한 신이며, 모든 만물의 창조주와 구속주가 되시며 언약의 주가 되심을 분명히 한다.

하나님은 영원부터 스스로 존재하시며 보이지 않는 살아 계신 영이시다. 따라서 하나님은 인간과 같은 신체적·물체적 형태를 가지지 않는다. 성경에서 하나님의 얼굴, 손, 눈, 입 등의 표현을 찾을 수 있는데, 이것은 하나님이 그러한 인간의 신체적 요소를 갖는다는 것이 아니라 그러한 것을 상징으로 사용하여 하나님의 능력이나 하나님께서 하시는 일들을 인간이 이해할 수 있도록 표현한 것일 뿐이다.

하나님의 속성

하나님은 살아 계신 인격적인 존재이므로 '지·정·의'의 인격적 속성을 가진다. 이 속성들은 매우 다양하지만 유기적으로 통일되어 있어서 분할될 수 없고 복합적이지 않으며 혼란하지 않고 단순하다. 하나님의 본체는 그의 속성으로 계시된다. 그러나 하나님의 속성과 본체는 동일시되지 않으며 서로 구분된다. 그렇다고 해서 본체와 속성이 서로 분리되지도 않는다. 하나님의 본체와 속성은 서로 공유적이다.

하나님은 절대적인 존재이시며, 자존하시며, 불변하시고, 무한하시기에 광대하시며, 무소부재하시고, 초월적이면서도 내재적이고, 완전하시고 영원하시며 전지전능하시다. 하나님은 지혜로우시고, 진실하시고 거룩하시며, 의로우시고 선하시며, 사랑이시고, 자비롭고 은혜로우시며 영광스러우시다. 이처럼 인격적인 존재인 살아 계신 하나님은 속성에 따라 주권적으로 사역하신다. 하나님은 작정하시고 섭리하시며, 말씀하시며, 자신의 속성을 드러내시고 그 속성에 따라 자신을 피조물에게 나타내 보이시며, 교통하시며 그 피조물을 주권적으로 통치하신다. 그러나 하나님은 피조물과 절대적으로 구분되며, 독립적이며 모든 피조물에 대하여 자유한 주권적인 분이시다. 또한 하나님은 어떤 것으로부터 보충될 필요가 없는 자충적(自充的)인 분이시며, 어떤 것으로부터 하나님의 존재를 입증할 필요가 없는 자증적(自證的)인 분이시다.

삼위일체의 하나님

하나님은 본체는 하나이시나 성부, 성자, 성령 삼위(三位)로 존재하면서 창조와 구원 등의 사역을 하신다고 성경은 증언한다. 성경에 의하면 삼위는 삼신(三神)적 존재(divine beings)이나 삼신(三神, three gods)은 아니다. 또한 삼위는 한 신적 존재의 행위 또는 사역의 세 가지 양태는 더욱이 아니다. 인간들이라는 존재 안에 수없이 많은 개체들이 있듯이 하나님이라는 존재 안에 세 개체만이 존재한다는 것도 아니다. 삼위일체의 하나님은 본체는 하나이면서 삼위로 계시고 삼위로 계시면서 한 본체로 존재하는 신비로운 분이시다. 삼위일체 하나님의 각 위는 구별되면서도 결코 구분되지 않는 유일불가분성의 신비로운 존재이시다. 이 신비로운 삼위일체이신 하나님의 각 위는 신비롭게도 상호 교통하며 상호 인격적인 관계를 가진다.

하나님의 한 본체가 삼위로 존재하는 것은 하나님만의 특별한 존재 양식이며 형식이다. 피조물의 존재 양식이나 형식 가운데 삼위일체 하나님의 존재 양식이나 형식과 일치하는 것은 없다. 인간이나 피조물의 존재 양식으로는 어떻게 비유해도 삼위일체로 존재하시며 사역하시는 하나님의 모습을 설명할 수 없다. 따라서 인간의 이성으로 삼위일체 교리를 정확하게 이해하고 표현하는 것은 불가능하며, 인간의 언어로 삼위일체로 존재하는 모습을 정확하게 표현하는 것도 불가능하다. 하나님에 의해 피조된 인간은 하나님께서 성경에 계시하시는 것 이상으로 하나님을 알 수 있는 능력이 없으며, 하나님께서 창조하신 언어 이상으로 언어의 창조력을 갖지 못하고, 하나님께서 성경에 계시하시는 것 이상으로 삼위일체로 존재하시는 하나님에 대한 다른 표현을 창출할 수 있는 능력이 없다. 그러므로 성경에 기록된 것을 전적으로 의존하고 믿을 수밖에 없다.

삼위일체로 계시는 하나님의 각 위는 존재론적인 면에서 동등하다. 각 위는 신적 권위, 영원성과 속성, 완전성, 지식, 능력, 영광이 모두 동등하며, 본질적 존재 면에서 서로 종속되지 않는다. 각 위는 모두 피조물의 동등한 경배의 대상이다.

그러나 창조와 구원 등에 관한 각 위의 사역은 동등하지 않으며 일종의 위계 질서의 종속적 관계를 영원부터 형성하여 모든 사역에 나타내신다. 성부는 첫째 위이시고, 성자는 둘째 위이시며, 성령은 셋째 위이시다. 성자는 성부에게서 나오시고, 성령은 성부와 성자에게서 나오신다. 삼위일체로 계신 하나님의 모든 사역에는 삼위가 모두 함께 참여하여 이루시지만, 각 위는 상호 관계성 속에서 독특한 위치와 기능을 가지고 사역하신다. 성부 하나님은 성자 하나님에게 말씀하시고 성자 하나님을 세상에 보내신다. 그리고 성부 하나님과 성자 하나님은 성령 하나님을 보내신다. 그래서 성자는 영원부터 성부가 낳으시고 하나님의 성육신으로서 성부가 보내신 첫 사도이며 성부의 종으로, 죽기까지 순종하고 충성하여 창조와 구원에 대한 성부의 뜻을 모두 완전하게 이루셨다. 성령은 성부와 성자에게서 보냄을 받은 종으로 성부가 성자를 통하여 이루어놓은 뜻을 실제적으로 모든 피조물로 하여금 깨닫게 하며, 피조물에게 적용하여 피조물의 실제적 삶 속에 구현해가신다. 그래서 성경에서 성령은 아버지의 영일 뿐만 아니라 그리스도의 영, 아들의 영으로도 불린다.

성경에서 하나님을 가리켜 아버지로 지칭할 때 반드시 성자와 관계되는 성부만을 지칭하지는 않는다. 아버지는 삼위일체로 계시는 하나님을 지칭하면서 만물이 모두 하나님에게서 기원되었음을 강조할 때와 피조물과의 언약적 관계를 나타내며 언약의 백성들에 대한 부성적(父性的)인 위치와 역할을 강조할 때 사용된다. 성경에서 하나님을 가리켜 영(靈)으로 지칭할 때 역시 성령만을 가리키지는 않는다. 삼위일체 하나님은 영이시기에 모든 피조물과 구별되는 삼위일체 하나님 자신을 가리킬 때도 영이라고 한다. 성육신하신 성자 하나님 예수 그리스도가 육체로 세상에 계시다 죽으시고 부활하신 다음 부활하신 존재로 계시면서 일하심을 가리킬 때도 성자 하나님을 영으로 지칭하였고(고후 3:18) 또 살려주는 영으로 지칭하였다(고전 15:45).

성경은 삼위일체로 존재하시는 하나님을 계시할 때 삼위 하나님의 각 위의 존재론적 동등성과 사역적 위계 질서의 종속성, 상호 관련성을 엄격하게 구별하여 표현하지 않기 때문에 혼란스러울 수 있다. 그러나 이를 구분하여 이해할 때 삼위일체의 하나님의 존재를 더욱 분명하게 이해할 수 있을 것이다.

창조주 하나님

하나님은 그의 영원하신 경륜과 기쁘신 뜻에 따라 자신의 영광을 위하여 말씀으로 6일 동안 무에서 하늘과 땅, 천상적인 것과 지상적인 것, 보이는 것과 보이지 않는 것, 영적인 것과 물질적인 것 등 하나님 이외의 모든 존재의 창조를 완성하시고 7일째 안식하셨으며, 창조하신 모든 피조물을 다스리는 창조주 하나님이시다.

현대 자유주의 신학자들은 악신과 선신의 투쟁을 통해 물질이 창조되었다는 고대 근동 신화에 입각하여 성경을 해석하면서, 선신인 하나님이 악신인 물과 투쟁하여 물을 이겨 창조가 이루어졌으나 아직도 악의 세력이 존재하므로 하나님의 창조가 계속되고 있다고 주장한다. 세대주의나 일부 보수적인 학자들은 창세기 1장 1절에 기초하여 천지가 무에서 유로 창조되었으나 일정한 기간이 지나는 동안 천사가 타락하여 그 천지가 혼돈하고 공허하게 된 것을 하나님이 6일 동안 다시 재창조하였다고 주장한다(재창조론, 중건설, 간격설). 이들은 창세기 1장 2절 이하는 바로 재창조의 사건을 기록하고 있다고 이해한다. 그리고 과학자들은 생명발생설, 진화론, 유신론적 진화론, 빅뱅 이론 등으로 하늘과 땅의 기원을 설명한다. 이러한 입장들은 모두 비성경적인 입장이다.

성경은 영원 전부터 존재하신 하나님께서 자신 이외에 아무것도 존재하지 않는 가운데 말씀으로(창 1:1; 롬 4:17; 히 11:3) 6일간 하늘과 땅의 창조를 완성하시고, 6일째 되는 날 인간을 자신의 형상에 따라 창조하신 후 그와 더불어 언약의 관계를 맺음으로 창조를 완전하게 끝내시고 7일째 안식하셨음을 분명하게 강조한다. 이를 신학적으로 절대창조론이라고 한다.

유일한 창조주시며 구속주이신 여호와

창세기 1장 1절~2장 3절에서 모세는 천지창조에 대하여 개괄적으로 설명하면서 창조의 주체는 하나님 한 분뿐임을 강조한다. 모세는 이 점을 분명하게 하기 위해 창조 활동의 주어로 하나님(엘로힘)만을 32회나 사용한다. 이 하나님 한 분이 6일간 천지를 창조하신 후 마지막으로 인간을 자신의 형상에 따라 창조함으로 창조를 모두 완성하시고, 7일째 되는 날 안식하신 것으로 묘사한다. 그리고 이 하나님이 자신 이외에 아무것도 없는 가운데 절대적인 명령의 방식으로 천지를 창조하였음을 강조한다. 심지어 고대 근동 신화에서 악신으로 묘사되는 물까지도 하나님의 명령에 의해 생겨났으며, 이 물이 하나님의 명령에 순종함을 강조한다. 하나님이 천지를 뒤덮고 있던 물을 향하여 나뉘라고 명령하자 궁창이 생기고, 땅을 덮고 있던 물을 향해 한곳으로 모이라고 말씀하자 육지와 바다가 만들어졌음을 강조한다.

창세기 2장 4~25절에서 모세는 인간이 생활하는 하늘과 땅 및 인간의 창조를 구체적으로 묘사할 때 천지창조의 주체를 여호와 하나님으로 지칭하였다. 창세기 1장의 유일한 창조의 주체이신 하나님을 이스라엘의 구속주이자 언약의 주가 되신 여호와와 동일시한 것이다. 모세는 천지를 창조하신 분은 이스라엘의 구속주이며 언약의 주이신 여호와임을 강조한다. 이러한 모세의 전통에 따라 성경 전체는 여호와만이 유일한 창조의 주체가 되심과 타락한 세상을 구원하시는 구속주가 되심을 강조한다.

여호와는 보이는 것과 보이지 않는 모든 존재, 영적인 것과 물질적인 모든 존재를 창조하셨다. 하늘에서 하나님을 섬기며 수종 드는 모든 천군 천사들, 하늘에 있는 모든 천체들, 지상에 존재하는 인간을 포함한 모든 물체들, 눈에 보이지 않는 개념과 관념들 등 하나님 이외의 모든 존재는 모두 하나님에 의해 만들어진 피조물이다. 사탄은 하나님께서 창조하신 천사가 타락한 존재들이다.

6일간의 창조

하나님께서는 6일간 하늘과 땅과 인간을 창조하셨다. 그런데 창조와 관계된 하루의 시간의 길이에 대해 개혁신학의 견해는 통일되어 있지 않다. 이 하루를 유대인의 묘사법에 따른 것으로 이해하는 입장과 오늘의 태양력에 따른 하루로 보는 입장이 있는데, 후자는 이 하루의 시간을 24시간으로 생각한다. 그러나 다른 입장에서는 이 하루를 한 세대로 보기도 하고, 이 하루를 시간에 관한 것이 아닌 하나님의 창조를 주제별로 묘사하는 방식으로 보기도 한다. 칼빈이 이 하루를 몇 시간으로 생각하는지는 명확하지 않다. 현대에 구약 개혁신학을 대표하는 에드워드(Edward J. Young)는 태양이 4일째부터 본격적으로 기능을 행사하였으므로 첫 3일 동안의 하루를 정확하게 시간적으로 계산할 수는 없으나 적어도 4일부터의 하루는 24시간을 가리킨다고 주장하였다.

그러나 개혁신학은 6일간의 창조 시간에 대해 교리적으로 어느 한 입장을 세우지 않는다. 성경에서 창조에 날에 관한 어휘를 매우 다양한 의미로 사용할 뿐만 아니라 성경이 명확하게 하나님의 창조의 날이 24시간인지, 12시간인지, 한 세대를 의미하는 것인지 분명하게 말씀하지 않기 때문이다. 그러나 개혁신학의 일반적인 입장은 이 하루를 24시간으로 보는 것이다. 모세가 창조에 관한 하나님의 계시를 기록할 때 그 하루는 24시간을 가리킬 뿐만 아니라 창조주 하나님의 전지전능성을 특별히 강조하는 성경의 전체적인 입장에서 볼 때 하루를 24시간으로 보는 것이 가장 조화를 잘 이루기 때문이다.

하나님의 창조는 그 자체로 완성이었다. 근대 진화론자의 입장에 동조하는 유신론적 진화론자들은 하나님이 인간을 포함한 각 물질의 근원을 창조하였다가 그것이 진화하여 오늘의 모든 피조물의 모습을 점진적으로 갖추어간 것이라고 주장한다. 그러나 성경은 각 물질을 종류대로 완제품으로 창조하였음을 강조한다.

현대 과학은 지구의 나이를 수십억 년으로 보며 인류의 역사도 수십억 년이 된다고 주장한다. 이에 반해 영국의 감독은 성경에 나타나는 족보의 나이를 연결하여 지구의 나이와 인간의 나이를 6,000여 년이라고 주장하였으며, 세대주의자들을 비롯한 많은 복음주의자들이 이 이론에 근거하여 지구와 인류의 역사를 6,000여 년이라고 믿는 경향이 있다. 그러나 성경에 기록된 족보는 오늘날 한국 사회에서 만든 한 가문의 족보와는 성격이 다르다. 성경의 족보는 분명히 역사적 사실을 기록한 족보이나, 그 목적이 출생 후 사망한 모든 인간을 기록하는 데 있는 것이 아니라 하나님의 언약의 성실하심이 인간의 삶 속에 어떻게 구현되었는가를 보여주는 데 있으므로 출생한 인간 가운데 빠진 사람이 많다. 그러므로 많은 개혁신학자들이 주장하는 것처럼 아담에서부터 아브라함까지의 연대를 정확하게 산출하는 것은 사실 불가능하다.

따라서 하나님의 6일 창조를 실제적으로 오늘날의 시간으로 6일 동안 창조한 것으로 이해한다 하더라도 지구의 나이와 인류의 역사를 6,000여 년으로 고집해야 할 이유가 없다. 성경은 다만 하나님께서 천지를 창조한 기간과 과정, 창조의 목적 등을 역사적인 사실에 입각하여 기록하면서 창조주 하나님에 대한 올바른 믿음을 가지고 그 믿음을 고백하는 삶을 살 것을 요구할 뿐이다.

성경이 창조의 역사와 인간의 존재의 역사가 정확하게 얼마나 되는지를 제공하지 않는 이상 우리가 특정한 교리에 매달릴 이유는 없으며 지나치게 과학에 의존할 이유도 없다.

창조의 과정과 목적 및 목표

하나님께서 창조하신 과정을 살펴보면 말씀으로 무에서 유를 창조하시되, 모든 피조물이 거처할 집을 지으시고 궁극적으로 그 집을 자신의 영원한 집으로, 나라로 삼는 것을 목표로 하고 있음을 알 수 있다.

창세기 1장 1절은 하나님께서 말씀으로 하늘과 땅을 창조하였음을 기록한다. 이때의 하늘과 땅이 어떻게 오늘의 피조 세계가 되었는지에 대한 창세기 1장 2절 이하와 성경 여러 곳의 설명을 살펴보면, 하늘은 보이지 않는 모든 천성의 세계를 대표하며, 땅은 물질적인 하늘과 땅을 포함한 모든 보이는 우주를 대표함을 알 수 있다. 성경의 하늘은 단순히 오늘날 우리 눈에 보이는 창공만을 의미하지 않는다. 하늘은 하나님께서 물질 세계를 창조하시기 전부터 있던 신비로운 세계를 지칭하며, 그 세계 속에 하나님께서 창조하신 영적인 존재들이 거하며 창조주 하나님을 섬기고 있음을 성경은 기록한다. 그러나 우주의 창공인 하늘은 창세기 1장 2절의 땅이 나뉘어 이루어진 궁창을 지칭하므로 이 하늘은 1장 2절의 땅에 의하여 대표된다. 땅은 천하의 물을 한곳으로 모이게 하신 하나님의 명령에 따라 드러난 부분을 지칭한다. 이처럼 창세기 1장 1절의 하늘과 땅, 창세기 1장 3절 이하의 하늘과 땅에 대한 히브리어 원어가 동일한 어휘를 사용한다 하더라도 서로 대표하는 내용에는 차이가 있음을 알 수 있다.

창세기는 1장 1절에서 하늘과 땅이 하나님에 의해 창조되었음을 선언한 후 그 창조의 결과로 땅이 어떠한 모습을 갖추고 있으며, 하나님께서 이 땅에서 어떻게 오늘의 우주를 창조하였는가를 2절에서부터 기록한다. 그러나 성경은 1절의 하늘, 즉 보이지 않는 천상 세계의 창조에 대해서는 구체적으로 언급하지 않는다.

창세기 1장 2절을 보면, 땅은 공허하고 혼돈하며 수면으로 덮여 있고, 하나님의 신이 수면 위에 운행하였다고 기록한다. 이 표현은 하나님께서 말씀으로 창조하신 우주가 천사의 타락으로 심판받은 결과를 묘사하는 것이 아니다. 하나님께서 말씀으로 창조하신 우주의 최초 모습이 어떠함을 묘사하고 있을 뿐이다. 땅의 공허와 혼돈은 땅이 피조물이 거주하기에 적합하지 못한 상태이며 아직 구체적인 형태를 갖추지 않았음을 나타낸다. 첫째 날, 둘째 날, 셋째 날에 하나님께서는 주로 영역의 창조에 집중하셨다. 넷째 날, 다섯째 날, 여섯째 날은 첫째 날, 둘째 날, 셋째 날에 창조하신 영역을 채우는 일에 집중하시고 마지막으로 하나님의 형상으로 인간을 창조하신 후 그 인간과 언약의 관계를 맺으시고, 그에게 하나님께서 창조하신 세상을 맡기시며, 그 세상을 채우고 다스리는 책임을 부여함으로 창조를 완성하셨다. 이로 미루어보건대 하나님의 창조 활동은 없는 것을 있는 것으로, 형태가 없는 것을 형태가 있는 것으로, 거주하지 못할 상태를 거주하기에 적합한 형태로 발전적으로 이루어져가고 있음을 알 수 있다. 이는 하나님께서 스스로 설계사와 건축가가 되어 모든 피조물들이 거주하기에 적합한 큰 집을 지으시는 것이 창조의 목표임을 보여준다. 하나님께서는 이러한 창조 활동을 통하여 건축가의 모습과 모든 피조된 만물을 다스리는 왕의 모습을 나타내셨다. 그리고 창조의 궁극적 목표는 하나님께서 안식하시는 데 있음을 보여준다.

하나님의 안식

7일째 하나님께서는 안식하셨다. 기본적으로 안식은 쉼을 의미하는데, 쉼 이후에 또 그 일을 계속함도 배제하지 않는다. 그러나 하나님의 창조와 관련된 이 안식은 하나님께서 단순히 일을 하다 잠시 쉬고 또 그 일을 계속하시는 것을 의미하지 않는다. 하나님의 안식은 창조의 영원한 완성을 의미한다.

성경은 날마다 창조하신 모든 일이 '하나님이 보시기에 좋았더라'고 기록한다. 하나님의 창조가 아름다웠을 뿐만 아니라 창조주 하나님의 의도에 일치했음을 강조하는 것이다. 그래서 6일째 창조가 끝났을 때 하나님이 보시기에 심히 좋았다고 기록하고, 7일째는 창조하시던 일을 다 마쳤으므로 안식하였다고 기록한 것이다. 따라서 하나님의 안식은 창조할 일이 더 이상 남아 있지 않아 쉬게 되는 안식이므로 창조의 완성을 의미할 뿐 아니라 영원한 안식임을 강조한다.

또한 하나님의 안식은 하나님께서 왕으로 등극하여 피조 세계를 공식적으로 다스리시게 됨을 의미한다. 하나님께서는 6일간의 창조를 완성하신 후 그 피조 세계를 자신의 나라와 거처지(성전)로 삼고 그곳에서 영원토록 안식하신 것이다. 이사야 66장 1~2절에서 하나님께서는 "……하늘은 나의 보좌요 땅은 나의 발판이니 너희가 나를 위하여 무슨 집을 지으랴 내가 안식할 처소가 어디랴 나 여호와가 말하노라 내 손이 이 모든 것을 지었으므로 그들이 생겼느니라"고 말씀하셨다. 이 말씀은, 하나님의 창조는 주의 거처지를 짓는 데 있었으며, 창조의 완성과 함께 하나님께서 거처지를 완성하셨음을 의미한다. 또한 하나님이 안식하신다는 것은 그가 자신을 위하여 스스로 지으신 나라의 왕으로 등극하여 그의 궁궐에 공식적으로 입주하였음을 의미한다.

마지막으로 하나님의 안식은 인간이 성취해야 할 언약적 책임의 궁극적 목표를 지시한다. 하나님께서는 자신의 안식을 성결하게 하셨다. 즉 안식하신 날을 다른 날과 구별하여 인간으로 하여금 그 안식일을 주기적으로 지키게 하신 것이다. 이날 모든 인간은 6일 동안의 삶의 열매를 구별하여 하나님께 드리면서 하나님만이 삶의 주이심을 고백하며 그를 찬양한다. 전지전능하신 하나님께서는 6일간의 창조 활동으로 창조의 일을 완성하셨지만, 인간은 6일간의 활동을 통하여 그에게 주어진 언약의 책임을 완성할 수 없다. 그러므로 인간은 6일간의 일과 7일째 안식하는 생활을 반복하면서 그의 언약적 책임을 점진적으로 완성해야 한다. 이러한 연속적인 반복을 통해 인간은 결국 그 책임을 완성하고 하나님의 영원한 안식에 들어가게 된다. 이처럼 하나님의 안식은 인간의 삶의 궁극적 목표가 되는 것이다. 인간은 이러한 방식으로 하나님의 안식을 이 땅에 정착시키고 영화롭게 해야 하는 목표를 가지고 언약의 책임을 이행하면서 인생을 살아야 한다.

따라서 하나님의 창조는 궁극적으로 하늘과 땅을 하나로 통일시켜 하나님의 영원한 거처지 곧 하나님의 성전이 되게 하고, 하나님께서 그의 모든 피조물 가운데 임재하시며, 그 성전을 하나님께서 다스리는 영원한 나라가 되게 하고, 하나님께서 모든 피조물의 중심에 왕으로 좌정하여 피조물로부터 영원토록 존귀와 찬양을 받으시며, 그에게 모든 영광을 돌리게 하여 주를 영원토록 영화롭게 하는 데 궁극적인 목적이 있음을 알 수 있다.

언약의 주 하나님

하나님께서는 인간과 언약의 관계를 맺고 언약의 주로 군림하며 그의 주권적인 뜻에 따라 왕권을 행사하신다. 이것이 성경의 핵심이다. 인간은 언약의 백성으로서 언약의 주 하나님의 왕권에 충성과 성실로 순종해야 하며, 왕이신 하나님을 찬양하고 경배하며 그에게 모든 영광을 돌리면서 하나님을 영원토록 영광스럽게 해야 한다. 성경은 이 언약의 관계를 크게 창조 언약과 구속 언약으로 나누어 기록한다.

창조 언약

천지를 창조하시고 인간을 그의 형상으로 창조하신 하나님께서는 그 인간과 더불어 언약의 관계를 시작하셨다. 이를 창조 언약이라고 한다. 창조 언약의 관계는 하나님께서 그의 형상으로 인간을 창조하신 사실에서 분명해진다.

하나님의 형상으로 지음 받은 인간

하나님의 형상으로 인간을 창조하였다는 것은 하나님을 모델로 인간을 창조하여 인간의 모든 존재 속에 하나님을 반영시켰다는 것이다.

영이신 하나님은 물질적인 형체가 없다. 인간의 신체와 각종 구조 및 형태는 하나님께서 흙으로 지혜와 능력에 따라 창조한 하나님의 솜씨의 결과다. 성경에 하나님께서 얼굴, 눈, 코, 입, 손, 팔 등 신체적 요소를 가지고 있는 것처럼 묘사되어 있는 것은 하나님께서 실제로 그러한 것을 가지고 계시다는 것이 아니라, 인간이 하나님의 성품과 능력, 살아 움직이며 뜻을 이루어가시는 하나님의 모습을 좀더 쉽게 이해하도록 하기 위한 성경 저작자의 작가적 기법일 뿐이다. 따라서 인간의 외형적 모습과 구조는 하나님의 형상과 무관하다. 그렇다고 해서 인간의 내면적 모습만 하나님의 형상이라는 것은 아니다. 성경은 인간의 외형적 모습과 내면적 모습을 구분하지 않은 채 인간의 존재 자체가 하나님의 형상이라고 가르친다.

하나님께서는 창조 활동을 통하여 창조주로서 통치자의 통치 기능과 왕으로서 인격적이며 윤리적인 속성, 지식과 능력과 의로움과 사랑 등을 나타내 보이셨다. 또한 그의 영광의 모습을 피조 세계에 나타내 보이셨다. 하나님의 모양과 형상에 따라 인간을 창조하셨다는 것은, 하나님께서 인간을 창조하실 때 이러한 자신의 모습을 인간에게 반영시켜 인간 역시 하나님과 동등하지는 않으나 하나님의 통치적 기능과 윤리적 속성, 영광스러운 모습을 가지게 되었다는 것을 의미한다. 이러한 인간의 창조는 다른 모든 생명 있는 창조와 구분되는 것이며, 인간만이 가지는 존재의 모습이다. 이렇게 하나님의 형상으로 지음 받은 인간은 모든 피조물에 대하여 권위가 있으며 존엄하다. 또한 하나님 앞에서 동등한 존엄과 가치와 권리를 가진다.

인간은 하나님의 형상으로 지음 받았기 때문에 창조주 하나님과 절대적으로 구분되며, 하나님에게서 기원되고 파생된 존재로서의 삶을 산다. 인간의 다스리는 기능과 모든 능력과 속성은 하나님께 의존되어 있다. 인간은 하나님을 떠나서는 자신을 알 수도 없고, 자신의 삶을 올바르게 살아갈 수도 없는 존재다. 즉 인간은 자신의 모든 삶 속에서 하나님을 표준으로 삼아 하나님을 모방하며, 하나님을 자신의 모든 삶 속에 반영해야 한다.

창조주 하나님과 인간 사이에 맺어진 언약의 관계

하나님께서는 인간과 언약의 관계를 맺고 인간을 하나님을 대리하는 세상의 통치자로 삼으셨다. 하나님의 형상으로 인간을 창조하심은 하나님의 존재를 인간에게 덧입힌 것으로, 하나님과 인간 사이에 언약의 관계를 맺음을 가리킨다. 에스겔은 하나님께서 자신의 존재를 이스라엘 민족에게 덧입힌 것을 하나님이 이스라엘 민족과 언약의 관계를 맺는 행위로 묘사한다(겔 16장). 또한 하나님께서 이스라엘을 애굽에서 인도하시고 그들과 시내산에서 언약을 맺으신 것을 설명하면서, 한 남자(하나님)가 광야에서 벌거벗은 피투성이의 아기(이스라엘 민족)를 만나 그녀를 아름다운 처녀(이스라엘 민족)로 키운 후 결혼하는 것으로 상징화하여 설명한다. 남자(하나님)는 벌거벗은 처녀(이스라엘 민족)에게 자신의 옷을 덮어씌우는데, 이 행위는 결혼의 약정을 이루는 상징적 행위다.

구약에서는 천지창조 기록에 사용한 어휘와 주제를 사용하여 하나님께서 이스라엘을 애굽에서 인도해내시고 그들과 더불어 시내산에서 언약을 맺은 것을 기록한다. 그것을 하나님의 재창조 사건으로 묘사하기 위함이다. 이 비유에서 하나님께서 그의 옷을 벌거벗은 이스라엘에게 덮어씌웠다는 것은 하나님의 존재를 그들에게 덮어씌웠음을 의미한다. 하나님께서 자신의 존재를 인간에게 덧입혀 인간을 창조하심으로 인간과 언약의 관계를 맺게 된 것을 배경으로 하는 것이다. 이처럼 하나님의 형상으로 창조된 인간은 창조되는 그 순간부터 하나님과 언약의 관계를 맺게 되었음을 성경은 증언한다.

신약에서도 그리스도를 믿고 세례를 받아 새 언약의 관계를 맺은 것을 가리켜 그리스도로 옷 입었다고 묘사한다. 그리스도로 옷 입은 자들을 그리스도의 신부로 지칭하는 것도 같은 맥락이다(갈 3:27). 또한 그리스도를 믿고 중생한 새 언약의 백성들을 가리켜 성경은 그리스도의 형상으로 재창조되었다고 기록한다. 이처럼 그리스도로 옷 입고 그리스도의 형상으로 재창조된 것을 그리스도와 새 언약의 관계를 맺고 있음을 가리킨다면, 하나님의 형상으로 창조된 인간 역시 하나님과 언약의 관계를 맺고 있음을 알 수 있다.

아담이 하나님의 형상으로 지음 받았다는 것은 단순히 외형적 모습이나 내면적 모습에 국한해서 하나님의 모습을 가지고 있다는 것이 아니라 그의 존재 전체에 하나님의 모습이 반영되었다는 뜻이다. 아담은 또한 그의 모든 후손들과 피조 된 세상을 대표해서 하나님과 특별한 언약의 관계를 맺었다. 하나님께서는 그에게 특별한 언약의 책임을 부과하셨다. 따라서 아담은 독립적이며 자주적인 존재가 아니라 하나님을 삶의 주인으로 섬기며 그를 사랑하고 그에게 충성을 다해야 하는 청지기적인 존재며 언약적 책임을 이행하는 삶을 살아야 할 존재다. 그러므로 그가 하나님께 순종하거나 불순종하면 그 결과는 자신만 아니라 그가 대표하는 자신의 모든 후손들과 모든 창조 세계에까지 미치게 된다. 이것이 아담이 범죄함으로 모든 후손들이 함께 범죄자가 되며, 창조 세계도 함께 타락하게 된 원인이다.

인간에게 부과된 언약의 책임

창조주 하나님께서는 인간과 더불어 언약의 관계를 맺고 인간에게 세상을 위탁하며 언약적 책임을 부여하셨다. 창세기 1장 26절에 의하면 하나님은 인간을 창조할 때부터 구체적인 목적이 있었다. 인간으로 하여금 자신이 창조한 피조물을 다스리게 하는 것이었다. 인간이 피조물을 다스림으로써 피조물에 대한 하나님의 다스림을 완성하여 창조의 목적을 달성하고, 피조의 세계에 하나님의 나라를 확립하고 그것을 영속화하며 영광스럽게 하여 하나님 자신을 영원토록 영광스럽게 하는 데 그 목적이 있었다.

하나님께서는 남자와 여자를 자신의 형상대로 창조한 다음 그들에게 땅을 채우고 땅을 다스리라고 명령하셨다(창 1:28; 창조 명령). 남자와 여자가 결혼하여 하나님의 형상을 닮은 자식들을 많이 낳아 기르고, 인간이 관리하는 동물들과 채소들로 땅이 가득하게 되는 것이 '땅을 채움'이다. '땅을 다스림'은 땅의 모든 잠재력을 최대한 개발하여 찬란한 문화를 세우며, 하나님의 왕권을 피조 세계에 정착시킴을 의미한다(문화 명령). 이러한 언약의 책임이 인간들에 의해 성실하게 이행될 때 하나님의 나라는 피조 세계에 확립될 것이며, 인간들은 영생을 누리며 창조주 하나님을 영원토록 찬양하며 영광스럽게 할 수 있다.

구속 언약

창조 언약은 인간의 불순종으로 파기되었다. 그 결과 인간은 창조주 하나님의 언약의 저주 아래 놓이게 되었고, 전적으로 부패하고 무능해졌다. 인류를 대표하여 언약을 맺은 아담이 타락함으로써 그의 후손 모두가 함께 부패하고 무능해졌다. 인간은 더 이상 창조 언약을 성취할 능력을 상실한 것이다. 그러나 창조주 하나님께서는 이들을 대표하는 아담과 새로운 언약을 맺어 하나님의 은총의 힘으로 창조 언약을 성취하기로 작정하고 타락한 인간과 더불어 새롭게 언약을 맺으셨다. 이를 가리켜 구속 언약이라고 한다.

하나님께서는 자신이 성육신 하여 이 언약을 성취할 것을 맹세하셨다. 이 구속 언약 속에서 창조 언약의 기본 골격이 유지되며, 구속 역사 속에서 창조 언약은 성취되어갔다. 구속 역사 속에서 타락한 인간들은 지속적으로 언약의 하나님의 통치권에 불순종하며 언약을 어겼지만, 언약에 신실하시고 사랑과 은총이 풍성하신 하나님은 노아, 아브라함, 모세, 다윗을 세워 구속 언약을 갱신하셨다. 이 과정에서 하나님의 구원 계획을 더욱 구체화시키고, 더욱 분명하고 풍성하게 계시하면서 언약적 사랑과 은총으로 구속의 언약을 점진적으로 성취해가셨다. 이처럼 이 두 언약은 유기적으로 통일성을 이루고 있다.

하나님께서는 결국 친히 그리스도로 성육신 하여 모든 언약을 종말론적으로 성취하셨다. 그리스도는 타락한 세상을 구원하여 재창조하심으로 하나님의 창조의 목적을 성취하셨으며, 재창조된 세상에 하나님의 나라를 이루셨다. 부활 승천하여 영광 중에 계시는 그리스도는 새 언약의 중보자이자 주(主)가 되어 하나님의 나라를 다스리시고, 새 언약을 맺어 주의 백성이 된 성도들을 통하여 하나님의 나라를 확장시키고 영광스럽게 하고 있다. 그리스도로 성육하신 하나님께서는 이처럼 언약의 주가 되어서 새 언약의 백성들에게 창조 언약의 명령을 갱신하여 새로운 책임을 부여하며 통치권을 행사하신다. 하나님께서 창조하신 온 세상과 인간에게는 이 언약의 주가 주권적으로 행사하는 왕권에 순종해야 할 책임이 있다.

타락한 세상과 인간을 구원하고 피조 세계에 하나님의 나라를 확립하신 그리스도는 승천하시면서 그의 백성들에게 하나님께서 택한 모든 자들을 그리스도의 제자로 삼을 것과, 왕 되신 구속의 주 그리스도의 말씀을 그들에게 가르쳐 지키게 할 것을 명령하셨다(대위임 명령, 또는 구속 명령). 이 명령은 창조주가 구속주로 오셔서 주신 창조 명령의 갱신이다. 창조 명령과 구속 명령을 분석하면 결국 하나님께서는 같은 명령을 각 언약의 특질과 상황에 맞추어 언약의 백성들에게 주심을 알 수 있다.

창조 명령의 첫 번째는 아담과 하와가 하나님께서 세우신 결혼 제도를 통하여 자식을 많이 낳아 이 땅을 채우라는 명령이다. 구속 명령의 첫 번째 역시 온 세계에 흩어져 있는 하나님의 택한 백성들을 찾아내어 복음을 전하고 그리스도를 영접하게 하며 성부, 성자, 성령의 이름으로 세례를 주어 하나님의 자녀와 백성이 되게 하여 그들로 땅을 채우라는 명령이다. 전자는 부모가 낳은 자식을 하나님의 자녀로 만들어 땅을 채우라는 것이고, 후자는 전도와 선교를 통하여 하나님의 자녀로 만들어 땅을 채우라는 것이다. 그러므로 두 명령은 본질상 같은 성격의 명령, 즉 '땅을 채움'을 공통점으로 하는 명령이다.

창조 명령의 두 번째는 인간이 피조물을 다스려 문화를 창달하고 하나님의 나라를 확장하라는 명령이다. 그래서 이 명령을 일명 문화 명령이라고 한다. 구속 명령의 두 번째 역시 구속의 왕 되신 예수님의 말씀을 하나님의 자녀들에게 가르쳐 지키게 하라는 것으로, 그리스도의 왕권으로 세상을 다스리고, 왕 되신 그리스도의 말씀에 따라 하나님의 모든 자녀들이 새로운 인생을 살며, 새로운 문화를 창달하고 그리스도가 이미 시작해놓은 하나님의 나라를 전 우주에 확장시키고 영광스럽게 해야 할 것을 지시하는 것이다. 그러므로 이 두 명령 역시 '땅의 다스림'을 공통점으로 하는 명령이다.

이러한 하나님의 명령은 그의 자녀 된 우리 인생의 비전과 삶의 방향이 된다. 우리는 이 명령을 실현하기 위해 세상에 태어났으며 교육을 받고 성장하며 인생을 살아간다. 이 명령을 실현하기 위해 인격을 성숙시키고 역량을 개발하며 키운다. 하나님께서는 이러한 명령을 가장 효과적으로 수행하도록 남자와 여자가 일정 기간 동안 부모의 양육을 받으며 성장하다가 결혼하여 새로운 가정을 이루게 하셨다. 그러므로 결혼은 인간의 보편적 책임이며, 결혼을 통하여 자식을 낳고 하나님의 말씀으로 잘 양육하여 하나님의 자녀가 되게 해야 한다. 뿐만 아니라 전도와 선교의 책임을 잘 이행하여 하나님께서 택한 백성들을 하나님의 자녀가 되게 해야 한다.

그러나 여기에 국한해서는 안 된다. 하나님께서는 이 땅을 다스리며 인생을 살도록 우리 각자에게 다양한 직업과 일을 주셨다. 인생을 살 때 반드시 일정한 직업을 가지고 하나님의 청지기로서 그 일을 최선을 다해 잘 감당하여 하나님의 나라를 확장해가야 하는 것이다. 이런 점에서 모든 하나님의 백성들은 하나님께서 주신 직업적 소명을 갖게 된다. 우리는 모두 어떤 일을 하든 하나님의 일을 행하는 것이다. 직업에는 귀천이 없으며, 각자가 맡은 일을 주님을 섬기는 자세로 최선을 다해 최고의 것으로 만들어내야 하는 책임이 있을 뿐이다. 그 모든 결과와 영광을 주인 되시는 하나님께 돌리는 것으로 우리의 인생의 책무는 끝이 난다. 이 모든 일들을 다한 후 해야 할 일을 한 무익한 종으로 자신을 고백하는 것이 우리 인생의 본질이다. 아울러 우리의 일을 통해 하나님의 뜻을 이루는 가운데 하나님만이 삶의 진정한 주인이시며 왕이심을 고백하고, 창조주요 구속주이신 여호와 하나님을 찬양하며 감사하고, 그의 존귀와 위엄을 드러내며, 그의 공의와 사랑과 은총을 세상에 베풀며, 그를 영화롭게 해야 한다.

하나님께서는 우리가 이 모든 일들을 잘 감당하도록 우리와 항상 함께하시고 보호하시며 우리의 부족을 채워주신다. 또한 각양 은사를 주시고 그 능력을 계발시키시며, 성령으로 우리를 진리로 인도하시고 성결케 하신다.

하나님의 형상으로 지음 받은 자로서 하나님의 소명에 따라 우리에게 부여된 책임을 감당할 때, 창조주이신 하나님을 모방하는 것이 그 책임을 이행하는 가장 근본적이면서도 온전한 방법이 된다. 하나님께서는 주의 통치, 통치자로서의 주의 품성과 인격, 능력, 영광스러운 모습 등이 우리 삶의 모습에서 그대로 반영되기를 원하신다. 그러므로 우리의 존재의 근본이신 하나님께서 무엇을 어떻게 하고 계시는가를 성경을 통하여 올바르게 깨닫고 그대로 모방하면 실패함 없이 우리에게 주어진 책임을 가장 잘 이행할 수 있다.

기독론

예수 그리스도는 누구이며 무엇을 하였는가? 그가 하신 일은 우리와 어떠한 관계가 있는가?

예수 그리스도는 2000여 년 전 유대 땅 베들레헴의 말구유에서 태어나신, 한 번도 남자와 관계를 가져본 적이 없는 마리아가 성령으로 낳은 참 사람, 죄가 없는 참 사람이다. 이처럼 예수님은 출생부터가 신비롭다. 처녀가 남자와 관계하지 않고 아기를 낳는 일은 역사적으로 예수님의 출생에만 있는 일이다. 구약에 기록된 대로 창조주 하나님께서 인간과 맺은 언약을 성취하기 위해 세상에 오신 성육신하신 참 하나님이시기에 그의 탄생에 인간의 이성으로 이해할 수 없는 신비로운 일이 일어난 것이다.

예수 그리스도는 영원부터 계신 제2위인 성자 하나님이시다. 성부와 맺은 언약에 따라 타락한 세상을 구원하고 하나님의 창조의 목적을 성취하기 위해 인간의 몸으로 태어나셨다. 그러므로 예수님은 참 사람이자 참 하나님이시다. 예수님께서는 참 사람과 참 하나님의 품성과 인격, 지혜와 능력 등을 조금도 충돌하거나 모순됨 없이, 조금도 위축됨 없이 완전하게 조화를 이루고 협동하며 메시아로서, 하나님과 인간 사이의 영원한 대제사장이자 중보자로서의 모든 사역을 완벽하게 이루어내신다. 이것은 신비 중 신비로서, 인간의 이성으로 온전하게 이해하고 표현하기란 사실 불가능하다.

예수 그리스도께서 동정녀 마리아를 통해 죄가 없는 참 인간으로 태어나신 것은, 아담의 죄가 전가되지 않은 무흠한 의인으로서 모든 죄인들이 아담 안에서 언약을 어긴 죄의 형벌을 대신 받고, 인간들이 경험하는 모든 시험과 고난을 당하여 시험받는 자를 능히 도우며, 죄인들의 영원한 대제사장으로서 그들의 죄를 대속하기 위함이었다. 하나님과 인간 사이에 선 참 중보자로서 율법에 완전히 순종하여 하나님께서 요구하시는 제사를 충족하며, 죄인들에 대한 하나님의 진노가 온전하게 그리스도에게로 전가되어 그 진노를 온전히 소멸하고, 자신이 성취한 구속의 완결을 그를 믿는 죄인들에게 적용하여 하나님의 구원이 실질적으로 이루어지게 함으로써 그의 구속 사역의 완결의 효과를 영원토록 나타내기 위함이었다. 이러한 모든 것을 이루기 위해 그리스도는 참 인간이며 참 신으로서의 양성(兩性)을 가져야만 했던 것이다. 성경은 성육신 하신 예수 그리스도의 신성과 인성의 영원한 연합을 부인하는 모든 태도를 이단으로 간주하며, 이를 받아들이지 않는 자의 믿음을 올바른 믿음으로 여기지 않는다.

성경은 성육신 하신 예수님을 둘째 아담으로 지칭한다. 이것은 예수 그리스도의 성육신과 그의 구속 사역이, 하나님께서 타락한 첫 사람 아담과 맺은 언약을 성취하는 것과 불가분의 관계가 있음을 나타낸다. 하나님께서는 타락한 아담과 언약을 맺으며 여인의 후손을 통하여 언약을 성취할 것을 맹세하셨고, 구속 역사의 전 과정과 여러 사람들을 통하여 여러 가지 방식으로 예언하면서 그 언약을 이루어오셨다. 그리고 예수님이 성육신 하여 세상에 태어나신 일, 신인 양성이 연합된 그의 인격, 그의 삶, 죽음과 부활 등 그의 모든 사역을 통하여 완전하게 종말론적으로 이루셨다. 예수님께서는 아담이 에덴동산에서 사탄의 시험을 받은 것처럼 40일간의 금식 기도 이후 사탄에게 시험을 받으셨다. 첫 아담은 그 시험에 실패하였으나 둘째 아담이신 예수님은 하나님의 말씀에 철저히 의존하고 하나님께 철저하게 순종함으로 시험을 이기고 공식적인 메시아의 사역을 시작하였다.

　예수님은 사역 기간 동안 하나님의 종말론적 선지자, 대제사장, 왕으로서 사역하면서 하나님의 말씀의 권위를 회복하고 그의 언약의 말씀을 성취하기 위해 철저하게 하나님의 말씀에 순종하셨다. 예수님은 하나님께서 택한 모든 사람들을 구원하기 위해 그들을 대신하여 수모와 고통을 감내하다가 자신이 스스로 대제사장이 되고 자신을 종말론적 희생 제물로 삼아 십자가에 못 박혀 죽기까지 하나님의 말씀에 순종하시고, 죽은 지 3일 만에 부활하여 옛 언약을 성취하셨다. 그러므로 예수님의 오심과 그의 순종은 하나님께서 택한 백성들의 구원을 위한 유일한 기초가 된다.

　부활하신 예수님은 40여 일 동안 제자들과 함께 세상에 계시다가 그들이 보는 가운데 하늘로 승천하셨다. 그리고 영광 중에 계시면서 그가 재창조한 모든 세상을 다스리는 왕으로 등극하시고 하나님의 보좌 우편에 좌정하여 영원토록 주권적으로 통치권을 행사하신다. 또 한편 승천하신 그리스도는 영원한 대제사장이 되어 그를 믿는 새 언약 백성들의 참 중보자로 일하신다. 또한 영원한 선지자가 되어 하나님을 계시하시고, 하나님 나라의 복음을 선포하면서 하나님 나라의 축복과 저주를 선언하시고, 언약의 백성들을 하나님께로 인도하여 회집시키신다. 그는 이 백성들을 통하여 교회를 세우고 하나님의 영광스러운 성전이 되게 하신다.

　승천하신 그리스도는 하늘에 계시다가 하나님만이 아시는 때에 승천하신 그대로 이 땅에 다시 재림할 것을 약속하셨다. 재림하시는 그리스도는 심판주로 좌정하여 온 세상을 심판하면서 사탄과 그를 추종하는 모든 세력들, 그리스도를 구세주로 영접하지 않는 모든 자들을 영원한 죽음에 이르게 하며, 그를 믿는 모든 자들을 영생으로 인도하신다. 그리스도는 지상의 사역을 통하여 이미 시작해놓은 하나님의 나라를 재림을 통하여 영광스럽게 하고 하나님의 창조를 영원토록 영광스럽게 하면서 하나님의 안식을 영속화시킨다.

성령론

역사적으로 많은 사람들이 제1위를 아버지로, 제2위를 아들로 호칭하나, 제3위를 영으로 호칭하는데다 성령을 하나님의 영, 그리스도의 영으로 부르고 제2위처럼 명백하게 식별될 만큼 인격적 형체로 인간에게 나타나신 적이 없으므로 성령의 인격성을 부인하며 다른 위들과 구별되는 위로 여기지 않는다. 그러나 이것은 아주 잘못된 인식이며 이러한 입장을 동의하는 자는 이단이다. 성령은 제3위의 하나님이시며, 다른 위와 존재론적으로 동등할 뿐 아니라 다른 위와 구별된 위로서 똑같은 인격을 가지셨음을 성경이 분명하게 말씀하고 있기 때문이다.

성령은 지성, 의지, 감정 등의 인격적 특성을 나타내 보이시며, 창조, 그리스도의 성탄에 관련된 사역, 계시와 영감과 증거, 중보 기도, 중생과 성화의 사역, 병 고침 등 신비로운 은사의 사역, 그리스도의 부활 및 죽은 성도의 부활 등 인격적인 활동을 활발하게 수행하심을 성경은 분명하게 증언한다. 뿐만 아니라 성경은 여호와, 하나님 등의 신적 명칭을 성령에게 적용하고 성령이 하나님 백성들의 예배의 대상이 됨을 분명하게 증언한다. 이러한 성령은 성부와 성자로부터 나오시며 보냄을 받은 종으로서 다음과 같이 사역한다.

성령과 하나님의 말씀

성령은 성부와 성자의 말씀을 실행하는 능력이며 주체다. 성령은 하나님의 창조와 섭리, 통치권의 행사 등 하나님께서 선포하시는 모든 말씀을 실행하는 대리인으로 사역하면서 그 모든 것을 이루었다. 하나님의 말씀을 영감으로 기록하여 정경을 창조하는 일, 그 성경 말씀을 읽을 때 깨닫게 하며 성경의 무오성과 진정성, 신적 권위 등을 증거하고 그것을 확신하게 하는 일, 설교 시 성도들의 마음을 열어 말씀을 깨닫게 하며, 성례 시 그리스도와 성례에 참여하는 성도들 사이에 신비로운 생명의 교제가 이루어지는 일들을 사역한다.

이러한 하나님의 말씀과 관련된 성령의 사역으로 하나님의 말씀의 능력이 현실화되고, 이적과 기사 등의 초자연적인 일들이 나타나며, 하나님의 말씀을 생명의 말씀과 능력의 말씀이 되게 한다.

성령과 구원

그리스도의 사역으로 하나님의 구원이 완성되지만, 그 구원을 타락한 인간과 세상에 실질적으로 적용하여 현실화시키는 분은 성령이시다. 옛 언약에서 하나님께서는 친히 그의 백성들과 항상 함께하며 임마누엘 하나님이 되겠다고 맹세하셨다. 옛 언약의 시대에는 하나님의 구속 사역 과정 중 필요할 때 성령이 간헐적으로 백성들에게 강림하여 하나님의 일을 구현해갔으나 항상 함께하지는 않았다. 그러나 하나님은 부활하신 예수님의 승천 후 첫 오순절 날 성령으로 강림하셨고, 성령이 그의 택한 백성들과 이 세상에 항상 거주하게 하여 옛 언약의 맹세를 성취하셨다. 그리스도의 오심으로 시작된 새 언약의 시대에는 이처럼 성령이 항상 피조 세계와 그의 백성들과 함께하시며 그들 가운데 거주하신다.

성령은 그리스도의 복음 전파에 역사하여 복음을 능력 있게 한다. 성령은 하나님께서 선택하신 자들에게 하나님의 구원의 사랑과 은총을 베풀며, 부르고 중생시키며, 믿음을 갖게 하여 회개하게 하고, 하나님의 의인으로 칭함을 받게 하며 하나님의 자녀가 되게 하고, 그들 속에 내주하며 그들을 성화시켜 실질적인 의인이 되게 하신다. 하나님께서는 구원하기로 택한 백성들이 성령의 사역으로 그리스도를 영접하고 성삼위 하나님의 이름으로 세례를 받으면 구원의 담보로 성령을 주시며, 성령으로 그들의 구원을 인치신다.

십자가에서 죽으시고 부활 승천하신 후 성령을 보내시겠다는 그리스도의 말씀대로 성령은 예수님께서 승천하신 후 첫 오순절 날 세상에 강림하였다. 강림하신 성령은 그리스도가 구속한 세상에 내주하면서 그리스도가 성취한 구원을 실제적으로 실행하고, 그리스도가 구속한 세상을 새롭게 하며, 하나님께서 택한 백성들에게 적용하여 그들 각자의 구원을 이루어나가신다. 성령은 그들의 보혜사가 되시고 그들을 위해 끊임없이 하나님께 간구하신다. 성령은 하나님의 언약의 백성들에게 직분의 은사, 즉 사도·전도자·목사·장로·집사 등의 직분을 주어 하나님의 백성들을 섬기게 하며, 예언·방언·신유 등의 특별한 은사를 주어 능력 있게 하고, 그 언약의 백성들과 그리스도가 재창조한 만물을 성령으로 충만하게 하신다.

성령과 교회

성령은 하나님께서 택하신 새 언약의 백성들을 회집시켜 그리스도의 나라와 몸이 되게 하며 하나님의 성전이 되도록 사역하였다. 이것이 교회다. 이처럼 교회는 성령의 사역으로 이루어졌다. 성령은 교회에 내주하면서 교회로 하여금 하나님의 전이 되게 하고 교회를 충만하게 채우신다. 성령은 교회가 하나님을 예배하도록 인도하며, 세상을 향하여 하나님의 진리와 복음과 하나님의 심판의 말씀을 선포하게 하신다. 성령은 하나님께서 교회에 대한 자신의 왕권을 사역하도록 하기 위해 직분자들을 친히 부르시고 세우신다. 성령은 교회를 능력 있게 하고, 교회로 하여금 복음을 전파하게 하여 교회를 확장하며, 영광스럽게 하고, 교회를 충만하게 하신다. 성령은 그리스도의 재림까지 교회를 보존하고 보호하며 성결하게 하여 그리스도의 순결한 신부가 되게 하신다. 성령은 교회로 하여금 사회와 국가에 대하여 하나님의 진리의 말씀을 선포하여 하나님의 은총의 도구로 사역하게 하신다.

구원관

하나님과 언약의 관계를 맺은 아담과 하와는 언약의 주 하나님께서 지시하신 명령, 즉 동산 중앙에 있는 선악을 알게 하는 나무의 열매를 먹지 말라는, 순종을 요구하는 명령에 대하여 사탄의 유혹에 빠져, 하나님과 동등한 존재가 되고자 하는 욕망을 가지고 불순종하여 그 열매를 따먹고 범죄하였다. 그들은 결국 타락했으며, 전적으로 부패하고 무능해졌다. 뿐만 아니라 언약의 주 하나님께서는 그들을 저주하였다. 그 결과 창조 언약은 파기되었고, 그들은 자신의 힘으로는 하나님의 저주에서 놓임을 받을 수 없게 되었으며, 자신의 힘으로는 창조 언약을 통하여 부여된 언약의 책임을 성취하여 영생에 이를 수도, 영광스러운 상태에 이를 수도 없게 되었다. 또한 하나님의 창조 목적도 더 이상 이들을 통하여 달성할 수 없는 상황이 되었다. 그래서 하나님께서는 그들을 죄에서 구원하기로 작정하셨으며, 범죄한 그들과 더불어 새로운 언약의 관계를 맺고 하나님의 은총의 능력으로 구원을 성취하며 그들을 통하여 하나님의 창조의 궁극적인 목적을 달성하고자 하셨다. 이러한 하나님의 구원에는 하나님의 예정과 구속 언약의 역사적 성취가 관련되어 있다.

예정론

칼빈주의는 예정론(Predestination)을 중심으로 구원관을 세운다. 하나님의 예정은 넓게는 하나님의 영원한 목적을 성취하시는 하나님의 작정과 같은 의미로 사용된다. 하나님의 작정은 영원하고 불변하며 거룩하고 지혜로우며 주권적이다. 하나님의 작정은 단순히 물질 세계의 과정에만 국한된 것이 아니라 창조에서 심판에 이르기까지, 하늘에 있는 천사들의 행동, 모든 인간의 행동, 지옥에 있는 사탄의 행동들에 이르기까지 인간 역사의 모든 일을 포괄한다.

그러면서도 예정은, 좁게는 범죄한 인간의 구원에 국한해서 사용되기도 한다. 즉 하나님께서 인간의 일부를 미리 선택하여 구원하기로 정하신 반면, 또 다른 일부를 유기하고 구원하지 않기로 정하셨다는 것이다. 이것은 하나님께서 창세 전에 미리 정하신 것으로 영원하고도 주권적이며 불변하며 무조건적이다. 이것은 하나님께만 속한 비밀이며, 하나님의 최고의 지혜와 능력에 따라 이루어진 것으로서 절대적이며 신비로운 것이다.

하나님께서는 구원하시기로 작정한 자들의 자질이나 특성 또는 하나님의 부름에 반응할 것을 미리 알고 그들을 구원하기로 택하신 것이 아니라, 하나님의 기쁘신 뜻에 따라 주권적으로 이들을 먼저 무조건적으로 사랑하시고 그들을 자신의 자녀로 삼기로 택하셨다(행 13:48; 롬 8:39, 9:11, 11:4~7; 엡 1:4; 빌 4:3; 살후 2:13; 딤후 1:9; 히 12:23). 칼빈과 칼빈주의는 이러한 하나님의 예정론에 기초하여 인간의 구원론을 체계화한다. 이 구원론은 1619년 도르트(Dort) 회의에서 5대 교리로 정리되었다. 이 5대 교리를 각 교리의 영어 첫 글자를 따서 튤립(TULIP)이라고 한다.

전적 타락(Total Depravity)

하나님께서는 아담을 그의 형상을 따라 창조하시고, 모든 인류와 피조물의 대표로 삼으며 그와 언약을 맺으셨다. 그러므로 아담이 능동적으로, 또 자발적으로 하나님의 언약에 순종하면 그와 그의 모든 후손들이 영원한 영생에 이르고 영화롭게 되며 영원토록 하나님을 찬양하는 축복의 삶을 살게 되나, 불순종하면 그와 그의 모든 후손들까지 영원토록 죽음에 이르게 되며 그가 대표하는 창조 세계도 함께 부패해진다. 그런데 아담은 불순종했고, 그 결과 자신뿐만 아니라 그의 후손인 모든 인간이 하나님과 맺은 언약에 따라 하나님의 저주 아래 놓이게 되었다. 인간은 죄 중에 출생하여 영생할 수 있는 기회와 모든 능력을 상실해버리고 육체적인 죽음을 면하기 어렵게 되었으며, 하나님과 분리된 삶을 살 수밖에 없는 영적 죽음의 상태에 있게 되었다. 그리고 창조 세계도 함께 부패하여버렸다.

사도 바울은 로마서 5장 12절에서 "그러므로 한 사람으로 말미암아 죄가 세상에 들어오고 죄로 말미암아 사망이 들어왔나니 이와 같이 모든 사람이 죄를 지었으므로 사망이 모든 사람에게 이르렀느니라"고 하였고, 로마서 3장 10~12절에서는 "의인은 없나니 하나도 없으며 깨닫는 자도 없고 하나님을 찾는 자도 없고 다 치우쳐 함께 무익하게 되고 선을 행하는 자는 없나니 하나도 없도다"라고 하였다. 이처럼 아담의 범죄로 그의 모든 후손들이 함께 하나님 앞에서 범죄한 자가 되고 육적·영적 죽음을 면할 수 없게 된 것은 언약의 연대성 때문이다.

죄의 결과로 인간이 지닌 하나님의 형상은 부패해졌고, 파괴되어 그 기능을 정상적으로 나타낼 수 없게 되었다. 흔적만 남아 있을 뿐 제 기능을 발휘할 수 없게 된 것이다. 모든 인류는 하나님의 진리를 올바르게 인식하지 못하고 선악을 분별하지 못하게 되었다. 모든 인간은 죄의 세력 아래 있으면서 스스로 회개하거나 복음을 믿거나 자신을 변화시켜 하나님께 순종할 수 없게 된 것이다. 언약의 주 되신 여호와 하나님께서 전적으로 부패해진 인간을 위하여 저주를 거두고 구원하시지 않는 한 인간은 아무런 소망도 없이 죄 가운데 살 수밖에 없다. 바울은 이러한 자들을 가리켜 허물과 죄로 죽은 자라고 하였다(엡 2:1, 5). 이러한 죽은 자의 삶은 에덴에서 쫓겨난 아담과 하와의 인생처럼 그들이 낳은 자식이 살인자가 되며, 가인과 후손들이 에덴 동편에서 열심히 후손을 번식시키고 각종 문화를 창달하면서 인생을 살았지만, 라멕의 고백처럼 가인보다 더욱더 큰 벌을 받을 수밖에 없는 죄인의 인생을 살게 될 뿐이다.

무조건적 선택(Unconditional Election)

여호와 하나님께서는 이러한 인간들을 저주에서 구원할 계획을 세우고, 아담과 새로운 언약을 맺고 그들을 구원할 것을 선언하셨다. 이러한 구원은 하나님의 예정을 범죄한 죄인에게 구체적으로 적용하는 것이다. 즉 하나님의 구원 계획은 모든 인류를 구원하는 것이 아니라 하나님의 기쁘신 뜻에 따라 아담의 후손 중 선택한 일부를 구원하시는 것이다. 이 구원의 반열에서 제외된 나머지는 하나님의 예정에 기초하여 이루어진다. 이러한 하나님의 선택은 선택받은 자의 자질이나 잠재력을 하나님께서 미리 알고 선택하시는 것이 아니다. 또한 인간의 선행에 근거해서 선택하시는 것도 아니다. 하나님의 선택은 하나님께서 주권적으로 그들을 미리 사랑하신 결과로, 그들을 구원하기로 아무런 조건 없이 이루어지는 것이다. 선택받고 구원 받은 자의 신앙과 선행은 하나님의 선택의 결과일 뿐 선택의 원인이 아니다(요 15:16; 엡 2:10). 이러한 면에서 볼 때 인간의 자질이나 선행은 인간의 구원의 조건이 될 수 없다. 하나님의 선택은 전적으로 하나님께서 미리 사랑하기로 작정하시고 선택한 자들에 대한 하나님의 주권적 자비와 사랑과 은총의 표현일 뿐이다.

하나님께서는 이러한 예정을 성취하기 위해 역사의 과정을 주관하며 택한 자들을 위해 역사를 움직여가신다. 또한 하나님께서 미리 택한 자들에게 복음을 듣고 읽을 수 있는 기회를 주며 그들에게 하나님의 은총의 은사들을 주신다.

범죄한 자들을 선택하여 구원하시는 하나님의 구원의 예정은 그 구원을 이루어내기 위해 한 국가나 지역, 공동체를 선택하기는 하나, 그들에게 집단적으로 구원의 은총을 베푸는 것이 아니라 개별적으로 베푸신다. 한 국가의 대표자가 구원을 받도록 선택되었다고 해서 모든 백성들이 대표자와 함께 구원을 받는 것이 아니다. 또한 한 가정의 가장이 구원을 받도록 선택되었다고 해서 그 가정의 식구들이 자동적으로 구원을 받는 것이 아니다. 구원은 각 개인이 그리스도를 구세주로 영접하는 믿음에 의해서 이루어진다.

제한적 구속(Limited Atonement)

하나님께서는 무조건적인 구원을 이루기 위해 독생하신 아들을 세상에 보내어 범죄한 모든 자들의 죄를 대신하여 대속의 죽음을 맞게 하셨다. 죽음은 언약을 어긴 자들이 반드시 받게 되는 죄의 형벌이므로 제2의 아담으로 오신 그리스도의 대속의 죽음은 필연적이었다. 그리스도는 참 하나님이시지만, 자신을 비워 인간의 형체로 세상에 성육신 하여 참 사람이 되셨다. 그리고 하나님께서 부여하신 메시아로서의 사명을 죽기까지 충실하게 순종하여 구약의 모든 율법을 일점일획도 남김없이 완전히 성취함으로써 범죄한 인간과 세상의 구속 사역을 완성하였다.

그리스도는 스스로 대제사장이 되어 자신을 제물로 삼아 하나님께 희생의 제사를 드림으로 범죄한 인간이 지금까지 의식(儀式)적으로 드려온 제사와 드려야 할 모든 제사를 한 번의 제사로 완전히 완성하였다. 그리스도는 자신의 순종을 범죄한 자들이 하나님의 구원을 얻을 수 있는 근거가 되게 하였다. 그러므로 누구든지 그리스도를 하나님의 아들로 고백하고 그리스도의 죽음이 자신의 죄를 대속한 죽음임을 믿으면 그리스도의 의가 전가되어 하나님께 죄 사함을 얻으며 의롭다 칭함을 받게 된다. 또한 그리스도는 영원한 대제사장이 되어 그를 믿어 죄사함 받고 의롭다 함을 얻은 자들을 위해 영원토록 중보의 사역을 실행하신다.

이러한 그리스도의 대속의 죽음의 가치와 효과, 그 능력은 무한하다. 이런 면에서 그리스도의 구속 사역의 완성은 모든 범죄한 인간과 세상에 미친다. 그러나 그리스도의 대속이 적용되는 범위는 하나님께서 예정하신 자에게만 국한된다(마 1:21). 성경은 그리스도의 죽음이 세상, 모든 사람, 모든 족속, 만민을 위한 죽음이라고 기록한다. 그러나 이러한 표현은, 첫째, 하나님의 구원이 유대인만을 위한 구원이라는, 성경을 읽는 당시 독자들의 인식을 바로잡고, 둘째, 구원에는 유대인과 이방인의 차별이 없음을 강조하기 위한 것이다.

불가항력적 은총(Irresistible Grace)

구원은 성삼위 하나님에 의해 계획되고 실현된다. 그리스도의 메시아적 사역으로 완성된 구원은 성부와 성자를 통해 보내심을 받은 성령이 실제적으로 하나님께서 구원하시기로 택한 자들에게 개별적으로 적용함으로써 이루어진다. 이것은 하나님께서 구원을 위해 예정하고 택하신 자들에게 나타내는 주권적인 사랑과 은총의 표현이다. 하나님의 은총의 적용은 전도자에 의한 외적 소명과 택한 자에 대한 성령의 효과 있는 내적 소명으로 이루어진다.

하나님께서는 자신의 뜻을 이루는 일에 사람을 도구로 삼으신다. 그가 택한 자들을 구원하는 일에서도 예외가 아니다. 하나님께서는 이미 택하여 구원받은 모든 자들에게 때를 얻든지 못 얻든지 땅 끝까지 이르러 그리스도의 복음을 전하도록 전도의 사명을 부여하셨다. 전도자는 전도 대상자가 하나님에 의해 택함을 받았는지 받지 않았는지 분간할 필요가 없다. 단지 하나님의 명령에 따라 전도를 하면 된다. 전도자를 통한 외적 소명이 전도 대상자에게 전달될 때 성령께서 그 외적 소명과 함께 역사하신다. 택함을 받은 자는 외적 소명을 통하여 그리스도의 복음을 전해 듣거나 읽게 될 때 거역할 수 없게 된다. 비록 택함 받은 자라고 해도 자신의 죄성으로 인해 외적 소명에 즉각적으로 응답하지 못하는 경우도 있으나, 성령의 능력은 그의 모든 의지와 능력, 환경을 초월하기 때문에 성령의 사역에 결국 굴복하게 된다. 거부할 수 없는 성령의 강력한 사역의 결과로 그는 그리스도를 자신의 구세주로 영접하여 구원을 얻게 된다.

성경은 택함을 받은 자에게 성령의 역사로 일어나는 신비로운 결과를 매우 다양하게 표현하는데, 이를 흔히 중생이라고 한다. 중생은 이미 그리스도를 영접한 가정에서 태어나 신앙 교육을 받은 자들에게 일어날 경우, 그 자신도 알아채지 못할 정도로 비밀스럽게 일어난다. 그러나 어떤 자에게는 자신과 모두가 알아볼 수 있는 신비로운 체험과 함께 일어나기도 한다. 비록 그럴지라도 중생은 인간의 행위, 즉 자신의 노력이나 전도자의 설득, 도덕적인 감화, 진리에 대한 감성적·의지적·이성적 결단에 의해 이루어지는 것이 아니다. 중생은 전적으로 성령의 사역으로 이루어지는 것이므로 이것은 불가항력적이며, 그 결과는 영원하다.

중생, 즉 거듭남이란 범죄한 모든 인간을 하나님과 분리된 자, 곧 영적으로 죽은 자로 지칭하며 하나님과 연합된 자를 산 자로 지칭하는 성경적 정의에 기초한다. 범죄한 자를 가리켜 성경은 비록 그가 살아 움직이는 산 자라 할지라도 허물과 죄로 죽은 자라고 한다. 이 죽은 자가 죄인을 위하여 죽으셨다가 다시 부활하신 그리스도를 영접하면 그리스도와 연합하게 된다. 그 결과 그리스도의 죽음의 효과가 그에게 전가되어 죄에서 용서함을 얻게 되며, 그리스도가 부활하면서 얻은 영원한 새 생명이 그에게 전가되어 하나님과 연합하게 되고 다시금 산 자가 된다. 이처럼 택함을 받은 자는 그리스도를 영접하기 전까지는 하나님과 분리된 자로서 죽은 자였으나 그리스도를 영접한 후에는 하나님과 연합한 자가 되어 다시 산 자로 새롭게 태어난다. 그래서 이를 중생이라고 한다.

중생을 한 후에야 비로소 성령의 역사로 하나님과 하나님께서 하신 일, 성경 말씀, 자신에게 일어난 중생과 구원 등 성경의 진리에 대한 믿음을 갖게 되며, 이 믿음을 갖게 되어야 자신이 진정한 죄인임을 인식하게 되면서 진정한 회개가 일어난다. 그러므로 믿음과 회개는 중생한 자가 체험하는 하나님의 선물이다. 믿음과 회개를 체험한 후에 하나님의 영감으로 기록된 하나님의 말씀을 통하여 믿음의 대상과 믿음의 내용에 대해 더욱 깊이 알게 되고, 그 말씀을 따라 하나님께 기도하고 하나님을 섬기면서 하나님과 더욱더 깊은 인격적 교제를 나누게 되며, 그 결과 믿음이 더욱 강해지고 믿음의 능력을 체험하게 된다. 자신의 믿음대로 실행하게 될 때 믿음의 주체자이신 성삼위 하나님께서 성령을 통하여 그의 믿음의 내용을 실행하시기 때문이다. 이러한 성령의 사역으로 믿음과 회개를 체험하는 자를 하나님께서는 의인으로 칭하시고 그를 자신의 자녀로 삼으신다.

또한 하나님께서는 성령으로 이러한 자의 구원을 인치면서 성령을 그 속에 내주하게 하여 죄로 물든 그의 품성을 점진적으로 성결하게 하시고, 지식과 능력을 새롭게 하시며, 하나님의 의인과 자녀로 거룩한 삶을 살 수 있도록 도우시고 부족을 채우신다. 중생한 그의 택한 자를 실질적인 의인으로, 영광스러운 자신의 자녀로 성숙시켜 나가시는 것이다. 이를 신학적으로 성화라고 한다. 성화의 과정은 그가 육체와 분리하여 육체적인 죽음을 맛보고 그리스도의 품에 안기는 순간까지 계속된다. 성화의 과정이 종결되고 그리스도의 품에 안기는 그 순간부터 그리스도와 더불어 영광을 누리며 지내다가 그리스도의 재림으로 다시금 육체와 부활하여 영원한 영광을 누리며 하나님과 함께 영생하게 되는 것이다.

이처럼 택함을 받은 자의 구원은 전적으로 하나님의 주권적 은혜로서 하나님의 전지전능하신 능력에 의해서만 이루어진다. 그리고 그 구원의 논리적 서정은 '하나님의 효과적인 소명 → 중생 → 믿음과 회개 → 칭의 → 양자됨 → 성화 → 견인 → 영광'이다.

성도의 보존(Perseverance of the Saints)

하나님께서는 주가 택하셔서 구원의 은총을 체험하게 한 자들을 그 구원의 완전함에 이르기까지 하나님의 사랑과 지혜와 능력을 다하여 보존하여 구원의 상태에서 전적으로 또는 최종적으로 떨어지지 않게 하신다. 오히려 하나님께서는 성령의 사역을 통하여 그들을 영원하고도 궁극적인 구원에 이르게 하신다. 그들은 일시적으로 또는 잠시 하나님의 은혜에서 벗어나 죄 중에 인생을 살게 될 수도 있다. 그러나 결국 하나님의 은총으로 되돌아와 구원을 받게 된다. 이를 가리켜 성도의 견인(堅忍) 또는 보존이라고 한다.

성도의 보존은 구원의 조건과 밀접하게 관련되어 있다. 성도의 구원은 행함이 아니라 하나님의 은총과 사랑으로 택한 자들에게 선물로 허락하신 믿음에 달려 있다. 만약 인간의 행함이 구원의 조건이라면 중생한 자라도 수시로 범죄할 수 있기 때문에 구원의 은총의 상태에서 떨어질 수 있다. 그러나 구원은 하나님께서 주권적으로 택한 자에게 나타내 보이는 구원의 은총과 사랑에 의존하기 때문에 하나님께서 은총과 사랑을 스스로 거두시지 않는 한 그는 결코 구원의 은총의 상태에서 떨어질 수 없다. 그런데 택하신 자들에게 나타내 보이시는 하나님의 사랑은 영원하며 불변하다. 비록 성도가 잠시 범죄하는 상황에 있다 하더라도 하나님의 사랑은 여전히 계속되며 변하지 않는다.

하나님께서는 성도들에게 철저한 순종적 삶을 요구하신다. 그리고 순종적 삶을 성취하도록 하기 위해 순종적 삶을 포기할 때 구원의 상태에서 떨어질 수도 있음을 강조하신다. 그러나 이것은 순종을 이끌어내기 위한 위협일 뿐 하나님께서 그들에게 베푸신 사랑을 영원토록 거두신다는 말씀이 아니다. 이러한 위협과 경고를 통해 성도들의 경각심을 일깨우며 겸손하게 하고 더 부지런하게 하여 하나님께서 주신 믿음을 더욱 견고하게 하는 데 진정한 목적이 있다. 하나님께서는 그의 백성들의 믿음을 강하게 하고 하나님을 더욱 의존하고 기도하도록 하기 위해 많은 시련을 허락하신다. 이 시련의 과정에서 그들은 낙망하고 연약해진 나머지 오히려 범죄할 수도 있다. 그러나 하나님께서는 그들의 범죄를 구원에 이르지 못할 범죄로 여기지 않으신다. 세상의 어떠한 것도 하나님께서 택하신 자들에게 하나님의 사랑과 은총으로 이루신 그리스도와의 신비로운 연합을 결코 깨뜨릴 수 없다. 그러므로 한번 하나님의 구원의 은총을 입어 구원을 받은 자들은 하나님의 지속적인 은총으로 끝까지 영원토록 보존된다.

성도의 생활

개혁신학이 주장하는 성도의 생활은 한마디로 새 언약의 체계 속에 하나님의 존전에서 성경에 기록된 하나님의 말씀을 따라 하나님을 경외하며, 하나님께 순종하며, 하나님의 뜻을 실행하는 하나님 섬김의 삶, 즉 예배의 삶이다. 성도는 하나님에 의해 창조되고 예수 그리스도를 믿음으로 죄에서 구원받고 재창조된 자로서 하나님과 새 언약의 관계를 맺은 하나님의 백성들이며, 예수 그리스도의 것이기 때문이다(롬 1:6). 뿐만 아니라 성도는 예수 그리스도의 구속 사역의 완성을 통하여 새롭게 재창조된 세상에서 사는 동안 하나님의 존전에서 하나님을 섬기며 사는 자들이다. 구원 받지 못한 자는 하나님께 예배드릴 수 없다. 성도의 구원은 이 예배를 위한 수단이며, 예배는 구원의 궁극적 목표이다. 그러므로 성도는 예배의 의무와 책임이 있다.

성도들이 사는 재창조된 세상은 타락한 창조가 회복되었을 뿐 아니라 그리스도의 순종을 통하여 창조의 모든 목적이 성취된 상태다. 바울은 그리스도가 세상에 오셔서 이루실 구속 사역의 완성은 하늘과 땅이 하나로 통일되게 하는 데 있다고 하였다(엡 1:10). 하늘과 땅이 하나로 통일되게 하는 것은 하나님께서 천지를 창조하시는 궁극적인 목적이다. 하나님께서는 하늘과 땅을 창조하기 전에 이미 존재하셨다. 하나님께서 창조 이전부터 계신 곳을 성경은 하늘이라고 지칭한다. 주기도문이 "하늘에 계시는 우리 아버지"로 시작하는 이유가 바로 여기에 있다. 그러나 이 하늘은 결코 하나님께서 창조하신 하늘과 동일시되지 않는다. 하나님께서 창조하신 하늘이 인간의 눈으로 볼 때 광대하고 무한한데다가 인간의 삶을 지배하는 각종 신비로운 현상들을 나타내므로 인간에게 하늘은 신비로운 세계로 다가오지 않을 수 없다. 그래서 구약에서는 하늘을 신비로운 세계를 지칭하는 상징적 용어로 사용하면서 하나님께서 창조 전부터 계신 그 신비롭고도 영원한 세계를 가리켜 하늘이라고 하였다.

하나님께서는 피조물을 창조하시면서 자신의 영원한 거처인 하늘과 주께서 창조하신 피조의 세계로서 하늘과 땅을 하나로 통일하여 그 중앙에 왕으로 좌정하여 그 속에 사는 모든 피조물, 곧 천상적인 피조물과 지상적인 피조물, 보이지 않는 피조물과 보이는 모든 피조물, 즉 하나님 이외의 모든 피조물들을 그의 보좌로 회집하여 그들로부터 영원토록 존귀와 위엄과 영광을 받으며 그들을 다스리기를 도모하셨다. 그러나 하나님의 창조의 목적은 첫 사람 아담의 불순종으로 성취될 수 없었고, 결국 하나님께서는 범죄한 아담과 구속의 언약을 맺고 이의 성취를 도모하면서 구속의 역사를 진행시켜오셨다. 둘째 아담으로 성육신 하신 예수님과 그의 메시아로서의 사역을 통하여 이 성취는 시작되었다. 그래서 예수님이 요단 강에서 세례 요한에게 세례를 받음으로써 메시아로서 공식적인 사역을 시작하는 때에, 하늘이 열리고 성령이 비둘기처럼 예수님에게 강림하며 하나님께서 보내신다고 언약으로 맹세하신 바로 그 메시아가 예수님임을 공인하는 음성이 들려왔다. 이렇게 예수님의 메시아 사역의 시작은 하나님의 창조 목적을 성취하는 시작의 신호였다.

둘째 아담 예수 그리스도는 철저하게 하나님의 율법과 그의 뜻에 순종하였다. 예수님의 온전한 순종은 타락한 세상을 구원하고 새롭게 재창조하였을 뿐만 아니라 하나님의 창조의 목적을 완전하게 성취하였다. 이제 그리스도는 새로운 세상의 왕으로 좌정하여 세상을 다스리시며, 그에게 속한 새 언약의 백성들과 함께하시며, 그들을 통하여 이 왕권을 구체적으로 실행하신다. 이를 바울은 예수님께서 그에게 속한 성도들을 그리스도 안에서 함께 하늘에 앉히셨다고 하였고(엡 2:6), 성도들을 가리켜 하늘나라의 시민이라고 하였다(빌 3:20). 이처럼 성도들은 그리스도와 함께 지상에 살면서 천성의 축복을 맛보며 산다. 이것이 성도들이 살아가는 삶의 환경이다.

따라서 성도는 새롭게 재창조된 세상에서 하나님 앞에서의 삶을 살아가면서 하나님을 섬겨야 한다. 하나님께서는 주를 올바로 섬기도록 성도를 중생시키셨고, 그들에게 믿음을 주고 죄를 용서하여 하나님과 화목을 이루게 하셨으며, 그들을 의로운 자들로 선언하고 다시 정죄하지 않으시며, 그들을 하나님의 자녀로 삼아 그들과 항상 함께하시고, 그들을 하나님의 새 언약의 백성으로 삼은 것을 보증하기 위해 성령으로 인치시며, 그 성령을 그들 각자와 공동체에 내주하게 하셔서 그들의 성품과 능력을 변화시켜 실제적인 의인으로 성화시켜 나가신다. 또한 그들 각자와 공동체에게 그리스도를 통하여 시작하신 하나님 나라의 확장을 위하여 일정한 일(직업)을 맡기며 그 일에 충성을 다하기를 요구하신다. 또한 하나님께서는 이 모든 일들을 능히 감당하도록 필요한 모든 것을 은사로 주신다(롬 8:32; 벧후 1:3). 하나님께서 맡기신 일을 충성스럽게 감당하는 것이 하나님을 섬기는 일이다.

하나님을 섬기는 일을 성경은 예배로 간주한다. 신약에서는 예배를 크게 두 가지 어휘로 표현한다. 첫째는 헬라어 라트레우오(λατρεύω)이고, 둘째는 프로스퀴네오(προσκυνέω)이다. 바울은 로마서 11장 36절에서 먼저 만물에 대한 하나님의 주권을 강조한 다음, 그 주권 아래 있는 하나님의 백성들이 살아야 할 삶의 원리로 성도들의 "몸을 하나님이 기뻐하시는 거룩한 산 제물로 드리라 이는 너희가 드릴 영적 예배"라고 하였다(롬 12:1). 이때 바울은 첫째 헬라어 단어 라트레우오를 사용하였다. 예수님께서는 우물가에서 사마리아 여인과 예배에 관한 말씀을 나누시면서, 영이신 하나님 아버지께 드릴 예배는 영과 진리로 드리는 예배여야 함을 강조하셨다. 이때의 예배는 둘째 헬라어 단어 프로스퀴네오로 표현하였다.

첫째 단어는 구약에서 흔히 이스라엘 민족이 하나님을 섬기는 일, 특히 제사와 그 제사에 종사하는 사람들과 관련하여 사용되는 히브리어 아바드(עבד:

경작하다, 일하다, 수고하다)를 번역할 때 사용되었다. 그러므로 이 단어는 제사드리는 예배를 지칭한다. 둘째 단어는 최고의 경의와 존경을 표해야 할 신이나 왕에게 손과 팔을 접고 무릎을 꿇으면서 고개를 숙여 절하는 것을 의미한다. 따라서 이 단어는 예배의 대상자에게 최고의 경의와 존경의 태도, 자세를 갖추는 것을 의미한다. 두 번째 단어는 신약에서 흔히 공중 예배를 지칭할 때 사용되었다(요 12:20; 행 8:27, 24:11). 그리고 예배하는 자의 기본적 자세가 어떠해야 함을 지시한다.

언약의 백성들에게 하나님 섬김은 제사에만 국한되지 않는다. 가나안 땅에서 이스라엘 민족은 하나님의 언약 백성들로서 언약의 관계가 지시하는 모든 책임을 충실히 이행하면서 하나님을 섬길 뿐 아니라, 특별한 절차와 형식을 갖추어 특별한 장소에서 하나님께 제사를 드리면서 하나님을 섬겨야 하는 백성들이었다. 그래서 구약에서 이 단어는 성막 또는 성전에서 하나님께 드리는 제사를 지칭할 때도 사용하지만, 역사 속에서 나타내 보이는 하나님의 구원에 대한 감사에서 우러나오는 경외와 존경심을 가지고 하나님의 음성에 순종하는, 하나님을 섬기는 모든 행위를 지칭할 때도 사용하였다.

신명기 10장 12절에서 모세는 제사 이외에 하나님께서 이스라엘 민족에게 요구하는 바를 강조할 때 병행법을 사용하여 항목을 나열하였다. 여호와를 경외함, 그의 모든 도를 행함, 그를 사랑함, 그를 섬김(히:아바드, 헬:라트레이아). 이항목들은 서로 분리되어 각각 고유한 의미를 가지고 그에 따른 삶을 요구하지만, 다른 한편으로는 서로 유기적으로 연관되어 결국 하나님을 섬기는 것으로 집약될 수 있다. 이러한 면에서 볼 때 하나님을 섬기는 일, 즉 예배는 모든 이스라엘 백성 공동체뿐만 아니라 이스라엘 백성 각 개인의 삶 속에서 외형적으로는 일정한 제사의 형식을 갖추고, 내면적으로는 마음으로부터 실행되어야 함을 강조한다. 신약에 와서 이 어휘는 의식적 예배에 대한 의미가 점차 사라지고, 내면적으로 마음을 다하여 하나님을 섬기는 의미로 발전되었다. 언약의 백성들에게 하나님을 섬기는 일은 결코 제사의 행위로 국한되지 않는다. 삶의 전 영역에서, 인생을 사는 것 자체가 하나님을 섬기는 행위다. 이를 성경은 예배로 간주하는 것이다.

하나님께서는 옛 이스라엘을 계승하는 새 언약의 백성들에게 더욱 온전하게 주를 섬길 것을 요구하신다. 예수님께서는 구속 사역을 완결하여 율법을 모두 완전케 하셨으며 그 율법을 다 이루셨다. 그러므로 새 언약의 백성들은 단순히 구약의 율법을 정적으로 계승하는 것이 아니라 역동적으로 율법의 목적을 구현하는 삶을 살아가야 한다. 예수님께서는 율법을 완성하고 그 율법을 다 이루시어, 지난날 하나님을 예배하는 데 사용되었던 자신의 존재와 삶의 모형이며 그림자에 지나지 않는 율법의 각종 제사의 형식과 절차를 필요하지 않게 하였다. 그리스도 자신이 하나님께 대한 예배의 도구이며 내용이다. 그리스도는 구속 사역의 완성을 통하여 구약의 각종 제사 제도와 안식일 제도를 완성하였고, 안식일을 비롯한 각종 절기 제도를 완성하였으며, 새로운 주의 날을 제정하여 새로운 언약 백성들에게 새 안식일로 지키도록 요구하였다. 절기와 제사의 형식과 절차는 하나님을 섬기는 데 더 이상 필요하지 않더라도, 새 언약의 주가 되시는 하나님은 절기와 제사의 목적을 더욱 역동적으로 실현해야 할 책임을 그의 백성들에게 부여하면서 이를 성실하게 실행하는 가운데 하나님을 섬길 것을 요구하신다.

이처럼 성도들의 삶 전체는 하나님의 부르심에 대한 순종적인 응답이다. 그러므로 하나님의 존전에서 살아가는 성도들에게 주어진 모든 직업은 하나님의 뜻을 이루고 하나님을 섬기는 과정과 수단이다. 결국 성도는 모든 삶이 하나님께 드리는 예배다. 바울은 이를 염두에 두고 예배를 지칭하는 첫 번째 단어 라트레우오를 사용하면서, 이러한 성도의 삶을 가리켜 하나님께 드리는 산 제사이며 영적 예배라고 하였다.

하나님께서는 주께서 창조하신 세상을 관리하고 영광스럽게 하도록 각 사람에게 다양한 은사들을 주어 그들을 사용하시며, 사회를 다양한 영역으로 나누어 통치하신다. 각자에게 주어진 은사, 다양하게 나누어진 사회 구조들은 각각 독립되어 있으면서도 서로 유기적으로 일체를 이루어 궁극적으로 하나님의 창조 목적을 이루어나가게 하셨다. 따라서 각자에게 주어진 일이 무엇이든, 어디에서 하든 그 일은 모두 하나님의 일이다.

인간의 삶은 결국 이러한 신적 소명에 대한 전인적이며 순종적인 응답이 되어야 하는 것이다. 그 일을 할 때에 성도들은 단순히 생계를 유지하고 부를 축적하며 인생을 표현하는 수단으로 삼는 데 목적을 두지 말고 하나님의 뜻을 이루며 하나님을 섬기는 과정과 수단으로 여겨야 한다. 이것이 종들이 상전을 섬기면서 일할 때 그 일을 "주를 두려워하여 성실한 마음"으로, "무슨 일을 하든지 마음을 다하여 주께 하듯"(골 3:22~23) 하라고 바울이 말한 이유다.

성도들은 각자에게 주어진 일을 성령께서 주시는 은사에 따라 실행하면서, 하나님의 뜻이 이루어지고 그의 영광이 나타날 수 있도록 현재의 부패한 사상과 삶과 문화를 변혁하며, 새로운 성경적 사상을 창출하고 인재를 배출하며, 그 삶을 이루고 새로운 문화를 창달해야 한다. 그 새로운 문화를 적극적으로 활용하여 하나님을 찬양하며, 영화롭게 해야 한다. 그리고 이 문화를 그리스도 안에서 누리면서 자신에게 주어지는 하나님의 축복된 삶을 신장해가야 한다.

또한 성도들은 하나님께서 정하신 날에 함께 모여 일상생활에서 얻은 삶의 열매를 가지고 공동체적으로 하나님을 예배하는 생활을 해야 한다. 이 예배를 통하여 성도들은 하나님의 왕권을 고백하고 찬양하고 감사하며, 그 왕권에 대한 순종을 맹세한다. 그리고 공동체적 예배를 통하여 그리스도의 왕권에 참여한 자로서 세상을 그리스도의 말씀과 능력과 구속의 은총과 사랑으로 다스리며 그 왕권을 확장해가야 할 사명자임을 새롭게 인식하고, 그 왕권을 각자의 삶의 영역에서 올바르게 실현할 수 있도록 교육과 훈련을 받는다. 더불어 공동체적으로 하나님과 교제하며, 성도들이 서로 교제하며 하나님의 사랑을 공유한다.

하나님을 예배하는 삶에 대한 자세로 인해 개혁신학을 먼저 받아들인 서구 사회는 정치, 경제, 교육, 문화, 예술 등 모든 삶의 영역에서 놀라운 변혁이 일어났다. 영국의 정치가요 저술가인 존 말리(John Marley)는 서구 사회의 발전 동력을 논할 때 칼빈을 배제하는 것은 한 눈을 감고 역사를 읽는 것이라고 하였다. 성경을 중심으로 하는 성도의 삶에 대한 칼빈의 올바른 이해와 이에 동조하는 칼빈주의자들의 눈부신 활동으로 새로운 교육 운동이 전개되었고, 민주주의가 꽃피웠으며, 사유재산 제도와 자본주의 사회가 창출되었고, 눈부신 기독교 문화가 창달되었다. 이러한 서구의 발전된 사회 모습이 세계 각 곳으로 수출되어 오늘의 번영한 문화를 이루었다.

그러나 문화의 번영과 함께 정통적인 신학이 퇴조하면서 개혁신학이 지속적인 영향력을 행사하지 못하고, 개혁신학이 꽃피운 문화가 오히려 범죄의 더 큰 도구가 되면서 성도들로 하여금 하나님을 올바르게 섬기지 못하도록 만들어가고 있다.

교회와 사회적 책임

교회의 본질

개혁신학은 교회를 기관이나 기구, 조직으로 보지 않는다. 개혁신학은 성경이 묘사하는 바대로 오랜 구속의 역사를 이끌어오신 성삼위 하나님 사역의 결정체가 교회임을 기초로 하여 다음과 같이 정의한다. 교회란 언약의 주 여호와 하나님의 언약 백성들의 회집이며 그리스도의 나라와 몸이며 성령의 교제다.

이 교회를 신약에서 에클레시아(ἐκκλεσία)로 지칭한다. 교회의 배경은 구약에서 찾을 수 있다. 출애굽 이후 이스라엘 민족이 하나님의 명령에 따라 시내 산에 회집하여 하나님께서 임재하신 가운데 하나님과 언약을 맺게 되었을 때, 모세는 이를 가리켜 우리말 성경에 의하면 총회(히: קהל 헬: ἐκκλεσία)라고 하였다. 이 단어를 신약의 우리말로 번역하면 교회다. 구약은 하나님의 언약 백성들이 하나님을 중심으로 회집한 것을 가리키는 히브리어 단어인 '카할'을 헬라어로 번역할 때 일관성 있게 에클레시아를 사용하였다. 그러므로 교회란 구약에서부터 언약 백성들의 회집을 가리키면서 사람을 중심으로 할 뿐 어떤 추상적인 조직이나 조직체, 특정한 건물을 지칭하지 않는다.

그러나 비록 교회가 그리스도께서 세상에 오시기 전부터 형성되었다 하더라도 이를 교회로 지칭하지 않는 것은 옛 언약 백성은 임시적이며 새 언약 백성의 모형일 뿐이기 때문이다. 그리고 그리스도는 사도 베드로의 "주는 그리스도시요 살아 계신 하나님의 아들"이라는 고백을 듣고 그 고백의 터 위에 교회를 세우고 천국의 열쇠를 주겠다고 하셨다. 그리스도의 구속 사역의 완성으로 사도 베드로의 고백에 동참하는 새 언약의 백성들이 생겨나면서 언약의 주 그리스도의 임재를 중심으로 회집하였을 때, 그들은 자신을 옛 언약 백성들의 회집을 계승한다는 구속 역사적 이해에 따라 자신들의 회집을 유대인들의 회집인 회당(synagoge)과 구별하여 교회(ecclesia)로 지칭하였다. 이러한 맥락에서 교회는 예수 그리스도의 구속 사역의 완결로 생산된 산물이다.

하나님의 새 언약 백성들의 회집은 단지 지상의 백성들만 회집하는 것이 아니다. 히브리서에 의하면, 그들의 회집은 단순히 지상에서의 회집이 아니라 살아 계시는 하나님의 도성인 천성의 예루살렘에서의 회집이며, 그곳에 거하는 천군 천사들과 이미 앞서 가서 주님과 함께 거하는 수많은 구원 받은 자들과의 회집이다. 그 회집에는 영원한 대제사장이 계셔서 우리를 하나님의 존전으로 인도하시며, 그의 새 언약의 피가 있으며, 하나님의 임재의 소멸하는 불이 있다(히 12:22~24, 29절).

또한 성경은 교회를 다양한 명칭으로 부르면서 본질과 기능을 설명한다. 성경은 교회를 새사람으로, 하나님의 성전으로 지칭한다(엡 2:11 이하). 하나님께서는 그리스도가 세상에 오기 전에 나누었던 옛 언약의 백성들과 언약의 백성이 아닌 자들을 그리스도의 대속의 죽음을 통하여 화목하게 하시고 자신과도 화목하게 하여 한 종말론적인 새사람을 지었다. 이들은 모두 그리스도에게로 연합되어 한 몸을 이루는데, 그리스도가 그 머리며 그들은 모두 그리스도의 지체가 된다. 그러므로 그리스도를 통하여 형성된 새사람은 결국 그리스도의 몸인 것이다. 이처럼 교회가 사람인 이상 교회는 유기체로서 인격과 삶을 가지며 생명력을 나타내며 성장한다.

바울은 더 나아가 하나님께서는 이 새사람을 자신의 성전으로 삼고, 그들 가운데 거하시며 계속해서 택하신 자들을 그리스도의 복음으로 구원하여 친 백성으로 삼으면서 사도들을 기둥으로, 백성들을 재료로 하여 그 성전을 계속 지어가신다고 하였다. 하나님께서는 이렇게 사람으로 지어진 하나님의 성전에 거하시며 그들을 통하여 영광과 존귀와 찬양을 받으신다. 예배의 진정한 처소는 바로 이러한 하나님의 성전이다. 예수님께서는 예루살렘에 세워진 성전을 헐라고 하시면서 자신이 사흘 만에 다시 하나님의 성전을 짓겠다고 선언하셨다. 이것은 예수님이 십자가에 못 박혀 죽으신 지 사흘 만에 다시 부활하여 살려주는 영이 되어서 택한 백성들에게 부활의 생명을 나누어주시고, 그들을 산 자로 만들며, 새 언약의 백성으로 만들어 그들을 재료로 하나님의 성전을 지을 것임을 선언한 것이다. 그리고 그의 선언은 역사적 사실로 현실화되었다. 이러한 맥락에서 바울은 하나님께서는 더 이상 사람의 손으로 지은 집에 거하지 않으신다고 선언하였다. 그러므로 오늘의 교회당은 진정한 의미에서 더 이상 하나님의 성전으로 간주되어서는 안 된다. 하나님의 진정한 성전은 이렇게 형성된 한 새사람이다. 이 새사람은 그리스도의 이름으로 세례를 받은 자들로 이루어진 하나님의 새 언약의 백성들의 공동체다.

또한 그리스도의 몸인 교회는 그리스도의 나라다. 그리스도는 이 세상에 오심과 구속 사역의 완결로 이 땅 위에 하나님의 나라를 세웠다. 부활하고 승천하신 하나님께서는 그가 세운 나라에 왕으로 등극하여 친히 그 나라를 다스리고 계신다. 교회는 새 언약 백성의 회집이므로 그리스도께서 그 회집의 왕으로 등극하여 그 회집을 친히 다스리신다. 그리스도께서 이 땅 위에 시작하신 하나님의 나라는 옛 언약의 성취로 이루어진 것이며, 타락한 창조를 구원하고 그것을 영광스럽게 한 실제로서 존재하는 것이므로, 하나님의 새 언약 백성의 회집을 지칭하는 교회보다 훨씬 광대하다. 그리스도의 왕권 아래 있는 교회에 그리스도는 천국의 열쇠를 맡기셨고, 교회에는 하나님 나라를 섬겨야 할 책임이 부여되었다. 이런 점에서 교회는 하나님 나라의 확장과 영광을 위해 세워진 도구다.

교회는 중생하였으나 여전히 성화의 과정에 있는 새 언약 백성들의 회집이므로 성령의 사역에 의존하지 않을 수 없다. 하나님께서는 교회에 성령을 주셔서 교회를 거룩하게 하며, 진리로 인도하며, 성령의 검으로 무장시키며, 성령의 각종 은사로 교회를 충만하게 채우시며, 그리스도의 장성한 분량에까지 자라게 하신다. 성령은 교회를 사로잡으며, 교회는 성령의 사역 아래 놓인다. 이러한 방식으로 성령과 교회가 지속적으로 교제하는 가운데 성령은 교회를 충만하게 하며 영광스럽게 한다.

하나님의 새 언약 백성들의 회집으로서의 교회, 그리스도의 나라며 그리스도의 몸으로서의 교회, 하나님의 전으로서의 교회는 영원하며, 천상적이면서도 지상적이며, 영적이면서도 물질적이며, 불가견적이면서도 가견적이다. 그리고 이 교회는 결국 하나밖에 없다. 한 분이신 하나님께서는 하나의 회집을 형성하셨고, 그리스도의 몸과 나라는 하나밖에 없으며, 하나님의 성전 역시 하나밖에 없기 때문이다. 이 교회는 시간과 공간을 초월한 우주적 성격을 가지고 있으며, 모든 지역과 민족과 역사와 언어와 인종과 성별을 초월하여 세워졌다. 지상에 세워진 많은 교회는 교단을 초월하여 하나님의 한 교회의 지체일 뿐이다.

그러므로 비록 신앙 고백의 차이와 신앙 표현의 차이, 지역과 언어의 차이 등으로 많은 교회가 세워져 있고 이들 교회들이 교단을 형성하고 있으나, 그 교회들은 시각적으로 하나의 교회를 형성하는 데 진력해야 하며, 그리스도를 믿는 일과 아는 일에 하나 되어 그리스도의 장성한 분량에까지 자라가면서 역동적으로 하나 됨을 추구해야 한다. 개혁신학은 세계교회협의회(World Council of Church)가 추구하는 방식인 교회의 정치적 하나 됨의 에큐메니컬 운동은 배격하나, 하나님의 유일한 성경의 권위와 무오성에 입각하여 신학과 신앙 고백을 통일하면서 추구하는 진정한 의미에서의 성경적 교회의 하나 됨은 지속적으로 추구한다.

교회 정치

만유의 주이신 그리스도 한 분만이 교회의 왕이며 머리가 되신다. 교회의 왕이신 그리스도만이 하나님과 인간 사이의 유일한 중보자이시다. 그리고 그리스도께서 그의 말씀과 성령으로 직접 교회를 다스리신다. 그리스도께서 사도 베드로의 고백 위에 교회를 세우고 그 교회에 천국의 열쇠를 맡기신 이상 교회는 사도성을 지니며 그리스도의 청지기다. 교회는 이러한 청지기적 사역을 잘 감당하기 위해 정치 형태를 갖게 되며 행정적인 조직을 갖추고 실질적으로 행정을 실행한다. 부활하여 주가 되고 영이 되신 그리스도는 교회가 천국의 열쇠를 올바르게 열고 닫게 하기 위해 교회에 임재하시며, 그의 말씀을 통하여 교회 통치의 원칙을 세우고 사역자들을 세워 교회를 다스리며 교회를 채우신다.

그러나 오늘날 로마 가톨릭 교회가 교황을 세워 사도직을 계승함은 비성경적이다. 그리스도가 세운 교회는 우주적으로 하나지만, 그리스도는 각 지역에 사도들을 보내어 많은 지 교회를 세웠다. 그리스도는 각 지 교회에 은사의 직분인 장로와 집사를 임명하여 그리스도의 통치를 사역하게 한다. 장로는 가르치며 다스리는 장로인 목사와 다스리는 장로로 구성되며, 남자들에 국한한다(딤전 2:12, 5:17; 롬 12:8; 고전 12:28; 행 11:30 참고). 다스리는 장로는 가르치며 다스리는 장로(목사)의 지도와 가르침에 따라 장로직을 수행하므로 이 목사를 장로 중의 장로로 지칭하기도 한다. 집사는 성도들의 영적·물질적 필요를 채워주는 직분으로, 남녀 모두 해당한다(롬 16:1; 딤전 3:11). 현재 한국 교회가 시행하는 권사나 서리집사는 성경에 없는 직분이나 한국 교회의 특성을 감안하여 채택한 제도다.

그리스도는 지 교회의 회중을 통하여 이들을 선임하게 한다. 그러나 회중은 이들에게 권위를 부여하는 것이 아니라 이들을 세우시는 그리스도의 권위와 소명을 인식하며, 이들의 은사에 대한 소명과 능력을 확인할 뿐이다. 이처럼 교회의 직분자들을 선임할 때 비록 민주주의 다수결의 방식을 따르지만 직분자들이 그 직분의 권위와 권력을 갖지는 않는다.

교회는 스스로 입법의 권위를 가지지 않는다. 교회의 모든 정치는 교회의 유일무이한 최고의 법인 성경의 법에 기초하며 성경의 법에 일치해야 한다.

교회 헌법이란 이 성경의 법을 각 지역의 특성에 따라 적용한 법이다. 그러므로 교회의 최고 헌법은 성경이며 이 사실은 변하지 않는다. 그러나 교회의 법은 교회의 필요성과 상황에 따라 가변적이다. 또한 교회는 성경의 법을 능가하는 방식으로 입법할 수 없으며 교인들을 강제할 수 없다.

교회의 모든 통치는 그리스도의 왕권에 대해 사역적이며 선언적으로 시행되어야 한다. 교회의 어떤 회의도 하나님의 말씀에 순종하며 사역할 뿐 믿음과 예배를 위해 새로운 법을 제정할 수 없다. 그리고 그 통치는 하나님의 영광을 위하고, 성도들의 건덕을 세우며, 세상에 증인이 되기 위해 성경의 법에 따라 품위와 질서를 갖추어 시행되어야 한다.

교회의 통치력은 도덕적이며 영적일 뿐 물질적이지 않다. 교회의 왕이 되신 그리스도는 사도의 대표 되는 베드로의 손에서 물질로 만든 검을 거두고 성령의 검을 들려주며 그의 교회를 세우셨다. 교회가 물리적인 힘으로 정부 전복을 꾀하거나 교회가 원하는 사회를 건설해서는 안 된다. 교회는 경찰 기구나 감옥 등을 두어 성도의 삶을 억제할 수 없으며 물리적인 힘으로 교회의 통치력을 행사할 수도 없다. 교회는 성령의 인도하심과 성경에 기록된 하나님의 말씀에 따라 그리스도의 사랑으로 섬김의 통치를 해야 한다.

이러한 면에서 볼 때 교회의 정치는 외형적으로는 민주주의 제도와 비슷하나 민주주의 제도가 아니며, 기타 세상에서 실행되는 공화제나 사회주의 제도, 공산주의, 전제주의, 군주 제도 등 세상의 어떠한 정치 형태와도 일치하지 않는 신정주의적 성격을 갖는다.

그리스도는 지 교회에서 통치권을 행사할 때 각 지 교회에 다수의 다스리는 은사 직분자들(목사와 장로의 직분)을 세워 그의 통치권을 청지기적으로 사역하게 하신다. 이것은 한 사람에게 통치력이 집중되어 고집과 아집, 독선 또는 독재적인 통치로 전락할 것을 예방하기 위함이다(다수성의 원리). 이 직분자들이 갖는 권위는 동등하다(동등성의 원리). 그리고 이들은 각각 개별적으로 교회를 다스리는 것이 아니라 조직을 이루어 성도들을 감독한다(감독성의 원리).

개혁신학이 지향하는 교회의 통치 형태는 장로들에 의해 상기의 3대 원리에 따라 치리회를 형성하여 교회를 다스린다. 이러한 교회를 가리켜 장로교라 지칭한다. 지 교회의 장로들(목사와 장로)로 구성된 치리회를 당회라고 하는데, 이 당회가 장로교 치리회의 가장 기본이다. 당회는 자율적으로 지 교회의 예배와 성례를 집행하며 지 교회를 다스려 가지만, 각 지 교회의 당회를 감독·지도하기 위해 일정한 지역을 정하고 그 지역 안에 있는 지 교회의 당회들을 연합하여 또 하나의 치리회를 조직한다. 이를 노회라고 한다. 노회는 한 지역에 속한 각 지 교회의 목사와 장로로 구성한다. 노회는 각 지 교회의 당회를 지도·감독하며, 목사와 장로를 안수하여 세운다. 이러한 노회들은 또다시 연합하여 최고의 치리회를 구성한다. 이를 가리켜 총회라고 하며, 각 노회의 목사와 장로 전체가 또는 그 대표자가 회원이 된다. 각 국가마다 독립적으로 총회를 구성하며, 이 총회는 그 나라 장로교회의 헌법, 신학, 정책과 각 노회의 치리적 업무를 관리, 감독, 조정한다. 장로교는 이렇게 각 국이 독립적으로 형성되며 기본적으로 당회, 노회, 총회의 3심 제도를 취하면서 그리스도의 통치권을 가장 효율적으로 시행하도록 노력한다.

교회의 예배와 성례

교회는 하나님의 새 언약 백성들의 회집이며 한 새사람이다. 그러므로 교회는 하나님의 임재를 항상 대면하지 않을 수 없으며, 하나님의 존전에서 가져야 할 인격과 삶이 있고 그에게 부여된 책임을 이행해야 할 의무가 있다. 이미 앞에서 성도들의 구원은 하나님을 섬김 즉 예배의 수단이며, 구원의 궁극적 목표는 예배라고 하였다. 그래서 성도들은 개인적으로뿐만 아니라 공동체적으로 하나님께 예배를 드려야 할 의무를 지닌다고 설명하였다. 성도 각자는 자신의 처소에서 항상 대면하게 되는 하나님의 존전에서, 하나님께서 그에게 부여하신 각종 사명을 성실히 수행하는 방식으로 하나님을 섬기며 하나님을 예배한다. 또 하나님께서는 새 언약 백성들에게 일정한 날을 정하여 회집하여 공동체적으로 하나님을 섬기도록 요구하였다. 이 회집은 구원 받은 성도들의 공동체이므로 당연히 하나님께 대한 예배가 목표이다. 성도들의 이 회집에는 성삼위 하나님께서 임재해 계신다. 이 회집에 참석하는 자들은 성령의 지배를 받는 자들이 되어야 하며, 하나님께서 임재하시는 모든 현상을 체험하는 자세를 가져야 한다. 즉 경외와 감격과 감동, 기쁨과 감사, 경건성, 죄에 대한 통회, 믿음, 사랑, 참여함, 담대함, 가족적 친밀감, 엄숙하고도 자유롭고 생명력이 넘치는 자세를 가져야 한다. 교회는 이러한 자세로 예배를 드려야 한다.

예배는 오로지 하나님께만 드려져야 한다. 하나님께서는 성도들로부터 온전한 예배를 받기 위해 예배의 규칙을 정하여 성경에 기록하셨다. 따라서 교회는 교회의 전통과 시대적 요청, 인간의 문화와 기호에 따라 스스로 예배의 규칙을 정할 것이 아니라 하나님께서 정하신 규칙에 따라 예배를 드려야 한다. 영이신 하나님께 드려야 할 예배의 대원칙은 영과 진리로 드리는 것이다. 곧 성령께서 주도하시는 가운데 그리스도의 말씀으로 예배를 드려야 한다. 그리스도께서 구약의 율법을 완전히 성취하셨으므로 구약의 예배가 요구하는 예배의 물질적 요소와 형식과 절차는 더 이상 요구되지 않는다. 그 형식과 절차는 그리스도의 그림자와 모형일 뿐이며, 구약의 예배는 신약의 예배의 그림자며 모형이기 때문이다. 그러므로 그리스도의 영과 말씀이 주도하는 예배는 구약의 예배로부터 자유롭다.

그러나 예배를 받으시는 성삼위 하나님께서는 구약의 예배가 지시하는 예배의 목적을 더욱 역동적으로 이루어내는 예배를 교회에 요구하신다. 이 예배는 하나님의 임재 가운데 성도들이 하나님과 교제하며 하나님을 섬기는 것이며, 하나님 존전에서 성도들이 서로 교제하는 가운데 하나님을 섬기는 것이므로 성경은 예배의 요소를 크게 두 가지로 나눈다. 첫째, 하나님께서 교회에게 말씀하시는 것으로 하나님의 말씀(성경 읽기, 설교와 가르침), 축복, 저주(견책), 성례(세례와 성만찬)다. 둘째, 교회가 하나님의 말씀에 대한 응답으로 하나님께 말씀드리는 것으로 찬양(경배), 간구, 죄의 고백, 감사, 신앙 고백, 회중의 응답, 헌금, 회중간의 나눔 등이다. 이러한 예배의 모든 요소를 최선의 것으로 만들어 하나님께 예배해야 한다.

특히 음악은 예배에서 매우 중요한 역할을 한다. 성경은, 하나님의 백성들은 하나님의 진리를 말할 뿐 아니라 노래해야 한다고 명백하게 가르친다(대상 16:9; 시 33:2~3; 골 3:16). 하나님께서는 음악을 기뻐하신다. 우리가 찬양할 때 주님께서 우리와 함께 찬양하신다(시 22:22; 습 3:17; 롬 15:9). 이러한 면에서 하나님을 찬양하는 한 형식으로서의 음악은 예배의 한 요소가 아니라 예배의 다른 일들을 수행하는 방법이다. 존 프레임(John Frame)이 강조한 것처럼 음악은 하나님의 말씀의 생생함과 기억을 가미시켜 그의 은혜로 말씀을 우리 마음속에 심어줌으로써 하나님께 영광을 돌리게 한다.

성경은 찬양(시 8, 147~150편), 감사(시 50:14, 100:4), 간구(시 5:1~3), 죄의 고백(시 51편), 믿음의 고백(딤전 3:16), 애도(시 6, 10, 137편), 축복의 선언(시 4:6, 80:3, 7, 19절, 86:16), 가르침의 내용들(시 1편; 골 3:16) 등 음악의 다양한 종류를 열거한다. 예배의 음악은 시와 찬송으로 성경적이어야 한다.

특히 가사가 성경적이어야 한다. 특정한 음악의 형태를 요구하지는 않는다. 따라서 더 새롭고 기쁨과 생명력과 영성이 풍부한 음악, 더 공교한 악기와 익숙한 찬송으로(시 33:3; 대상 15:22; 대하 34:12) 하나님을 찬양할 수 있으면 족하다. 성경은 또한 악기의 동원, 합창단, 독창자, 몸의 음악(춤: 출 15:20; 삼상 21:11, 29:5; 삼하 6:14; 시 30:11, 149:3, 150:4; 렘 31:13; 손을 듦: 느 8:6; 시 28:2, 63:4, 134:2, 141:2, 143:6; 렘 2:19, 3:41; 딤전 2:8; 박수: 시 47:1, 98:8; 사 55:12) 등 다양한 음악의 형태를 열거한다. 이들은 예배를 더욱 역동적으로 만들어주는 수단이 된다.

그러므로 모든 수단을 동원하여 '이해될 수 있는 예배'(고전 14장)를 드리도록 해야 한다. 전문가들의 독무대가 아닌 회중과 공동체가 함께 어울려서 서로 이해될 수 있는 음악적 언어를 활용해야 한다. 이것은 인간의 취향을 만족하는 것이 아니라 예배 중에서도 그의 백성들을 교훈하기를 원하시는 하나님의 뜻을 반영하기 위함이다. 따라서 전통적인 음악만을 고집(기성 세대)할 것이 아니며, 새로운 음악만을 고집(신세대)해서도 안 된다. 이러한 방식으로 서로를 섬기며, 새로운 방식으로 하나님을 찬양해야 한다. 이렇게 할 때 피차 유익을 주며 서로 성장할 수 있다.

이처럼 이미 성경에서 음악은 일정한 형식에 얽매임 없이 역동적인 예배가 되도록 하는 데 큰 역할을 해왔음을 알 수 있다. 따라서 음악이 강화된 오늘날의 예배를 배척할 이유는 없다.

성경에서 정하는 바에 따른 자세와 예배의 요소를 갖추어 성도들이 함께 하나님께 예배를 드리면 성도들의 믿음이 강해지며, 그리스도의 사랑이 더욱 새로워지고 그 마음이 신선해지며, 성도들의 삶에 활력이 넘쳐난다.

또한 그리스도는 구약의 예배 장소와 시간도 초월하게 하였다. 구약에서는 주간의 7일째를 안식의 날로 정하고 특별한 절기를 정하여 언약의 백성들로 하여금 그 정한 날에 하나님께서 정하신 한 성전에 나아와 예배하게 하였다. 그러나 율법을 완성하신 그리스도는 부활하여 하나님의 안식을 성취하시고 하나님의 영원한 안식에 들어간 부활의 날, 즉 안식 후 첫날을 정하여 교회가 주님의 부활을 기념하며 성도들의 부활을 재확인하게 하면서 예배드리게 하였다. 장소도 더 이상 예루살렘의 성전으로 국한하지 않았다. 하나님의 성전은 예루살렘 성전이 아니라 전 우주적으로 확장되었으며, 성도들의 회집 곧 교회가 하나님의 성전이기 때문이다. 그러므로 지 교회는 편리한 장소를 정하여 하나님께 예배드린다.

　그리스도에 의해서 세워진 거룩한 예식인 성례의 집행은 예배의 매우 중요한 요소다. 성례는 세례와 성만찬으로, 새 언약의 표적과 인침이다. 이 예식 속에서 그리스도는 물질을 매개체로 하여 그리스도 안에 있는 하나님의 은총과 새 언약의 축복들을 대표하며 인치고, 그것들을 언약의 백성들에게 적용함으로써 신비로운 능력이 나타난다. 성례에 사용되는 그 물질 자체가 신비로운 능력을 나타내는 것이 아니라, 그 물질을 매개체로 삼아 새 언약의 축복을 약정하신 하나님께서 약정의 말씀을 이루시기 때문에 성례의 집행과 참여를 통해 성례에 약정된 신비로운 능력이 나타나는 것이다. 성도들 편에서는 성례에 참여함으로써 하나님께 대한 믿음과 언약적 연합을 표현한다. 성례는 기도와 함께 구원의 믿음을 강하게 해주며 확신하게 해준다. 따라서 기도와 함께 성례는 하나님의 은혜의 수단이 된다.

　첫 번째 성례인 세례는 물을 사용한다. 세례에는 침례, 물 쏟음, 물 뿌림의 세 가지 방식이 있는데, 개혁신학은 세례식을 상징적인 것으로 간주하여 세 가지 방식을 모두 수용하며 그 차이점이나 특별한 의미를 부여하지 않는다. 장로교가 주로 채택하는 방식은 물 뿌림이다. 세례는 죄 씻음의 인침과 표적으로 사용되었으며, 특정인의 이름으로 시행하면서 그 이름과 세례 받는 자가 연합되는 효과가 나타난다. 예수 그리스도의 이름으로 세례를 베풂으로 그리스도의 피로 죄 사함을 받으며, 그리스도와의 신비로운 연합이 이루어져 그리스도의 죽음과 부활에 동참하게 되므로 그 죽음과 부활이 보증하는 모든 축복을 누리게 된다. 성경은 이러한 세례를 베풀게 될 때 성령으로 그 구원을 인치며 하나님의 새 언약 백성이 됨을 보증한다고 하였다. 그러므로 이 세례는 비록 물로 시행하지만, 엄격히 말하면 하나님께서 베푸시는 성령의 세례이다. 하나님의 구원은 성령의 신비로운 사역으로 죄인이 마음으로 그리스도를 믿음으로 시작되나 공개적으로 입으로 시인함으로써 공식화된다. 세례는 바로 이러한 구원의 공식화를 이루는 예식이다. 따라서 마음으로 그리스도를 믿는 자가 예수님의 이름으로 세례를 받음으로 공식적으로 교회의 회원이 되는 것이며, 세례는 일생에 한 번만 받는 것이다.

　성만찬은 세례를 받은 자들이 자신의 죄를 위하여 피 흘려 죽으신 그리스도의 죽음을 기념하며, 세례를 통하여 연합한 그리스도와의 지속적인 교제를 이루고 있음에 대한 인침과 표적으로 시행한다. 그리스도의 몸을 상징하는 떡과 그리스도의 피를 상징하는 포도주를 나누어 먹고 마심으로, 성만찬에 참여하는 자들은 모두 그리스도의 동일하고도 동등한 새 언약 백성임을 확인하고, 함께 자신들을 위하여 죽으시고 부활하여 구원해주신 그리스도의 죽음을 기념하며, 그리스도와의 연합이 지속되고 그와 함께 교제하며 성도들 간의 교제를 함께 나누는 축복을 누리고 있음을 확인한다. 그러므로 성만찬을 반복적으로 시행함으로써 성도들의 일치성과 교제의 친밀함과 견고함을 이루어간다.

이러한 성례는 모두 언약의 주 하나님의 임재 아래 시행되는 언약의 의식이므로 축복과 함께 저주가 관련되어 있다. 따라서 언약의 복을 더 많이 누리고 언약의 저주를 면하기 위해 성례는 성경이 규정하는 바대로 엄숙하고 진지하고 경건하게 시행되어야 한다.

사회적 책임

교회는 사람이므로 생명력과 인격과 예배적 삶을 갖는다. 교회는 하나님의 성전인 새사람으로서의 거룩함과 경건함과 역동적 생명력과 능력을 가지고 삶을 살아가야 한다. 하나님께서는 자신의 공의와 구속적 사랑을 실천하기 위해 국가와 교회를 세우셨다. 따라서 국가와 교회는 서로 독립적이며 공존한다. 그러면서도 동일한 하나님을 섬기는 하나님의 종이기에 서로 협력하면서 각자에게 주어진 사역을 감당해야 한다. 하나님께서는 인류의 공동체 속에 교회를 세우시면서 교회가 국가와 민족과 지역 사회에 하나님의 말씀을 선포하며, 그들을 하나님의 통치 아래로 인도하며, 하나님의 구속적 은혜를 전달하는 책임을 갖게 하셨다.

교회는 도덕적·영적 권세를 가질 뿐이며 사회에 대하여 사법권적인 권세를 가지지 않는다. 교회는 도덕적·영적 권세를 행사하기 위해 형법적인 권력을 행사하거나 국가나 공공기관의 권력에 의존하지 않는다. 교회는 그리스도가 그의 나라의 직분자들에게 공의의 검이 아니라 말씀과 성령의 검을 주셨으므로 이 검을 활용하여 선교의 책임뿐만 아니라 어두움과 죄에 빠진 사회를 빛과 하나님의 은총의 사회로 개혁해야 할 책임이 있다. 교회는 결코 정당을 형성하여 정치에 참여하거나 국가의 권력 기구를 장악하지 않는다. 국가의 공권력에 순종하며 국가에 대한 의무와 책임을 성실하게 이행해야 할 책임이 있을 뿐이다. 부패한 국가나 독재 국가에서 교회가 핍박을 받는다고 해서, 사회의 정의가 실현되지 않는다고 해서 교회가 국가의 전복을 획책해서는 안 된다. 그러나 교회는 국가로부터 보호를 받을 권리가 있다.

그러므로 교회는 하나님의 말씀의 검과 성령의 검을 행사하면서 영적인 능력을 가지고 사랑의 봉사와 섬김의 방식으로 사회를 변혁시켜야 한다. 교회는 예배를 통하여 새로운 문화를 창달하며, 성도들에게 이를 교육시키고 훈련시켜 그들이 정치 · 경제 · 교육 · 문화 · 예술 등의 사회생활에 적극적으로 참여하여 범죄한 문화를 변혁하게 해야 한다. 또한 그리스도의 말씀에 일치하는 새로운 문화를 창달해서 문화와 학문과 인간의 삶의 전 영역에 그리스도의 왕권을 확립하고, 새로운 사회를 형성하여, 그리스도의 나라를 확장하고, 그 나라를 영광스럽게 해야 할 책임이 있다.

교회는 악령의 권세에 사로잡혀 하나님 나라의 은총을 체험하지 못하는 국가와 민족과 사회에 대하여 무한 책임을 가지고 섬김의 사역을 감당하면서 그리스도의 빛과 소금의 역할을 해야 한다.

역사의 종말

비록 인간의 삶을 통하여 역사가 진행되지만 역사의 주인은 하나님이시다. 하나님께서는 주의 목적을 성취하는 수단으로 역사를 이끌어가신다. 하나님께서는 친히 인간의 삶 속에 개입하여 창조의 목적을 구현해가신다. 특별히 하나님께서는 따로 구별한 특별한 백성들의 삶 속에서 자신을 계시하면서 구원의 목적을 성취해가시기도 하였다. 이러한 역사를 일반 역사와 구별하여 구속의 역사라고 한다. 성경에 기록된 역사가 바로 이러한 역사다. 그렇다고 해서 이 역사가 일반 역사와 다른 실제적인 역사가 아니라는 말이 아니다. 구속의 역사는 실제 역사와 똑같은 역사이지만, 이 역사를 통하여 하나님께서 주가 특별히 세운 백성들과 언약의 관계를 맺고 자신을 계시하시며 자신이 세운 창조의 목적과 구속의 목적을 특별하게 계시하신다. 그리고 그 언약의 백성들이 하나님 앞에서 살아야 할 삶의 규범과 수행해야 할 책임을 지정하면서 목적을 성취해가신다.

구약은 예수님의 오심이 역사의 종말임을 강조한다. 하나님의 성육신이신 예수님의 오심과 그의 사역으로 옛 언약이 성취되어 하나님의 나라가 영원토록 이루어지면서, 악의 나라와 그 백성들에 대한 영원한 심판과 하나님께서 택한 백성의 구원 및 타락한 창조의 회복과 영광이 영원토록 이루어지기 때문이다. 예수님의 오심과 구원 사역의 완결로 구약 역사의 종말은 도래하였다. 그러나 비록 그리스도 안에서 모든 구속 사역이 완결되어 하나님의 나라가 이루어졌으나, 그의 영을 통하여 완결된 하나님의 나라와 타락한 창조에 적용하여 하나님의 나라를 확장하며 영광스럽게 하고 하나님의 택한 백성들에게 그 구원을 적용하며 그들을 성화시키고 완전한 영광에 이르게 해야 하는 일은 아직 남아 있다. 그러므로 예수님께서 승천하신 이후의 시대는 하나님의 나라와 악령의 나라, 어두움의 나라가 서로 혼재하며 긴장 중에 있다. 교회는 이러한 세상에서 하나님의 전신갑주로 무장한 전투적 교회가 되어 스스로도 성결해지면서 악의 세상과 싸워 승리해야 할 책임을 수행하는 과정에 있다.

그리스도는 하늘로 승천하면서 올라가신 그대로 세상에 영광 중에 재림하여 구속 사역의 완결의 절정을 이루겠다고 약속하셨다. 그러므로 예수 그리스도의 새 언약 백성들인 성도들은 예수님의 재림을 소망하면서 전투적 삶을 살아간다. 주님의 재림의 날은 악한 세력과 그를 따르는 모든 무리가 영원토록 무저갱에 사로잡혀 더 이상 하나님의 피조물을 위협하지 않는 시대가 시작되는 날이다. 이날은 하나님의 구원이 절정에 이르러 하나님의 나라가 온 피조물의 세계를 꽉 채우며, 하나님의 영광이 충만하게 나타난다. 이날은 성도의 최후의 승리의 날이며, 성도가 최후의 영광을 누리는 시대가 시작되는 날이다. 역사의 대종말이 이루어지는 날이며, 하나님의 영원한 영광의 나라가 만개하는 새로운 시대가 시작되는 날이다.

성경은 그리스도의 재림의 때와 장소는 하나님만 아실 뿐 아무도 모르나, 다만 재림의 각종 징조가 나타날 것임을 예고한다. 성도들은 그 징조를 통하여 임박해지는 예수님의 재림의 날을 준비하는 삶을 살아야 한다.

또한 성경은 그리스도의 재림과 더불어 천년 왕국이 세워진다고 하였다. 그러나 천년이라는 숫자가 요한계시록 20장 1~3절에만 나타나는데다 요한계시록의 내용이 묵시적 계시이므로 상징적 의미를 더 많이 나타내기 때문에 이에 대한 해석이 매우 분분하다. 개혁신학은 3대 천년 왕국설을 인정하나 그중에 하나를 교리적으로 확정하는 자세는 삼가고 있다.

- 역사적 전천년설 : 예수님의 재림 이후 천년 왕국이 세워진다.
- 후천년설 : 예수님의 재림 전 천년 왕국이 세워지며 그 절정으로 예수님이 재림하신다.

- 무천년설 : 요한계시록 21장의 천년 왕국의 천년은 상징적인 숫자로서 예수님의 초림으로 이미 그의 왕국이 세워져 시작되고 있으며, 그리스도의 재림과 더불어 절정에 이른다.

각각의 천년 왕국설은 모두 강점과 약점이 있다. 그러므로 열려진 종말관, 즉 천년 왕국의 실현은 그리스도의 재림에 의해 확연하게 나타날 것이므로, 교리적으로 3대 천년 왕국설 중 하나를 확정하지 않는 대신 신중한 자세를 취하면서 그날을 기다리는 자세가 가장 바람직한 자세라고 하겠다.

이상에서 정통 개혁신학이 무엇을 믿고 있는지 간략하게 살펴보았다. 개혁신학은 성경 말씀을 하나님께서 영감으로 기록하신 정확 무오한 하나님의 말씀이며 하나님의 계시로서, 우리의 신앙과 생활에서 유일무이한 최고 권위가 있는 규범으로 믿는, 하나님 말씀 중심의 신학이다. 개혁신학은 성경에 기록된 신학을 정리하고 체계화한 것으로, 칼빈을 비롯한 어떤 특정한 신학자의 신학이나 시대적 정신, 사회적 요구에 부응해서 형성된 신학이 아니다. 따라서 개혁신학은 성령의 조명에 따라 새롭게 깨닫게 되는 하나님의 말씀을 따라 지속적으로 성경에 일치하는 신학이 되도록 개혁되면서 그리스도인들의 삶의 체계 또는 세계관의 기능을 감당한다. 성경과 일치하지 않는 모든 신학과 신앙을 개혁신학은 배격한다.

성경은 창조주시며 구속주이신 여호와 하나님을 추상적으로 묘사하지 않는다. 하나님께서 그의 형상을 따라 창조하신 인간과 언약의 관계를 맺고, 그 인간에게 그가 창조한 세상을 위탁시켜 자신을 대리하여 채우고 다스리게 하는 방식으로 왕권을 행사하는 구체적인 언약의 주로 묘사한다. 인간은 이러한 언약의 주 여호와의 존전에서 여호와만을 섬기면서 삶의 전 영역에서 언약의 책임을 이행하고, 그 결과를 여호께 돌려드리며, 찬양과 존귀와 영광을 돌리는 삶을 살아가는 존재다. 이러한 삶을 통하여 그리스도가 시작한 하나님의 나라를 그리스도가 다시 재림하여 모든 것을 마감할 때까지 확장하고 영광스럽게 하는 것이다.

이처럼 개혁신학은 하나님의 통치 하에서 하나님의 말씀과 성령의 능력으로 세상을 다스리며, 하나님께서 택한 백성들을 하나님의 교회로 인도하며, 세상의 문화를 변혁시켜 그리스도의 문화를 창출하는 것을 사명으로 여긴다.

따라서 개혁신학을 신앙과 생활의 기초로 삼는 자들은 철저하게 하나님의 말씀을 따르며 하나님 중심, 교회 중심, 전도·선교 중심의 생활을 한다. 또한 하나님과 언약의 관계 속에서 그리스도의 영광스러운 재림을 항상 고대하고, 언약의 주 하나님의 명령에 철저하게 순종하며 주어진 책임을 이행하는 전 인격적 삶을 역동적으로 살아가면서 하나님의 나라를 확장하고, 세상을 변화시키는 가운데 하나님을 영원토록 영광스럽게 하며 하나님을 영원토록 기쁘시게 하는 것을 인생의 목적으로 삼는다.

제3부

이단의 정의 및 대처 방안

심창섭 | 총신대학교 신학대학원 교수

그러나 백성 가운데 또한 거짓 선지자들이 일어났었나니
이와 같이 너희 중에도 거짓 선생들이 있으리라
그들은 멸망하게 할 이단을 가만히 끌어들여
자기들을 사신 주를 부인하고 임박한 멸망을
스스로 취하는 자들이라

벧후 2:1

제3부 이단의 정의 및 대처 방안

이단의 정의

이단(異端)은 문자 그대로 다르거나 틀린 이야기를 하는 사람들로서, 사도들이 세운 교회의 가르침과 다른 거짓 교리를 주장하는 무리들이다. 이단은 고대 그리스어 하이레시스(hairesis)에서 유래된 말로 초기에는 '선택', '선택된 것', '선택하는 행위' 등을 의미했으나 후에는 특정한 '교의'나 '주의'를 주장하는 무리들을 가리키게 되었다. 헬라 철학에서는 어떤 특정한 이론을 주장하여 학파나 당파가 생겨나면 이들을 지칭할 때 이 용어가 사용되었다.[1]

그런데 근래에 와서 이단을 지칭하는 말로 영어에서 이단(heresy), 종파(sect), 분파(schism), 숭배자파(cult) 등이 구분 없이 많이 사용된다. 서양교회사에서는 보편적으로 이단을 지칭할 때 헤러시(heresy)를 사용한다. 이들은 거짓 교리를 주장하고 반교회적인 행위를 일삼는 적그리스도적인 성격의 무리들이다. '종파'는 신앙적인 일부 소수 집단을 지칭하는 일반적인 의미로 통용되지만 교회사적으로는 편협한 주장에 치우쳐 형성된 무리들을 말한다. 16세기의 재세례파와 같은 경우를 들 수 있다. '분파'는 주로 교회의 행정 체제나 제도를 달리하면서 형성된 분리주의적인 성격의 무리들이다. '숭배자파'는 우상숭배나 이방신과 기독교를 혼합한 숭배나 예배 형식을 갖춘 소수 집단이다. 또한 정통 교리를 왜곡하거나 부인하여 변질시키는 다색적 사이비 교리파

---

1) 박종삼, 사이비 이단 발생에 대한 사회학적 접근, 한국 기독교와 사이비 이단 운동, 숭실대학교, 1995. pp. 356~357.

(hetrodoxy)도 이단이다. 이러한 이단들의 부류는 개괄적인 이해를 돕기 위해 정의한 것에 불과하며 대부분의 이단들은 혼합적인 성격을 띠고 있다.

서양교회사에서 이단을 대표하는 말로 사용된 헤러시는 원래 좋거나 나쁜 의미를 부여하지 않는 중성적인 의미로 종파나 무리를 가르킬 때 성경에서 사용되었다(행 5:17, 15:5). 그러나 교회 내부의 분파나 분열을 조장하는 편당을 지칭할 때 사용되기도 했다(고전 11:19). 또 부정한 죄를 범한 자들을 지적할 때(갈 5:20)와, 스스로 선택하여 다양한 형태의 신앙과 생활을 추구하는 이단적인 성격의 사람들을 지칭할 때 사용되었다(딛 3:10). 바울은 이 용어를 주로 교회를 해하는 무리들을 칭할 때 사용하였던 것이다.

초대교회의 교부 시대에서도 이단을 규정할 때 이 단어를 사용하였다. 예를 들면 교부들 가운데서 이 말을 최초로 사용한 사람은 안디옥의 감독 이그나티우스(Ignatius)였다.[2] 순교자 저스틴도 마르키온이나 영지주의자들을 이단으로 규정할 때 이 용어를 사용하였다. 알렉산드리아의 클레멘트나 터툴리안도 마찬가지였다. 이후 헤러시는 서양교회사에서 보편적으로 사용되었다.

이단의 판정 기준

기독교에서 이단은 기독교의 정통 가르침과 상반되는 내용을 가르치는 종파들을 일컫는다. 이단으로 단정되는 것은 어떤 신도의 주장이 기독교의 정통적 가르침을 위배하는 경우다.[3] 그러나 정통적인 기독교의 가르침이 확실한 진리며 오류가 없는가라는 질문에 부딪히게 된다. 역사적인 공교회의 판단이 오류를 범한 경우도 있었기 때문이다. 이단들도 바로 이 점을 강조한다. 역사적인 정통 기독교의 가르침은 옳지 않으며 자신들의 가르침이 정통이요 진리라는 것이다. 그러면 어느 가르침이 정통이며 진리인지 어떻게 구별할 수 있는가?

이단을 정의할 때는 성경의 가르침을 표준으로 판단하여야 한다. 주의할 것은 성경의 가르침을 표준으로 삼을 때 한 개인의 판단이나 신학적인 견해가 이단을 정의하는 기준이 되어서는 안 된다. 반드시 공적인 교회의 대표 기관인 노회나 총회의 객관적인 판단에 의해 공적으로 규정될 때 이단으로 정죄된다. 부언하면 이단을 정의할 때는 공교회의 판단이 최종적인 권위를 갖게 된

---

2) 심창섭, 기독교의 이단들, 대한예수교장로회 총회, 1998, pp. 17~19.
3) David Christie-Murray, A History of Heresy, Oxford University Press, 1976, p. 1.

다. 하지만 교회사적으로 공교회의 판단이 잘못되어 이단으로 규정된 사례들이 있기 때문에, 공교회가 최후의 판단 기준이 되어야 하지만 그 판단이 성경의 올바른 가르침에 상반되어서는 안 된다. 성경이 표준이 되어야 한다는 것이다.

결국, 성경에 위배되는 이설을 주장하는 자들을 공교회가 성경의 올바른 가르침을 기준으로 판단하여 잘못된 가르침이라고 규정지을 때 이단이 된다. 정통과 이단, 이단과 사이비를 구분하는 기준은 성경이 되어야 한다. 올바른 기독교는 성경을 바르게 믿는 기독교이기 때문이다. 바울도 이단들의 유혹에 대항하여 성경 외에 다른 복음이 없음을 확신하였다.

"다른 복음은 없나니 다만 어떤 사람들이 너희를 교란하여 그리스도의 복음을 변하게 하려 함이라 그러나 우리나 혹은 하늘로부터 온 천사라도 우리가 너희에게 전한 복음 외에 다른 복음을 전하면 저주를 받을지어다"(갈 1:7~8).

이그나티우스는 이런 맥락에서 성경의 바른 가르침을 부인하고 이설을 주장하는 영지주의자들의 이단에 대해 다음과 같이 말한다.

"이들은 거짓 이야기꾼들이며 그리스도의 이름으로 속이는 자들이다. 이들은 매우 설득력 있는 말로 가뭄에 내리는 단비처럼 이야기한다. 그리스도를 말하면서 그를 거절하는 식으로, 율법에 대해 말하면서 율법을 거스르는 말을 한다. 그들은 그리스도의 동정녀 탄생을 숭상하며 그리스도의 십자가를 부끄러워한다. 그들은 그리스도의 고난을 부인하고 그의 부활을 믿지 않는다. 그들은 하나님을 알려지지 않은 존재로 소개하고, 그리스도가 잉태되지 않았다고 생각한다. 성령의 존재함을 인정하지 않는다. 그들 중의 어떤 이들은 아들을 단순한 인간이며, 성부·성자·성령을 동일한 품격으로 본다. 그들은 창조는 하나님의 작품인데 그리스도에 의한 것이 아니라 어떤 이상한 다른 능력에 의한 것이라고 주장한다."[4]

기독교의 정통 가르침을 왜곡하여 전파하는 이단을 규명할 때는 철저하게 성경을 근거로 밝혀야 한다. 교인적인 편견이나 교파적인 선입관 등이 개입되어서는 안 된다. 특별히 교권적인 정치 권력의 횡포가 작용해서는 안 된다. 공교회가 이단을 규정 할 때는 반드시 공교회의 절차를 거쳐 성경적인 가르침을 기준으로 삼아야 한다.

---

[4] ANF I. p. 35., 재인용, 심창섭, 전게서, p. 18.

이단의 발생원인

이단은 왜 발생하는가? 공교롭게도 대부분의 이단들은 교회 내에서 발생하는 것이 특징이다. 한국종교문제연구소 소장이었던 고 탁명환 씨는 이단 발생의 원인을 일곱가지로 제시한다. 박종삼 교수는 다음과 같이 그 원인들을 잘 요약하였다.

첫째, 이단은 성경에 예언된 말씀의 성취를 위하여 일어나고 횡행한다.

둘째, 기성 교회의 제도적 부패와 타락이 이단 종파의 발생 원인이 되고 있다.

셋째, 자유주의 신학과 신앙 사상으로 인한 교회와 교인들의 안일 무사주의와 믿음의 표준에서 이탈하여 방황하는 과정에서 이단이 발생한다.

넷째, 극단적이고 폐쇄적인 기성 교회의 율법주의적인 신앙 생활에 대한 반작용으로 이단들이 발생한다.

다섯째, 기성 교회가 교인들의 감정, 심리, 사회적 욕구를 충족시켜주지 못하는 데서 이단이 발생한다.

여섯째, 이단들은 세상 징조에 나타난 위기 위식의 고조를 통해 절망감을 안겨주고 자신들을 통해서만 구원을 얻을 수 있다는 '피난처의 희망'을 안겨줌으로써 존립한다.

일곱째, 이단들은 '지금까지 아무도 풀지 못했던 말씀을 하나님의 계시를 통해 풀게 되었다' 는 등 성서 해석의 오류를 통해 일어난다.[5]

이 내용을 분석해보면 '병든 사회와 병든 종교의 합작품' 이 바로 사이비 신흥 이단 종교의 발생 원인임을 알 수 있다. 이는 물론 사회학적인 관점에서 파악한 것이다. 다시 말하면 이단과 같은 신흥 종교는 "사회 구조적인 결함과 기성 종교의 기능적 문제점" 때문에 발생한다.[6] 즉 이단의 발생 원인은 사회적인 원인과 교회 내의 원인이 합한 것으로 볼 수 있다.

이단 발생의 복합적인 원인은 미국의 대표적인 이단들인 모르몬교, 안식교, 여호와의 증인, 크리스천 사이언스의 발생 배경을 연구해보면 더욱 분명해진다. 이들이 발생한 19세기의 미국은 정치·사회적으로 혼란의 시기였다. 19세기 초에 미국은 경제 불황을 맞았다. 은행이 도산했고, 사회 개혁의 목소리가 높아졌으며, 멕시코와의 전쟁으로 사회적인 불안이 가중되었다. 이때 모르몬

---

5) 박종삼, 전게서, p. 360.
6) 노길명, 한국의 신흥 종교, 가톨릭신문사, 1988, p. 25.

교와 안식교 등이 발생하였다.

크리스천 사이언스와 여호와의 증인도 발생 배경이 비슷하다. 1850년을 전후로 미국에서는 많은 공산품이 발명되었고 농업도 크게 발전하였다. 그러나 이러한 평화스런 발전은 일시적이었다. 1861년 남북전쟁이 발발했고 5년에 걸친 남과 북의 치열한 전투로 인해 미국은 대혼란에 빠졌다. 국토와 국론이 양분되었고, 흑백간의 차별을 넘어 백인들 간의 분열과 갈등이 심화되었다. 사랑을 외치던 백인 그리스도인들도 양키와 딕시로 나뉘었다. 그리고 전쟁의 혼란으로 인해 미국은 걷잡을 수 없는 경제적인 불황에 빠졌다.

1873년경에는 은화 1불을 발행할 수 없을 정도로 경제적인 빈곤을 겪었다. 미국 중서부의 중심 산업 도시였던 시카고와 오하이오에는 노동쟁의가 끊임없이 발생했고, 노동쟁의를 위해 노동기사단이 조직되었다. 1885년에는 무려 60만 명의 철도 쟁의가 파업을 주도하였다. 사회적으로 불안한 사건들이 연속적으로 발생한 것이다. 1887년 농민 봉기, 1893년 경제 파탄, 1898년 스페인과의 전쟁 등 미국 사회는 출렁이는 파도와 같이 혼란스러운 시기였다.[7]

19세기 미국의 정치 사회적인 혼란은 교회의 분리와 무관하지 않았다. 1830년부터 남북전쟁 때까지 미국의 교회는 분열의 시기였다. 미국의 전 교파가 분열의 아픔을 겪었다. 미국의 장로교회는 구파와 신파로 갈라섰다. 프린스턴 신학교에 맞서 뉴욕의 유니언 신학교와 예일 대학교의 신학부가 신학적으로 크게 대립하였다. 감독교회 안에서도 분쟁이 일어났다. 스카치-아이리시와 영국의 싸움이었다. 루터교회에서는 독일교회파와 미국화주의간에 세력 다툼이 일어났다. 미국화의 반대를 주도한 보수 루터파는 결국 세인트루이스에 컨커디어 신학교를 세웠다.

종교적인 분쟁은 개신교와 로마 천주교 사이에도 발생하였다. 건국 초기에는 로마 천주교인들의 숫자가 많지 않았으나 아일랜드의 감자 흉년으로 1845~1846년에 아일랜드의 천주교인들이 많이 이주해왔고, 독일의 천주교도들도 내란에 실패하여 1830~1848년에 미국에 많이 유입되었다. 천주교 내의 잉글랜드 주교파와 휴스 주교파의 분쟁에도 불구하고 천주교는 20년 만에 여섯 배가 증가하였다. 여기에 불안을 느낀 개신교도들은 천주교 반대 운동을 결성하여 10만 명의 회원을 확보하고 '아무것도 모르는 당'이라는 비밀 단체

---

7) 이종성, 모르몬교와 여호와의 증인, 한국 기독교와 사이비 이단 운동, pp. 107~108.

를 조직하여 신구교 간 험악한 분위기가 조성되었다. 특별히 남북전쟁을 전후로 미국의 교파들은 남과 북으로 양분하여 분열을 초래하였고, 정신적·도덕적으로 미국인들의 지도자 역할을 상실하였다.[8]

이와 같이 미국이 정치적·사회적·종교적으로 혼란한 시기를 틈타 모르몬교, 안식교, 여호와의 증인, 크리스천 사이언스와 같은 이단적인 종파들이 발생하였다.

이런 현상은 한국의 신흥 종교 발생 배경과도 유사하다. 전도관, 통일교 등 무수한 유사 사이비 이단 종파들이 일어난 당시 한국 교회의 상황이야말로 이단이 발생할 수 있는 정치·사회·종교적 최적의 상황이었다.

1882년 개신교가 이 땅에 복음의 씨를 심은 후에 한반도는 정치적으로 불안정한 시대를 벗어난 적이 없었다. 사회적인 불안정과 경제적인 고통이 지속된 역사였다. 36년간의 일제의 압제 아래 고통당한 민족사, 해방을 맞이했으나 기쁨이 사라지기도 전에 당한 6·25 전쟁의 비극, 남한만의 자유 민주주의 회복이 이루어졌으나 부정과 부패로 인한 사회적인 혼란, 이를 틈타 일어난 쿠데타와 군사 독재 하에서의 혼란한 정세, 경제 개발 제일주의 정책으로 인한 노동 시장의 대혼란, 지속적으로 불안을 가져온 북한의 도발 위험, 대학생들의 데모와 노동자들의 시위, 경제 성장주의가 가져온 사회적 가치의 전도, 가정 파괴, 도덕성의 저하 등 어느 나라에서도 경험할 수 없는 변화가 한 세기 동안에 이루어졌다.

이 시기의 교회에 성장과 더불어 개신교 역사상 가장 많은 교파를 양산할 정도로 분파 운동이 발생하였고, 물량주의에 물들었으며, 교권주의와 교단 정치가 판을 치는, 일반 정치 현장을 방불케 하는 교단 총회들이 득실거리게 되었다. 축복 신앙이 민간 신앙과 접목하면서 경건하고 건실하고 인격적인 성경 중심의 신앙이 설 자리를 잃어버리고, 사이비 무속 신앙이 기독교계를 혼란스럽게 하는 부흥 신앙이 되어 유행병처럼 번져갔다. 무분별한 주관적 성령 운동이 주도하는 은사 중심의 신앙이 열기를 가하면서 조용한 인격적인 신앙이 맥을 못 추게 된 것이다. 이런 분위기에 휘말려 너도나도 성령 체험과 열정적 신앙을 무분별하게 추구하면서 극단적인 계시론과 신비적인 체험을 기준으로 정통 교회의 가르침을 이반하여 갓길을 걸어간 이단들이 대거 나타났다. 사회

---

8) 상게서, pp. 104~106.

적인 대혼란과 교회의 비정상적인 기능의 합작품으로 이단이라는 병리 현상이 교계에 나타난 것이다.[9]

노길명 교수는 신흥 종교는 건전한 사회에서는 나타나지 않는다고 잘라서 말하며, 기존 종교의 결함이 신흥 종교의 발생 원인이 된다고 강조한다. 사회적인 병리 현상은 기성 종교에 그대로 반영되어 나타난다는 것이다. 즉 물량주의, 업적주의, 개인주의, 경쟁주의, 권위주의 등을 들 수 있다. 교회의 극심한 분열주의는 사회적인 병리 현상에서 찌든 영혼들을 위로하고 치유하기는커녕 실망시키는 역기능을 한다. 기성 종교는 사회에서 소외된 자, 눌린 자에게 친근한 종교가 아니라 맘모스화된 중산층 중심의 종교로 변화하면서 사회에서 소외되고 상처받고 힘없는 자들의 안식처가 되지 못했다. 이것은 기성 종교에 비판적인 태도를 갖고 있는 자들에게 신흥 종교를 택하게 하는 요인이 되기도 한다. 결국 신흥 종교의 발생에는 사회적인 요인뿐만 아니라 종교적인 요인도 크게 작용했다는 것이다.[10]

이러한 기성 종교의 병리 현상이 이단의 발생 근거가 됨을 주장하면서, 노 교수는 기성 종교를 향해 의미 있는 제언을 한다.

"그렇기 때문에 기성 종교가 가난한 이웃들과 함께한다면, 민중의 고통과 한을 함께 나누고 그것을 해결하기 위해 적극 노력한다면, 기성 종교 내에서도 인간 회복과 사회 정의가 실현된다면, 기성 종교가 병든 사회의 병든 종교로

---

9) 참조. 노길명, 전게서, pp. 26~27; "이러한 경우는 한국 근대사에서도 분명하게 나타났다. …… 조선 후기에 나타난 봉건 사회 체제의 해체와 그에 따른 삼정의 문란 현상, 오세열강의 침략과 조선 왕조의 붕괴, 자본주의의 급속한 이입과 일본 제국주의에 의한 식민화 정책, 8·15광복과 그후에 나타난 좌·우익 간의 이데올로기 대립, 6·25 전쟁, 4·19 혁명, 군사 쿠데타, 유신 쿠데타, 10·26과 12·12사태, 5·17 계엄 선포와 5·18 광주 사태, 1987년도에 전개되었던 6월 민주항쟁 등은 민중의 삶과 의식 세계를 전환시키는 중요한 분기점이 되었다. 이러한 격변들을 겪으면서 사람들은 지금까지 갖고 있던 자신의 세계관과 가치관의 무력함을 깨닫게 되었고, 무엇을 추구하고 어떻게 살아야 할지 삶의 목표와 기준을 새롭게 모색하게 되었다. ……현재, 한국 사회에는 전통적으로 한국인의 심성과 의식에 기반이 되어온 무속적 가치와, 조선왕조 5백년간을 통해 내면화된 유교적 가치, 일제 시대에 들어온 군국주의적 가치, 8·15 이후 본격적으로 수용된 서구적 가치들이 혼재해 있으면서 심한 대립과 갈등을 나타내고 있다. ……뿐만 아니라 이들에게는 급속한 사회 변동이 자신의 사회적 지위를 높이는 좋은 기회가 될 수 있다. 벼락 출세자나 벼락 부자, 한탕주의가 판칠 수 있는 것은 안정된 사회가 아니라 급속한 변동을 겪는 혼란된 사회인 것이다. 신흥 종교는 이러한 상황에서 발생한다. 신흥 종교는 수난과 고통으로 이어지는 사회적인 상황 속에서 주어진 현실에 적응하는 데 어려움을 겪는 자들이 자신의 정체와 삶의 방향을 되찾기 위한 노력의 하나로 등장하게 되는 것이다."

10) 상게서, p. 35.

변질되지 않는다면, 기성 종교 내에서도 권력이나 위세, 경제적인 부, 교육 지식을 갖지 못한 자들이 자리 잡을 터전이 마련된다면, 고통받고 억눌린 자들이 굳이 이단, 사이비 등으로 불리는 신흥 종교를 찾을 이유가 없다. 이러한 점에서 신흥 종교의 산모는 기성 종교라 할 수 있으며, 신흥 종교의 발생에 대해 기성 종교가 맡아야 할 책임이 크다고 하겠다. 이 점에서 기성 종교는 신흥 종교를 비난하기에 앞서 자신의 위상과 역할을 냉엄하게 살펴보아야 할 것이다. 그렇게 할 때에만 '살아 있는 종교', '역동성 있는 종교'가 될 수 있다."[11]

이단의 특성

이단은 말씀 중심의 정통 교회와는 달리 두드러진 특성들이 있다. 이것은 이단들의 공통점이다. 질병이 생기면 어떤 병세가 드러나는 것처럼 이단들은 나름의 독특한 색깔들을 나타낸다. 예를 들면 초대교회의 이단들인 영지주의, 마르키온, 마니교 등은 이원론적인 강한 특징이 있었다. 그리고 몬타누스파는 성령 체험의 극단적인 현상과 계시와 환상을 주장하는 특징이 있었다. 이단들의 공통된 특징을 열거하면 다음과 같다.

이단 종파의 발원은 교회다

교회사를 통해 보면 이단들은 교회 밖이 아닌 교회 내에서 나타난다. 이단의 창시자나 교주들은 기존 교회에 소속된 신자로서 성직자들이거나 특별한 계시 등을 받았다고 주장하는 자들이다. 모르몬교의 창설자인 조지프 스미스 2세는 열성적인 감리교도였다. 안식교의 윌리엄 밀러는 침례교회 신자였고, 크리스천 사이언스의 메리 베이커 에디 부인은 회중교회의 교인이었다. 여호와의 증인의 창설자인 러셀은 회중교인이었다. 한국의 박태선, 문선명도 교회의 지도자로서 장로나 집사직을 맡았던 자들이었다. 이와 같이 기독교의 이단들은 교회에서 자생한 특징이 있다. 이들은 기존 교회에 불만을 품고 이탈하여 교회를 비난하며 사람들을 현혹시켰다.[12]

---

11) 상게서, p. 36.
12) 박영관, 이단 무엇이 다른가?, 심창섭 외 3인, 전게서, p. 374.

이단들은 기존 교회 신자들을 포교의 대상으로 삼는다

이단들은 자신들의 신앙을 기존 교회의 신앙과 차별화하면서 기존 교회의 교인을 포교 대상으로 삼는 특징이 있다. 이것은 기존 교회의 신앙이 잘못되었다고 확신하는 데서 비롯한다. 여호와의 증인의 경우는 기존 교회의 교인들을 포교하는 데 사명을 다하고 있다. 이런 현상은 정도의 차이는 있지만 안식교, 통일교, 전도관, 크리스천 사이언스 등 대부분의 이단들이 갖고 있는 특징이다.

이단들은 표리부동한 정체성을 갖고 있다

이단들은 자신들의 정체성을 숨기고 표면적으로는 기독교인인 것처럼 보이며 교인들에게 접근한다. 즉 자신이 믿는 것을 변장한 채 교회에 침투해온다. 그들은 정말 위장술에 능한 자들이다. 예수의 이름을 말하지만 정통 기독교가 믿는 예수의 본체를 믿지 않는다. 성경을 말하지만 성경의 진리를 위장한 채 왜곡되게 해석한다. 이단들은 공개적으로 말하는 것과 실제적으로 믿는 것이 상반되는 이중성을 갖고 있다. 이런 모습은 사도 시대에도 이단들의 특징이었다. 유다서에서는 이들을 "가만히 들어온 사람"이라고 표현한다(유 1:4).

이단들은 기존 신자들의 구원을 인정하지 않는다

이단들은 중생을 체험한 자와 체험하지 않은 자를 구분하여 교인들을 양분화시킨다. 특히 구원파는 이러한 특징이 지배적이다. 이들은 성도들을 참 크리스천과 거짓 크리스천으로 구분하여 양분화된 도식으로 인식하고, 기존 교회의 성도들은 거짓 크리스천이며 자신들만이 참 크리스천이라고 주장한다. 참 크리스천이 되려면 자신들의 범주에 들어와야 한다는 것이다. 자신들만이 하나님의 자녀라고 믿기 때문이다.

이단들은 체험 신앙과 계시 지향적인 신앙을 내세운다

이단들은 개인의 신비적 혹은 특별한 체험을 근거로 주관적인 확신에 찬 사람들이다. 그들은 자신의 계시 체험을 일반화하여 체험이 없는 자들과 차별화하고 자신의 신앙이 우월함을 내세운다. 중요한 것은 자신이 체험한 무분별한 신비적인 경험을 신적 계시와 동일시하여 교인들을 현혹시킨다는 것이다. 문제는 신도들도 이러한 주관적인 개인의 체험을 절대화시켜 절대적인 신적 계시나 그것의 매체로 맹신하는 데 있다. 유다서는 무분별한 체험을 하는 자들을 거짓 예언자들이며 꿈을 꾸는 자들로 묘사한다(유 1:8).

이단들은 거짓 예언을 일삼는다

예수님께서 예언하신 것처럼 거짓 예언은 이단들의 특징 중 대표적인 것이다(마 7:15). 이들은 자신들의 거짓 예언을 절대 불변의 진리로 내세우며, 그 예언이 하나님의 영감 된 절대 진리라고 인식하고 있다. 거짓 예언은 대부분 개인의 미래나 미래의 역사적인 사건에 대해 예언하는 공통점이 있다. 성경은 거짓 예언하는 영들을 경계해야 한다고 말씀한다. 사도 요한은 세상에는 거짓 예언자들이 많기 때문에 영을 다 믿지 말고 오직 영들이 하나님께 속했는지 시험해보아야 한다고 주장한다(요일 4:1).

이단들은 교주를 신격화하는 인존 사상이 지배적이다

정통 기독교가 신 중심주의라면 이단들은 교주를 신격화하는 인간 중심주의가 특징이다.[13] 교주들이 카리스마적인 존재로 군림하는 것이다. 맥도웰과 스튜어트는 이 점을 잘 표현하고 있다. "이들 지도자들은 오직 자신만이 신령한 체험이나 영적인 능력이 있는 하나님의 사자라고 자처한다. 따라서 그들에게는 자신이 이끌고 있는 종파의 교리나 행동 양식들을 지시할 수 있는 권한이 있다. 결과적으로 그들은 자신이 속한 이단 종파의 전 영역에 걸쳐서 막강한 영향력을 행사하는 것이다."[14] 그리고 종국에는 교주 자신을 메시아로 둔갑시키는 경우에 도달하게 된다. 즉 '재림 예수', '동방의 의인', '최후의 제사장', '하나님의 대사', '말세의 종' 등의 명칭을 사용하면서 자신들의 메시아적인 이미지를 부각시킨다.

이단들은 격리된 게토 형식의 공동 집단체를 형성하는 특징이 있다

이단들은 반사회적인 병리 현상을 갖고 있다. 이들은 스스로를 공동체로부터 격리시켜 특정 집단을 형성하는 현실 도피적인 경향을 띤다. 그리고 운거하는 특정한 지역을 성역화하여 '새예루살렘', '천년 왕국', '신앙촌' 등을 이

---

13) 참조, 노길명, 전게서, pp. 134~138.
14) 이호열, 이단 종파, 기독지혜사, p. 29.

룬다. 대부분의 이단 연구가들은 이단들 안에 자석이 쇠붙이를 끌어당기듯이 사람들을 매료시키는 요소가 있다고 지적한다. 그것은 바로 이단들은 신도 개개인들에게 친밀 공동체를 제공해주기 때문이라는 것이다.[15]

이단들은 말세 사상 신앙에 치우쳐 있다

이단들은 사람들의 마음을 현혹시키고 미혹하여 위기 의식을 조장함으로써 무분별한 행동을 하게 만드는데, 그것은 바로 세상의 종말이 가까이 왔다는 주장 때문이다. 종말에는 자신들의 집단에만 구원이 임한다는 확신을 추종자들에게 갖게 하는 특징이 있다. 초대교회의 몬타누스도 이와 같은 부류에 속한다. 한때 이장림 사건이 대표적인 예다. 이외에도 대부분의 이단들은 세상의 종말이 임박함을 강조하여 신도들을 유혹한다.[16]

이단들은 말세 사상과 더불어 지상 천국 신앙을 갖고 있다

기존 교회의 모순과 사회의 부조리에 환멸을 느낀 이단들은 이것을 극복하기 위해 기존 교회를 개혁하려는 강한 열망과 의지를 갖고 있다. 그래서 이들은 추상적인 내세의 영생 복락만을 추구하는 것이 아니라 현실 구원론적인 말세 신앙을 강조하며, 후천 개벽 사상이나 지상 천국 신앙으로 구체화된 집단

---

15) 오성춘, 시한부 종말 신앙과 목회적 치유, 시한부 종말론 과연 성경적인가? 교문사, p. 158; "이단에 빠진 사람들은 이단 공동체 속에서 (1) 속에 감춘 모든 것을 털어놓아 서로 나눌 수 있는 기회를 얻으며, (2) 그들의 과거의 신분이 어떠하든 상관없이 가치 있는 존재로 용납 받으며, (3) 삶의 위기와 새로운 삶으로 전환되는 과정에서 일어나는 갖가지 불안과 문제들을 카타르시스할 수 있는 기회를 제공받으며, (4) 소속감을 충족 받는다고 한다."

16) 노길명, 전게서, p. 141; "일부 신흥 종교는 말세의 구체적인 시간을 예언함으로써 많은 사회적 물의를 빚기도 한다. 이러한 예언을 일컬어 시한부 종말론이라고 한다. 예를 들면 용화교의 교주 서백일은 1964년 10월 1일 말세가 닥치게 된다고 예언하면서 누구든지 살아남으려면 자신의 딸과 재산을 바치고 교단 본부가 있는 용화사 30리 이내로 이사오라고 하였으며, 동방교에서는 1965년 8월 15일에 말세의 심판이 이루어진다고 하였고, 장막 성전에서는 1969년 11월 1일, 일월산기도원에서는 1971년 8월 15일, 팔영기도원에서는 1972년 6월 25일에 말세가 닥치게 된다고 주장하였다. 또한 천국복음전도회에서는 1973년 11월 10일 오전 10시에 말세의 심판이 이루어진다고 하면서, 그때 심판을 면하고 지상 천국에 들어가기 위해서는 가지 종단에서 판매하는 '천국행 티켓'을 사야 한다고 하여 그 티켓을 판매하다가 교단 간부들이 경찰에 사기 혐의로 구속되기도 하였다. 중앙예루살렘에서는 1975년 8월을 말세의 때라고 주장했었다. '하나님의 교회 안상홍 증인회'에서는 1988년 안에 말세가 이루어진다고 주장하였으며, '영생교 하나님의 성회 승리제단'에서는 1990년 안에 종말이 올 것이라고 예언하였다. 이 밖에도 여러 신흥 종교들이 서기 2천 년이 되기 이전에 천지개벽이 일어나고 대심판이 이루어질 것으로 예언하였다. 위에서 언급한 사건 외에 가장 드라마틱하게 알려진 사건은 이장림의 해프닝이었다."

을 이루려고 한다.[17] 이들 지상 천국의 개념 속에는 소외되고 억눌린 사람들의 계급 의식이 포함되어 있다고 볼 수 있다. 이들은 기존의 권력과 부를 가진 자들은 말세에 모두 심판을 받아 멸망하는 반면 자기 종단의 신자들은 지상 천국에 참여한다는 억눌려온 피지배 계급의 해원과 한풀이를 주장한다.

이단들은 항상 기독교의 정통성을 거부한다

이단들은 정통적인 기독교의 가르침을 부인하고 자신들이 새로운 진리를 갖고 있다고 주장한다. 정통 기독교는 참 진리에서 이탈하여 변질된 종교라고 비난한다. 그래서 교회의 개혁이 필요함을 주장한다. 이들은 기존의 기독교에 환멸을 느낀 나머지 공격과 비난을 일삼으며 기존 교회를 위선적인 거짓 종교로 몰아붙인다.

이단들은 성경 외에 자신들의 경전을 갖고 있다

이단들은 대개 자신들의 주장을 절대화하기 위해 성경 외에 자신들만의 경전을 갖고 있다. 모르몬교, 안식교, 통일교 등이 대표적이다. 그들의 경전은 표면적으로는 성경과 동일하다고 해도 실제로는 성경보다 더 능가하는 권위가 있는 것으로 여기고 있다. 그래서 그들의 경전이 최종적인 신앙과 삶의 표준이 되어 있다.

이단들은 성경을 부분적으로 해석하고 보편적인 성경의 가치를 인정하지 않는다

이단들은 성경 외에 자신들의 경전을 주장하는 것은 물론 성경 전체를 객관적인 동일한 가치가 있는 진리로 받아들이지 않는다. 그들의 주장에 맞는 부분만을 참된 진리라고 주장하는 편협적인 성경관을 갖고 있다. 즉 성경 안의 성경을 주장하는 셈이다. 구약과 신약의 모순을 지적하고 구약을 하나님의 말씀으로 인정하지 않는 경우도 있다. 이러한 현상들은 초대교회의 이단이었던 마르키온과 영지주의자들에게서 현저하게 나타난다.

---

17) 상게서, p. 140; "동학과 천국복음전도회 및 동방교에서의 '지상천국', 증산교의 '후천선경', 정도교의 '계룡낙원', 미륵불교의 '후천극락세계', 용화교의 '용화선경', 전도관의 '천년성', 세계일주평화국의 '통일 평화세계', 산성기도원의 '천년세계', 갱정유도의 '춘일원선경', 통일교의 '공생공영공의주의사회' 등은 지상 천국 신앙의 서로 다른 표현들이다."

이단들은 특히 행위 구원을 강조하는 경향이 있다

이단들은 기존 교회의 신앙과 생활에 만족하지 못하기 때문에 자신들이 만든 교리와 규례를 지켜야 구원 받을 수 있다고 주장한다. 이러한 주장들은 구약의 율법과 같이 추종자들을 구속하는 강한 힘을 갖는다. 성인 세례나 성찬식 참여 등을 구원의 조건으로 강조하는 경우도 있다. 예전적인 준수와 더불어 믿음의 의로운 행위가 반드시 수반되어야 구원을 받을 수 있다고 주장한다. 여호와의 증인이 대표적이다.

이단들은 중생 체험을 강조하는 특징이 있다

이단들이 주장하는 중생은 심리적인 확신의 경험이 기초가 되기도 한다. 주로 구원파 계열이 이러한 주장을 한다. 그들은 중생을 믿음으로 받아들이는 것이 아니라 구체적으로 체험의 확신이 있어야 한다고 말한다. 예를 들면 중생의 시간과 장소 등을 강조한다. 이러한 주장들은 주관적인 구원의 체험을 믿음보다 더 확실한 증거로 인식하는 오류를 범한다. 더 위험한 것은 주관적인 체험을 공유하지 못한 신자들을 구원 받지 못한 자연인으로 간주하는 모순에 빠지는 것이다. 주로 구원파에 두드러지게 나타나지만 워치만 리와 그의 후계자인 위트니스 리의 구원론에 심취한 자들도 이러한 위험에 노출되어 있다.

이단들은 율법 폐기론적인 입장을 갖고 있다

이단들은 반사회적이고 비윤리적인 경우가 허다하다. 이단들은 인간의 기존 체제와 법을 무시하고 자신들의 주장과 신조에 일치하지 않으면 사회의 질서 보존과 공익에 관계없이 불법적인 행위도 서슴지 않는다. 특히 남녀간의 성문제, 가정 파괴 등의 반사회적인 행위를 감행할 수도 있다. 주로 교주의 독선적인 지배 하에 비윤리적인 행위가 자행되며 때로는 반국가적인 행동도 동반하게 된다. 여호와의 증인의 집총 거부, 모르몬교의 일부다처가 실례다.

이단들은 강한 이원론적인 세계관을 갖고 있다

이단들의 신앙은 대개 이원론에 근거를 두고 있다. 이들의 이원론은 단순한 염세주의나 현실 도피 정도를 넘어 성경관, 신관, 기독론, 세계관에 이르기까지 큰 영향을 끼친다. 이들은 영의 세계와 물질 세계를 선악의 세계로 이원화하여 세상을 이중 구조로 해석하는 극단적인 흑백 논리에 빠진다. 특히 기독론에서 이원론의 영향이 지대하다. 그리스도의 인성적인 면을 악하게 보기 때문에 그의 육체적인 부활 신앙을 부인하는 데 이른다. 천지창조 자체가 물질에 속한 것이기 때문에 선한 하나님은 악한 물질을 만들 수 없다는 논지로 창조의 역사와 구약의 하나님을 한꺼번에 악한 존재로 인식하는 오류를 범하고 있다.

이단들은 교주를 메시아나 심판주로 여긴다

이단들은 교단의 창시자를 이 세상의 악과 불의를 제거하고 이상 세계를 구현할 메시아로 여긴다. 이들은 그리스도를 통한 구원의 진리에서 이탈하여 교주의 가르침을 통한 구원을 주장한다. 신앙의 대상을 하나님인 것처럼 내세우지만 실제적으로는 하나님이 아니고 교단의 창시자인 교주이다. 통일교를 예로 들면, 통일교에서는 문선명을 "하나님이 이 땅에 인생과 우주의 근본 문제를 해결하기 위해 보낸 분이며, 영계와 육계의 억만 사탄과 싸워 승리한 분이며, 예수님을 비롯한 낙원의 수많은 성현들과 자유로이 접촉하며 은밀히 하나님과 영교하는 분"으로 가르치고 있다. 예수가 "그대 아니고서는 인류 구원 사업을 감당할 자가 없다"고 고백한 사람이 교주인 문선명이라는 것이다.[18]

이단들은 물질을 강조하는 보수적인 신앙을 갖고 있다

이단들의 공통된 특징 중 하나는 금전을 강조하고 비리에 연루되어 있는 경우가 많다는 것이다. 교주를 중심으로 형성된 교권 유지를 위해 소요되는 경

---

18) 상게서, pp. 143~144; 이와 같이 신흥 종교의 창시자나 교주에 대한 신앙은 신흥 종교의 각 종단에서 창시자나 교주를 부르는 호칭에서도 잘 나타난다. 예를 들면 동학계의 신흥 종교들은 최제우를 '대선생', '대신사', '제세주', '천사주' 등으로 부르며, 증산교에서는 강일순을 '천사', '상제님', '천부님', '천주님', '한울님', '하느님', '옥황상제', '구천상제' 등 무려 23개의 명칭으로 부르고, 갱정유도에서는 강대성을 '강천자', '영신황제'로 부른다. 전도관에서는 교주 박태선을 과거에는 '동방의인', '감람나무', '영모님', '이긴 자', '영적 모세', '영적 이스라엘', '주의 종', '말세의 의인', '시대의 사자' 등으로 불렀으나 그후에는 '천부님'으로 불렀고 지금은 '새 하나님', '천상천하의 하나님' 등으로 부르고 있으며, 신권도학연구소의 신동수는 '재림주', '심판자', '하나님의 둘째 아들'로, 세계일주평화국의 양도천은 '경제주', '정도령'으로, 통일교의 문선명은 '선생님', '참 아버지'로, 영생교, 하나님의 승희 승리재단의 조희성은 '주님', '이긴 자'로, 하나님의 교회 안상홍 증인회의 안상홍은 '성령 하나님'으로, 천국복음전도회의 구인회는 '재림 예수'로, 팔영산기도원의 전병도는 '만군의 여호와 하나님'으로, 실로암 등대 중앙교회의 김풍일은 '또 다른 보혜사 성령'으로, 주환인신도애천부성령애교의 장병만은 '주내환인천부성령님', '전 인류의 시조님', '인자', '천부님 아들' 등으로 호칭되고 있다.

비는 교인들의 맹목적인 기부를 통해 충당하는데, 심한 경우는 교인들이 전 재산을 헌납하는 경우도 있다. 많은 재산이 축적되어 종국에는 경제적인 힘으로 교단의 교세를 확장시키고 있다. 신도들에게서 유입된 재산은 교주나 특정인에 의해 비밀리에 관리되어 때로는 사회적으로 금전적인 비리를 유발하기도 한다. 반면에 신도들은 경제 파탄을 가져와 가정이 몰락하는 경우도 있다.

앞에서 언급한 목록은 대부분의 이단이 공유하는 특징들이다. 기독교의 이름으로 나타나는 신흥 종교 이단들은 이러한 특징이 있다. 이 특징들이 신흥 유사 기독교 종파에서 발생할 경우에는 이단의 징조임을 변별해야 한다. 이단들은 일단 발생하면 추종자들이 지도자들을 맹종하게 된다. 지도자들이 자아도취에 빠져 자신을 신적인 존재로 착각하기 때문이다. 이들은 성경 해석에서 특히 이중적인 언어를 사용하여 성경의 본래 의미와 다른 해석을 한다. 때로는 지도자들이 정욕적이고 호색적일 뿐 아니라 맘모니즘에 빠져 교인들을 경제적으로 착취하는 수단들을 동원하기도 한다.[19]

이처럼 이단은 교리적으로뿐만 아니라 윤리적으로 정통 기독교를 위협하는 존재들이다. 이들은 기독교의 이름을 표방하기 때문에 정통 교회에 더 큰 해를 입히는 자들이다. 그럼에도 불구하고 이단을 식별하고 규정하는 데는 역시 성경적인 기준으로 다루어야 한다. 변태적인 행동 하나로 이단으로 속단하는 것은 유의해야 한다. 이미 언급한 바와 같이 오직 성경이 이단 규정의 '다림줄' 이기 때문이다.[20]

이단에 대한 대처 방안

이단이 발생한 후에 이단의 위협으로부터 교인을 보호하기 위해 교회가 노력하는 것도 중요하지만 이단이 발생하지 않도록 대책을 강구하는 것이 더욱 필요하다. 이단의 발생과 유혹은 단순히 인간적인 차원에서만 진단 할 수가 없다. 이단의 배후에는 유혹하는 자, 곧 사탄의 유혹이 있기 때문이다. 하나의 영적 전쟁이라고 볼 수 있다. 예수님께서도 복음 사역 초기에 광야의 시험을

---

[19] 이단 식별법에 관한 참고 ; 정동섭, 그것이 궁금하다, 하나출판사, 1994. pp. 220~306.
[20] 프리츠 리데나워 편, 무엇이 다른가?, 생명의 말씀사, 1993, pp. 14~15.

통해 영적 전쟁을 경험하셨다. 그것은 분명히 사탄의 유혹이었고, 그 유혹하던 영은 잠시 떠나지만 다시 나타나 가룟 유다를 통해 결국 예수를 팔게 만들었다(요 13:2). 바울도 고린도교회에 편지하면서 그의 사역을 방해하는 사탄의 세력을 언급하고 있다.

"그런 사람들은 거짓 사도요 속이는 일꾼이니 자기를 그리스도의 사도로 가장하는 자들이니라 이것은 이상한 일이 아니니라 사탄도 자기를 광명의 천사로 가장하나니 그러므로 사탄의 일꾼들도 자기를 의의 일꾼으로 가장하는 것이 또한 대단한 일이 아니니라 그들의 마지막은 그 행위대로 되리라"(고후 11:13~15).

성경의 이러한 교훈들은 복음의 사역을 파괴하려고 획책하는 영적인 세력에 대항하여 교회가 믿음의 전신갑주로 무장하여야 함을 시사한다. 교회가 영적으로 저하되고, 진리에 나태하며, 도덕성에 회의하게 되면 반드시 유혹하는 자들이 머리를 들고 교회를 어지럽게 할 것이다. 특히 예수님께서는 거짓 선지자들이 나타나 하나님의 자녀를 유혹할 것이라고 예언하셨다.[21]

다음은 유혹하는 자에 의해 일어나는 이단들의 발생에 대처하기 위한 방안을 제시한 것이다.[22] 현재의 이단 대처 방안은 중세 교회처럼 법적인 구속력이 없기 때문에 교리적 · 지식적 · 도덕적 대처 방안을 강구할 수밖에 없다.

그러나 어떤 면에서 보자면, 이러한 대처 방안이 더욱 본질적인 방어책이라고 할 수 있겠다. 방어책에 대한 효과적인 설명을 위해 교회 지도자들의 역할과 교회(교인)의 역할로 나누어 살펴보고 총회와 교단 차원의 대책에 대해 논하려 한다.

교회 지도자들의 역할

이단은 교회 내에서 발생하기 때문에 교회 지도자인 목회자의 역할이 대단히 중요하다. 목회자가 제대로 가르치고 영적인 바른 자세로 교인들을 양육하면 이단의 발생을 막을 뿐 아니라 이단의 유혹에도 대처할 수 있다.

---

21) 눅 21:8 "미혹을 받지 않도록 주의하라 많은 사람이 내 이름으로 와서 이르되 내가 그라 하며 때가 가까이 왔다 하겠으나 그들을 따르지 말라."
22) 이단에 유혹되지 않도록 항상 깨어서 기도하는 것은 우리의 기본적인 신앙이지만 실질적인 노력 또한 필요하다.

목회자가 이단에 대해 알고 있어야 한다

대부분의 목회자들은 이단이 나쁘며 이단들이 누구인지 정도는 알고 있지만 그들이 주장하는 내용까지는 구체적으로 알지 못하고 있다. 즉 이단에 대한 초보적인 막연한 지식은 있지만 이단들이 주장하는 교리를 전체적으로 섭렵하여 언제라도 이단을 대할 때 지도자로서 그들의 잘못을 지적하고 대항할 만한 지식이 부족하다. 교회 성장을 위한 많은 프로그램과 성경 공부 그룹들은 활성화하지만 이단에 대한 지식을 구체적으로 가르치는 프로그램은 등한시하고 있다. 그래서 자신도, 교인들도 이단에 대한 지식이 미약한 상태일 뿐만 아니라 이들을 무방비 상태로 방치하고 있다. 이런 상태에서 이단이 교인들에게 확실한 지식을 가지고 접근하면 교인들은 그들의 이야기에 흔들리게 된다. 교인들을 진리와 구원의 바른길로 인도하는 책임을 맡은 목회자들이 먼저 이단에 대한 지식을 확실하게 겸비해야 한다.

교인들에게 이단에 대해 교육해야 한다

이단이 유혹하는 대상은 교인들이다. 목회자는 교인들이 이단에 맞설 만한 지식을 갖도록 가르쳐야 한다. 무방비 상태로 버려두면 교인들은 이단에게 당할 수밖에 없다. 예를 들면 여호와의 증인들이 교인들의 집을 방문하면 교인들은 이들에 대한 지식이 없어 그냥 문을 잠근 채 상대하기도 두려워한다. 목회자들도 이단이 방문하면 무조건 거절하고 대화하지 말라고 가르친다. 물론 좋은 방어책이고 최선의 방법일 수 있다. 이단은 설득이 불가능할 정도로 완악하기 때문이다. 그러나 이들에 대해 알고서 대하지 않는 것과 알지 못하고 거부하는 것은 매우 다르다. 중요한 것은 교인이 이단에 대해 알고 있기 때문에 그들과 상대하지 않는다는 확신을 갖도록 해야 한다는 것이다. 이단에 대해 전문 지식이 있는 사람을 초청해서 강의를 듣는 것도 좋지만, 그런 일회용 가르침이 아니라 평소에 목회자가 이단에 대해 교인들에게 가르치는 것이 더욱 효과적이며 이단으로부터 교인들을 보호할 수 있는 최선의 길이다.

목회자가 먼저 건전하고 올바른 영성을 가져야 한다

이단은 대개 불건전한 영성 체험에서 비롯한다. 모르몬교, 여호와의 증인, 안식교, 전도관, 통일교와 최근 한국의 신흥 사이비 이단들은 대부분 무분별한 체험 신앙에 기초하고 있다. 개인적인 산 기도, 기도원, 특별 은사 집회, 성령체험 집회 등 은사 중심의 집회나 기도원의 기도 운동을 통해 개인적인 체험 신앙을 경험한 자들이 주로 이단 운동을 일으킨다. 목회자들은 자신은 물론이고 교인들이 무분별한 체험 중심의 집회에 참여하는 것을 감시하고 지도해야 한다. 유감스러운 것은 목회자가 먼저 이러한 집회를 유도하면서 영적인 분별력을 상실하여 유혹하는 자의 간계에 넘어가는 경우가 발생한다는 것이다. 목회자들은 계시체험이나 성령체험을 경험한다는 이들의 유혹에 현혹되지 말고 말씀 중심의 인격적인 건전한 영성과 믿음에 확고하게 서 있어야 하며 또한 이를 토대로 교인들을 가르쳐야 한다.

목회자들은 윤리적인 삶과 경건 생활에 충실해야 한다

이단의 교회 이탈 현장에는 대개 윤리적으로 부실한 목회자의 삶이 연계되어 있다. 그리스도의 재림에 대비하고 이단의 발생에 대처하는 데에 목회자와 교인의 경건한 생활과 행실보다 좋은 방법은 없다. 베드로는 "주 앞에서 점도 없고 흠도 없이 평강 가운데서 나타나기를 힘쓰라"(벧후 3:14)고 가르친다.

교회의 지도자로서 목회자가 바로 서 있지 못할 때 이단은 활기를 띠게 된다. 목회자가 금전을 탐하고, 교인들의 수준을 생각하지 않고 고급 승용차를 타고, 교권을 남용하며, 무분별한 행위를 한다면 이단의 교주가 하는 행동과 차이점이 없다. 교인들을 이단의 유혹으로부터 지키려면 교인들이 목회자를 진정한 목회자로 믿게 하면 된다. 거기에는 다른 비결이 없다. "금식과 기도, 말씀, 봉사, 교제, 희생, 정결, 근검 절약(단순한 삶), 찬양, 예배 등의 영성 훈련 외에 주님의 형상을 닮고 하나님께 가까이 나가는 방법은 없다"는 것을 알고 실천하면 된다.[23]

이단에 대한 정확한 정보 확보와 알림에 노력해야 한다

정보화 사회에서 이단들의 활동은 다양해졌다. 단순한 책자나 방문의 범위를 넘어 정보 매체를 통해 위장하고 접근한다. 넘쳐나는 정보를 통해 교인들은 쉽게 이단들의 유혹에 넘어갈 수 있다. 이단들의 인터넷 홈페이지는 정통 교회의 홈페이지와 구별이 안 되기 때문이다. 이단들은 명칭을 바꾸기도 하고 정통 교회의 단체들과 유사하게 개칭하여 사용하기도 한다.

---

23) 정동섭, 전게서, p. 326.

성도들에게 올바른 교리 교육을 하고, 성경을 분별하여 이해하는 말씀 교육을 해야 한다

보통 이단의 유혹에 빠지는 자들은 초신자나 진리에 확신이 없는 자들이다. 이단의 유혹에 넘어가지 않도록 목회자는 교인들에게 성경의 진리를 확실히 가르쳐야 한다. 예를 들면 구원론과 기독론, 교회론 등에 대한 확실한 지식을 교인들이 성경에서 찾도록 해야 한다. "올바른 성경 지식은 불건전하고 이단적인 성경 해석을 금방 분별하도록 영 분별의 은사를 주기" 때문이다.[24]

교회의 역할

이단에 대처하는 최선의 방법은 교회가 제 역할을 하는 것이다. 이것은 곧 교회의 본질 회복이다. 이단 발생의 진원지인 교회가 교회다워지면 이단은 근절될 수 있다. 교회의 부조리, 부패, 영적 능력의 상실 등이 이단이 나타나는 주요한 원인이기 때문이다. 역사적으로 교회가 본연의 모습을 상실할 때 이단들이 우후죽순처럼 일어났다. 중세의 이단들은 십자군 원정 등으로 교회가 정치화되고 부패한 가운데 나타났다. 근대 교회의 이단들도 급변하는 사회의 변화와 혼돈 속에서 교회가 본질을 잃어버린 채 분열하며 확고한 성경의 가르침에 서 있지 못할 때 나타났다. 따라서 이단의 발생을 근절하기 위한 최선책은 바로 교회가 교회의 본질을 회복하는 것이라고 할 수 있다.

이론적으로 이단 발생의 요소들인 정치, 사회, 문화 등은 간접적인 원인이고, 직접적인 원인은 바로 교회다. 최병규 박사는 「이단 진단과 대응」에서 다음과 같이 말한다.

"강조하고 싶은 것은, 이단·사이비 분파 발생 요인들 중 대단히 중요한 것은 곧 '기존 기독 교회들이 기독교 본연의 모습들을 실천하지 못하고 있는 것에 대한 반작용'이라는 것이다."[25]

교회 본연의 모습의 상실은 곧 이단이 발흥하는 시작임을 암시하는 말이다. 이단의 발생이 교회의 본질 상실에 대한 반작용이라면 이단에 대한 대처는 교회의 본질 회복이라는 결론에 도달하게 된다. 교회의 본질 회복은 다음과 같은 몇 가지로 지적할 수 있다.

---

24) 라민호, 이단 종파의 번성이 사회에 미치는 영향, 침신대학 목회대학원 논문, 1991, 재인용, 정동섭, 상게서, p. 321.
25) 최병규, 이단 진단과 대응, 은혜출판사, 2004, p. 158.

성경에 나타난 교회의 본질은 하나님의 말씀으로 인해 생명력이 넘치는 것을 의미한다

사도행전 2~5장에 나타나는 초대교회는 하나님의 말씀을 "귀로 듣고 마음으로 믿을 뿐 아니라 몸으로 느끼고 삶에서 실천하는 체험"을 하는 교회였다.[26] 성령의 능력으로 세워진 초대교회는 베드로의 설교로 인해 3천 명이 회개하고 모였다. 그들은 사도의 가르침을 받았고(행 2:42), 그 가르침에 따라 역동적인 신앙 생활이 전개되었다. 즉 교회가 생동력 넘치는 공동체로 움직였다. 바로 이것이 사도 시대 교회의 생명이었다. 하나님의 말씀이 살아 있는 교회였다. 그러면 현대 교회는 하나님의 말씀이 죽었는가? 하나님의 말씀은 있지만 죽은 말씀과 마찬가지다. '말씀 따로, 행동 따로' 풍조가 이미 오래전부터 교회의 생리로 자리 잡혀 말씀이 선포되어도 효과가 없기 때문이다. 이것이 문제다. 이단들은 교주의 말이면 맹종한다. 잘못된 성경 해석도 교주가 한 해석이라면 목숨을 걸고 맹신한다.

그러나 교인들은 그렇지 않은 경우가 많다. 성경 말씀이 절대적인 삶의 기준이 되지 않는다. 입으로는 고백하고 머리로는 학습하지만 가슴은 냉랭하고 손발은 묶여 있다. 그래서 영적으로 죽어 있는 것과도 같다. 교회는 말씀의 권능에 복종하고 말씀을 통해 하나님의 초월적인 은혜를 경험하는 역사로 인해 생동력 있고 활기찬 신앙을 회복해야 한다. 오늘날 교회가 이러한 교회의 본질을 회복하지 않으면 언제라도 우리 가운데 이단과 같은 이리 떼들이 넘나들게 되어 있다.

교회의 본질 회복은 성도의 교제를 통한, 살아 움직이는 공동체성의 회복을 의미한다

교회는 본질적으로 그리스도의 구속의 은혜를 경험한 성도들의 모임이다. 그것은 곧 그리스도의 모습을 본받은 나눔과 돌봄과 치유의 공동체임을 의미한다. 삶을 통해 말씀의 능력을 경험하는 것이다. 성경은 바로 그런 모습을 교회의 참 모습으로 기록한다.

"믿는 사람이 다 함께 있어 모든 물건을 서로 통용하고 또 재산과 소유를 팔아 각 사람의 필요를 따라 나눠주며 날마다 마음을 같이하여 성전에 모이기를

---

26) 오성춘, 시한부 종말 신앙과 목회적 치유, 전게서, p. 162.

힘쓰고 집에서 떡을 떼며 기쁨과 순전한 마음으로 음식을 먹고 하나님을 찬미하며 또 온 백성에게 칭송을 받으니 주께서 구원 받는 사람을 날마다 더하게 하시니라"(행 2:44~47).

이때의 공동체는 오순절에 성령의 충만한 은혜를 경험한 120명 정도의 성도들과 베드로의 설교를 들은 3천 명의 사람들로 구성된 모임임을 알 수 있다. 3천 명 중에는 예수님을 십자가에 못 박는 데 동조한 무리도 있었지만, 그들은 이제 회개하여 120명의 성도들과 함께 어울려서 대적자로서가 아니라 형제와 자매로서 하나가 되었다. 이것은 초대교회가 하나님의 권능과 사랑을 경험하고 함께 녹아지고 어울려 생명체를 이룬 성도의 교제가 있었음을 보여준다. 제도화된 교회의 구조와 기능, 교인 간의 기계적인 관계 형성으로 생명력을 상실한 현대 교회와는 대조적인 모습이다. 함께 있어도 그리스도의 사랑을 경험하지 못하고 신앙 인격적인 교제가 메말라버린 현대 교회는 이단들 앞에 무능한 상태로 노출될 수밖에 없는 것이다.

교회의 본질은 도덕적 · 윤리적으로 깨끗하고 사랑을 실천하는 것이다

이단들이 기존 교회에 실망하고 등을 지는 큰 이유는 교회의 정통 교리를 싫어해서가 아니라 기존 교인들의 신앙 생활에 대한 실망이 크기 때문인 경우가 많다. 교인 각자의 신앙 생활이 바로 서지 못하면 교회 내에 이단은 언제나 생길 수있다. 교인들의 말과 행동이 서로 다르고 그리스도의 사랑을 느끼기는 커녕 서로 간에 다투고 갈라서는 분쟁이 있는 한 이단의 발생 가능성은 항상 잠재해 있다. 사도 요한도 적그리스도를 대적하여 승리하는 비결은 사랑의 실천밖에 없으며 사랑의 유무가 적그리스도를 구별하는 척도라고 하였다.[27]

기존 교회의 스테레오 타입의 신앙에 비해 이단들은 겉으로 보기에 진한 사랑의 띠로 서로 연결되어 있음을 알 수 있다. 교회가 그리스도의 사랑을 회복하고, 교인들이 형제자매와 같이 친밀한 유대를 맺게 되면 이단들은 설 자리가 없을 것이다. 그리고 교인 전체가 윤리적 · 도덕적으로 경건한 삶을 추구한다면 이단들이 도리어 회개하고 그리스도의 품으로 돌아오는 역현상이 나타날 것이다.

---

[27] 요일 4:7~8; "사랑하는 자들아 우리가 서로 사랑하자 사랑은 하나님께 속한 것이니 사랑하는 자마다 하나님으로부터 나서 하나님을 알고 사랑하지 아니하는 자는 하나님을 알지 못하나니 이는 하나님은 사랑이심이라."

교회는 성도들이 성경적인 진리를 확실히 믿고 지키는 본연의 의무를 갖고 있다

이단에게 현혹되지 않기 위해서 성도들은 교회를 보호하고 지켜야 한다는 책임의식을 가져야 한다. 하나님께서는 교회를 목회자들에게만 맡기시지 않았다. 하나님의 자녀인 성도 각자가 그리스도가 피 흘림의 대가로 세운 교회에 이리들이 범람하지 못하도록 지켜야 한다. 성도는 단순히 예배하러 오는 수동적인 예배 수혜자가 아니라, 하나님의 교회가 비진리로 인해 상처받지 않도록 예수께서 전해준 복음의 진리를 확실히 믿고 스스로 보호해야 할 의무가 있다.

성도들은 진리를 깨닫고 믿음을 지키기 위해 하나님과의 영적 교제인 기도의 능력을 가져야 한다. 언제나 기도하며 깨어 있으라는 바울의 경고 말씀은 바로 이런 경우를 두고 한 말이다. 바울은 성도의 영적 생명이 기도와 말씀에 있음을 간파했다. 하나님의 진리를 사수하기 위해 성도는 늘 깨어 있어야 한다. 이단에 대한 대처는 목회자들의 전용물이 절대 아니다. 성도 한 사람 한 사람이 각자 깨어 있어 성경의 진리 말씀에 굳게 서서 교회를 지켜나갈 의무가 있다. 또한 진리의 말씀을 지키기 위해서 성도도 이단에 대한 지식을 익히고 비판적인 이론들을 연구해야 한다. 적에 대한 지식이 전혀 없는 무방비한 상태에서 이단에 노출되는 것은 대단히 위험한 일이다.

교단 차원의 대책

이단들은 위협적이고 공격적이며 조직력을 갖추고 있기 때문에 각 교회나 성도가 개인적으로 대처하도록 교단에서 방치할 수는 없다. 범 교단과 총회 차원에서 이단 대책을 위한 결단과 시행이 따라야 한다.

교단 차원에서 무분별한 목회자 배출을 개혁해야 한다

이단의 교주들은 대부분 신학 교육을 제대로 받지 못했거나 비정상적인 신학 교육을 받은 자들이다. 지금도 부실 신학교에서 많은 목사들이 배출되고 있다. 따라서 교단적으로 신학 교육의 정상화를 위해 노력해야 한다. 신학교에서 제대로 배우지 못했거나 잘못 배운 목회자들이 이단에게 쉽게 동조하거나 이단적인 집단에 가입하여 이단적인 교회를 양산하는 것이 일반적이다. 따라서 바른 목회자를 배출하는 신학 교육을 정상화하는것이 이단 발생을 막기 위한 총회적인 차원의 일차적인 의무다.

교단 총회는 무분별하게 타 교단과 교회, 목사를 영입해서는 안 된다
건강한 육체에 조그마한 전염병 균이 잠입하면 몸 전체가 몸살을 앓게 되는 것과 같이, 총회에서 이단적인 자질이 있는 목회자들과 교회들을 아무런 검증 없이 무분별하게 영입하는 것은 결국 이단이 발생할 수 있는 못자리를 마련해 주는 셈이 된다. 목회자들과 교회들이 영입되어 그리스도의 몸 된 교회가 하나 됨을 추구하는 것도 중요하지만 분별없는 영입은 교단 전체가 고통을 감내해야 할 위험을 안고 있는 것이다. 특별히 이단성의 유무에 대한 확실한 검정이 필요하다.

교단 총회는 이단 연구나 대책을 위한 상설 기구를 만들어야 한다
이단에 효과적으로 대처하고 사전에 발생을 막기 위해서는 교단 차원에서 이단 연구를 위한 상설 기구를 만들어야 한다. 매년 총회마다 이단 연구 위원들이 선정되지만 지속성이 결여되어 이단에 대해 축적되고 일관적인 대처 방안을 세울 수 없다. 이단에 대한 정보와 지식은 물론 자료들을 각 교회에 배급하고 지도하며 정책을 세우는 상설 기구가 총회 차원에서 설치되어야 한다. 즉 교단 산하의 교회를 보호하기 위해 이단들에 대해 전문적인 연구와 대책을 강구하는 일이 시급하다.

이단들은 교묘하며 악을 행하는 데 지혜롭기 때문에 그리스도가 재림할 때까지 교회는 경각심을 늦추지 말고 양 무리를 이리 떼로부터 보호하는 데 최선을 다해야 한다. 성도와 목회자, 교단이 총체적으로 이 사역을 위해 매진해야 할 것이다.

제 4 부

이단들의 주장과 비판

심창섭 | 총신대학교 신학대학원 교수

사랑하는 자들아 영을 다 믿지 말고
오직 영들이 하나님께 속하였나 분별하라
많은 거짓 선지자가 세상에 나왔음이라
요일 4:1

제4부 이단들의 주장과 비판

　이단들은 자신들이 믿는 기본 교리가 있다. 그 교리를 새로운 진리 또는 참 진리라고 믿고 가르친다. 그들은 하나님께서 자신의 종파에게 특별한 계시를 주셨다고 하며 그것을 진리의 완성인 양 가르치고 있다. 그리고 교회가 정통이 아니라 자신들이 정통이라고 주장한다. 한때 통일교의 문선명은 이렇게 말했다. "우리들이야말로 이 땅에서 유일하게 예수의 마음과 예수의 고뇌와 예수의 희망을 이해한 사람들이다."[1] 모르몬교의 교주인 조지프 스미스 2세는 하나님께서 그동안 인류에게 잊혀져 있던 참 복음을 원 상태로 회복시켜 자신에게 계시해주었다고 주장하였다. 안식일 예수 재림교도 「기본 교리」의 책자를 통해 자기 나름의 성경 해석과 안식교의 교리들을 가르친다.

　이와 같이 이단들은 각자가 주장하는 나름의 진리를 가지고 교인들을 미혹하고 접근한다. 그러므로 교인들은 이단의 가르침에 대해 정확한 지식과 문제점을 알고 대처해야 한다. 이단의 가르침에 대해 많은 연구가 진행되었고 자료들도 많이 알려져 있으므로 자료는 쉽게 접할 수 있다. 하지만 다시 한번 일목요연하게 재구성하여 교인들이 이단들의 주장들을 쉽게 이해하고 이용할 수 있게 하려 한다.

　제4부에서는 서양과 한국의 중요한 이단들을 다룬다. 특별히 2004년 한국기독교총연합회 이단사이비문제연구소에서 발간한 「이단사이비연구 종합자료」에 수록되어 있는 이단들 중 중요한 이단들의 목록을 참조하였다.[2]

---

1) The Way of the World, Holy Spirit Association for the Unification of World Christianity, Vol, No. 4, April, 1976, 재인용, 이호열, 이단 종파 기독지혜사, pp. 21~22.
2) 이단사이비연구 종합자료 2004, 한국교회문화사, 2004, pp. 150~153에 한국 주요 교단의 이단사이비 규정 결의 목록이 수록되어 있다. pp. 154~156에는 이단들의 관련업체 및 기관이 수록되어 있다.

서양의 대표적인 이단들

고대 초대교회의 이단들인 에비온파, 영지주의, 마르키온, 몬타누스파, 마니교, 기독 논쟁을 통해 발생한 아리우스파와 아폴리나리우스파, 네스토리우스파 등은 다루지 않는다. 이들은 현대 교회에 대한 직접적인 관계나 영향이 없기 때문이다. 이들에 대해 관심이 있는 사람은 「기독교의 이단들」을 참조하라.[3] 19세기 근현대 미국의 대표적인 이단들인 여호와의 증인, 모르몬교, 안식교, 크리스천 사이언스에 대한 연구는 「기독교의 이단들」에서 저자가 밝힌 자료를 수록하고 첨가 또는 교정하였다.

여호와의 증인
발생 과정

'여호와의 증인'은 이사야 43장 10절, 44장 8절에 있는 "너희는 나의 증인"이란 성구를 인용하여 명명한 것이다. 여호와의 증인들은 창세 이래로 자신들이 예수의 후계자로서 이 땅에서 유일한 '여호와의 증인들'이라고 주장한다. 이들은 정기 간행물인 '파수대(The Watchtower)'를 62개국 이상의 언어로 번역하여 매주 400만 부 이상씩 배포하고 있다. 급속한 성장세로 정통 교회를 위협하였고, 핵 전쟁과 세계의 테러 사건으로 인해 무력 사용에 대한 위기가 고조하는 가운데 집총 거부 등의 이상론적인 메시지를 통해 평화주의자들과 젊은이들이 선호하는 이미지 관리를 하고 있다. 정통 교회를 악마의 것이라고 반대하며, 자신들의 가르침만이 진리라고 주장하여 이들에 대한 기본적인 지식이 없는 교인들을 유혹하고 있다.

창시자 러셀

여호와의 증인의 창시자는 러셀(Charles Taze Russel, 1852~1916)이다. 그는 1852년 펜실베이니아 피츠버그 부근의 앨러게이니에서 태어났다. 어릴 때부터 지옥 불에 대해 심한 공포증이 있었고, 자주 도로변 등에 글을 써서 주변 사람들에게 경고하였다고 한다. 15세에 아버지의 의복상 경영에 참여하였고, 장로교회에서 회중교회로 옮겼다. 17세에 지옥을 부인하는 사람과 오랜

---

3) 심창섭, 기독교의 이단들, pp. 26~41.

토론을 했는데, 그 후 그 사람의 말이 옳다고 여기고 지옥을 부인하게 되었다.[4] 이때부터 비정상적인 그의 종교심이 시작되었다. 곧 장로교회의 핵심 교리인 예정론과 최후의 심판론에 대해 회의를 품었고 성경도 불신하는 회의에 빠졌다. 그는 다음과 같이 고백한다.

"장로교인으로 대소요리 문답에 교리화되었고 이에 대해 천성적으로 질문하고픈 심정으로 성장하였다. 나는 스스로 생각하는 순간 불신앙의 논리에 준비된 희생자임을 느꼈다. 그러나 하나님과 성경에 대한 믿음이 파괴될 순간의 위험 속에서도 하나님의 섭리의 도움으로 선하게 인도되었다. 즉 오직 인간적인 신조들이나 잘못된 성경 해석의 조직에 대한 나의 믿음을 파괴하는 쪽으로 역사하였다."[5]

정통 기독교의 가르침과 성경에 만족하지 못한 그는 성경 외에 자신을 만족시킬 만한 다른 종교 서적을 찾았고, 마침 예수재림파의 목사인 웬델(J. Wendell)이 쓴 「성서 주석」을 읽고 감동을 받아 다시 성경을 접하게 되었다. 그러나 또다시 재림파의 예수 재림론에 회의를 품고 재림에 대한 자신의 주장을 담은 「예수 재림의 목적과 방법」이란 책을 펴냈는데, 이 책이 사람들에게서 호평을 받아 5만 부가 판매되었다. 이와 함께 그를 추종하는 자들이 그를 목사라고 불렀으나 러셀은 실제로 정규 신학교육을 받지 않았다.

1874년, 그는 성경 공부반을 조직하였고 회원들은 그를 목사라고 불렀다. 이단의 실질적인 출발이었다. 그는 그해를 그리스도의 재림의 시기라고 했는데 그해에 자신이 그리스도가 나타날 모임의 지도자가 되었기 때문이다.

러셀은 뉴욕에 있는 바버(N. H. Barbour)와 함께 재림 운동을 시작하였다(1876). 그는 독특한 성경해석 방법을 개발하였고, 자신이 작은 사업을 통해 번 돈을 투자하여 1879년에는 「시온의 파수대와 그리스도 임재의 예고」라는 잡지를 출간하였다. 1880년 7개 주에 30개의 모임이 생겼고, 1881년에 '시온의 파수대와 소책자 협회'를 결성하여 지금까지 활동하고 있다. 「시온의 파수대」는 교세 확장에 큰 도움이 되었다. 이 잡지는 한 달에 6천 부가 팔렸고, 40개국어로 번역되어 2백만 부가 배부되었다.[6] 1914년에 러셀은 세상의 종말을

---

4) 프리츠 리데나워 편, 무엇이 다른가?, 생명의 말씀사, 1993, p. 163.
5) Anthony A. Hoekema, Jehovah' Witness, William B. Eerdmans Publishing Company, Grand Rapids, 1972, pp. 9~10.

예언하기도 하였다. 그는 그 후 「천년 왕국의 여명」이라는 책을 연속으로 일곱 권이나 발간하였다. 이는 후에 「성경 연구」라는 제목으로 출판되었다.

러셀은 사생활이 건전하지 못한 자로 알려져 있다. 예를 들면 기적의 밀을 판매한 사건이 있다. 그는 밀을 한 파운드당 1달러씩 받고 팔면서 그 밀은 다른 종자보다 다섯 배 더 빨리 성장한다고 하였다. 그러나 정부의 조사에 의해 허위임이 밝혀지기도 하였다.[7]

1879년 그는 아클레이(Maria F. Ackely)와 결혼하여 1913년에 이혼하였다. 그는 부인을 소책자 협회의 비서 겸 경리로, 「파수대」의 부편집장으로 일하게 하였다. 그러나 이 일들을 통해 부인은 남편의 태도에 실망하게 되었다. 이혼 사유는 러셀의 비정상적인 행동 때문이었다. 즉 러셀은 '속임수, 이기주의, 독재, 다른 여자들에 대한 비정상적인 행동' 때문에 이혼당한 것으로 되어 있다.[8] 1909년 그는 아내에게 지불할 재산을 고의적으로 빼돌려 법정에서 6,036달러를 지불하라는 강제 명령을 받기도 하였다.[9]

그는 포교 활동에 헌신했으며 그로 인해 교세는 크게 확장되었다. 1891년과 1900년에 그는 유럽을 방문하여 런던에 여호와의 증인 지부를 결성하였다. 1903년에는 독일, 1904년에는 오스트레일리아에 지부를 만들어 세계적으로 교세를 확장하였다.

러셀은 파수대의 지원으로 100만 마일 이상의 전도 여행을 하였으며 3만 회 이상의 설교를 하였고, 5만 페이지에 달하는 책들을 썼다고 전해진다. 그는 1916년 캘리포니아 순회 강연을 마치고 귀가하던 도중 텍사스 주의 팜파에서 숨을 거둔 것으로 알려져 있다.

조지프 프랭클린 러더퍼드

러셀의 사망 이후 협회의 합법적인 고문이었던 조지프 프랭클린 러더퍼드(Joseph F. Rutherford, 1869~1942)가 회장이 되어 과도기의 여호와의 증인을 이끌어갈 후임으로 선정되었다. 그에 의해 여호와의 증인은 비약적인 발전

---

6) Walter R. Martin, M.A., The Rise of the Cults, Zondervan Publishing Company, Grand Rapids, 1957, p. 20.
7) 프리츠 리데나워, 전게서, p. 164.
8) 상게서, p. 164.
9) Walter R. Martin, 전게서, p. 21.

을 이루었다. 25세에 여호와의 증인의 회원이 된 그는 변호사와 검사를 거친 법률가로서 조직과 행정에 뛰어난 수완을 보여 여호와의 증인 단체를 이끌어 갈 만한 적합한 인물이었다. '여호와의 증인'이라는 이름이 채택된 것도 바로 그의 지도 하에서였다. 그는 여호와의 증인의 본부를 뉴욕의 브루클린으로 옮겼고, 모든 것을 통제할 수 있는 신정 정치적 통치를 지향했다. 이때부터 여호와의 증인들이 국가에 대한 충성의 맹세나 정부의 법률 등을 거절하는 태도를 드러내기 시작하였다.

여호와의 증인들은 로마 가톨릭 교회와 개신교를 현대판 바벨론이라고 비판하기 시작하였다. 1918년 캐나다 정부는 「파수대」를 판금하기에 이르렀다. 미국 정부는 여호와의 증인들이 국가의 법에 불복종한다는 죄명으로 러더퍼드를 포함한 지도자들을 체포하였다. 그와 동료 지도자 8명은 '미 육군과 공군의 의무를 불복, 거부하려는 모의죄'로 체포되어 20년의 징역형을 받았다. 여호와의 증인 교도들은 이에 구명 운동을 전개하여 1년 후에 지도자들을 석방하는 데 성공하였으며, 다시 브루클린의 본부를 중심으로 포교 활동의 열기를 한층 더하였다. 1919년 10월 그들은 「황금 시대」라는 잡지를 출간하였다. 그들은 러더퍼드를 중심으로 행정의 조직화를 이루었고, 방문과 증거에 역점을 두고 교세를 확장해나갔다. 제2차 대전 중에는 군복무 거부로 인하여 약 3,500명의 여호와의 증인들이 사회적인 물의를 일으키기도 하였다. 그럼에도 불구하고 그들의 수는 증가하여 14만 명에 달했다. 과도기에 여호와의 증인의 대변자로 지대한 공을 세운 러더포드는 1943년 1월에 사망하여 새로운 지도자에게 지도권을 넘겨주었다.

네이선 노어

러더퍼드가 사망한 후 그의 뒤를 계승한 네이선 노어(Nathan H. Knorr, 1905~1977)는 여호와의 증인의 회원을 11만 5천 명에서 2백만 명 이상이 되게 하는 놀라운 성장을 가져왔다. 그는 개혁교회의 교인으로 성장했으나 16세 때 개혁교회를 떠나 앨런타운의 여호와의 증인 집회에 참여하였다. 18세 때 전임 설교자가 되었고, 브루클린 건물 본부의 직원이 되어 출판 업무를 담당하였다.

그는 특히 전임자들보다 교육에 역점을 두어 1943년에 '워치타워 길르아드'를 창설하였다. 그리고 계속하여 각 지역 집회단마다 '신정 목자 학원'을 건설하여 강력한 자립지도 체제를 구축하였다. 이로 인해 여호와의 증인들은 기반을 쌓아가기 시작하였으며 포교에 광적인 열심을 더했다.

이때에 이루어놓은 가장 괄목할 만한 업적은 오늘날까지 그들에게 권위 있는 교리서로 인정받고 있는 「하나님은 참되시다」라는 책을 출간한 것이다(1946년, 1952년). 이 책은 1천 8백만 부가 판매되었고 50여 개국의 나라말로 번역되었다. 1958년에는 「실락원에서 복락원으로」라는 책을 출판하였고, 1960년에 드디어 그의 지도 아래 독자적인 성경을 완역하여 「새세계번역성경」이라 하였다. 이와 병행하여 노어는 세계 선교에 역점을 두어 54개국에 집회단을 결성하고, 1961년에는 185개국에서 선교 활동을 하게 하였다. 1971년에는 207개국에서 헌신적으로 포교 활동을 전개하였다.[10] 1977년 노어가 사망한 이후에는 프레더릭 W. 프랜츠에 의해 여호와의 증인의 사업은 지속되어 갔다.

한국 전래

1912년 홀리스터가 여호와의 증인을 한국에 최초로 소개하였다. 그 다음은 1915년 내한한 매켄지가 포교 활동을 전개하였다. 이들은 여호와의 증인의 독특한 전도 방법인 호가 방문 문서 전도를 시작하였다. 특별히 기독교인의 집을 호가 방문함으로써 세포 조직적인 포교 활동을 펼쳤다. 1914년에는 한국성경연구원을 개설하여 포교 활동을 넓혔고 '시대에 관한 하나님의 경륜'을 일반인에게 배포하였다. 그리고 정식으로 경성우체국 사서함 제21호를 개설하여 문서 전도의 통로를 넓혀갔다. 이 우체국 배달 방법을 통해 전국에 자신들의 주장을 선전하는 잡지와 책자를 배포하였다. 드디어 워치타워 협회 뉴욕 브루클린 본부는 한국에 인쇄공장을 설립하여 한국어로 번역된 문서를 한국에서 직접 인쇄, 배포할 수 있게 했고, 일본어·중국어 문서도 인쇄했다(1923년). 이미 1913년에는 큰 책, 소책자, 정기 간행물 등 모두 9,829부나 출판, 배포되었다. 여호와의 증인은 1933년에 본색을 드러내기 시작하였다. 그들은 '여호와의 증인 천국 정부만이 인류의 유일한 소망이며 구원이다'라고 전파하였고 이에 조선총독부에서는 협회가 발행한 모든 서적을 압수하여 소각해버리는 소동이 발생하였다.

---

10) Anthony A. Hoekema, 전게서, 1972, p. 20.

제2차 대전이 일어나자 조선총독부는 궁성요배와 신사참배를 예외 없이 여호와의 증인에게도 강요하였다. 그들은 이를 거부하다 체포되기도 하였고, 많은 신도들이 핍박을 받았으며, 정기 간행물의 발행이 금지되었다. 1945년 해방과 더불어 감옥에서 풀려난 여호와의 증인들은 재건 사업에 착수했고, 1948년 미국 본부와 연락이 재개되어 문서 사업이 다시 활기를 띠게 되었다. 1948년 8월 도날드 L. 스틸 부부가 내한하여 포교하다가 1950년 한국전쟁이 일어나자 피난민들과 함께 남하하여 전도에 힘쓴 결과 1951년에는 대전, 군산, 전주, 대구, 부산 등지에 여호와의 증인 회중을 조직하였다. 1953년에는 전임 전도사 숫자가 407명에 달했다. 이후에 여호와의 증인은 계속 증가하면서 성장하였고, 경기도 안성군 공도면 양기리에 본부 건설을 위해 대지를 확보하고 있다.

여호와의 증인의 주장
성경에 관하여

성경은 여호와의 증인에게 위대한 권위의 책으로 인정받고 있다. 여호와의 증인은 그들만이 성경을 올바로 해석하고 가르친다고 주장한다. 즉 그들 집단만이 성경의 진리를 제대로 파악하고 전하고 사수할 수 있다고 주장한다. 여호와의 증인의 교리서 「Let God be true」에서 성경은 불멸하며 기록된 하나님의 말씀이고 진리라고 고백한다.[11] 그 성경의 가르침을 가장 확실하게 해석하고 전달할 수 있는 매체는 여호와의 증인이라는 것이다. 창시자 러셀은 이 점에 대해 다음과 같이 말한다.

"다른 어떠한 신학 체계도 성경의 모든 말씀을 본질적으로 조화시키는 주장을 하거나 그것을 시도해본 적이 없지만, 우리는 바로 그 일을 할 수 있다는 사실을 사람들에게 알게 하라."[12]

그리고 "파수대는 하나님께서 땅 위에 있는 인간들에게 성경의 진리를 흘러내리게 하기 위해 마련하신 유일한 집합적 통로이다"라고 주장한다.[13] 또 다음과 같이 주장한다. "이러한 해석들은 여호와의 증인, 그리고 그 선전부와 함께

---

11) 상게서, pp. 25~26.
12) Studies in the Scripture 1:348, 재인용, 이호열, 전게서, p. 65, 참조, Let God be True, 1946, p. 9.
13) The Watchtower, July 15, 1960, p. 439, 재인용, 이호열, 전게서, p. 65.

보이지 않게 교통하시는 성령의 보증을 받는다."[14]

이러한 주장은 자기들만이 성경을 올바로 해석하고 성경의 진리를 독점한 것처럼 인식하는 이단의 특성을 두드러지게 나타내고 있다. 더군다나 성령의 독자적인 진리 증거를 자신들만이 독점하고 있다는 주장은 이단들이 가지고 있는 대표적인 특징이다. 이들이 성경의 권위를 주장하는 이유는 그들의 주장과 신조 등을 확증하기 위한 자료로 성경을 사용하려 하기 때문이다. 하지만 실제로는 그들의 간행물이나 신조 문서를 성경보다 더 권위 있는 것으로 받아들이고 있다.

그들이 새롭게 번역했다는 「새세계번역성경」은 모순투성이다. 여호와의 증인은 '성령'을 번역할 때 결코 대문자로 번역하지 않는다. 마태복음 28장 19절이 바로 그렇게 번역되어 있다.[15] 이러한 번역으로 여호와의 증인은 성령의 신성을 부인하고 성령을 그리스도나 하나님과 동일하지 않은 존재로 저하시키고 있다. 여호와의 증인들은 성경을 믿는다고 하지만 잘못된 성경 번역판을 통해 성경을 조명함으로써 성경을 자신들의 주장에 맞도록 오도하고 있다.

삼위일체에 관하여

여호와의 증인은 정통 기독교의 근본 진리인 삼위 하나님을 부인한다. 정통 기독교의 삼위일체 교리를 바벨론의 고대 종교의 영향을 받은 것으로 이해하기 때문이다. 주전 2200년경 바벨론에 3신이 있었는데 그 개념에서 기독교의 삼위일체 교리가 영향을 받았다는 것이다. 그뿐 아니라 삼위일체 교리는 인도나 애굽 등의 3신론의 영향을 받아 교회가 만들어낸 것이라고 억지 주장을 한다.[16]

이러한 주장을 통해 여호와 외에는 다른 신이 없으며 예수 그리스도와 성령은 여호와 하나님과 동격적인 존재가 될 수 없다고 한다. 그들은 우주와 그 안에 있는 모든 것의 창조자며 보호자이신 하나님은 한 분뿐이라고 주장한다. 그들에게는 삼위일체의 개념이 존재하지 않는다.[17] 그들은 여호와 하나님이

---

14) Scottish Daily Express, November 25, 1954, 재인용, 이호열, 전게서, p. 65.
15) "Go therefore and make disciples of people of all the nations, baptizing them in the name of the Father and of the Son and of the holy spirit," in Anthony A. Hoekema, Ibid., 1972, p. 27.
16) Anthony A. Hoekema, 전게서, 1972, pp. 45~46.
17) 프리츠 리데나워, 전게서, p. 172.

하늘과 땅을 창조하였으며, 사탄이라고 불리는 루시퍼가 하나님께 대적하여 점차적으로 경제와 정치와 종교 조직을 통해 세상을 지배하고 있다고 믿는다. 여호와의 증인들은 자신들이 이 세상에서 하나님의 유일한 대표자라고 주장한다. 그들은 그리스도를 천사장 미카엘과 동일시하며 피조물로 본다. 그리고 예수는 세례 받은 이후에 메시아가 되었다고 주장하며, 성령은 거의 언급하지 않는다.

여호와의 증인들은 "예수님 자신이나 초대 그리스도인들은 삼위일체 교리를 믿지 않았다"[18]고 주장한다. 삼위일체 교리는 참되신 한 분 하나님을 대적하는 사탄의 궤계라는 것이다. "분명한 사실은 삼위일체 교리는 하나님을 경외하는 백성들로 하여금 여호와와 그분의 아들 그리스도 예수의 진리를 배우지 못하게 하려는 사단의 궤계 중 하나"[19] 라는 것이다. 더 나아가서 그들은 삼위일체는 사탄이 만들어낸 것이라고 확신하고 있다.[20]

예수 그리스도에 관하여

여호와의 증인은 예수 그리스도의 피조성을 주장하며 기독론에 심각한 오류를 범하고 있다. 다른 말로 표현하면 그리스도는 여호와 하나님이 첫 번째로 직접 만들어낸 창조물로서 하나님의 창조의 시작이라는 것이다.[21] 이런 주장은 초대교회의 아리우스와 같다. 여호와의 증인은 특히 그리스도의 신성을 부인하는 경향이 강하다. 예수는 하나님이 아니라 인간의 몸을 입은 단순한 피조물이라는 것이다.

그들의 증언에 의하면 "예수 그리스도는 피조 된 인간으로서 우주에서 두 번째로 위대한 인물이다. 여호와 하나님과 예수님은 함께 초월적인 권위를 만들어낸다."[22] 또한 "예수는 하나의 신이었지만 전능하신 하나님 여호와는 아니다"라고 한다.[23] 즉 그는 능하지만 하나님처럼 전능하지는 못하다는 것이다. 그리고 "만일 예수님이 하나님이라면 예수님이 죽어 있는 그 시간 동안에는 하나님도 무덤에 있었다는 말이 된다"라고 단언한다.[24]

---

18) Let God be True, 1952, p. 52. 재인용, 이호열, 전게서, p. 67.
19) 상게서, p. 93.
20) Walter R. Martin, Ibid., p. 29.
21) 상게서, p. 29.
22) Make Sure of all Things, p. 207, 재인용, 이호열, 상게서, p. 63.
23) Let God be True, p. 33. 재인용, 이호열, 상게서, p. 67.
24) 상게서, p. 67.

그들은 예수를 인간 이전의 상태인 천사들과 같은 존재라고 인식하며 그리스도의 불멸성을 거부한다. 그러나 나중에는 그리스도의 불멸성의 가능성을 열어놓았다.[25] 결국 예수 그리스도는 여호와 하나님과 동일하지 않으며, 예수는 천사장 미카엘에 불과했고 루시퍼와는 형제지간으로 루시퍼는 하나님에게 줄곧 불순종한 반면 예수는 순종하였다고 주장한다.

그리스도의 부활에 대해서도, 그리스도가 보이지 않는 영적인 존재로 돌아갔기 때문에 육체가 없는 존재가 되었다며 영적인 부활만 믿는다. 이러한 입장은 그리스도가 1914년 지상에 영적으로 재림했다는 주장에 부합하는 원리를 이끌어내는 데 기여하게 된다.[26] 그들은 그리스도가 세 가지 존재 시기 즉 인간이 되기 전의 상태, 인간이 된 후의 상태, 인간 후의 상태를 가지고 있다고 주장한다.

인간이 되기 전의 상태는 하나님께 지음을 받은 시기부터 마리아의 몸에서 태어난 때까지를 의미한다. 이 기간 동안 그리스도는 로고스 또는 하나님의 말씀으로 존재한다. 그러나 이때 그리스도는 아버지와 동등한 상태에 있는 것이 아니라 다른 피조물에 대하여 아버지의 대변인으로 존재한다. 결국 그리스도는 존재론적으로 하나님보다 열등한 위치에 있음을 나타낸다.

인간이 된 후의 그리스도는 하늘에서 누리던 모든 영광과 지위를 포기하고 세상에 오셨음을 의미한다. 아버지가 그리스도를 세상에 보내실 때 아들의 삶 전체를 정자로 만들어 처녀 마리아의 자궁 속에 주입했다는 것이다. 이런 방식으로 그리스도는 인간의 모습을 하고 세상에 왔다. 마리아에게 완전한 인간성을 받은 것이 아니라 하나님께 받은 것이다.[27] 그러나 하나님과 동등한 본질은 받지 못했으며, 생명과 인격성과 삶의 패턴을 받았다. 그리스도는 정통 교회에서 말하는 것처럼 성육신한 것이 아니라 천상에서의 인간이 지상에서의 인간으로 잉태되었을 뿐이다. 여호와의 증인은 이런 식으로 그리스도의 신성을 극구 부인한다.

인간 후의 그리스도는 그의 사후 상태를 의미한다. 그들은 그리스도가 부활한 것은 하나님의 능력에 의해 하나님께서 살리신 것이 아니라 불사의 영적 아들이었기에 부활할 수 있었다고 한다. 이러한 부활은 생전에 가졌던 육체의

---

25) Anthony A. Hoekema, 전게서, 1963, p. 271.
26) Walter R. Martin, 전게서, p. 30.
27) Paradise Lost, p. 127. in 심창섭, 전게서, p. 58.

부활이 아니라 영적 아들로서의 부활을 의미한다. 그리스도의 육체에 관해서는 천년 왕국 시기에 사람들에게 보여주기 위해 숨겨놓았다고 주장한다.[28] 부활 후에 그리스도가 자신의 몸을 제자들에게 보여준 것은 일시적인 현상이었고, 이제 그리스도는 우주의 통치권을 가진 총리가 되어 이전의 자기 모습인 천사장 미카엘로 돌아간다는 것이다. 여기서 여호와의 증인들은 그리스도를 천사와 사람, 사람과 천사 사이를 오가는 존재로만 인식하고 그리스도의 신성을 배제하려는 입장을 갖고 있음을 보여준다.

성령에 관하여

성령의 존재 자체를 부인하는 것이 여호와의 증인의 특징이다. 그들은 그리스도의 신성만 부인하는 것이 아니라 성령의 인격성과 신성을 모두 부인한다. 성령이란 라디오나 텔레비전 수상막에 소리나 영상을 방송하는 전파처럼 활동하는 일종의 '활동력'이라는 것이다.[29] 그래서 그들은 "성령은 전능하신 하나님이 당신의 뜻을 이루시기 위해 당신의 종들을 감동시키는, 보이지 않는 능동적 세력"이라고 주장한다.[30]

성령을 하나의 세력으로 인식하기 위해 성령의 인격성을 나타내는 성경 구절들과 중요한 단어들을 고의로 왜곡하여 번역하기도 하였다. 예를 들면 그들은 요한복음 14장 26절에 "다른 보혜사를 너희에게 주사 영원토록 너희와 함께 있게 하리니"라는 말씀 중에 보혜사에 해당하는 단어를 인격을 나타내는 단어인 'whom(누구)'이라는 인칭대명사 대신 사물을 나타내는 'which(그것)'를 사용한다. 이러한 실례는 그들이 표준으로 사용하고 있는「새세계번역성경」에 나타난다.[31] 성령을 비인격적이고 신성과 같은 속성이 없는 단순한 능력으로만 나타냄으로써 성령의 독립적이고 인격적인 존재 자체, 즉 독립적 인격성을 부인하고 있다.

구원에 관하여

정통 기독교의 중요한 진리 중 하나는 구원의 진리다. 그리스도를 통해 값

---

28) The harp of God, 1928, p. 173. in 심창섭, 전게서, p. 58.
29) 이대복, 이단 종합 연구, 큰샘출판사, 2002, p. 506.
30) Let God be True, p. 108, 이호열, 전게서, p. 84.
31) 상게서, p. 84.

없이 주어지는 구원의 은혜는 기존 교회의 신자들이 영적으로 살아가는 힘이 된다. 그런데 여호와의 증인의 교리 중에 두드러지게 강조하는 부분은 행위 구원이다. 그들이 노상이나 호별 방문하여 열심히 전도하는 것은 열심히 일해야 구원을 받는다는 교리와 연관이 있다. 그리스도를 통한 은혜의 구속 원리에 정면으로 맞서는 주장은 그들의 문헌에 명기되어 있다. "여호와 하나님과 예수 그리스도를 향한 믿음을 근거로 하여 사람들은 하나님의 섭리에 자기 자신을 바치는데, 이러한 헌신으로 인해 영원한 생명을 보장받게 된다."[32] 창설자인 러셀도 사람들이 스스로 순종과 불순종의 여부에 따라 영생에 적합한 존재로 가늠될 수 있음을 강조하였다.[33]

이들은 또한 그리스도의 배상적 속죄설을 주장한다. 이들이 주장하는 바는 인류의 속죄의 대가보다는 하나님의 자비와 넘치는 사랑에 의한 것으로 공의보다는 사랑을 더 강하게 주장한다는 것이다. 이는 결과적으로 그리스도의 속죄의 충족설을 부인하는 것이다.

구원에 대해 여호와의 증인은 두 가지 형태를 주장한다. 땅을 통치하는 왕들로서 지상에서 영생을 얻는 부류가 있고, 하늘나라에 갈 극소수의 여호와의 증인들로 여호와의 거룩한 영을 소유한 거듭난 하늘의 소망을 가진 자들이 있다는 것이다. 이들의 수는 14만 4천 명이다.[34] 이들을 선택하는 것은 하나님의 주권적인 행위이며 여호와의 증인의 멤버십에 족한 요구 사항들을 충족시킨 자들이다.[35]

종말에 관하여

여호와의 증인은 지옥을 부인하는 등 정통 교회의 종말관에 반하는 이론을 가르친다. 따라서 심판에 대한 두려움도 없다. 그들이 지옥을 부인하는 것은, 지옥은 하나님의 사랑과 공의에 모순된다고 생각하기 때문이다. 그들은 지옥을 반성경적이고 비이성적인 것으로 간주하며, 구원의 대상을 선택된 자(기름 부은 자)들과 다른 양들 또는 요나답스(Jonadabs) 등 두 부류로 나눈다. 두 범주에 들어가지 못하는 자들은 구원받지 못한 자들로 사후에 아주 없어져 무로

---

32) Let God be True, p. 206, 이호열, 전게서, pp. 84~85.
33) 상게서, p. 84.
34) 이대복, 전게서, p. 507.
35) Anthony A. Hoekema, 전게서, 1972, p. 74

돌아간다고 가르친다. 따라서 지옥이나 영원한 형벌 같은 것은 존재하지 않는다. 그들은 근본적으로 인간의 영혼의 불멸을 믿지 않기 때문이다. 인간은 죽음과 함께 모든 것이 멸한다고 믿는다.[36]

여호와의 증인은 자신들이 선택된 자들이며 그 숫자는 요한계시록 7장에 나오는 14만 4천 명이라고 주장한다. 이들 외에 그들이 호별 방문하는 신자들은 다른 양들로서 14만 4천 명과는 달리 구원을 얻기 위해 스스로 열심히 일을 해야 한다. 그래서 이들의 전도열을 따라올 단체가 없는 것이다.

그들은 또 아마겟돈 전쟁에 대해 언급하며 이 전쟁은 전 세계적인 것이 될 것인데, 핵전쟁과 같은 참사를 가져올 것이라고 가르친다. 지상에서의 전쟁 외에 천국에서는 하나님과 사탄과의 대전쟁이 발생하는데, 이 전쟁은 여호와의 증인들이 대항할 필요가 없이 하나님께서 그들을 위해서 싸워주신다.

이 전쟁의 결과로 전 기독교인이 몰살되고 모든 국가들이 파괴되며 20억 이상의 인구가 죽게 될 것이다. 여호와의 증인들을 반대하는 사람들은 살아남지 못할 것이며, 오직 참된 여호와의 증인들만이 아마겟돈 전쟁에서 살아남을 것이다. 천년 왕국이 이 전쟁 이후에 여호와의 증인들을 위해 예비되어 있다. 이 기간에 선택된 자들인 14만 4천 명은 바로 천국에서 통치할 것이며, 다른 양들은 영생에 들어가기 위한 대심판을 위해 준비할 것이다. 이 시기를 잘 넘긴 자들은 에덴 동산과 같은 땅에서 영생을 누리게 된다.[37]

또한 여호와의 증인은 시한부 종말론을 말하여 종말 의식을 신도들에게 심어주었다. 그들은 1914년 그리스도의 재림으로 하나님의 왕국이 시작되어 14만 4천 명은 천국에서 그리스도와 함께 다스리고 있다고 주장한다. 1975년은 인류 역사상 제7번째의 1,000년이 끝나는 해로 아마겟돈의 해로 간주하기도 하였다. 그리고 2075년을 최후의 종말 시기로 정하고 이때 사람들이 심판을 받아 새 땅에서 영생을 누리거나 멸망하게 될 판결이 내려진다는 허황된 주장을 하기도 하였다.[38]

---

36) 상게서, 1972, pp. 86~88.
37) 상게서, 1972, p. 79.
38) 워치타워 성서책자협회, 서울, 1993, 재인용, 심창섭, 전게서, p. 61.

지상 낙원에 관하여

여호와의 증인의 교리 가운데 특이한 것은 지상 낙원에 대한 주장이다. 「우리는 지상 낙원에서 영원히 살 수 있다」라는 교리책에서 그들은 다음과 같이 말한다.

"우리가 지상 낙원에서 영원히 살 수 있는 것은 전능하신 하나님께서 우리에게 필요한 모든 것을 이 땅에 다 갖추어주셨기 때문입니다. 이 땅은 우리에게 꼭 알맞은 창조물입니다."[39]

여호와의 증인들은 비록 첫 인간인 아담과 하와가 하나님께 불순종하여 지상 낙원에서 쫓겨나 인간이 지상낙원에 살기에 합당치 못함을 증명하였지만, 하나님의 원래 목적은 변하지 않기 때문에 이 땅에 지상낙원의 회복은 반드시 성취된다고 주장한다.

"정상적인 사람이 살기를 원하는 곳이 어디입니까? 사람들이 지금까지 살아온 곳, 바로 이 땅입니다. 사람은 땅을 위하여, 땅은 사람을 위하여 지음을 받았습니다(창 2:9, 15). 성서는 이렇게 알려줍니다. '하나님께서 땅에 기초를 놓으사 영원히 흔들리지 아니하게 하셨나이다'(시 104:5). 땅이 영원히 존속하도록 만들어졌다면 사람도 영원히 살아야 합니다. 사랑의 하나님께서 그 욕망을 없게 하실 리 없음은 분명합니다."[40]

여호와의 증인은 하나님께서 인간에게 주시려고 하는 낙원에는 행복만 있다고 주장한다. 이 땅은 먹기 좋은 것을 풍부하게 생산할 것이며 다시는 굶주리는 사람이 없을 것이고 전쟁, 범죄, 폭력, 증오와 이기심까지도 완전히 없어질 것이라고 믿는다. 이 땅은 종국적으로 평화롭고 범죄가 없는 곳으로 변한다는 것이다. 이것이 바로 하나님의 뜻이라고 말한다. 이 땅은 하나님께서 주신 축복의 땅이기 때문이다.

그러나 이러한 주장은 성경의 가르침과 다르다. 이 땅은 인간의 범죄로 인해 오염되고, 모든 만물도 다 부패하였다. 그리고 공관복음서와 요한계시록에 분명히 시대의 마지막과 이 땅에 임할 심판에 대해 명백히 밝히고 있다(마 10:15, 11:22, 24절; 요 12:48; 계 6:10, 20:4, 12, 13절 등). 인간이 최종적으로 거할 장소를 현재의 지구로만 보는 것은 최후의 심판과 영생의 가르침을 무시하는 현세론자들의 이론이며, 영적인 영원한 천국을 부인하는 이단의 교리다.

---

[39] 우리는 지상 낙원에서 영원히 살 수 있다, p. 7, 재인용, 심창섭, 전게서, p. 61.
[40] 상게서, p. 61.

영혼에 관하여

인간이 영원한 불멸의 영혼을 갖고 있다는 성경의 가르침(창 1:26, 5:1; 욥 32:8; 행 7:59; 고전 11:7)에 반하여 여호와의 증인은 인간이 불멸의 영혼을 갖고 있지 않다고 주장한다. 그들은, 영혼은 몸에서 분리되지 않기 때문에 육신의 죽음과 함께 사멸한다고 주장한다. 이런 주장은 「우리는 지상 낙원에서 영원히 살 수 있다」는 여호와의 증인의 교리책 제8장 '사람이 죽으면 어떻게 되는가?' 라는 제목에서 취급하고 있다.

"영혼은 죽습니다. …… 사람과 동물 사이의 차이는 사람에게는 영혼이 있고 동물에게는 영혼이 없는 것이라고 주장하는 사람들이 있습니다. 그러나 창세기 1장 20절과 30절은 하나님께서 물에서 살 '산 영혼'을 창조하였으며, 동물들은 '영혼으로서의 생명'을 가지고 있다고 알려줍니다. …… 동물들도 영혼이므로 동물들이 죽을 때 그 영혼도 죽습니다. 하나님께서는 사람을 창조하실 때 사람에게 영혼을 주신 것이 아닙니다. 사람이 곧 영혼입니다. 그러므로 사람이 죽으면 그의 영혼도 죽습니다. 성서는 거듭거듭 이 진리를 알려줍니다. …… 영은 우리의 생명력입니다. 그러나 죽음과 함께 생명력은 온 몸의 세포를 떠나고 그 몸은 썩기 시작합니다. 떠난다는 것이 하나님께 간다는 것을 의미하는 것은 아닙니다."[41]

여호와의 증인은 사람의 영혼이 육체의 죽음과 같이 범죄로 인해 죽는다는 것을 밝히기 위해 에스겔 18장 4절, 20절의 "범죄하는 그 영혼은 죽으리라"를 인용한다. 그러나 이 구절은 영혼 자체가 죽는다는 것이 아니라 범죄한 인간의 생명이 죽는다는 의미다. 또한 이들이 창세기에서 사람의 혼을 동물의 혼과 동일시하는 것은 영생 관념을 인체 공학적인 측면에서 접근하고 있기 때문인데 동물의 혼은 '각혼'으로 그 동물이 죽으면 함께 사라지지만 인간의 혼은 하나님의 형상으로 지음을 받고 사후에 하나님께로 다시 돌아가는 불멸의 생명이다.

지옥에 관하여

여호와의 증인은 지옥의 존재를 부인한다. 지옥의 존재 자체가 하나님의 본성에 맞지 않다는 것이다. 전능하시고 사랑이신 하나님께서 지옥과 같은 고통

---

41) 상게서, p. 63.

의 장소를 창조하실 리가 없다는 것이다. 사랑의 하나님이 지옥을 만드셨다는 것은 이치적으로 맞지 않다는 것이다.

"사람을 불에 사르는 일이 하나님의 마음에 생각지도 않은 일이라면 그분이 자기를 섬기지 않는 사람들을 보내기 위하여 불타는 지옥을 창조하셨다는 것이 이치적으로 들립니까? 성서는 '하나님은 사랑'이라고 합니다(요일 4:8). 사랑의 하나님이 영원히 고초를 당하게 할 것입니까?"[42]

그들은 성경에 등장하는 스올이나 하데스 같은 용어를 지옥으로 이해하지 않는다. 성경에서 말하는 스올이나 하데스는 단순히 죽은 자들의 무덤이라는 것이다.[43]

"스올 혹은 하데스는 죽은 자들이 희망을 가지고 쉬는 곳임을 살펴보았습니다. 착한 사람과 나쁜 사람이 모두 그곳에 가서 거기서 부활을 기다립니다."[44]

여호와의 증인은 지옥을 인간의 영혼 이론에 맞추어 철저히 상징적으로 해석한다. 하나님은 사랑이신데 지옥 같은 것을 마련할 리가 없다는 것이다. 그래서 요한계시록 20장 10절에 나오는 '불못' 등도 지옥을 나타내는 말로 인식하지 않는다. 지옥에 해당하는 말들은 죽은 자들이 가서 희망을 가지고 쉬는 곳으로 인식하고 있다. 그러나 예수님께서는 지옥에 대해 분명히 말씀하셨다. 지옥은 고통의 장소로서 '지옥 불'이라고 표현하셨다(마 5:22, 29, 30절, 10:28, 18:9; 23:15, 33절). 그리고 요한계시록에서는 그곳을 '불못'이라고 하였다(계 19:20, 20:10, 14, 15절).

부활에 관하여

여호와의 증인은 그리스도의 부활에 대해, 몸은 죽었지만 영 안에서 살아났다고 주장한다. 예수님이 전과 동일한 육체로 부활하신 것이 아니라 제자들이 보고 믿게 하기 위하여 살과 피의 형체를 자신에게 입힌 것에 불과하다는 것이다. 즉 그의 부활은 바로 영물의 부활이라는 것이다. 이처럼 여호와의 증인은 예수의 육체의 부활을 믿지 않고 영적인 부활만 인정한다.[45]

인간의 부활에 대해서도 자신들의 주장대로 이해한다. 의로운 사람이나 불

---

42) 상게서, p. 63.
43) Anthony A. Hoekema, 전게서, 1972, p. 86.
44) 우리는 지상 낙원에서 영원히 살 수 있다. p. 89. 재인용, 심창섭, 전게서, p. 63.
45) 이대복, 전게서, p. 508.

의한 사람이나 다 같이 부활한다는 것은 믿으나 하나님의 뜻을 알고 난 후에 고의적으로 악을 행하는 사람들은 부활하지 못한다고 가르친다. 악인이 부활하는 것은 하나님의 뜻을 지상에서 배울 기회를 갖게 할 때뿐이다. 그들의 부활 교리가 얼마나 아전인수 격인지는 다음과 같은 주장에서 알 수 있다.

"누구나 부활을 하게 될 것이라는 뜻은 아닙니다. 성서는 예수를 판 가룟유다는 부활을 하지 못할 것을 알려줍니다. 유다는 고의적으로 악을 행하면서 멸망의 자식이라고 불리게 되었습니다(요 17:12). ……그리고 하나님께서는 자기 성령을 거스르는 자를 부활시키지 않을 것입니다."[46]

"그리스도의 부활에 이어 14만 4천 명이 다음으로 부활을 하게 됩니다. 그들은 첫째 부활, 또는 이른 부활을 하게 됩니다. 이 부활은 언제 있을 것입니까? 성서는 '그리스도의 임재'라고 알려줍니다. 그리스도의 임재는 1914년에 시작되었습니다. 그러므로 하늘로 갈 충실한 그리스도인들의 첫째 부활의 날은 이미 시작되었습니다."[47]

성경은 마지막 때에 모든 사람의 부활에 대해 말한다. 악한 자는 심판의 부활로 나오고 선한 자는 생명의 부활로 나온다는 것이다(요 5:29). 악하다고 해서 부활에서 제외되는 것은 아니다. 그들은 14만 4천 명이라는 숫자를 문자 그대로 해석하는 잘못을 범하고 있다. 그러나 이것은 상징적인 숫자로, 그리스도 안에서 완전한 숫자를 의미한다.

또한 1914년을 부활의 날로 잡아놓고, 이때부터 부활이 시작되었는데 단순히 눈에 보이지 않는 것일 뿐이라고 주장한다. 그들은 부활이 이미 시작되었다고 주장하는 성경적인 근거로 디모데후서 4장 8절을 제시한다. 그러나 디모데후서 4장 8절은 이미 부활이 시작되었음을 말하는 것이 아니라 부활은 미래적인 사건임을 의미하는 것이다.

여호와의 증인에 대한 비판

기독교의 중요한 교리를 부인하고 도전하는 이단 세력인 여호와의 증인은 근대 교회사에서 교회를 괴롭힌 매우 큰 집단 중 하나였다. 교리적인 이단성은 물론이고 그들은 거짓 예언자들이었다.

---

[46] 우리는 지상 낙원에서 영원히 살 수 있다, p. 171, 재인용, 심창섭, 전게서, p. 64.
[47] 상게서, p. 64.

여호와의 증인은 시한부 종말론자들처럼 예수의 재림 날짜를 예언했다가 실패했다. 1874년에 재림했다고 발표했다가 1914년으로 변경하는 소동을 벌였다. 그들은 자신들의 거짓 예언을 무마하기 위해 육체적인 재림을 부인하면서 그리스도의 재림은 영적인 재림이라고 변명하기도 하였다.

"예수께서 이 세상에 다시 오실 것이라고 말씀하셨을 때 그것은 지상의 인간들이 볼 수 있는 육체의 모습으로 다시 오신다는 뜻이 아니었다. 그분은 속죄양으로서 세상적인 생명을 포기하셨기 때문에 다시금 그러한 생명을 취하실 수 없다. …… 오늘날의 복음은 그리스도 예수가 다시 오셨다는 사실이며, 그분으로 인하여 하나님의 왕국이 세워졌고 지금 하늘에서 그분이 통치하고 계신다는 사실이다. 이 세상의 모든 증거들은 예수께서 왕국의 권세를 취하셨고, 1914년에 하늘에서부터 통치를 시작하셨다는 사실을 보여준다."[48]

이런 주장은 그들의 재림 신앙이 실패했다는 것을 반영한다. 결국 여호와의 증인은 자신들의 예언대로 지상에 하나님의 왕국이 세워지지 않자, 그리스도는 1914년에 보이지 않는 모습으로 재림하였다고 주장하고, 그의 왕국은 단지 하늘에 세워졌다고 함으로써 빗나간 예언을 정당화하였다.

예수님께서는 이러한 엉터리 주장을 요한을 통해 미리 경고하셨다. 그들의 주장은 요한계시록 1장 7절의 "볼지어다 그가 구름을 타고 오시리라 각 사람의 눈이 그를 보겠고 그를 찌른 자들도 볼 것이요 땅에 있는 모든 족속이 그로 말미암아 애곡하리니 그러하리라"는 말씀에 어긋나는 주장임을 알 수 있다. 그리고 신명기 18장 21~22절에 기록된 거짓 예언의 죄를 범한 것이다.

여호와의 증인의 허구성은 창시자에 의하여 더욱 드러난다. 고소당했을 때 러셀은 증언대에서 거짓말이 탄로났는데 신약성경의 원어인 희랍어를 아느냐는 질문에 안다고 대답했다가 몇 자 읽어보라고 했을 때 거짓말을 했다고 실토하였다. 또 그는 안수 받은 목사라고 했다가 그후에 그런 사실이 없음을 시인하기도 하였다.[49] 여호와의 증인은 이런 거짓 예언뿐만 아니라 교리적인 면에서도 정통 기독교의 신앙과 교리를 부정하고 왜곡 선전하며 정상적인 교인들의 신앙을 미혹한다.

---

48) Pamplet, This Good news of the Kingdom, pp. 19, 21, 재인용, 이호열, 전게서, p. 86.
49) Anthony A. Hoekema, The Four Major Cults, 1963, W. B. Eerdmans, p. 226. 재인용, 프리츠 리데나워, 전게서, p. 165.

성경을 자의적으로 해석하여 오류를 범하며 성경을 무시한다

여호와의 증인의 가장 큰 문제는 성경에 대한 잘못된 해석이다. 이들은 성경을 하나님의 말씀으로 믿는다고 하면서 자의적으로 해석하여 이들에 대한 지식이 없는 교회의 초신자들이나 성도들을 유혹한다. 그들은 1961년에「새세계번역성경」을 출간하여 신학적 입장을 천명하였다. 그러나 그들의 주장은 성경 해석에서 많은 문제점을 드러냈다.[50]

예를 들면 그들이 사용하는「새세계번역성경」에는 요한복음 1장 1절의 "이 말씀은 곧 하나님이시니라"는 구절을 "이 말씀은 하나의 신(a god)이셨다"라고 번역하였다. 어떤 번역판은 "그 말씀(The Logos)은 신적이었다", 또 다른 번역판은 "그리고 그 말씀은 하나님이셨다 않는다고 한다"라고 번역하였으며, 어떤 번역판은 "그리고 그 말씀이 하나의 신(a god)이었다"라고 번역하였다.

이러한 해석은 그리스도를 피조물로 전락시키는 터무니없는 해석이다. 그들은 '하나님'을 '하나의 신'으로 해석하는데 헬라어를 조금이라도 안다면 이것이 얼마나 잘못된 해석인지 쉽게 간파할 수 있다. 이들의 주장이 얼마나 분명한 오류인지 알기 위해 헬라어의 쓰임새를 비교해보자. 그들은 요한복음 1장 1절에 '데오스(하나님)'가 두 번 나오는데 상반절의 데오스는 정관사를 동반하고 하반절의 데오스는 정관사를 동반하지 않는다고 한다. 정관사를 동반하는 데오스는 여호와를 의미하는 하나님이지만 무관사는 하나의 신(a god)으로 간주해야 한다는 것이다. 그래서 "이 말씀은 곧 하나님이시니라"는 구절은 '그 말씀은 하나의 신이셨다'라고 번역해야 한다고 주장한다. 그러나 요한복음 1장 18절까지 보면 데오스가 정관사 없이 사용된 예가 무려 6회나 나오는데, 여섯 번 모두 여호와 하나님을 뜻하는 의미가 너무나 자명하다. 여호와

---

[50] 그들은 이미 1950년에 신약성경을 출판하면서 정통 교회의 성경에 대한 의구심을 표현하며 새로운 성경 번역의 당위성을 말했다. Forward to New World Translation of the Christian Greek Scriptures, 1961, 재인용, 이호열, 상계서, pp. 87~88; "그러나 우리 마음에 자리 잡은 정직함은 우리로 하여금 다음과 같은 사실을 주목하도록 강요한다. 다른 번역판들은 각기 장점을 지니고 있지만, 가지각색의 인간적 전통주의 세력의 희생물이 되었다. 결과적으로 이들은 고색창연한 종교적 전통들을 당연한 것으로 받아들였으며, 논쟁거리로 삼지 않았을 뿐 아니라 그것의 진위를 조사해보지도 않았다. 따라서 이러한 번역판들은 사상을 채색하는 번역들로 뒤섞여 있다. 그리고 전통적인 종교적 입장을 지지하기 위하여 모순되고 불합리한 번역들이 영감된 기록의 교훈들 속으로 은근히 끼어들었다. 하나님의 아들은 교리에 얽매인 인간들의 전통이 하나님의 명령과 교훈들을 아무런 능력도, 효력도 없는 것으로 만들어버렸다고 가르치셨다. 새세계성경번역위원회는 바로 이러한 종교적 전통주의의 덫에 걸려들지 않기 위해 노력하였다."

의 증인이 주장하는 번역에 따르면 6절 상반절은 '한 신으로부터 보내심을 받은 사람이 있으니……'라고 번역했어야 할 것이다. 12절도 '하나님의 자녀'를 '하나의 신의 자녀'로 해석해야 했을 것이다.[51] 하필이면 1절의 경우에만 데오스를 '하나의 신'으로 번역하려는 이유를 이해하기 어려우며, 이것은 자신들의 이해관계 속에서 성경을 왜곡되게 번역하는 오류를 너무나 극명하게 드러내고 있다고 하겠다.

그들은 또한 '네페쉬'라는 히브리어도 오용하고 있다. 그들이 영혼의 사멸을 주장한 에스겔 18장과 여호수아서의 본문에서 네페쉬는 일반적인 '사람'을 뜻한다. 특별히 여호수아서의 본문에서 나타나는 네페쉬는 여호수아가 남부 가나안을 정복하는 과정에서 가나안 원주민들의 성읍과 왕을 칼로 치는 것에 대한 묘사인데, 이는 본문에서 분명히 사람으로 번역되어야 한다. "그날에 여호수아가……칼날로……모든 사람을 진멸하여 바치고 한 사람(네페쉬)도 남기지 아니하였으니……"(10:28~29)라고 번역하는 것이 옳다. 이것은 하나의 사례에 불과할 뿐이며 이 외에도 그들은 언제라도 그들의 입장에 따라 성경을 아전인수 격으로 해석하고 있다.

또 다른 예는 골로새서 1장 16절의 해석에서 볼 수 있다. 여호와의 증인은 "만물이 다 그로 말미암고 그를 위하여 창조되었고"라는 말씀에 대하여, 예수님을 피조물 중 하나로 만들기 위해 만물이라는 단어 앞에 5회나 걸쳐 '다른 (other)'이라는 말을 삽입한다. 성경에 없는 말을 넣을 이유가 전혀 없는데도 성경에 없는 말을 집어넣어 자신들의 주장을 정당화한다.[52] 이들이 '다른' 만물이란 단어를 삽입하는 이유는 바로 예수 그리스도가 다른 피조된 만물 중의 하나임을 은근히 주장하려는 의도에서 비롯된 것이다. 그러나 성경은 여호와 하나님만이 만물을 창조하셨으며(사 44:24; 히 3:4) 그리스도는 바로 같은 창조자임을 분명히 증거한다(요 1:3; 골 1:16).

삼위일체의 교리를 부정한다

삼위일체의 부정은 여호와의 증인이 교리적으로 크게 범하고 있는 오류다. 그들은 초대 교인들은 삼위일체 교리를 믿지 않았으며, 삼위일체 교리는 사탄

---

51) 이호열, 전게서, pp. 89~91.
52) 16절, "'다른' 만물이 그에게 창조되되 하늘과 땅에서 보이는 것들과……", 17절, "또한 그가 '다른' 만물보다 먼저계시고 '다른' 만물이 그 안에 함께 섰느니라", 20절, "'다른' 만물 곧 땅에

의 궤계라고 주장한다. 그들은 삼위일체 교리가 주전 3세기 초 고대 바벨론의 이교도들이 가지고 있던 종교적인 유산이라고 주장한다. 여호와 하나님은 삼위의 하나님이 아니고 단 한 분의 하나님이시며 영원 전부터 존재하며 우주와 그 안에 있는 모든 것들의 창조자라고 주장한다.

"사실상 성경에 성자가 성부와 일체된다고 가르치는 곳은 하나도 없으며 오히려 그 반대로 가르친다. 성경은 성자가 성부에게 속해 있기 때문에 그가 성부보다 낮다는 사실을 증명한다. 또한 이 세상에 오시기 전에 성부보다 낮은 지위에 계셨기 때문에 성부 하나님과 동등하게 될 욕망이 없었다(빌 2:6)고 말해준다. 또 그가 이 세상에 계시는 동안에 그의 뜻대로 할 수 있는 일이 하나도 없고 그의 아버지는 착하고 '아버지는 나보다 크시다' (요 14:28)고 말씀하심으로써 계속하여 성부의 우월하심을 주의하게 하셨다. 예수님이 승천한 지 오랜 후에 바울은 하나님은 그리스도의 머리요, 성자는 영원히 그의 아버지 여호와 하나님에게 복속될 것이다(고전 11:3, 15:28)라고 말하였다."[53]

이러한 주장은 성경의 가르침에 반대된다. 요한의 기록에 '아버지가 나보다 크시다' 라는 예수 그리스도의 표현은 겸손함을 표현하는 것이지 하나님과 자신의 존재나 능력의 차이를 나타내는 것은 아니다. 성경은 도리어 성부나 성자는 두 개의 다른 존재나 차이의 하나님이 아니라 본질과 신령한 요소가 하나라고 가르치며, 아들과 아버지는 일체이심을 가르친다. 분명히 성경은 여호와는 성부, 성자, 성령의 삼위일체이신 하나님이며, 그것은 삼인격적이고 본질은 하나의 영적인 존재이심을 천명한다(마 3:13~17, 28:19; 고후 13:13).

그리스도의 피조성을 강조한다

여호와의 증인은 예수 그리스도를 단순한 피조물로 본다. 즉 예수 그리스도는 인간이 되신 하나님이 아니라 단순한 피조물이라는 것이다. 예수님은 하나님과 함께 초월적인 권위를 갖긴 하지만 우주에서 두 번째로 위대한 인물로 피조되었다는 것이다. 그리스도의 피조성을 내세우기 위해 요한복음 14장 28절 "내가 갔다가 너희에게로 온다 하는 말을 너희가 들었나니 나를 사랑하였

있는 것들이나 하늘에 있는 것들이 그로 말미암아 자기와 화목하게 되기를 기뻐하심이라", in NWT, 재인용, 이호열, 전게서, p. 93.
53) Gordon R. Lewis 김진홍 역, 1982, p. 39.

더라면 내가 아버지께로 감을 기뻐하였으리라 아버지는 나보다 크심이라"와, 요한계시록 3장 14절 "라오디게아 교회의 사자에게 편지하라 아멘이시요 충성되고 참된 증인이시요 하나님의 창조의 근본이신 이가 이르시되"를 인용한다. 여호와의 증인은 이 구절에 대해 이렇게 말한다.

"하나님의 첫 태생인 아들은 피조물 중에 으뜸이었기 때문에 이 말씀은 진리다. 그때에 하나님은 하나님의 사역 집행자인 예수님과 더불어 현재 존재하고 있는 만물을 계속 창조해 나가셨다. 그분은 하나님의 창조의 시작이었다. 그러나 그분은 창조자는 아니었고 오히려 하나님이 어느 누구와도 협력하지 않고 하나님 단독으로 창조하신 피조물이다."54)

"하나님의 창조의 근본"을 여호와의 증인은 수동적으로 해석하여 그리스도를 하나님의 창조의 시작으로 해석함으로써 그리스도를 하나님의 손으로 창조한 최초의 피조물로 보고 있다. 그러나 이 구절은 그리스도가 창조 사역의 근원이며 주관자라는 해석이 도리어 타당하다. 이 구절만 떼어놓고 생각하면 두 가지 해석이 가능할지 몰라도 그리스도에 대한 성경 전체의 맥락에서 그의 신성에 비추어본다면 후자의 해석이 정해인 것이다.

그리고 요한복음 14장 28절의 "아버지는 나보다 크심이라"는 의미도 그들의 주장처럼 그리스도가 하나님보다 낮은 존재며 하나님이 아니라는 뜻으로 사용된 것이 아니라, 그리스도께서 지상에서 구속의 역사를 이루시기 위해 하나님께 복종하는 의미로 자신의 신분을 낮추셨던 표현에 불과하다. 더군다나 요한계시록 3장 14절의 "하나님의 창조의 근본"이라는 표현은 그리스도가 하나님의 창조 사역의 산물이라는 의미가 아니라, 도리어 그리스도가 창조 사역의 주관이시며 창시자란 의미로 선포되어야 할 것이다. 성경은 그리스도는 삼위일체의 하나이신 하나님 자신이심을 분명히 밝히고 있다(요 1:1; 골 1:15~19, 2:9; 요일 5:7, 8절).

육체의 부활을 믿지 않는다

여호와의 증인은 기독교 신앙의 중심이 되는 그리스도의 육체의 부활을 부인한다. 러셀은 "사람인 예수는 영원히 죽으셨다"고 하였으며, 주님의 육체에

---

54) Resurrection to a New World, The Watchtower, 68:99, April 1, 1947. 재인용, 이호열, 전게서, p. 69.

대해서는 다음과 같이 이야기한다.

"우리 주님의 육체는 초자연적으로 무덤에서 옮겨졌으니 그 이유는 이러하다. 즉 그의 시체가 아직도 남아 있다면 제자들의 신앙에 제거할 수 없는 장애물이 되었을 것이다. ……그것이 썩었거나 분해되지 않았다면 어떻게 되었을지 우리는 알 수 없다(행 2:27, 31절). 그것이 변하여 가스가 되었는지 아직도 하나님의 사랑을 훌륭하게 기념하는 기념물로 어디 남아 있는지…… 이에 대하여 아는 사람이 없다."[55]

러셀은 "기독교 신자들은 우리 주님의 영광스러운 영체는 십자가에 못 박혀 죽어서 요셉의 무덤에 묻혔던 그 몸과 똑같고, 또 저희가 주님을 영광 가운데 볼 때에 십자가에서 찢긴 상처를 보아서 그를 알게 되기를 기대하고 있으나, 이 생각은 크게 잘못된 것이다"[56]라고 주장한다.

이러한 러셀의 입장을 반영하듯이 여호와의 증인은 그리스도의 부활에 대해 예수가 십자가에 못 박혀서 죽어 장사 지냈던 육체가 다시 살아나셨다는 뜻이 아니라, 그리스도가 나타나고 싶었을 때 그런 육체로 변해서 자기가 계획한 목적에 맞는 몸을 가지셨다가 초자연적인 능력에 의해 그것들을 해제해 버렸다고 주장한다.

이에 반하여 기독교는, 그리스도의 부활은 반드시 육체적인 부활이며 그것이 없다면 기독교의 복음의 전파가 헛것이라는 성경의 말씀을 믿는다. 고린도전서 15장에 의하면 그리스도의 부활은 불멸하고 썩지 않으며 영광스럽고 권세가 있고 신령할 뿐 아니라 초자연적이다. 그의 부활은 십자가에 못 박혀 돌아가시기 전의 몸과 동일한 모습이었고 제자들이 볼 수도 만질 수도 있는 육체였다. 분명히 '못 자국'과 '창 자국'이 있었다.

여호와의 증인이 육체의 부활을 강력하게 반대하는 근거로 주장하는 성경구절은 베드로전서 3장 18절의 "육체로는 죽임을 당하시고 영으로는 살리심을 받으셨으니"라는 말씀이다. 그런데 이 구절은 육체는 죽었고 영은 살았다는 자구적인 의미가 아니라, 육체적으로는 인간의 몸을 입은 자로서 죽임을 당했으나 영에 의하여 다시 사셨다는 의미다. 즉 성령이 죽은 자들을 일으키는 일을 하셨듯이 예수를 죽은 자 가운데서 살리신 영에 대하여 말하고 있다.

---

55) 김진홍, 전게서, p. 51. in 심창섭, 전게서, p. 70.
56) 상게서, p. 70.

그래서 이 구절은 그리스도의 육체의 부활을 부인하는 표현이 아니라 그의 영과 육이 영에 의하여 다시 사셨음을 암시하고 있다. 사실 예수님은 제자들이 그를 영으로 본 줄 알고는 자신이 영이 아님을 알리기 위해 다음과 같이 말씀하셨다.

"내 손과 발을 보고 나인 줄 알라 또 나를 만져보라 영은 살과 뼈가 없으되 너희 보는 바와 같이 나는 있느니라 이 말씀을 하시고 손과 발을 보이시나 그들이 너무 기쁘므로 아직도 믿지 못하고 놀랍게 여길 때에 이르시되 여기 무슨 먹을 것이 있느냐 하시니 이에 구운 생선 한 토막을 드리니 받으사 그 앞에서 잡수시더라"(눅 24:39~43).

그리스도는 육체적으로 부활하셨고 또 그대로 승천하셨다. 사도행전에서는 "하늘로 가심을 본 그대로 오시리라"고 했으며, 요한계시록에서는 다시 오실 그리스도는 십자가에 못 박혔던 그분과 동일하시기 때문에 우리가 그를 육안으로 보리라고 강조했다.

"볼지어다 그가 구름을 타고 오시리라 각 사람의 눈이 그를 보겠고 그를 찌른 자들도 볼 것이요"(계 1:7).

그리스도의 육체의 부활을 부인하는 것은 그의 구속의 의미를 왜곡시키는 행위다. 이것은 복음 자체를 부인하는 이단들의 대표적인 특징들이다. 초대교회에서 영지주의와 같은 이단들은 육체의 부활을 반대했다. 바울은 이러한 점을 잘 간파했기 때문에 그리스도께서 부활하시지 않았다면 저희가 전하는 것도 헛것이요 저희의 믿음도 헛되다고 했으며, 그들은 여전히 '죄 가운데 있을 것'이라고 했다(고전 15:12~19). 그들은 그리스도의 육체의 부활을 거부하기 때문에 그의 지상 재림도 믿지 않는다.

행위 구원을 강조한다

정통 기독교의 철저한 구원의 교리는 은혜로 말미암은 구원이다. 그러나 여호와의 증인은 오직 믿음으로 말미암아 구원을 받는다는 성경의 가르침을 외면하고 행위 구원을 강조한다. 그들은 인간의 노력이 없는 그리스도의 구원은 영생의 기초로 합당하지 않다고 주장한다. 러셀은 분명히 인간은 자의에 의한 순종으로 구원을 얻는다고 주장한다.

"이 세상 선에 의하여 어떤 사람들은 부분적으로 어두워졌으며 어떤 사람들은 아주 어두워져버렸다. 그들은 사망과 동시에 어둠에서 회복되어 자신으로 하여금 순종하거나 불순종함으로써 영생을 받을 가치가 있게 하거나 또는 없게 할 수 있는 기회를 성숙하게 할 수 있다. 그런데 살 만한 가치가 없게 하는 자들은 다시 죽게 될 것이다. 곧 둘째 사망이다. ...... 개인이 자진하여 배교한 결과로 오는 사망은 종국이 되어 이 죄는 결코 속죄함을 받지 못할 것이니, 그 벌 즉 제2차 사망은 영원한데(영원히 죽고 있는 것이 아니라 영원한 사망이다) 이 사망은 부활하지 못하는 것이다."[57]

여호와의 증인은 이러한 조건을 충족시키고 아담이 실패한 시련을 극복하기 위해 반드시 일생의 삶을 통해 흠 없이 되어야 한다고 주장하였다. 그들이 말하는 '흠 없이' 란 그리스도의 속죄의 의미를 믿고 받아들임으로써 죄가 없어져 무흠하게 된다는 의미가 아니라 인간이 자력으로 무흠, 완전하게 됨을 의미한다.

성경은 여호와의 증인의 주장과는 반대로 "그리스도 예수 안에 있는 자에게는 결코 정죄함이 없나니"(롬 8:1)라고 가르치며, "그를 믿는 자는 심판을 받지 아니하는 것이요"(요 3:18)라고 기록한다. "모든 사람이 죄를 범하였으매 하나님의 영광에 이르지 못하더니"(롬 3:23)라고 하며, "우리는 그리스도안에서 그의 은혜의 풍성함을 따라 그의 피로 말미암아 속량 곧 죄 사함을 받았느니라"(엡 1:7)고 단언한다. 이 세상에는 "의인은 없나니 하나도 없으며"(롬 3:10)라고 선포함으로써 성경은 분명히 흠 없는 존재가 없음을 밝히고, 인간의 허물인 죄악은 원초적으로 타인에 의해 씻기어질 수밖에 없음을 말한다.

"사람이 의롭게 되는 것은 율법의 행위로 말미암음이 아니요 오직 예수 그리스도를 믿음으로 말미암는 줄 알므로 우리도 그리스도 예수를 믿나니 이는 우리가 율법의 행위로써가 아니고 그리스도를 믿음으로써 의롭다 함을 얻으려 함이라 율법의 행위로써는 의롭다 함을 얻을 육체가 없느니라"(갈 2:16).

여호와의 증인의 지속적이고 헌신적이며 열정적인 포교 활동은 바로 이 행위 구원을 이루기 위한 교리를 충족시키는 일환에 의한 것이다. 그러지 못할 경우 여호와의 형벌을 면할 길이 없기 때문이다. 구원을 위해 인간적인 노력에 안간힘을 쓰며 두려워하고 불안해하는 그들에게 두 성경 말씀을 선물로 주고 싶다.

"너희는 그 은혜에 의하여 믿음으로 말미암아 구원을 받았으니 이것은 너희

---

57) 상게서, p. 72.

에게서 난 것이 아니요 하나님의 선물이라 행위에서 난 것이 아니니 이는 누구든지 자랑하지 못하게 함이라"(엡 2:8, 9).
"우리를 구원하시되 우리의 행한 바 의로운 행위로 말미암지 아니하고 오직 그의 긍휼하심을 좇아 중생의 씻음과 성령의 새롭게 하심으로 하셨나니"(딛 3:5).

결론
여호와의 증인은 기독교를 혐오한다. 그들은 아마겟돈 전쟁에서 모든 기독교인이 멸망하게 될 것을 기뻐하고 있다. 그들은 그리스도를 동일한 하나님으로 믿지 않으며 육체의 부활과 영원한 천국과 지옥을 부인한다. 행위 구원을 강조하며 영혼의 실재를 믿지 않는 가장 위협적인 이단 집단이다. 정통 기독교의 가르침을 거의 대부분 굴절시키거나 거부함으로써 그리스도의 대적으로 기독교를 위협하고 있다. 그들은 자신들의 책자와 왜곡되게 해석한 성경을 가지고 다니면서 호별 방문을 통해 특히 믿는 자들을 유혹하고 있다. 기독교의 정통 진리를 증오했던 창시자 러셀의 배교심은 후계자인 여호와의 증인에게 대물려져서 지금까지 내려오고 있다. 이때 우리는 그리스도의 경고의 말씀을 기억해둘 필요가 있다.
"그때에 사람이 너희에게 말하되 보라 그리스도가 여기 있다 혹은 저기 있다 하여도 믿지 말라 거짓 그리스도들과 거짓 선지자들이 일어나 큰 표적과 기사를 보여 할 수만 있으면 택하신 자들도 미혹하리라 보라 내가 너희에게 미리 말하였노라 그러면 사람들이 너희에게 말하되 보라 그리스도가 광야에 있다 하여도 나가지 말고 보라 골방에 있다 하여도 믿지 말라"(마 24:23~26).

모르몬교
발생 과정
모르몬교는, 기존 교회는 역사적으로 생성 과정이 잘못되었으며 거짓 교회라는 것을 전제로 출발한다. 그들이 참된 교회를 찾고 회복했다는 것이다. 그래서 기독교의 새로운 전래를 기록한 '모르몬경'을 만들어 성경보다 더 권위 있는 책으로 받아들인다. 그러나 그것은 창시자의 주관적인 신앙 체험에 의존한 것이었다. 특히 기존 교회의 타락에 대한 그들의 불만은 모르몬교의 시작에 직접적인 원인이 된다고 모르몬교의 학자인 라버츠는 밝히고 있다. 그는

"예수와 그의 제자의 노력에 의해 세워진 교회는 콘스탄티누스 시대에 지면에서 사라졌다"고 한다.[58] 그래서 모르몬교는 '12사도회'라는 최고의 기구를 만들어 교세 확장의 역사를 시작했다.[59]

창설자 조지프 스미스 2세

조지프 스미스 2세(Joseph Smith, Jr, 1805~1844)는 미국 버몬트 주 샤론에서 태어났다. 1817년 그의 가족은 뉴욕 주의 팔미라로 이주하였으며, 이곳에서 장로교회 교인이 되었다. 스미스의 부모는 가난한 생활을 하면서 오컬트 등에 빠지기도 하였다.[60] 조지프 스미스는 당시 교파들 간의 분쟁과 논쟁 때문에 옳은 교파를 선택하는 일이 쉽지 않아 교회 결정을 하지 않았다. 어느 교파에 소속할 것인지 망설이고 있을 때 그는 야고보서 1장 5절을 읽게 되었다.

"너희 중에 누구든지 지혜가 부족하거든 모든 사람에게 후히 주시고 꾸짖지 아니하시는 하나님께 구하라."

이 말씀을 읽고 그는 하나님의 도움을 구하기 위해 숲 속에 들어가 기도하기 시작하였다. 그는 기도를 통해 '첫 환상'을 보았다.[61] 해보다 더 빛나는 빛 기둥이었다. 이때 예수님이 나타나 모든 교회는 잘못된 교회이니 가입하지 말라고 명령했다고 한다. 이와 같이 조지프는 환상과 계시를 통해 모르몬교를 시작하게 되었다.[62]

"내가 주님께 물어보고자 한 것은, 그 많은 교파들 중에 어느 교파가 옳은 것인지 알아서 어느 교파에 가입해야 할지를 결정하기 위함이었다. 그래서 나는 정신을 차리는 즉시 빛 가운데서 나를 내려다보고 있던 그 인격체에게 수많은 교파들 중에서 어느 교파가 옳고, 나는 어느 교파에 가입해야 하는지를 물었다. 나는 하나님께로부터 정통 기독교는 모두 그릇된 길을 가고 있으므로 정통 기독교의 어느 교파에도 절대 속하지 말라는 단호한 교훈을 받았다. 또

---

58) J. Smith, History of Christianity, 1978, 재인용, 이종성, 모르몬교와 여호와의 증인, 한국 기독교와 사이비 이단 운동, p. 100.
59) Walter R. Martin, 전게서, p. 46.
60) 상게서, p. 47.
61) Harry L. Ropp, Are the Mormon Scriptures Reliable?, InterVarsity Press, Downers Grove, 1987, pp. 33~34.
62) Joseph, Smith, The Pearl of Great Price, 2:5, 재인용, 이호열, 전게서, pp. 98~99.

나에게 계시를 전해주던 그 인격체는 말하기를, '기독교의 모든 교리는 하나님이 보시기에 역겨운 것이며 그 신자들은 다 부패한 자들이다' 라고 하셨다. 그리고 계속 일러 말씀하시기를 '그들은 인간의 계명을 가르칠 뿐이며, 겉으로는 경건의 모습을 꾸미고 있으나 그 속에 참 능력은 없도다' 라고 하셨다."

그리고 그는 두 번째 환상을 보았는데, 이 환상에서 모르몬교의 역사적인 근거를 하나님이 알려주었다고 전한다.[63] 금판에는 우림(Urim)과 둠밈(Thumim)이라는 번역에 도움이 되는 유리판도 함께 묻혀 있었다.

이렇게 독특한 환상과 계시의 체험을 바탕으로 시작된 운동은 여러 곳에서 비난의 화살과 공격을 받았다. 그러나 핍박과 비난은 도리어 그들의 신앙 의식과 연대감을 더욱 견고하게 만들어주었다. 환상 속에서 받은 금판에 새겨진 글들을 신의 도움을 받아 번역하여 기록하기 시작했고, 1830년 3월 번역이 마무리되어 5천 부를 출판하였다. 스미스에 의하면 그 금판은 책이 만들어진 뒤에 금판의 장소를 계시해준 모로나이가 가져갔다고 한다. 그의 측근자들 중에 원판을 보았다는 자도 있었으나 그들은 나중에 스미스를 떠났고 그를 거짓 예언자라고 비난했다.

그 뒤에 스미스는 뉴욕 주의 파예트에서 6명의 멤버들과 함께 '그리스도의

---

63) 상게서, pp. 99~100; "나는 두 번째 환상을 보았다. 한 인격체가 침대 곁에 나타났는데, 그의 발이 바닥에 닿지 않은 것으로 보아 그는 공중에 서 있었던 것 같다. ……그는 흰색 옷을 입고 있었는데 그 모습은 말로 표현할 수 없을 만큼 영화로웠다. ……그는 내게, 자기는 하나님께 보냄을 받은 사자로서 이름은 모로나이(Moronai)라고 말했다. 또 '하나님께서는 나에게 시키실 일을 준비하고 계시며, 내 이름이 모든 나라와 민족과 방언들 사이에서 좋게 또는 나쁘게 전해질 것' 이라고 했다. 금판에 새겨진 한 권의 책에 대해서도 말해주었는데 근원에 관한 기사가 적혀 있다고 했다. 그 책은 구세주께서 친히 원주민들에게 말씀하신 '영원한 복음'으로 가득 차 있다고 했다. 또한 그는 은테가 둘린 두 개의 돌을 보여주며 금판과 함께 고대에는 이 돌들을 사용하고 소유한 사람이 예언자였으며 하나님께서는 금판에 기록된 책을 번역할 수 있도록 이 돌들을 예비하셨다고 덧붙였다. 그가 나에게 금판에 대해 말하는 동안, 내가 그 금판이 있는 곳을 알도록 내 마음에 환상이 임하였다. 그런데 후에 내가 그곳을 방문했을 때 나는 바로 그곳이 환상을 통해 본 곳임을 알았다. 뉴욕 온타리오 맨체스터 부근에 언덕이 하나 있었는데, 그 부근에서 가장 높은 언덕이었다. 이 언덕 서쪽 바위 밑에 금판이 들어 있는 돌 상자가 놓여 있었다. 나는 그 상자 안에 하나님의 사자가 이야기해준 대로 금판과 우림과 둠밈, 흉패가 있는 것을 보았다. 내가 그것을 꺼내려고 하자 하늘의 사자가 꺼내지 못하게 하였다. 그는 아직 때가 이르지 않았으니 그때로부터 4년째에 꺼내라고 알려주었다. 그리고 그는 4년 동안 매해 정확히 그곳을 찾아와 자기를 만나되 금판을 얻을 때까지 계속해야 한다고 말하였다. 1827년 9월 22일, 나는 다른 때처럼 금판이 놓여 있는 곳으로 갔다. 그때 하늘의 사자가 나타나 나에게 금판을 내어주면서 책임을 맡겼다. 즉 만약 내가 소홀하게 취급하거나 간수한다면 목숨을 잃을 것이다. 하늘의 사자가 그것들을 달라고 할 때까지 내가 노력을 다하여 지키려 한다면 잘 보존될 것이다."

교회(the Church of Christ)'를 조직하였다. 그리고 후에 '예수 그리스도 후기성도 교회(the Church of Jesus Christ Latter-Day Saints)'라는 명칭으로 오늘날까지 존속하고 있다. 그는 교회를 세울 때 예언자, 번역자, 사도라는 계시를 받았다고 한다. 그래서 그는 예언자 학교를 세워 지혜의 말을 선포하면서 술, 담배, 육류를 금하는 규율을 만들었다. 모르몬교는 쉽게 호응을 얻어 회원 수가 급속도로 증가하였고, 1836년 3월 27일 오하이오 주의 커트랜드로 이주하여 처음 성전을 세웠다.

모르몬교가 서쪽으로 교세를 확장하는 과정에서 박해가 일어났다. 스미스는 미주리 주 잭슨을 미국의 예루살렘이라고 하며 그곳에 시온성을 건설하려고 하였다. 그 성전 안에 있으면 1891년 예수님이 재림해도 안전하다고 가르쳤다. 이에 미주리 주에서 모르몬교에 대한 박해가 극심하게 되었고 조지프 스미스와 지도자들이 투옥되는 상황까지 벌어졌다. 그들은 감옥에서 탈출하여 일리노이 주의 노부라는 마을에 이주하였는데 그동안 신도 수가 증가하여 2만 명에 달했다.

그들은 이곳에서 작은 군대까지 조직했고 스미스가 자칭 육군 중장이 되어 모르몬교도들을 통솔하였다. 모르몬교를 반대하는 세력에 대해서는 폭력을 가하는 집단으로 변하기 시작하였다. 예를 들면 이 지방 신문인「노부 엑스포지터」에 모르몬교를 비난하는 기사가 실리자 신문사를 파괴하고 신문을 불태우는 사건이 발생하였다.

스미스는 일부다처제의 계시를 하나님께 받았다고 하여 반대에 부딪혔고 곧 그를 비롯한 지도자들이 감옥에 갇히는 사건이 발생하였다. 6월 7일 조지프 스미스는 일리노아 주 칼티지 감옥에서 200명 정도의 폭도들에게 습격을 당했으며, 그의 동생 하이럼(Hyrum)이 즉사하였다. 스미스는 소지하고 있던 총으로 응사하였으나 폭도들이 쏜 총에 맞아 즉사하였다. 이리하여 스미스는 자칭 순교자로 생을 마감하였다.

브리검 영

스미스가 죽은 뒤 브리검 영(Brigham Young, 1801~1877)이 모르몬교의 지도자로 등장하였다. 그는 실제적으로 모르몬교를 성장시킨 장본인이다. 그는 소위 '12사도회'의 의장으로서 18개월 동안 400대의 역마차를 동원하여 험난한 여행 끝에 오늘날의 모르몬교 본거지인 유타 주의 솔트레이크 계곡에

1874년 7월 24일 정착하였다.

영은 이 도시가 하나님께서 모르몬교도들에게 준 도시라고 믿고 그 유명한 말인 '이곳이 곧 그곳이다(This is the place)'라고 외쳤다. 영은 이 도시를 모르몬교의 중심으로 삼아 사회적, 경제적, 문화적, 정치적 분야에서 모르몬주의의 원칙을 적용하여 세계적인 종교 집단으로 성장하는 데 성공하였다. 그들은 교육과 산업 분야에서 성공적으로 번창해갔다. 그는 유타 주에서 공식적으로 일부다처제를 채용하였고, 영 자신은 25명의 아내를 거느리고 56명의 자녀들을 두었다. 모르몬교는 심한 역경과 박해에도 불구하고 미국 역사상 가장 성공한 이단 세력으로 등장하였다.

모르몬교의 주장

다른 이단들과 마찬가지로 모르몬교 역시 자신들만이 참 교회며 기존 교회는 거짓 교회라고 단정한다. 이들은 조지프 스미스의 환상 체험과 계시를 통해 이러한 사실을 확신하고 있다.

"조지프 스미스를 영접하지 않고는 구원 받을 수 없다. 만약 조지프 스미스가 참으로 선지자였고 그가 말한 것이 진리였다면 이 지식이야말로 온 세상에 절대로 필요하고 가장 중요한 지식일 것이다. 어느 누구든지 그 증거를 부인하는 자는 말할 수 없이 무서운 결과들을 자초하고 말 것이다. 그런 자들은 하나님의 왕국에 들어갈 수 없을 것이기 때문이다."[64]

이와 같이 모르몬교는 스미스를 통한 그들의 주장만이 참 진리라고 주장한다. 이것은 교회 역사의 정통성과 가르침을 동시에 부인하는 오류를 범한 것이다. 이들은 초대교회의 사도 시대가 종결된 후 1820년 조지프 스미스가 나타날 때까지 그리스도의 복음의 역사는 실패의 역사라고 단정 짓는다. 초대교회 지도자들이 제대로 복음을 전하지 못했기 때문이다. 그 결과 오리겐, 저스틴, 이레나이우스, 제롬, 유세비우스, 아타나시우스, 크리소스톰 등 교부들과 감독들을 모조리 잘못 가르친 사역자로 규정한다. 물론 그 후에 나타난 교회 역사의 지도자들인 토마스 아퀴나스, 후스, 위클리프, 루터, 츠빙글리, 칼빈, 녹스, 틴데일, 존 웨슬리, 조지 휘트필드 등도 마찬가지로 사도들의 참된 교리

---

64) 상게서, p. 102.

를 계승하지 못했다고 말한다. 오직 조지프 스미스만이 예수의 가르침을 제대로 계승했으며 그들의 가르침만이 참 진리라는 것이다.

성경에 관하여

모르몬교는 성경 외에 그들의 신앙의 표준이 되는 한 권의 책을 소유하고 있다. 스미스가 썼다고 주장하는 '모르몬경'이다. 이외에 그들이 가르치는 교리책인 「교의와 성약」, 「값진 진주」 등도 경전이다. 현재 교회가 사용하고 있는 성경은 사람들을 타락시킨다고 주장한다. 그들은 성경을 믿지만 그것은 그들의 주장에 맞도록 해석된 것을 전제로 하고 있다. 그래서 실상은 성경의 절대적인 권위를 인정하지 않는다. 모르몬교의 신앙 신조 제8항을 보면 그들의 주관대로 해석되었을 때만 성경을 인정하겠다는 것을 잘 알 수 있다.

"성서가 바르게 번역되었을 때 그것을 하나님의 말씀으로 믿는다. 그리고 모르몬경을 하나님의 말씀으로 믿는다."[65]

또한 지속적인 그들의 계시를 절대적인 권위로 인정하고 있다. 그래서 모르몬 교인들은 성경 외에 모르몬 교도들의 가르침과 계시까지 포함하여 하나님의 말씀으로 인정한다. 이들이 얼마나 성경의 권위를 무시하고 경멸하는지는 조지프 스미스의 언급을 통해 확연히 드러난다.

"많은 이방인들이 이렇게 말할 것이다. 성경! 성경! 우리에게 성경이 있으니 이외에 다른 성경이 더 있을 수 없다. 그러나 주님은 이렇게 말씀하신다. 이 어리석은 자는 성경, 우리에게 성경이 있으니 더 이상 성경이 있을 필요가 없다고 말할 것이다. 너희가 내 말을 더 받아야 한다고 왜 불평하는가? 너희에게 성경이 있다고 하여서 거기에 다 포함되어 있다고 생각할 필요는 없고 또 내가 더 말하지 않는다고 생각할 필요가 없다."[66]

모르몬 교인들에게 성경은 오염된 것이며 그들의 경전인 모르몬경이 참된 예수의 가르침을 기록한 책이다. 오직 성경은 그들의 가르침을 반증하기 위한 참고 수단에 불과하다. 초기 모르몬교의 사도였던 모르몬 신학자 프랫(Parely P. Pratt)은 다음과 같이 말한다.

"성경의 단 한 절이라도 원래 가지고 있던 뜻이 오염되지 않았다고 누가 장

---

65) 이종성, 전게서, p. 112.
66) 재인용, 김진홍, pp. 69~70, in 심창섭, 전게서, p. 80.

담할 수 있는가?"[67]

 이와 같이 모르몬 교도들은 기독교인들이 성경을 하나님의 말씀으로 믿는 것같이 모르몬경을 성경보다 더 영감된 유일한 책으로 믿는다. 신앙 신조 제8항에서 "또한 모르몬경을 하나님의 말씀으로 믿는다"라고 확정적으로 표기하고 있다.[68]

 이들이 성경보다 더 철저히 믿고 있는 모르몬경의 정체에 대해 연구해보자. 하나님은 성경 외에 계시된 다른 책이 필요하여 예언자 조지프 스미스를 통해 기록하도록 하셨는데, 이 필요에 의해 만들어진 책이 모르몬경이다. 모르몬경은 기독교의 정통성을 부인하기 위해 옛날에 미국으로 이민 온 두 그룹에 관한 이야기를 주로 기록한다. 이 책에서 말하는 이들의 역사에 대한 내용은 다음과 같이 요약된다.

 첫 번째 그룹은 창세기의 바벨탑이 무너진 후 그 지역을 떠난 야레드족(Jaredites)이다. 야레드의 한 동생은 예언을 했는데 여덟 개의 배를 만들라는 명령을 받았다. 야레드족은 이 배를 타고 344일을 항해하여 중미 서쪽 해안에 도착했다. 처음에 이들은 번창하였으나 서로 싸우고 전쟁하고 부녀자들을 죽이는 등 치열한 내분을 겪으면서 결국 전멸하고 말았다.

 두 번째 그룹은 레히(Lehi)라는 므낫세 지파의 사람이다. 레히는 B. C. 600년에 예루살렘을 떠나 배를 타고 서쪽으로 항해하여 남미의 한 해안에 도착했다. 레히에게는 네휘와 라만이라는 두 아들이 있었는데, 라만의 일족은 하나님께 반항하여 저주를 받아 검은 피부가 되었다. 그들이 바로 미국의 아메리칸 인디언이다. 라만족과는 달리 네휘족은 하나님께 순종했고 북아메리카로 이주하여 좋은 문명을 발전시켰다. 네휘의 예언대로 A. D. 34년에 예수 그리스도가 하늘에서 직접 내려와 산상교훈을 포함한 많은 설교를 했다. 예수 당시에는 모든 주민이 회개하여 라만족과 네휘족 사이에 200년 동안 평화가 지속되었다. 그러다가 385년에 두 부족 사이에 분쟁이 일어나 뉴욕 주 북쪽의 구모라에서 최후 결전을 하여 라만족이 네휘족을 멸망시켰다. 그때 다만 모르몬의 아들인 모로니(Moroni)만 생존했다.

 네휘가 살아 있을 때 두 개의 판에 자기 부족의 역사를 기록했는데 큰 판에

---

67) 이호열, 전게서, p. 103.
68) 심창섭, 전게서, p. 81.

는 네휘족의 세속사를, 작은 판에는 네휘족의 영적 역사를 기록했다. 4세기에 살았던 모르몬은 네휘와 그의 부족이 기록한 역사 전체를 요약해서 금판에 기록하고 그것을 구모라에 파묻었다. 라만족과 결전이 있은 후에는 모로니가 금판에 내용을 더 첨가하여 그것을 구모라에 묻었다. 이것은 421년에 발생하였고, 1,400년이 지난 후(1823~1827) 천사로 변한 모로니가 조지프 스미스에게 나타나 그 금판이 매장되어 있는 장소를 알려주었는데, 스미스가 그것을 발굴하여 그 내용을 영어로 번역했다. 그 책이 모르몬경이다. 모르몬경은 하나님의 계시의 말씀일 뿐만 아니라 성경보다 더 권위 있는 책으로 모르몬 교도들은 믿고 있다. 조지프 스미스가 이 점을 직접 이야기하고 있다.

"모르몬경은 지상에 있는 어떠한 책보다도 가장 정확한 책이요 우리 종교의 관건이다. 누구든지 그 책의 내용 안에 있으면 어느 다른 책보다 하나님께 가까이 갈 수 있다."[69]

모르몬경은 니파이1서에서 모로나2서에 이르기까지 522페이지에 달하는 장서경전(영문판)으로 모르몬교의 역사와 교훈, 교리 등을 서술하고 있다. 초판의 해설에서 모르몬경의 정체를 이렇게 밝히고 있다.

"모르몬경은 네피의 서판들로부터 선택한 서판들 위에 모르몬 교도의 손에 의해서 기록된 기사다. 따라서 이것은 네피 사람들의 기록의 요약이다. 또한 이스라엘 집의 남은 자인 라만족의 기록이다. 이것은 또한 유대인들과 이방인들에 관한 것이다. 계명의 형식으로 기록되고, 예언과 계시의 영에 의해 기록되었다. 그것은 기록되고 봉인되어 주님께 감추어졌으므로 파괴될 수 없다. 그것들은 그 해설에 대한 하나님의 은사와 능력에 의해 나타난다. 모로나이의 손에 의해 봉인되고 주님께 감추어진 것은, 이방인에 의해 적당한 시기에 나타난다. 그것들의 해석은 하나님의 은사에 의해 행해진다. 이데서(Book of Ether)로부터 발췌된 요약, 그것 역시 야렛 사람들의 기록이다. 그것들은 사람들이 하늘까지 닿을 탑을 쌓으려고 하므로 주께서 인간의 언어를 혼란시킬 때 뿔뿔이 흩어졌다. 그것은 이스라엘 집의 남은 자들에게 주께서 그들의 조상들을 위하여 얼마나 위대한 일들을 했는가를 보여주기 위한 것이었으며, 또한 유대인과 이방인에게 예수는 그리스도시요 자신을 모든 족속에게 나타내신 영원한 하나님을 확신시키기 위함이다. 만약 여기에 잘못이 있다면 그것은

---

69) 재인용, 이종성, 전게서, p. 114.

인간들의 실수이다. 그러므로 이로써 하나님의 것을 비난하지 않기를 바라며, 다만 그리스도의 심판대에서 흠 없는 자로 인정받기를 원하노라."[70]

이들의 주장에 따르면 그리스도에 대한 증거는 성경에 나타난 예수 그리스도의 성육신 사건이 아니라 자신들이 그리스도에 대해서 말하는 것이며, 자신들의 진리를 담은 모르몬경이야말로 유일한 정경이라는 것이다.

모르몬경을 기록하게 된 역사적인 배경에 대해 이들은 기상천외한 방법으로 이론을 전개한다. 모르몬 교도들은 모르몬경 외에 신앙의 표준으로 삼는 두개의 다른 중요한 책이 있다. 하나는 「교의와 성약」이고 다른 하나는 「값진 진주」다. 136장으로 기록된 「교의와 성약」은 스미스가 받은 계시의 내용으로 신의 본질, 교회, 제사직, 천년 왕국, 부활 사후의 사태, 구원의 단계, 죽은 자에 대한 세례, 천상 결혼과 복수 결혼(일부다처)에 관한 가르침이 기록되어 있다. 프랫의 이야기를 들어보자.

"신학은 하나님, 천사, 영들과 인간 사이의 의사소통, 즉 교통의 과학이다. 그런데 이것은 환상, 꿈, 해석, 대화, 영감 또는 예언의 영과 계시에 의해서 이루어진다. 신학은 세상을 조직하고 유지하며, 방향을 결정하고, 이 세상의 요소들을 지배하는 과학이다. 신학은 인식의 과학이며 그것의 열쇠와 권능에 의해서 하늘이 열리고 지혜와 지성의 보고 즉 과거, 현재, 미래를 포괄하는 소멸하지 않는 무한한 보고로 정당하게 출입할 수 있게 된다."[71]

이들은 신학이 예언의 영과 계시에 의해 이루어졌다는 터무니없는 주장을 한다. 또한 '죽은 자를 위한 세례", '천국 결혼' 등의 교리에서는 이방 종교나 샤머니즘에서 주장하는 이색적인 교리들을 가르친다. '죽은 자를 위한 세례'란 산 자가 죽은 자를 위해 세례를 대신 받는 것으로, 이를 통해 자손들의 마음이 조상에게로 향하게 된다고 주장한다.

"죽은 자의 구원은 공의로 기록되고 계획된 하나님의 율법에 엄격하게 일치할 때 효력이 발생할 것이다. 어떤 영혼이든지 몸을 입고 있든 아니면 몸을 입고 있지 않든 율법과 복음에 순종하지 않고는 영원한 영광의 약속조차 얻는 것이 불가능하다. 침례는 산 자의 구원에 필수적인 것과 마찬가지로 죽은 자의 구원을 위해서도 필요 불가결하다. 남을 대신하는 활동의 필요성이 여기에

---

70) 기독교백과사전, 모르몬교, p. 153.
71) 상게서, p. 150.

나타난다. 즉 죽은 자를 대신한 산 자의 역할, 자녀들이 어버이를 대신하는 역할, 그것은 어버이들이 자식들을 위하여 하는 모든 것이 다 중요한 의미가 있다는 것이다."[72]

근본적으로 '천국 결혼' 이란 교리는 그들의 일부다처제를 옹호하기 위한 것이었다. 아래와 같은 조셉이 받은 계시의 기록에서 나타난다.

"진실로 주가 나의 종 너 스미스에게 말하노라. 네가 나의 손으로 한 일을 보아 왔다면, 나 주가 아브라함과 이삭과 야곱, 또한 모세와 다윗과 솔로몬 등 나의 종들이 많은 아내들과 첩들을 두었다는 원칙과 신조에 관하여 그들을 정당한 것으로 인정하였다는 것을 알고 이해해야 할 것이다. 신권의 율법에 속한 것으로는 다음과 같다. 만일 어떤 사람이 한 처녀를 아내로 맞고, 또 다른 처녀를 아내로 맞이하기를 원하고, 그 첫 번째 아내가 동의한다면, 그리고 만약 그 남자가 둘째를 아내로 맞이하고 그들이 처녀들이고 다른 남자에게 가지 않겠다고 맹세하면 그 남자는 정당한 것이다. 그는 간음을 범하는 것이 아니다. 그들이 그에게 주어졌기 때문이다. 그들이 다른 사람이 아닌 바로 그에게 속했다는 사실로 인해서 간음을 범하는 것은 아니다. 그리고 이 율법에 의해서 그에게 주어진 열 명의 처녀들을 가졌다 하더라도 그는 간음을 행한 것이 아니다. 왜냐하면 그들은 그에게 주어졌으며 따라서 그는 정당한 것이다."[73]

모르몬교는 지상에서의 일부다처제를 인정할 뿐 아니라 사후에서도 '영적 아내직' 이라는 교리를 만들어 일부다처제를 존속시키고 있다."

"천국 결혼은 영원한 결혼이다. 이 문제에 관한 계시에 따르면 신적 권위없이 맺어지는 모든 결혼은 죽음에 의해 해소된다. 천국 결혼은 복음에 복종하는 사람들에 의해 맺어지는 양자와 양녀로 하나님의 아들과 딸들이 되는 것이다. 여자는 남자에게 주어지고 그들은 이제 한 육체다. 이렇게 땅에서 인쳐진 것은 하늘에서도 인쳐지고 스스로 행한 것이지만 신에 의해서 된 것처럼 효력이 있다. 이리하여 그 남편에게 인쳐진 아내가 남편보다 먼저 죽는다면 남편이 다른 사람과 결혼하는 것은 그의 특권이다. 두 번째 아내가 죽으면 세번째 아내도 첫 번째 아내와 동일한 방법으로 남편에게 인쳐진다. 그들은 모두 똑같이 그의 아내다. 부활 때에는 영원한 계약에 따라서 그에게 속한 그들의 자

---

72) 상게서, p. 150.
73) 상게서, p. 150.

녀들과 함께 세 아내들을 취하게 된다."

천국 결혼에 관한 계시는 다음과 같이 선언한다. 즉 만일 여자가 하나님에게 지명되는 방법으로 영원한 계약 안에서 남자에게 주어진다면, 그는 저주 아래 있는 것이 아니라 오히려 그는 하나 이상의 아내를 취하는 것이 정당화된다는 것이다. 그 아내들은 그에게 봉인되며, 그의 것이 된다. 그래서 그들은 그의 것이고 그만의 것이기 때문에 그는 그들로 더불어 간음을 행하는 것이 아니다. 그들 중의 어느 누구도 소실이나 정부 또는 단지 육욕의 대행자가 아니다. 만족하게 행해진 천국 결혼은 하나님이 규정하신 것이다. 그것은 종교의 한 체제다. 본질상 그리고 치리상 교회적인 것이다. 그러므로 이것은 제도적인 법 규정 밖의 일이다. 그것은 교회의 범위 안에 있기 때문에 그것을 자유롭게 시행할 수 있는 권리는 금지될 수 없다.[74)]

또 하나의 중요한 책 「값진 진주」는 성경의 창세기 처음 6장의 내용과 상이한 것들로 구성되어 있다. 모르몬교에서는 고대 이집트의 파피루스를 번역한 것이라고 하나, 이 책은 나중에 사기였음이 판명된 「아브라함의 책」을 담고 있다.[75)] 여기에 조셉 스미스의 성경 번역에서 발췌한 내용물과 '그의 자서전'에서 발췌한 내용들, 그리고 '신조와 신앙' 등 다섯 부분으로 그 내용들이 나뉘어 있다.[76)]

거짓 예언자들과 예언들에 관하여

비성경적인 경전과 교리서 등을 능가할 정도로 환상적인 종교심을 유발하는 것은 모르몬교의 예언들이다. 이들은 예언의 지속성과 효율성을 주장하면서 예언을 신앙과 생활의 표준으로 삼고 성경의 권위와 동일하게 취급한다. 1980년 2월 브리검 영 대학에서 '12사도회'의 의장이었던 에즈라 태프트 벤슨(Ezra Taft Benson)은 "현존하는 예언자(교회의 머리)들의 예언은 기존 작품들보다 더욱 우리에게 필요한 존재다"라고 하였다. 예언에 대한 이러한 입장은 창시자 조지프 스미스가 예언을 통해 모르몬교를 세웠기 때문이다. 그는

---

74) 상게서, p. 150.
75) 이호열, 전게서, p. 104.
76) 이종성, 전게서, p. 115:1. 창세기 1장에서 6장까지의 내용 요약, 2. 아브라함이 애굽에 있을 때 기록한, 하나님을 다신론적인 입장에서 이해한 내용과 영혼의 선재, 지상에서의 영들의 상태와 시험 등, 3. 스미스가 마태복음 24장을 번역한 번역문, 4. 예언자 스미스의 생애에 대한 간단 서술, 5. 신앙 조항 등이다.

예언을 초자연적인 기원에 두었으며 스스로 58개의 예언을 하였다. 그러나 그의 예언을 검토한 결과 하나도 맞는 것이 없었다.

예언의 허위성에도 불구하고 모르몬 교도들은 지나치게 예언 신앙에 의존하며 모르몬경의 예언들이 성경의 예언들보다 고고학적으로 더 진리로 증명된 것이 많다고 주장하였다. 모르몬 학자인 로스 크리스텐슨(Ross T. Christensen)은 "모르몬경의 본질에 대해서 명확한 고고학적인 테스트가 적용될 수 있다"고 하였다.[77] 그러나 모르몬교의 고고학자들은 아마추어 실력자로서 그들의 주장을 신뢰할 수 없으며 불분명하다.[78] 그들은 예언의 권위나 실재성을 거부하는 것은 배교의 행위라고 천명한다. 예언은 하나님의 계획이요, 모르몬 성도가 가야 할 가장 안전한 길이라는 것이다.

"능동적이든 그렇지 않든 간에 교회의 예언자들, 선견자들, 계시자들이 옹호한 어떠한 계획이나 교리를 비난하거나 반대하는 말일 성도는 어느 누구든지 배교의 영, 루시퍼를 키우고 있는 것이다. 그는 인도자들을 반박하고 자기들의 생각대로 하는 교회 회원들을 끌어들일 때 큰 승리를 거둔다. 우리의 지도자들이 말씀하시면 지금까지 그 생각대로 이루어져 왔다. 그들이 어떤 계획을 제안하면 그것은 하나님의 계획이다. 그들이 길을 지시하면 그 길 이외에 안전한 길은 없다. 그들이 방향을 제시할 때 그것이 우리의 논쟁에 종결을 짓는 것이 되어야 할 것이다."[79]

모르몬의 예언 가운데는 유대인들도 자신을 믿으면 구원에 이르게 된다는 궤변도 섞여 있다. 이 예언은 니파이 10장 7절에 기록되어 있다. "저들이 나를 믿으며 내가 그리스도임을 믿는 날이 이르면, 저들을 이 땅 위의 상속자의 땅에 육신으로 회복하게 할 것을 저들의 조상들과 언약하였느니라." 그러나 유대인들은 모르몬경의 언급과는 달리 예수가 그리스도라는 것을 믿지 않았으므로 모르몬의 예언이 얼마나 거짓된 것인지를 알 수 있다.

모르몬은 또한 종말에 세워질 거룩한 성에 대해서도 엉뚱한 예언을 하였다. 시온성에 대해 말하기를 주님이 미주리 주에 있는 한 성에 시온성을 건설할 것을 말씀하셨다는 것이다.

---

77) 재인용, Harry L. Ropp, 전게서, p. 55.
78) Harry L. Ropp. 전게서, pp. 57~62.
79) 재인용, 이호열, 전게서, p. 105.

"이 세대가 모두 지나가기 전에 제가 약속한 거룩한 장소에 주님을 위한 한 집이 세워질 것이다."[80]

"확실히 시온은 우리 하나님의 성이다. 그리고 확실히 시온은 멸망당할 수 없으며 그곳에서 옮겨지지도 않을 것이다. 하나님이 거기 계시며, 하나님의 손이 거기 계시기 때문이다……."[81]

그러나 이 예언들은 성취되지 않았고 실패로 끝났다. 그러나 스미스는 굴복하지 않았고 시온의 회복을 다시 예언하였다.

"시온의 자녀들이 흩어졌음에도 불구하고 시온은 자기 자리에서 옮겨지지 아니할 것이다. 지금 남아 있고 또 마음이 깨끗한 자들은 그들의 기업으로 되돌아와 자손들과 함께 영원한 기쁨의 노래들을 부르며 황폐한 시온의 터를 건설할 것이다. 그리하여 예언된 모든 일들이 성취될 것이다. 보라, 내가 약속한 장소 이외에 약속된 다른 장소는 없도다. 또한 나의 성도들의 모이는 일을 위하여 내가 약속한 그 장소밖에는 다른 어떤 장소도 존재하지 아니할 것이다. 다만 그들이 거할 방이 모두 차서 부족하게 되는 그날이 오면, 그때에 나는 그들에게 다른 장소를 약속할 것이며 그들은 시온을 지탱하기 위해 세워진 기둥들이라 일컬어질 것이다."[82]

그러나 이 예언도 역시 불발로 끝났으며, 그 자리에는 아직도 단 하나의 성도 세워지지 않았다. 150년이 지났는데도 예언이 실현되지 않은 것이다. 스미스는 분명히 약속된 다른 장소는 없으며 자신의 세대 동안에 지어질 것이라고 했다. 그럼에도 불구하고 모르몬 교도들은 이런 예언들을 신앙의 권위로 삼고 있으며, 이것이 그들을 무모한 광신자로 전락시키는 아편과 같은 역할을 하고 있다.

모르몬의 예언은 분명히 하나님께 나온 것이 아니다. 스미스는 모든 계시를 자신의 눈으로 보았다고 주장하며 많은 부분은 우리의 언어로 기록할 수 없는 것이므로 남겨두기도 했다고 한다. 그는 자신이 철저히 레히의 순수 혈통의 후손이라고 말한다.[83] 그의 예언은 반드시 이루어진다는 것이다. 신명기 13장

---

80) Doctrine and Covenants. 84:5, 31 September 1832, 재인용, 이호열, 상게서, p. 112.
81) 상게서, p. 113.
82) 상게서, p. 113.
83) Philip C. Reynolds, Commentary on the Book of Mormon, Desert Book Company, 1976, p. 77.

1~4절과 18장 18~22절에서 참 예언과 거짓 예언을 시험해볼 수 있는 두 가지 길이 있다고 하였다. 첫째, 13장에서는 어떤 예언이 이루어진다 해도 그 예언이 성경의 하나님을 믿도록 인도하지 않으면 거짓 예언이라고 했다. 거짓 예언자들은 하나님 대신 자신을 섬기게 한다는 것이다. 둘째, 18장에서는 예언자의 모든 예언은 그때그때마다 이루어져야 하며 그렇지 않으면 하나님의 참 예언자가 아니라는 것이다.

하나님에 관하여

조셉 스미스는 「값진 진주」에서 "우리는 영원한 아버지 하나님과 그의 아들이신 예수 그리스도와 성령을 믿는다"라고 고백한다.[84] 마치 이 말은 모르몬교도들은 성경의 삼위일체 하나님을 믿고 있는 듯한 인상을 풍긴다. 모르몬경도 "구속함을 받은 사람들은 성부와 성자와 성령 곧 한 하나님"(모르몬 7:7) 보좌에 둘러서서 찬송을 부르는 것이라고 하였다. 니파이2서에서도 "성부와 성자와 성령 곧 영원히 한 분이신 하나님에 관한 참되고 유일한 교리"라고 기록하고 있다(니파이2서 31:21). 그러나 이러한 한 분이신 하나님에 대한 설명에서는 완전히 삼위일체의 하나님과는 대조적인 교리를 말하고 있다.

그들은 하나님의 신성을 부인한다. 지상에는 여러 신이 있었고 신들은 본래 사람들이었으며 지상에서 살다가 신이 되었다는 것이다.[85] 모르몬교는 사람도 신이 될 수 있다고 가르친다. 그리고 신과 인간은 본질적인 차이가 없다고 하며 삼위일체 신이나 유일신론이 아니라 다신론을 가르친다.[86]

---

84) The Pearl of Great Price, Artide of Faith, p. 59, 재인용, 이호열, 전게서, p. 106.
85) Teachings of Prophet Gospel Smith, pp. 345~356, 재인용, 이종성, 전게서, p. 116.
86) King Follet Discourse, pp. 8~10: "나는 곧 하나님을 뵈올 예정이다. 나는 여러분 모두가 하나님을 알고 그분과 친숙해지기를 바라고 있기 때문이다. ……나는 하나님이 어떠한 형태로 존재하시는지 여러분에게 제시해주기 위하여 세상이 있기 전의 태초로 돌아갈 것이다. 하나님은 한때 지금의 우리와 같은 인간이셨으며, 지금은 높아지신 인간이시며, 저 하늘에서 보좌에 앉아 계신다. ……내가 말하건대, 만일 여러분이 오늘날 그분을 보게 된다면, 여러분은 한 인간으로서의 인격과 형상과 모습을 갖고 있으며 여러분 자신과 똑같은 모습을 하고 계신 그분을 보게 될 것이다. 나는 여러분에게 어떻게 하나님이 하나님 되셨는지에 대해 말하려고 한다. 하나님은 영원 전부터 하나이셨다고 우리는 상상하고 가정하여왔다. 나는 그러한 생각을 반박하고 여러분이 진실을 볼 수 있도록 베일을 벗겨줄 것이다. 복음의 제1원리는, 하나님의 속성을 확실히 알고, 인간이 서로 대화하듯이 우리도 하나님과 대화할 수 있다는 사실, 하나님은 한때 우리와 똑같은 한 인간이셨다는 사실을 아는 것이다. 참으로 그렇다. 우리 모두의 아버지이신 하나님 자신은 예수 그리스도와 똑같이 땅 위에 거하셨던 것이다. 그러므로 영생은 여기에 있으니, 곧 유일하게

모르몬교는 분명히 정통 기독교의 신관에 위배되는 배교적인 신관을 갖고 있다. 신과 인간과의 본질적인 차이가 없는 신인동형론적인 신 개념이다. 이들의 하나님은 유에서 무를 창조하신 하나님이 아니라 이미 존재하는 자료를 통해서 재조직된 분이다. 이들의 주장은 희랍 신화에서 말하는 천지 창조설과 유사하며 하나님의 섭리 등을 전적으로 부인한다.

예수 그리스도에 관하여

모르몬교는 예수 그리스도와 인간 사이에 본질적인 차이를 인정하지 않는다. 오직 정도의 차이가 있을 뿐이다. 성경이 말하는 것과는 달리 예수 그리스도가 독생하신 하나님의 아들이 아니었다고 가르친다. 그리스도는 단지 엘로힘의 여러 영적 아들 중에 첫 탄생자로 태어났다는 것이다.[87] 스미스와 영 사이에도 그리스도의 탄생에 대해 일치하지 않는 견해가 있다. 스미스는 하늘의 아버지에 의해 그리스도가 마리아에게 잉태되었다고 주장하는 반면, 영은 아담에 의해서 잉태되었다고 주장한다. 스미스는 그리스도의 탄생에 대해 더 어려운 말로 표현한다.

"그리스도는 어떤 다른 존재보다 위대하시다. 그의 육체는 죽는 어머니의 후손으로서의 육체를 가졌으나 동시에 불사적인 아버지 또는 부활하시고 영화롭게 된 아버지의 몸을 가졌다는 특징이 있다."[88]

그러나 이들은 근본적으로 그리스도의 영원한 신성을 인정하지 않고 오직 다른 피조물보다 우월한 존재로만 인식하고 있다.

"영원한 지혜에 대하여 '가장 유식한 분이신' 하나님이 다른 것들에게 영체를 주기로 작성하신 때에 그리스도가 처음에 나셨다. 그리스도는 성부의 영원한 아들이 아니며 영원히 특출하시지도 않다. 그는 '처음에 나신 영적 그리스도시요' 그날부터 그는 모든 것들 위에서 우월하시다."[89]

성경에서 가르치는 복음의 핵심은 그리스도의 신성과 성육신의 개념이다. 그래서 요한은, 예수는 하나님이셨고(요 1:1), 육신으로 탄생하셨다(1:14)고 기

지혜롭고 참되신 하나님을 아는 것이다. 따라서 여러분은 모든 하나님들(all Gods)이 여러분 앞에서 행했던 것과 똑같이 여러분들 자신이 하나님이 되고 또 하나님 앞에 선 왕들과 제사장들이 되는 방법을 배워야 한다." 재인용, 이호열, 전게서, pp. 106~107.
87) J. Talmadge, Artieles of Faith, p. 471, 재인용, 이종성, 전게서, p. 117.
88) 상게서, p. 118.
89) 김진홍, p. 92, in 심창섭, 전게서, p. 89.

록한다. 그러나 모르몬 교도들은 성경에서 말하는 것과는 달리 그리스도가 하나님의 영원한 신성을 가진 아들이 아니라고 가르친다. 그리스도는 인간이 영적으로 선재했던 것과 같이 다만 '하나님의 영적 유아' 였다고 주장한다. 중요한 것은 모르몬 교도들이 아무리 그리스도의 선재성을 주장한다고 하여도 삼위일체적인 신성의 의미로 그리스도를 이해하지 않는다는 것이다. 그리고 그의 독생자 됨을 부인하고 있다는 것이다.

모르몬교는 그리스도의 결혼에 대해서 충격적인 주장을 하고 있다. 모르몬교의 12사도 중의 한 사람인 하이드(O. Hyde)는 다음과 같이 말한다.

"예수 그리스도는 결혼을 했기 때문에 십자가 위에서 죽기 전에 그의 씨를 볼 수 있었다. 구주가 죽기 전에 그 자신의 자녀를 보았다고 한 것이다. 마리아가 무덤에 왔을 때 그 여자는 두 천사를 보았다. 그때 그들에게 말하기를 저들이 나의 주, 나의 남편을 데리고 가버렸다고 했다."[90]

"갈릴리 가나의 결혼식장에서 예수가 신랑이 되어 마리아와 마르다와 다른 마리아를 신부로 맞이했다는 것은 우리를 놀라게 하지 않는다. 우리의 구주와 그들 여자들 사이에 있었던 친근함에 남편과 아내의 관계와 같은 것이 없었다고 하는 것은 정당한 생각이 아니다."[91]

두 인용문에서 모르몬교가 예수의 결혼을 주장하고 있음을 알 수 있다. 더 경악스러운 것은 예수가 마리아와 마르다, 다른 마리아와 일부다처적인 관계가 있었다고 주장하는 것이다.

구원에 관하여

구원관에서 모르몬교는 정통 교회와 견해가 상당히 다르다. 모르몬교의 구원관은 신앙 신조 제2항과 제3항에 명시되어 있다.

"제2항 : 우리는, 사람들이 아담의 죄과로 인해 벌 받는 것이 아니라 자기 자신의 죄로 인해 벌을 받는 것이라고 믿는다. 제3항 : 우리는, 그리스도의 구속을 통하여 모든 인간이 율법과 복음의 명령들에 순종함으로써 구원 받을 수 있다고 믿는다."

이런 주장은 만인구원설에 가까운 보편적 구원론을 말한다고 볼 수 있다.

---

90) Journal of Discourse, II. 81~82, 재인용, 이종성, 전게서, p. 118.
91) 상게서, p. 118.

"구속의 범위는 보편적이며 아담의 모든 후손들에게 똑같이 적용된다. 심지어 불신자, 이방인, 스스로 분별할 나이에 이르기 전에 죽은 어린아이까지 모두 구세주의 자기 희생으로 인하여 개개인의 타락의 결과들로부터 구속받는다. ……구속받은 모든 사람이 높은 영광의 자리에 이르지는 못할 것이다. 간단히 말해서, 더럽혀진 율법을 공의로 만족시키기 전까지는 아무도 영광의 자리에 들어갈 수 있도록 허락받을 수 없으며 어떠한 영혼도 구속받을 수 없다. ……하나님의 왕국에는 수많은 수준의 단계들이 각기 다른 사람들을 위하여 예비되어 있다."

모르몬교는 지옥이나 영원한 형벌은 없으며 구원 받은 후에 인간은 모두 3단계의 영광 중 하나에 들어갈 수 있다고 한다. 첫째는 신들이 될 멜기세덱 제사장 회원들이 들어갈 천상의 왕국, 둘째는 천상의 왕국에 들어가지 못하는 자들을 위한 지상의 왕국, 셋째는 텔레스티얼 왕국으로 그리스도의 증거를 받지 않은 자들을 위한 예비 처소다.

더욱 충격적인 사실은 조지프 스미스의 승낙서나 증명서를 가져야 그들이 원하는 왕국에 들어갈 수 있다는 주장이다.

"나는 여러분이 그들에게, 그리고 지상의 모든 위대한 사람들에게 말일에 성도들이 그들의 구세주가 될 수 있다고 말하기를 원한다. 하나님을 믿고, 예수님을 믿고, 예언자 조지프 스미스를 믿고 그 계승자 브리검 영을 믿으라. 덧붙여 말하는데, 여러분이 예수는 그리스도시며 스미스는 예언자였으며 브리검 영은 그의 계승자였다는 사실을 마음으로 믿어 입으로 시인한다면, 여러분은 하나님의 왕국에서 구원 받을 것이다. 이 세대의 어떤 남자나 여자도 조지프 스미스의 승낙 없이는 천상의 하나님 왕국에 결코 들어갈 수 없다. 모든 남녀는 하나님과 그리스도가 계시는 저택으로 들어가는 통행증과도 같은 조지프 스미스의 증명서를 가져야 한다. 아무도 그의 승낙 없이 그곳에 들어갈 수 없다. 그는 하나님이 하늘에서 통치하듯이 이곳에서도 탁월하게 통치하며, 영역과 능력과 소명에서 뛰어난 존재다."[92]

특히 모르몬교는 기독교가 말하는 이신득의 교리를 부인한다. 그리고 철저히 행위 구원을 말한다. 기독교의 이신득의 교리는 해괴하고 치명적인 것으로 영혼에 해롭다고 주장한다. 그들의 신앙 신조 제4항에 다음과 같이 기록하고 있다.

---

[92] 재인용, 이호열, 전게서, pp. 111, 117, 김진홍, p. in 심창섭, 전게서, p. 89.

"우리가 믿는 복음의 첫 원칙과 순서는 다음과 같다. 첫째, 예수 그리스도에 대한 믿음, 둘째, 회개, 셋째, 죄 씻음 받기를 위한 침수 세례, 넷째, 성령의 은사를 받기 위한 안수이다. 구원은 이중적이다. 보편적으로 그리스도에 대한 신앙과는 관계없이 모든 사람에게 주어진다. 개인적으로 개인의 생활 영역 안에서 하는 행동의 공로와, 율법과 복음의 제도에 복종함으로써 얻어진다."[93]

교회에 관하여

다른 이단들과 마찬가지로 모르몬교도 기존 교회를 부패하고 변절한 교회로 규정하며 참된 구원이 없다고 믿는다. 그들은 초대교회부터 교회가 변절하기 시작하였고 종교개혁도 이 점에서는 실패했다고 주장한다. 하늘로부터 직접 계시를 받지 못했기 때문이다. 1830년 모르몬 교회가 세워짐으로써 비로소 참 교회가 시작되었다. 즉 마지막 날에 예언자 조지프 스미스를 통해 주님이 교회를 재건하셨다. 그래서 모르몬 교도들은 모르몬교가 시작된 것은 교회의 회복이며 참 교회의 탄생이라고 자부한다. 하늘로부터 직접 계시를 받아 세워진 교회는 모르몬교밖에 없다는 것이다. 스미스와 영은 이 점에서 견해가 같다. 어떤 사람이 스미스에게 질문하였다.

"모르몬교 외에는 다 저주를 받습니까?"

"그렇다. 그들의 대다수가 회개하고 의로운 삶을 실행하지 않으면 그렇게 될 것이다."

그의 후계자인 영은 말한다.

"하나님이 조지프 스미스를 보내셨고 그를 통해서 영원한 복음이 선포되었다고 고백하지 않는 모든 영혼은 적그리스도다."[94]

모르몬교는 두 개의 세례, 즉 죽은 자와 산 자의 세례에 대해 말한다. 세례는 구원을 위한 필수적인 요건으로, 반드시 침례여야 한다. 아담이 세례를 받았는데 침례라는 것이다. 그들은 유아세례를 부인한다. 아이들은 죄에 대하여 모르기 때문에 죄를 회개할 필요가 없다는 것이다. 죽은 자의 세례는 모르몬교에는 기록되어 있지 않지만, 스미스가 두 번째 계시를 통해 얻은 진리다. 이들에게 세례는 구원의 조건인데, 모르몬교가 세워지기 전에 죽은 자들이 많으

---

93) Smith, Doctrine of Salvation II, pp. 302~303, 재인용, 이종성, 전게서, p. 119.
94) 상게서, pp. 120~121.

므로 그 사람들이 구원을 받으려면 반드시 모르몬교의 세례를 받아야 한다는 것이다. 그러나 죽은 자는 세례를 받을 수 없기 때문에 산 자가 대신하여 받아야 한다. 세례는 반드시 그들의 성전에서 이루어져야 하며 세 사람의 증인 앞에서 침수례로 받아야 한다. 이 예전은 창세 전에 이미 정해진 제도다.

모르몬교는 또한 성찬 예식에 대하여 엉뚱한 주장을 한다. 성찬 예식의 제정은 예수 그리스도가 제자들에게 가르친 것이 아니라 네휘족에게 가르친 것이라는 주장이다. 그들은 포도주 대신 물을 사용한다. 물로 성찬 예식을 거행하는 이유는 스미스가 하늘로부터 술 대신에 물을 사용하라는 계시를 받았기 때문이다. 성찬식은 매주 거행하는데, 그것은 우리의 죄를 없이 하는 예식이 아니라 하나님의 명령에 절대적으로 복종하는 의미로서 계속해서 성령의 은사를 받는 의미라고 하였다.[95]

종말에 관하여

모르몬교는 종말에 이스라엘의 열두 지파가 회복될 것, 시온이 미국 대륙에 건설될 것, 그리스도가 땅을 직접 지배할 것, 땅이 새롭게 될 것, 낙원의 영광 등을 주장한다. 마지막 날에 이스라엘이 한곳에 모일 것인데 그 모임에는 세 가지의 특징이 있다.

첫째, 구약의 에브라임의 특권이 조지프 스미스에게 유전되어 모르몬 교인 전체가 에브라임족이 되었고, 그래서 이스라엘의 모임은 바로 현재 모르몬 교인들의 모임이다. 이 모임의 장자권은 조지프의 막내아들인 에브라임이 받게 된다. 그래서 종말에 모든 에브라임족이 미국 미주리 주 인디펜던스에 모이게 되며 그곳에 시온성이 재건될 것이다.

둘째, 유대인들은 예루살렘에 모일 것이다. 그래서 마지막 날에 예수 그리스도는 두 곳에서 통치하게 된다. 하나는 예루살렘이고, 다른 하나는 미주리 주의 인디펜던스다.

셋째, 이스라엘의 잃어버린 열 지파가 그리스도에 의해 찾게 될 것이다. B. C. 722년 앗수르의 통치 때 없어진 열 지파가 북쪽의 어느 지역에 숨겨져 있는데, 마지막 날 그리스도가 미국의 네휘족인 모르몬 교인들을 찾아간 후에 이들을 찾을 것이다.

---

95) 상게서, pp. 121~122.

그래서 이스라엘 민족과 모르몬 교도들이 다 모인 후에 그리스도가 천년 왕국을 건설하여 직접 통치한다는 것이다. 이때 살아 있는 성도들은 수명이 100세 이상이 되어 평화를 즐기다가 갑자기 영생으로 이어진다. 결국 천년 왕국에서 죽어서 부활한 사람과 산 사람이 함께 살게 된다.

천년 왕국이 지나면 지구는 분해되어 사라지고 새 하늘과 새 땅이 임한다. 그때는 구원 받지 못한 자들과 악마와 그의 천사들이 영원한 지옥에 가게 된다. 그러나 구원 받은 사람들은 세 왕국에서 살게 된다. 첫째, 의로운 생활을 하면서 율법을 지킨 사람들이 사는 왕국이다. 이 왕국은 땅 위에 있으며 언제든지 하나님과 함께 산다. 이 나라를 천국이라고 부른다. 둘째, 율법 없이 산 사람, 현세에서는 복음을 거절했다가 영적 세계에서 복음을 받아들인 사람, 모범적인 삶은 살았으나 복음의 교훈을 거절한 사람, 모르몬교에 속해 있지만 신앙 생활이 미지근한 사람들이 사는 왕국이다. 이 나라를 지상의 나라라고 한다. 셋째, 현세의 삶에서 더러운 생활을 한 사람, 즉 거짓말쟁이 마법사들, 간음한 사람들, 약속을 어긴 사람들 등 악한 사람들이 사는 곳이다. 이들은 그리스도의 복음을 거절한 사람들로서 때가 찰 때까지 그곳에서 하나님의 진노의 고통을 당한다. 이들은 행한 대로 심판을 받을 것이다.

모르몬교의 종말관은 이와 같이 모든 사람들의 구원의 가능성을 주장하고 있다. 현세의 구원이 아니면 내세의 구원의 가능성을 말하는 것이다. 이것은 만인구원설과 같은 주장이라고 이해할 수 있다.[96]

모르몬교에 대한 비판

환상과 계시 중심의 신앙이다

모르몬교의 창시자 조지프 스미스는 자신의 초월적인 환상과 계시 체험으로 추종자들의 신앙을 미혹하면서 여호와의 예언자, 하나님의 대리자, 나아가서 순교자로 칭함을 받고 있다. 모르몬 교도들은 그에게 매료되어 "모든 모르몬교는 만일 조지프 스미스의 신앙에 충실한다면 하나님이 존재했다고 믿는 것처럼 그의 거룩한 성품을 자유롭게 믿게 된다"고 평가할 정도다.

그러나 긍정적인 견해와는 달리 그의 환상이나 계시의 출처를 심리적이고 비정상적인 것으로 주장하는 견해도 있다. 이러한 견해는 스미스의 가계를 통

---

96) 상게서, p. 125.

해 증명된다. 특히 은폐되어 있던 자료들에 의하면 스미스의 할아버지는 종교에 대해 비판적이고 왜곡된 견해를 갖고 있던 사람이었고, 외할아버지 솔로몬 맥은 연약한 거지로 믿기를 잘하는 성품이었던 것으로 알려졌다. 그는 꿈을 하늘로부터 오는 예고로 믿었고, 신앙에 의한 병 고침을 믿었다. 한때 머리에 심한 상처를 입은 후 넘어져서 발작 증세를 일으키는 질병에 시달렸고, 아버지의 영향을 받은 스미스의 어머니도 하늘의 소리를 듣거나 광채나는 얼굴을 보는 등 정신적인 환상에 빠지곤 하였다. 그리고 스미스의 아버지는 농부, 상점 주인, 광부와 같은 가난한 자의 신분으로서 마법과 귀신 들림을 믿었다.

 스미스의 환상들을 조상들의 정신적인 문제와 연결시키는 것은 무리라는 견해도 있지만, 스미스가 일생 동안의 신앙 생활에서 끝내 환상의 굴레에서 떠나지 못한 것은 5대째 계속되는 집안의 계보적인 차원에서 이해해보지 않을 수 없다. 스미스는 이미 청소년기였던 15세 때 이러한 경험을 했으며, 이것이 바로 1820년 광적인 종파들이 만연하던 뉴욕 주 팔미라 부근에서 있었던 소위 그의 개종의 경험이었다. 스미스는 이 사실들을 직접 이야기한다.

 "맨체스터로 이주한 후 2년째 되는 해의 어느 날, 우리가 살고 있던 곳에서 종교적인 문제에 대한 비상한 관심이 일어났다. 그때 나는 15세였다. ……이런 엄청난 흥분의 기간 동안 나의 마음은 심각한 반성과 큰 불안감으로 상기되어 있었다. 그러나 나의 감정은 깊은 어떤 것이었고 때로는 얼떨떨했지만 여전히 그 모든 집단으로부터는 초연해 있었다. 그렇지만 나는 사정이 허락하는 한 종종 그들의 여러 집회에 참석했다. 1820년 초봄 어느 화창한 날 아침이었다. 그날 나는 그때까지 한번도 시도해본 일이 없는, 소리 내어 기도하는 일을 처음으로 한다는 두려움 가운데서 소리를 내어 기도하기를 시도하였다.

 나는 전에 내가 가보려고 계획했던 곳으로 들어가 주위를 살펴보고 나 혼자밖에 없다는 것을 안 후에, 무릎을 꿇고 하나님에게 내 마음의 소원을 모두 아뢰기를 시작했다. 그렇게 하자마자 나는 곧 전적으로 나를 지배하는 어떤 힘에 사로잡혔고, 내가 말할 수 없도록 나의 혀를 묶는 것과 같은 놀라운 위력이 나를 지배했다. 칠흑 같은 어둠이 내 주위를 엄습했고 잠깐 동안 나는 갑작스런 죽음에 처하는 듯했다. 그러나 나는 나를 사로잡고 있는 이 원수의 힘에서 나를 구해달라고 하나님께 전력으로 부르짖었다. 그리고 내가 절망 속으로 빠져 들어가 파멸로 나 자신을 던져버리기로 마음먹은 바로 그 순간, 즉 상상적인 파멸이 아니라 내가 결코 전에 어떤 존재에서도 느끼지 못한 놀라운 힘을 가진 보이지 않는 세계에서 오는 어떤 실질적인 존재의 힘으로 나 자신을 던지는 바로 그 놀라운 순간, 나는 내 머리 위에 태양보다 더 밝은 빛의 기둥을 똑똑히 보았는데 그것은 점점 내려와서 마침내 나의 위에 떨어졌다. 그것이 나타나자마자 나는 나를 묶고 있던 원수로부터 내 자신이 구해져 있는 것을 발견했다. 그 빛이 내 위에 머무는 때 나는 공중에서 내 위에 서 있는, 표현 할 수 없는 광채와 영광을 지닌 두 인물을 보았다. 그들 가운데 하나가 나에게 말했다. 다시 정신이 들었을 때 나는 내가 하늘을 향해 바라보면서 등을 대고 누워 있는 것을 발견하였다.[97]

스미스는 총 일곱 차례 환상들을 보았는데, 그 가운데 하늘의 사자로부터 금판들이 숨겨진 장소를 계시받기도 하였다. 이런 계시의 환상들은 어지러운 색깔, 감각, 현기증, 혼수 상태, 허탈, 육체적인 타박상과 같은 간질병적 증세들로 특정 지을 수 있는 다양한 것들로 나타났다. 환상과 계시들은 조지프 스미스에게 천사들이 방문했다는 이야기와 더불어 모르몬 교도들에게 단골 메뉴로 소개되지만, 스미스와 가장 가까웠던 그의 부인은 도리어 이러한 현상들을 스미스가 병든 마음 상태에 억눌려 있을 때 발생한 비정상적인 것이므로 믿을 수 없다고 단정하고 있다.[98] 이와 같이 모르몬교는 끊임없이 환상과 계시에 따라 거짓 예언으로 교인들을 지배하는 종파다.

모르몬경은 비과학적이며 사실무근한 책이다

모르몬교의 신앙 신조 제8항은 모르몬경을 하나님의 말씀이라고 주장하지만 모르몬경은 거짓 예언들과 내용으로 가득 차 있다. 이미 언급한 바와 같이 구약성경에 나타난 그리스도의 구속 역사의 진행을 부인하고, 바벨탑 사건 이후 미국으로 이주해온 유대인의 자손을 통한 모르몬교의 영적 족보를 만들어 내는 등 진실성과 역사성이 결여된 환상적인 이야기로 꾸며져 있다.

모르몬경의 역사성에 대해 수년간 투자하여 연구한 모르몬교 학자들은 모르몬경의 거짓된 사실들을 그들 스스로 밝혀냈다. 이 사실은 호게의 「고고학과 모르몬경」을 통해 밝혀졌다. 우선 모르몬경에 나오는 지명의 허구성이 드러났다. 그들이 주장하는 모르몬경의 히브리어 원판도 발견되지 않았다. 조지

---

97) 기독교백과사전, p. 152.
98) 상게서, p. 152.

프 스미스가 번역했다는 이집트로 된 원판 역시 나오지 않았다. 그들이 주장하는 옛 비문들 중 하나도 아메리카에서 발견되지 않았다. 실제 그들이 주장하는 모르몬경의 역사성과 진정성은 어떤 고고학적 증거도 갖고 있지 않다는 것이 판명된 것이다.[99]

이와 같은 모르몬경 형성 과정의 비역사적인 허위 사실과 더불어 내용도 거짓으로 이루어져 있다. 글라이스 아처 박사는 연구를 통해 몇 가지 실질적인 오류들을 지적한다. 모르몬경에는 레이맨 강이 홍해로 흘러갔다는 언급이 나오지만 아라비아에서 홍해로 흘러 들어간 강은 하나도 없다. B. C. 600년경에 새 세계로 이주하기 위해 예루살렘에 남아 있던 가족은 총 20명 정도밖에 되지 않았는데 30년도 채 못 되어 그들이 번성하여 두 나라를 이루었다고 기록되어 있다(니파이2서 5:28). 예수님이 탄생한 장소도 예루살렘으로 잘못 기록되어 있다(엘마서 7:10).[100]

이러한 거짓된 정보로 성경을 왜곡시키면서도 모르몬교도들은 자신들의 내용을 정당화시키고 있다. 더욱 놀라운 것은 B. C. 600년경에 기록되었다는 모르몬경의 내용 중에는 신약과 유사한 내용의 구절이나 동일한 구절을 그대로 인용한 것들이 많이 있다는 것이다. 그것은 숫자적으로 400개 정도에 이른다. 1611년에 발행된 킹제임스버전의 번역판에 친숙해져 있다는 사실도 알 수 있다. 모르몬경은 요한이 세례 주던 장소, 예수님의 신들메 풀기도 감당치 못한

---

99) 박영관, 이단 종파 비판, 1976, p. 197, 모르몬경에 대한 잘못된 주장은 다음과 같다. 모르몬경에 나오는 도시들은 발견되지 않았다. 모르몬경에 나오는 이름들은 '새 세계의 비석들' 가운데서 발견되지 않았다. 히브리어로 된 원판은 아메리카에서 발견되지 않았다. 이집트어나 조지프 스미스가 번역한 유사 이집트어로 된 원판이 아메리카에서 발견되지 않았다. 모르몬경의 옛 사본들이 발견되지 않았다. 고대 원주민들이 히브리어와 기독교의 신조들을 가지고 있었다고 말하는 옛 비문들이 아메리카에서 하나도 발견되지 않았다. 모르몬경에 나오는 인물들, 나라들, 장소들에 대한 언급이 어느 곳에서도 발견되지 않았다. 모르몬경이 참되다고 증거하는 어떠한 종류의 고 기물도 발견되지 않았다.
100) 이호열, 상계서, pp. 156~157, 니파이2서는 말하기를 B. C 600년에 새 세계로 이주하기 위해 예루살렘에 남아 있던 가족은 단지 리하이, 이스마엘, 조램 가족뿐이었다고 한다. 이들 총 인원 열다섯 명에 서너 명의 소녀들을 합친다 하여도 전부 스무 명도 되지 않는다. 그런데 30년도 채 못 되어서(니파이2서 5:28) 그들은 놀랍게 번성하여 두 나라로 나뉘어졌다고 한다. / 엘마서 7:10에 보면, 그리스도는 예루살렘에서 태어났다고 한다. 그러나 누가복음 2:4에 보면 베들레헴이었다. / 힐라맨서 14:20, 27에 "그리스도의 운명 당시 흑암이 사흘동안 온 땅을 덮었으며"라고 했다. 그러나 마가복음 27:45에 의하면 세 시간이었다. / 엘마서 46:15에 따르면 신자들이 '그리스도인'이라고 불려지게 된 시기는 B. C. 73년까지 거슬러 올라간다. 그러나 사도행전 11:26에서 우리에게 증거해주고 있는 대로 안디옥에서 있었던 일이다.

다는 요한의 고백, 그리스도가 두루 다니며 하나님의 사랑을 전파한다는 이야기, 성령이 비둘기 모양으로 임한다는 내용 등 성경과 동일하거나 유사한 구절을 인용하고 있다. 이는 모르몬경이 그들의 독창적인 계시나 산물이 아님을 증명하는 것이다.[101]

이와 같이 모르몬 교도들이 주장하는 그들의 경전인 모르몬경은 결국 성경의 군데군데를 짜깁기식으로 연결시킨 흔적들이 나타난다. 또한 그들이 주장하는 애굽의 파피루스에 기록된 경전의 글자를 조지프 스미스 자신이 해독해 내지도 못하였고, 파피루스도 그가 꿈속에서 보았다는 것이지 실제 애굽의 파피루스 중 어느 것인지도 분명하지 않다.

삼위일체의 교리를 부인한다

모르몬교는 삼위일체의 하나님의 개체성은 인정하되 일체임은 믿지 않는다. 즉 삼위의 신성은 믿지만 세 위격의 일체를 부인한다. 그런 의미에서 삼신론의 견해를 갖고 있다고 볼 수 있다. 조지프 스미스는 1844년 한 설교에서 일체가 아닌 복수의 하나님을 가르쳤다.

"하나님은 구별된 위격을 가지고 있음을 내가 언제든지 선포했다. 예수 그리스도는 하나님 아버지와는 다른 위격을 가지고 있다는 것, 성령도 특유한 위격을 가지고 있는 하나의 영이라는 것, 이 세 분들이 서로 다른 세 분의 위격을 가지고 있다는 것, 그리고 그들은 세 하나님이라는 것을 선포했다."[102]

그러나 그들의 가르침 속에는 삼위의 일체를 말하는 곳도 있다. 그래서 자

---

101) 이호열, 전게서, p. 119, 니파이1서 4:13, "하나를 쳐 없앰이 나라가 뒤흔들리고 불신앙에 빠져 멸망되는 일보다 나으니라." 요한복음 11:50, "한 사람이 백성을 위하여 죽어서 온 민족이 망하지 않게 되는 것이 너희에게 유익한 줄을 생각하지 아니하는도다." / 니파이1서 10:8, "나는 저의 신들메 풀기에도 합당치 아니하도다." 요한복음 1:27, "나는 그의 신발끈을 풀기도 감당하지 못하겠노라." / 니파이1서 10:9, "그 선지자가 요단강 건너 베다라바에서 물로 침례할 것이며." 요한복음 1:28, "요한이 세례 베풀던 곳 요단강 건너편 베다니에서." / 니파이1서 11:22, "모든 사람의 마음을 두루 적셔주시는 하나님의 사랑……." 로마서 5:5, "성령으로 말미암아 하나님의 사랑이 우리 마음에 부은바 됨이니." / 니파이1서 11:27, "성신이 하늘에서 내려와 비둘기처럼 그에게 임하심을 보았느니라." 누가복음 3:22, "성령이 비둘기 같은 형체로 그의 위에 강림하시더니……." / 니파이1서 14:11, "세상의 창조를 바라보았더니, 저가 바다 위에 앉아 온 땅의 나라와 족속과 백성들을 다스리더라." 요한계시록 17:1, 15, "많은 물 위에 앉은 큰 음녀…… 네가 본 바 음녀가 앉아 있는 물은 백성과 무리와 열국과 방언들이니라."
102) 재인용, 이종성, 전게서, pp. 125~127.

체 내에 모순된 가르침을 지니고 있는 것이 그들의 가르침이다.[103] 모르몬 교도들은 또한 다신론적인 견해를 갖고 '하나님들이 자기들끼리' 라는 주장을 한다. 이는 삼위 하나님의 개체성을 말하는 것이 아니라 아버지와 아들과 성령 외에 다른 신들에 대한 표현으로 이해될 수 있다. 스미스의 설교에서 신의 복수에 관한 언급이 있다.

"성서에는 신의 복수 교리가 다른 교리와 마찬가지로 분명하게 있다. 성서 어디서든지 찾아볼 수 있다. 논쟁의 범위를 넘어 있다. 바울도 많은 신과 많은 주가 있다고 한다. 나는 그 문제를 평범하게 그리고 쉬운 방법으로 말하고자 한다. 우리에게는 한 하나님만 계신다. 여러 신의 대표들이 우리에게 한 하나님을 정해주었다. 그 사실을 받아들이면 우리는 신들의 모든 아름다움과 거룩함과 완전함을 볼 수 있을 것이다."[104]

모르몬교는 하나님의 영성보다는 인성을 강조한다. 신인동형적인 견해다. 성부와 성자와 성령이 동일한 인간의 육체를 갖고 있다는 것이다.

"아버지는 사람으로서 으레 갖고 있는 살과 뼈를 지닌 육체를 갖는다. 아들도 마찬가지다. 그러나 성령은 살과 뼈가 있는 육체를 가지지 않고 영으로의 위격만 갖는다."

"아버지는 인격적 존재이며 육체적 부분과 영적 정열이 있는 구체적인 형태를 가진 존재임이 분명하다."[105]

그러나 성경은, 하나님은 육체의 하나님이 아니라 영적인 인격체임을 말한다. 하나님은 살과 뼈가 없으며 아무도 본 사람이 없다고 가르친다.[106]

성경에서 묘사되는 하나님의 신인동형적인 표현들인 하나님의 '눈', '귀', '팔', '얼굴' 등은 하나님의 신령한 지식과 힘 등을 나타내기 위한 비유 형식의 표현에 불과하다. 이런 표현들을 문자적으로 해석함으로써 모르몬교는 엄청난 신학적인 오해를 일으켰던 것이다.

---

103) 니파이2서 31:21, 재인용, 이종성, 상게서, p. 126: "그리고 지금 보라. 이것이 그리스도에 관한 교리다. 아버지와 아들과 성령에 관한 참된 하나의 교리다. 그것은 곧 한 하나님이다. 영원토록 그러하다." Testimony of Three Witness의 마지막 절, 재인용, 이종성, 상게서, p. 126: "그리고 영예를 한 하나님이신 아버지와 아들과 성령에게 드리자."
104) 재인용, 이종성, 전게서, p. 127.
105) 상게서, p. 127.
106) 요 4:24, "하나님은 영이시니"; 눅 24:39, "영은 살과 뼈가 없으되"; 요 1:18, "본래 하나님을 본 사람이 없으되."

그리스도의 신성을 약화한다

모르몬 교도들은 그리스도의 신성을 성경에서 말하는 것과 같이 믿지 않는다. 그들은, 그리스도는 하나님에 의해 첫째 영으로 지음을 받았다고 말한다. 모든 인간보다 먼저 지음을 받았기에 예수를 맏형 혹은 장자라고 말할 수 있다는 것이다. 이들은 결국 사람과 그리스도 사이의 본질적인 차이를 인정하지 않는다. 단순히 그리스도는 인간보다 선재한 것으로 이해하고 있다. 그리고 예수를 하나님의 독생자로 믿지 않는다.[107]

성경은 예수님 자신이 하나님의 아들이라고 분명히 밝힌다. 하나님도 이 사실을 확인하고 있다.[108] 요한복음 3장 16절에서는 하나님이 독생자를 이 세상에 보내셨다고 잘라서 말한다. 예수님은 하나님의 독생하신 아들이었고 동시에 하나님 자신이었다. 그리고 인간 생활의 모범이 되기 위해 완전한 삶을 사신 것이다. 인간과 똑같은 인성을 가지셨지만 하나님과 똑같은 신성을 가진 하나님 자신이었다.

모르몬교들이 그리스도를 격하시키거나 왜곡하는 것은 인간을 하나님이나 그리스도와 같은 존재로 부상시키기 위한 시도에 불과하다. 예수 그리스도는 하나님과 같은 분이지만, 하나님과 동등됨을 취하지 않고 자신을 낮추어 세상에서 인간과 더불어 고통을 받으시고 흠 없는 제물로 자신을 드려 그 희생의 피의 대가로 인류가 구원을 받도록 했을 뿐이다.

인간의 선재설을 주장한다

인간론에 대한 모르몬교의 오류 역시 성경의 문자적인 해석에서 시작된다. 스미스는 인간의 기원에 대해 이렇게 말한다.

"모든 인간은 문자 그대로 하나님의 아들과 딸이다. ……인간은 하나님 아버지로부터 영으로 태어났고 우리는 육신을 입어 지상으로 오기 전에 아버지

---

107) Elder B. H. Roberts citing Sir Oliver Lodge in Joseph Smith, King Follet Discourse, p. 11 note, 재인용, 이호열, 전게서, p. 109: "그의 인간성은 실제적이고 평범한 것이라고 생각될 수 있다. 즉 그에게 일어난 일은 무슨 일이든지 우리들 중 어느 누구에게라도 일어날 수 있는 일이다. 예수의 신성과 그 외에 다른 고귀하고 위엄 있는 모든 영혼들의 신성은, 그들 역시 하나님의 불꽃으로 강화되었다는 전제하에서 신적 존재의 표현들이라고 생각될 수 있다.
108) 마 3:17, "하늘로부터 소리가 있어 말씀하시되 이는 내 사랑하는 아들이요 내 기뻐하는 자라 하시니라."

의 영원한 집에서 성장하였다."[109]

　인간은 태어나기 전에 모두 하늘에서 영의 형제요 자매였고, 예수 그리스도는 인간의 맏형이라는 것이다. 인간은 또한 신적 능력을 전수 받아 신성한 자질과 능력이 있고 그래서 신과 같이 완전해질 수 있다. 즉 인간이 신이 될 수 있다는 이론이다. 모르몬교의 교리서「교리와 계약서」132~137쪽에서 다음과 같이 이 점에 대해 말한다.

　"아브라함과 다른 족장들은 그들이 받은 명령을 지켰기 때문에 지금은 보좌에 앉아 있다. 천사로서가 아니라 하나님으로 앉아 있다." 또한 19절과 20절에는 세상에서 새로운 영원한 계약에 따라 결혼을 하고 상대자와 영원토록 결합이 되면 이 세상이 지나간 다음 신이 될 수 있다고 되어 있다. 모르몬교의 제5대 회장인 로렌초 스노(Lorenzo Snow)도 같은 내용을 경구(警句)투로 말했다. "사람이 있는 것처럼 한때 하나님이 계셨다. 하나님이 계시는 것처럼 사람이 그렇게 될 것이다."[110]

　모르몬교는 이 이론을 뒷받침하기 위해 성경에도 없는 전생이라는 개념을 사용한다. 이것은 모르몬경과 「값진 진주」에 나오는 개념인데 그것들을 위한 성경의 근거는 예레미야 1장 5절, 잠언 8장 22~31절, 욥기 38장 2~7절, 에베소서 1장 4절 등이다.

　그러나 위의 성경 내용은 그들이 주장하는 내용을 뒷받침하지 않는다. 잠언에서 말하는 선재하시는 분은 그들의 주장처럼 인간이 아니라 지혜 즉 성육하시기 전의 그리스도를 말한다.

　욥기는 하나님께서 욥에게 인간의 무지와 무능을 보여주시기 위해서 계속 질문하는 상황이다. 이 질문에 대해 욥은 모른다고 대답한다. 그런데 그들은 이 질문을 인간의 선재를 증명하는 구절로 이용하고 있다. 이 구절은 오히려 그들의 주장과는 달리 인간이 세상을 창조하기 전에 존재하지 않았음을 말한다.

　인간이 하나님과 같은 존재라는 것은 인간의 피조성을 부인하는 것이다. 그들은 이 점을 주장하기 위해 구태여 인간이 태어났다고 주장하지 않고 인간이 하나님으로부터 태어났다고 주장한다. 하지만 성경은 분명히 하나님이 인간

---

109) 재인용, 심창섭, 전게서, p. 102.
110) 이종성, 전게서, p. 128.

을 창조하였다고 기록한다(창 1:27). 그리고 흙으로 지음 받았다고 분명히 말하고 있다.

그리스도의 성경적인 속죄론을 부인한다

모르몬교가 말하는 인간의 타락, 속죄와 구원은 성경의 가르침과 판이하게 차이가 있다. 그들은 인간의 타락은 인간에게 더 좋은 유익을 주기 위해 하나님이 계획하신 것이라는 엉뚱한 주장을 하고 있다. 인간이 타락하게 된 것은 천상 회의에서 신들이, 인간은 하늘에서 더 이상 발전할 수 없으므로 인간을 진보시키기 위해 땅으로 내려보냈다는 것이다. 이러한 시험은 인간에게 경험을 통해 유익을 주기 위한 것이라고 주장한다. 인간은 이 기간에 인내와 사랑을 배우게 된다. 그런데 하나님을 떠나 인간이 된 영은 범죄하게 되었으며 하나님께 가는 길을 잃어버렸다. 이 길을 알려줄 구세주가 필요했다. 그래서 하나님이 그리스도를 대속물로 선택했다는 것이다. 이런 표현들은 성경의 그리스도의 사역과 유사한 표현이지만 실상 이들의 구원 교리는 성경의 가르침과 거리가 멀다.

모르몬교의 구원 교리에 중요한 것은 자유의지다. 하나님이 이 지상에 인간을 창조하실 때 인간에게 자유의지를 주셨는데, 이 자유의지를 가지고 하나님의 말씀대로 살면 최고의 천국인 의에 이르게 된다는 것이다.

뿐만 아니라 근본적으로 모르몬교는 타락과 구원론에서 인간의 원죄 의식이 결여되어 있다. 그들에게 타락이란 발전을 위한 후퇴일 뿐이다. 인간이 죄를 범하는 것은 근본적으로 인간이 악하기 때문이 아니라 자신의 연약으로 인해 사탄의 유혹을 받기 때문이다. 성경은 분명히 인간의 죄는 아담과 하와의 범죄를 통해 세상에 들어왔다고 말한다. 그리고 인간의 구원은 인간의 선한 행위나 의지에 달려 있는 것이 아니라, 전적으로 그리스도의 속죄의 은총에 달려 있는 것이라고 가르친다. 그러나 모르몬교는 인간의 행위에 구원이 달려 있음을 강조한다.

"순종함으로만 죄에서 구원함을 받을 수 있고, 우리 주님 그리스도의 죽으심과 부활을 인하여 천국 문은 열려 있으나, 복음에 요구된 율법과 규례들을 각자가 원해서 순종하여 지키지 않는 자는 거기에 들어갈 수 없다.……기독교인들은 때때로 그리스도의 피와 그 정결케 하는 능력에 대하여 말한다. 그렇게 믿고 많이 가르치지만 그 교훈은 전혀 어리석고 분명히 잘못된 것이므로 그렇게 믿음으로 구원을 잃어버린다. 만일 우리가 입으로 그리스도를 자기 구주로 고백하고 공언하면 우리는 구원함을 받는다는 것, 이를테면 믿으라고 할 때에 적어도 그래도 믿는 사람이 많다."[111]

이러한 주장은 그리스도가 전적으로 우리 죄를 사해주시고 온전히 의롭다 하심을 입혀주신다는 성경의 가르침과 거리가 멀다. 바울은 이렇게 확실한 진리를 말한다.

"그리스도 예수 안에 있는 속량으로 말미암아 하나님의 은혜로 값 없이 의롭다 하심을 얻은 자 되었느니라"(롬 3:24).

또한 모르몬교는 제사장격인 자신들의 교직자들을 통하여 구원을 얻는다고 주장한다. 그러나 히브리서 기자는 그리스도의 한 번 드린 제사장의 희생 제물로 인해 모든 제사장들의 사죄직은 종결되었다고 선포한다(히 10:14).

세례는 침례여야 하고 그것은 구원의 조건이다

모르몬교는 세례를 구원의 조건으로 삼는다. 그리고 침례여야 함을 주장한다. 이들은 유아세례를 인정하지 않고 신앙 고백을 할 수 있는 나이인 8세부터 침례를 허용한다. 특이한 현상은 죽은 자들을 위한 대리 침수다. 그들은 베드로전서 4장 6절을 근거로 예수님이 무덤에 계신 3일 동안 죽은 자의 세계에서 복음을 전파하였기에 살아 있는 자손들이 조상들을 위해서 대신 침수 받아 죽은 자들을 구원시킬 수 있다고 한다. 그러나 이러한 해석은 억지에 불과하다. 어린아이들은 죄의식이 없고 죄를 고백하지 못하므로 유아세례를 줄 수 없다고 하면서 죽은 자들을 위해서 세례를 대신 받는다는 것은 앞뒤가 맞지 않는 이론이다.[112]

일부다처제를 주장한다

조지프 스미스는 1848년 계시를 통해 일부다처제의 정당성을 주장하였다. 그러나 1890년 제4대 대관장 월포드 우드럽은 다시 계시를 받아 일부다처를 금지했다. 그것은 스미스의 일부다처제 계시에 오류가 있어서가 아니라 일부다처제의 지속은 사회적으로 큰 무리가 있어 종교가 위경에 처할 상황 때문이

---

111) 김진홍, 전게서, pp. 98~99, in 심창섭, 전게서, p. 105.
112) 상게서, pp. 106~107.

었다. 그러나 성경에서 예수님은 스미스의 일부다처제를 분명히 반대하셨고, 신약 시대에 이미 일부다처제는 존재하지 않았다. 그리고 지속적으로 교회는 한 남편과 한 아내로 가정을 이루는 일부일처제를 가르쳤다(창 2:24).

결론

모르몬교의 이단적인 교리는 다양하며 특이하다. 다신론, 인간 영혼의 선재, 천상결혼, 죽은 자의 세례, 일부다처제, 그리스도와 인간의 본질적인 차이 부정, 삼위일체의 부정 등 성경적인 가르침으로 점철되어 있다. 특별히 계시 의존적인 신앙이 지배적이다. 이들은 계시의 진원지와 내용의 부적합함에도 불구하고 계속하여 성장하고 있다. 그 이유는 종교적이라기보다는 사업적인 것이라고 볼 수 있다. 그들은 강한 도덕 실천과 적극적인 선교 구제 활동, 성공적인 사업 등을 통해 발전하고 있다. 미국이 경제적인 불경기를 겪으면서 어려움을 당해도 이들의 본거지인 유타 주는 지속적인 경제 성장을 이루고 있다. 불신자들은 이러한 모르몬교의 매력에 현혹되어 개종하는 경우가 있다. 기독교가 이들보다 성경적이고 합리적이며 윤리적이지만 이단들의 위협을 받게 되는 것은 경건한 신앙의 실천 면에서 약하기 때문이다.

안식교

이형기 교수의 「정통과 이단」이라는 책은 모르몬교와 여호와의 증인은 이단으로 다루지만 안식교는 다루지 않는다. 프리츠 리데나워의 「무엇이 다른가?」라는 이단들에 관한 책에서도 모르몬교와 여호와의 증인은 다루지만 안식교는 다루지 않는다. 또한 조쉬 맥도웰과 돈 스튜어트도 「이단 종파」라는 책에서 안식교를 취급하지 않는다. 이것은 안식교를 이단으로 규정지었던 초창기 종교계의 견해와 근래의 견해가 상당히 달라졌다는 것을 의미한다. 오늘날은 안식교를 더 이상 이단으로 취급하지 않는 경향으로 흘러가고 있음을 반영한다. 그러나 현재 그들의 모습이 아니라 그들의 진원이 이단적이었다면 분명히 이단 종파의 부류로 연구의 대상이 될 수 있다. 특별히 「이단의 역사」를 기술한 데이비드 크리스티머리(David Christie-Murray)는 19세기에 나타난 미국의 이단 종파들 함께 안식교에 대해 말한다. 안식교는 삼위일체 교리나 기독론에서는 정통교회의 가르침에서 벗어나지 않지만 다른 여러 요소들(성경관, 안식일 등)에 대해서는 정통기독교의 주장에서 벗어나고 있다.[113]

발생 과정

안식교가 발생한 19세기 미국의 사회적·종교적인 정황은 다른 이단이 발생할 때와 유사했다. 당시 미국은 천년 왕국 사상이 유행하면서 그에 대한 열망이 고조되어 있었다. 천년 왕국 신앙에 대한 열망이 커지자 성급한 신도들은 기성 종교의 안이한 태도에 대해 불만을 품었고 동시에 새로운 신앙 운동을 동경하게 되었다. 뉴욕 주 중서부 지역이 신생 종교 운동의 최적지였다. 약 20년 동안 이 지역에서 모르몬교, 강신술, 재림 운동 등 신흥 종교들이 발생했다. 밀러의 재림 운동도 바로 이 지역에서 발생했다.

재림에 대한 성경 연구가 고조되면서 기존의 후천년기적 재림론에 맞서 새로운 전천년주의적 재림론이 활기를 띠기 시작하였다. 바로 이 시대에 사람들의 관심을 끌며 종말론을 강조하면서 안식교를 일으킨 사람이 윌리엄 밀러(William Miller)다. 19세기 초의 미국의 종교적인 상황은 이미 언급했듯이 신흥 종교 발생에 유리한 조건을 모두 갖추고 있었다. 사회적인 변화와 더불어 기성 종교의 약세, 종파 간의 싸움, 신앙 각성 운동, 종교적 개인주의 증대, 종교의 자유 등의 조건이 모두 구비된 상태였다.

윌리엄 밀러

안식교의 실질적인 창시자는 엘렌 G. 화이트(Ellen G. White, 1827~1915)지만, 안식교를 시작한 사람은 윌리엄 밀러(William Miller, 1782~1849)다. 밀러는 메사추세츠 주 피츠필드에서 태어났으나 어릴 때 뉴욕 부근의 로햄프턴으로 이주하였다. 그는 경건한 침례교회 가정에서 자랐으나 성경이 하나님의 계시임을 인정하지 못하는 회의론자였다. 기존 교회들의 형식주의 때문이었다.

제대 후 그는 부친의 농장에서 막노동을 하면서 로햄프턴의 존경받는 멤버가 되었다.[114] 그리고 독창적으로 성경 공부에 열중하였다. 1816년 10월 12일 그는 교회 집사의 요청으로 이사야 53장을 주제로 한 설교문을 낭독하던 중 강력한 감동을 받았고 그 후 집요하게 성경을 연구했다. 그는 "나는 2년 동안 성경 공부를 했고 1818년에 다음의 결론에 도달하였다. 즉 지금부터 25년이

---

113) David Christie-Murray, 전게서, p. 200.
114) Anthony A. Hoekema, 전게서, 1963, p. 89.

지나면 우리의 현 상태를 매듭 짓게 될것이다."115)라고 고백하면서, "예수님의 재림은 천년 왕국 이후가 아니라 그 이전에 있으며 다니엘 8장의 2,300일 예언 기간은 다니엘 9장의 70주일과 마찬가지로 주전 457년에 시작하여 1843년경에 마친다"라고 말했다."116)

그는 1843년에 세상의 종말이 온다고 예언하였다. 그리고 지속적으로 예수의 재림에 큰 관심을 가지고 연구하면서 예수의 재림은 1843년 3월 21일에서 1844년 3월 21일 사이가 될 것이라고 하였다. 이와 같은 밀러의 예언을 믿었던 12만 명의 교인들이 뉴욕 주에서 재림을 기다렸으나 불발로 종결되었다. 이와 같이 안식교는 신비주의적인 종말론자 밀러의 재림 신앙을 근거로 발생하였다.

히람 에드슨

하늘 지성소를 주창하면서 밀러의 뒤를 이어 히람 에드슨(Hiram Edson)이라는 재림 예언의 열렬한 추종자가 나타났다. 밀러의 재림 예언을 믿고 1844년 10월 22일 안식교의 광신자들이 그리스도의 재림을 기다렸던 곳은 바로 에드슨의 집이었다. 그의 집은 뉴욕 주 포트기브슨에 있었다. 에드슨은 재림을 기다리다 실망한 안식교인들을 위로하기 위해 새로운 계시를 받았다고 한다.

"우리는 깜짝 놀랐다. 넓은 들을 지나가다가 나는 그 들판 가운데 우뚝 섰다. 나에게 하늘 문이 열리는 것같이 보였는데 내가 분명히 본 것은 우리의 대제사장이 하늘의 지성소에서 2,300주야가 끝나는 일곱째 달 제10일에 나와서 이 지상에 오시는 대신 처음으로 그 지성소에 들어가는 것이었다. 그것은 지상에 재림하시기 전에 지상의 성결 작업을 행하신 것이었다."117)

에드슨이 기대했던 대로 계시는 실망한 안식교인들에게 소망을 주었고, 동시에 활력소가 되었다. 에드슨은 실패로 끝난 그리스도의 재림 해인 1844년은 재림의 해가 아니라 예수님이 하늘의 성소에서 지성소로 들어간 해라고 주장하였다. 이런 묘한 설명으로 실패한 사건을 합리화한 것이다.

그는 동료들과 함께 성경 연구를 계속하였고, 이를 통해 그리스도가 하늘 성소에 들어간 것은 죄를 완전히 도말하고 난 후 재림하기 위한 기간이라고

---

115) 박영관, 전게서, p. 200.
116) 오만규, 재림교회사, 시조사, 1993, p. 28, in 심창섭, 전게서, p. 110.
117) Francis D. Nichol, The Midnight Cry, 1945, p. 458, 재인용, 박영관, 전게서, p. 238.

주장하였다. 그리고 사죄 문제에 대한 새로운 설을 내세웠다. 성소에서 매일 드리는 제사는 죄를 용서하는 의식이며 대속죄일에 지성소에서 1년에 한 번 드리는 죄를 말살하는 의식이라는 것이다.

그는 또한 백성의 죄가 속죄양에게 씌워지는 일이 완전히 끝나야 그리스도의 재림이 있을 것이라고 했다. 그 죄를 짊어질 양은 그리스도가 아니라 사탄이라고 하였다. 이 사상은 후일 안식교가 주장하는 소위 조사 심판의 교리가 되었다. 에드슨은 이러한 교리를 만들어 절망 속에 빠진 안식교인들에게 희망을 주었고 새로운 신앙적인 비전을 제시해주었다.[118]

조셉 베이츠

안식교의 역사에서 두 번째로 중요한 인물은 조셉 베이츠(Joseph Bates)다. 그는 21년 동안 선원 생활을 했던 자로, 통나무집 소년으로 자라서 선장과 선박 소유자가 되었다. 그는 항해 중에 기독교인이 되었고 안식교 운동에 관심을 가지면서 특히 안식일 성수에 대한 신념을 가지게 되었다. 그는 토마스 M. 프레블(Thomas M. Preble)의 「이스라엘의 희망」이라는 안식일에 관한 책을 읽고 감명을 받은 것으로 알려져 있다. 그리고 제7일이 크리스천이 지켜야 할 안식일임을 확신하게 되었다고 한다.[119]

그 후 그 자신이 「영원한 표식 제7일 안식일」이란 48페이지의 소책자를 저술하였다. 그는 여기서 안식일은 창조 시에 예표된 것으로 에덴 동산에서 명령되었고 시내산에서 확인되었다고 주장하였다. 그는 안식일을 지키지 않는 자인 교황은 짐승을 경배하는 자요 그 이마에 짐승의 표를 받은 자로 규정 하였다. 또 1849년 1월 「살아 계신 하나님의 인치심」이라는 책에서 요한계시록 7장 2절을 근거로 하여 안식일은 바로 하나님의 날이라고 해석하고 14만 4천은 안식일을 지키는 자들이라고 주장하였다.[120] 베이츠가 안식교에 남긴 주목할 만한 업적은 안식일의 제창이었다. 그로 인해 안식일은 안식교도들에게 일종의 신조로 발달하였고 그들의 정체성을 밝히는 공용어가 되었다.

---

118) Leory Edwin, The Prophetic Faith of Our Fathers, Vol. 4, 1954, pp. 896~897.
119) Anthony A. Hoekema, 전게서, p. 95.
120) Leory Edwin, Ibid., pp. 956~958, in 심창섭, 전게서, p. 112.

엘렌 G. 화이트

안식교의 실질적인 창시자는 엘렌 G. 화이트(Ellen G. White, 1827~1915) 여사다. 그녀는 지금까지 발달한 안식교의 체제를 종합하여 실제적인 안식교의 출범을 이끌었다. 그녀는 윌리엄 밀러의 재림 예언, 히람 에드슨의 하늘 지성소 환상, 조셉 베이츠의 안식일 문제들을 체계화하는 데 성공하였다. 그녀는 메인 주 고햄에서 1827년에 태어났다. 그의 가족은 포트랜드로 이주하였고 이곳에서 감리교의 교인이 되었다. 그녀가 열세 살이 되었을 때 윌리엄 밀러가 포트랜드에서 그리스도의 재림에 대한 강론을 했고 감동을 받은 그녀는 안식교의 신자가 되었다. 이에 감리교는 그녀를 출교시켰다.

그 후에 화이트 여사는 여러 번 환상을 체험하게 되었으며, 환상을 통해 더욱 안식교에 대한 확신을 갖게 되었다. 첫 번째 환상은 예수님에게 이끌려서 하늘 도성을 여행하는 재림교도들의 광경이었다. 예수님은 이때 그들의 안내자와 지도자로 나타나셨다. 그녀는 곧 두 번째 환상을 보게 되었고, 이런 사건들을 통해 사람들의 핍박에도 불구하고 신념을 굽히지 않고 그녀의 환상을 전파하였다. 1846년에는 안식교의 지도자인 제임스 화이트와 결혼을 하여 명실공히 지도자로 등장하였다.

화이트 여사는 23년간에 걸쳐 200번 이상의 환상을 본 것으로 주장하는데 안식교의 신조나 방향은 대부분 그녀의 환상과 말, 저서에 기초하게 된다. 그녀는 여러 계시 중에서 특별히 법궤와 십계명을 보았다고 했으며 안식일을 지키라는 계시도 받았다고 했다.[121] 이러한 화이트 여사의 독보적인 활동과 지도 아래 안식교는 점차 통합되면서 발전하기 시작하였다.

안식교의 주장

성경의 권위에 관하여

안식교의 교리 문답 제1장에서 그들은 성경을 하나님의 영감된 계시로 인정하고 신앙과 행위의 유일한 법칙임을 믿고 있다. 그들의 고백은 정통 교회의 성경관을 위배하지 않는 것처럼 보인다.

"성경, 곧 신약과 구약은 신적 영감에 의해 주어진 하나님의 기록된 말씀으로, 하나님의 거룩한 사람들이 성령의 감동을 받은 대로 말하고 기록한 것이

---

121) Francis D. Nichol, G. White and Her Critics, 1951, p. 189, in 심창섭, 상게서, p. 113.

다. 이 말씀 속에서 하나님은 구원에 필요한 지식을 인간에게 주셨다. 성경은 하나님의 뜻에 대한 절대 무오류의 계시다. 성경은 품성의 표준이요, 체험의 시금석이며, 교리에 대한 권위 있는 계시자요, 역사 속에서 활약하시는 하나님의 행동에 대한 신뢰할 수 있는 기록이다."[122]

그들은 성경이 성령의 영감으로 기록된 유일한 신앙의 척도임을 인정하고 있다. 그러나 실제로는 화이트 여사의 말과 저서, 예언들을 성경과 동일한 권위로 인식하고 있음을 주목해야 한다. 안식교인들은 화이트 여사가 특별한 은사를 받았다고 믿었기 때문에 그녀를 여선지자로 불렀다. 아서 맥스웰(Arthur S. Maxwel)은, "많은 사람들이 화이트 부인은 사람의 지혜보다 더 우월하게 말하는 것으로 믿는다. 그가 쓴 책들 가운데 한 권을 직접 읽어보는 것이 좋겠다"[123]라고 고백한다. 안식교인들은 성경을 믿지만, 하나님이 마지막 때에 화이트 부인에게 성경과 동일한 교훈을 주었다는 것도 믿는다.

"우리의 모든 가르침은 참된 크리스천 교리의 유일한 기초인 성경에 기반을 둔다. 그러나 성령께서 그녀의 마음을 열게 하여 중요한 사건을 알게 하였고 마지막 때를 위하여 그녀에게 소명을 입혀 어떤 중요한 교훈들을 주었다."[124]

화이트 여사가 쓴 책들을 성경과 같은 권위가 있는 것으로 믿는 그들의 주장은 영감 되었다는 표현으로 충분히 알 수 있다.[125] 안식교인들은 화이트 여사의 저술은 오류가 없는 것으로 인식하고 있다. 그러나 이러한 주장은 화이트 여사 자신의 고백과는 판이하게 차이가 난다. 화이트 여사는 자신이 본 것을 다 기록할 수 없었다고 하며 이로 인해 그의 기록에 오류가 있음을 자인하였다.[126]

그럼에도 불구하고 안식교인들은 여전히 안식교의 권위의 진원을 1957년에 발간한「안식교 교리 문답집」에 있는 것으로 인식하고 있다. 이 책은 안식교 교리의 총체로서 그들의 신앙과 생활 규범이라고 할 수 있다.

---

122) 천세원, 제칠일안식일 예수재림교 기본 교리 27, 시조사, 1989, p. 12. 참조, 제1장 하나님의 말씀, pp. 13~21.
123) 심창섭, 전게서, p. 114.
124) Anthony A. Hokema. 전게서, 1963, p. 103.
125) SDA, Seventh-Day Adventists Answer Questions on Doctrine, 1957, p. 8, in 심창섭, 전게서, p. 114.
126) Testimonies I. 563, 재인용, 김진홍, 전게서, p. 130.

그리스도의 인성과 구원에 관하여

안식교는 삼위일체의 존재와 신성에 대해서는 문제가 없는 것 같다. 그렇지만 그리스도의 인성을 설명하면서 불확실한 표현들을 많이 하고 있다. 성경은 분명히 그리스도는 죄 없는 거룩한 자로 잉태되었고, 탄생하셨으며(벧전 1:19, 흠 없고 점 없는 어린양), "그에게는 죄가 없느니라"고 기록되어 있다(요일 3:5). 그런데 안식교인들은 그리스도가 죄 있는 육신의 모양으로 오셨다는 것을 강조하면서, '죄 있는 인간 본성'이나 '타락한 인간 본성'을 취하셨다고 주장한다. 비록 그들은 이런 표현이 예수 그리스도가 죄가 있다는 것을 말하는 것은 아니라고 주장하지만 이중 잣대로 그리스도의 인성을 설명하는 모호한 태도를 취하고 있다.[127] 그들의 주장은 그리스도는 죄가 없지만 죄의 성품을 그대로 지니고 있다는 것으로 이해된다. 그래서 그들은 죄 없는 그리스도가 죄 있는 성품을 가졌다는 것은 하나의 신비라고 주장한다.

"결국 우리는 다음과 같은 사실을 인정할 수밖에 없다. 그리스도께서 모든 일에 우리와 똑같이 시험을 받을 수 있었지만 죄는 없으셨다는 것은 유한한 인간에게는 명쾌히 설명되지 않는 채로 남아 있는 신비다."[128]

안식교가 구태여 그리스도의 인성에 대해 이런 태도를 취하는 이유는, 그리스도가 시험당하기 위해 타락한 인간의 성품을 소유해야 했기 때문이라는 그들의 주장에 기인한 것이다.

"그리스도가 '모든 일에 우리와 한결같이 시험을 받은 이'(히 4:15)라는 것은 그분이 인간의 본성을 가지신 분임을 보여준다. 시험과 죄를 지을 수 있는 가능성은 그분에게 엄연한 현실이었다. 만일 그분이 죄를 지을 수 없었다면 그는 인간이 아니었거나 우리의 모본이 되실 수 없었을 것이다. 그리스도는 시험에서 굴복할 수 있는 가능성을 포함하여 온갖 불리한 조건을 지닌 인간의 본성을 지니셨다."[129]

그러나 그리스도가 시험당하기 위해 타락한 인간의 성품을 소유하고 있다는 안식교의 주장은, 그리스도의 성품은 아담이 타락하기 이전의 성품과 같다는 정통 교회의 주장과 상반된다. 그리고 그리스도의 죄 없으신 온전한 인성을 파괴하는 주장이어서 더욱 위험하다.

---

127) 기본 교리 27, p. 49.
128) 상게서, p. 50.
129) 상게서, p. 50.

그리스도의 구속 사역에 대해서도 안식교 논리에 큰 문제가 있는 것같이 보이지는 않는다.[130] 그러나 그들의 주장을 종합해보면 문제점이 있다. 그들의 논리에 의하면 십자가의 죽음을 통한 그리스도의 구속 사역은 완성이 아니라 시작인 것으로 해석된다. 최종적인 구속의 완성은 하늘 지성소에서 이루어진다는 것이다. 이러한 주장은 예언의 불발에서 비롯된 것처럼 보인다. 이미 언급한 바와 같이 세상의 종말과 그리스도의 재림에 대한 밀러의 예언은 실패하였다. 그의 후계자 에드슨은 밀러의 빗나간 예언을 그리스도가 하늘 지성소에 들어간 것으로 해석함으로써 예언의 성취를 만들어냈다. 그는 다음과 같이 말한다.

"별안간 그의 마음에 이런 생각이 솟아올랐다. 구약 시대의 성소와 같이 천국 지성소에서도 그리스도께서 두 가지로 일하신다. 그가 첫날에는 저 하늘에 있는 성소의 2층에 들어가셔서 이 세상에 다시 오시기 전에 거기에 있는 지성소에서 역사하시고 계신다."[131]

화이트 여사는 구체적으로 그리스도가 지성소에서 조사 심판해서 속죄함을 이루신다고 주장한다. 이러한 견해는 그리스도께서 십자가에서 돌아가심으로써 단번에 이루신 구속의 은총으로 속죄가 충분하지 못함을 인정하는 것이다. 그래서 그들은 그리스도가 대속의 죽음을 죽으신 결과는 우리의 죄에 대한 일시적인 용서요, 우리의 죄는 그리스도를 믿음으로 완전히 도말되는 것이 아니며 성령으로 말미암은 중생 받음도 될 수 없다는 결론을 가져오게 된다. 오직 하나님의 율법이 표준이므로 그것으로 인간은 그의 성품과 생활이 조사 심판대에서 검토된다는 것이다.

더군다나 그 심사 결과가 믿음에 의해 결정되는 것이 아니요 율법을 지킨 결과에 따라 결정된다면, 안식교인들은 진정으로 그리스도의 보혈을 구원의 유일한 근거로 인정한다고 볼 수 없다. 하늘 지성소에서 하나님이 친히 의롭다고 하시는 단계는 그리스도가 심사해서 심판함으로써 가능하기 때문이다. 이런 논리라면 이미 믿는 자들도 구원에서 제외될 수 있다. 그들은 분명히 말한다.

"회개하지 않고 사죄함을 받지 못하여 그의 죄들이 기록에 남아 있을 때에

---

130) 상게서, pp. 107~115.
131) 재인용, 김진홍, 전게서, p. 138 in 심창섭, 전게서, p. 116.

는 그의 이름이 생명책에서 도말되고 그의 선행의 기록은 하나님의 기념책에서 지워버리게 될 것이다."[132]

그들의 주장을 종합해보면 사람이 아무리 그리스도의 속죄의 은혜를 믿어도 죽은 후에야 구원의 여부를 알 수 있는데, 그것은 예수의 조사 심판을 통해서만 가능하다. 한번 구원을 얻은 사람도 계속해서 율법을 지키지 않으면 다시 구원을 잃게 된다. 그러나 성경은 그리스도의 속죄의 죽음으로 우리의 구원의 조건이 충족되며 한 번의 믿음으로 말미암아 하나님의 자녀가 된 자는 단번에 구원이 이루어진다고 가르친다.

안식일과 구원에 관하여

안식일에 관한 문제는 안식교인들에게 가장 첨예한 이슈다. 교리 문답 제5장에서 토요일 안식일 문제를 다루고 있다. 안식일은 하나님께서 엿새 동안 세상을 창조하시고 이레 되는 날 쉬셨으므로 제7일 안식일은 후에 변경될 일시적인 것이 아니라 하나의 안식일 계명으로 항상 남아 있는 영원한 것이라고 주장한다.[133]

이렇게 중요한 토요일의 안식일을 점차적으로 지키지 않다가 결정적으로 로마 가톨릭의 교황권에 의해서 일요일을 안식일로 지키는 교회 법령이 선포되었다는 것이다.[134] 일요일은 원래 이방인들이 태양을 섬기는 우상의 날이었으므로 일요일에 예배를 드리는 것은 이중 죄를 짓는 것이다. 하나는 안식일의 예배를 어기는 것이고, 다른 하나는 우상 숭배의 날을 예배일로 정해 우상을 섬기는 죄에 동참한다는 것이다. 그들은 종교개혁을 치른 개신교에서도 여

---

132) Ellen G. White, The Great Controversy, p. 482, 재인용, 김진홍, 전게서, p. 139.
133) 기본 교리, 27, p. 232; "자애로우신 창조주께서는 엿새 동안 창조 후 쉬셨으며 모든 사람들을 위하여 창조의 기념일로서 안식일을 제정하셨다. 하나님의 변할 수 없는 율법의 넷째 계명은 이 제7일을 쉼과 예배와 안식일의 주님이신 예수님의 교훈과 실천에 조화되게 봉사하는 날로 준수할 것을 요구한다. 안식일은 하나님과 즐겁게 교제하며 인간 상호간에 교제하는 날이다. 안식일은 그리스도 안에서 이루어지는 우리의 구속의 상징이며 하나님의 왕국에서 누리게 될 우리의 영원한 미래를 미리 맛보는 것이다. 안식일은 하나님께서 당신과 당신의 백성 사이에 맺은 영원한 언약에 대한 영구한 표징이다. 이 거룩한 시간을 저녁부터 저녁까지, 즉 해 질 때부터 해 질 때까지 즐겁게 준수하는 것은 하나님의 창조와 구속의 행위를 경축하는 것이다."
134) 상게서, p. 243에서 다음과 같이 밝히고 있다. 개종자를 위한 로마 가톨릭 교리 문답...... "문: 어느 날이 안식일인가? 답: 토요일이 안식일이다. 문: 왜 우리는 토요일 대신 일요일을 지키는가? 답: 우리는 로마 가톨릭 교회가 토요일로부터 그 신성성을 일요일로 옮겼기 때문에 토요일 대신 일요일을 지킨다."

전히 일요일을 안식일로 지킴으로써 종교개혁을 완성하지 못했다고 주장한다. 일요일 예배는 그리스도가 제4계명을 지키지 않는 그리스도인들을 정죄하는 근거가 된다는 것이다.

그러나 이러한 주장은 사변에 불과하다. 안식일은 토요일로 영원히 지킬 지정된 창조 기념의 날이 아니었다. 그날은 창조 사역의 안식일이었다. 그래서 신약 시대에 안식일을 첫째 날(일요일)로 변경한 것은 그만큼 가변성이 있었음을 의미한다. 그리고 교황이 선포하기 전에 이미 신약 시대에 일요일을 예배일로 정해놓고 있었다. 예를 들면 신약 시대 교회의 전통을 전승한 교부들이 대부분 첫날에 예배를 드렸다는 언급이 문헌 속에서 풍부하게 사료로 제시되고 있다. 그들은 안디옥의 감독이었던 이그나티우스, 순교자 저스틴, 디다케, 바나바, 이레니우스, 터툴리안, 오리겐, 유세비오 등이다. 이들 중 안식일을 토요일로 지켜야 한다고 주장한 사람은 없다. 그들은 오히려 주일을 안식일로 지켰다.

예를 들면 이그나티우스는 「마르네시아인들에게 보내는 편지」에서 "고대의 관습에 따라 사는 사람들이 있다면 이제는 새 소망을 보고 살아야 한다. 그리고 더 이상 안식일을 지킬 것이 아니라 우리의 삶을 '주의 날'에 맞추어야 한다. 그날은 우리의 생명이 그로부터 소생한 날이다"라고 고백한다. 열두 사도의 가르침인 「디다케」에서는 "주의 날에 너희들은 함께 모여 빵을 나누고 감사하라……"고 기록하고 있다. 순교자 마터는 그의 「첫 번째 변증서」에서 더 확실하게 주의 날에 공교회가 회집하는 것에 대해 이야기한다.

"일요일은 우리 모두가 공동으로 회집하는 날이다. 이날은 ……우리의 구세주이신 예수님이 죽음에서 부활하신 날이기 때문이다."[135]

분명히 창세로부터 그리스도의 부활 때까지는 한 주일의 마지막 날 되었던 것이 그리스도의 부활 이후로는 한 주일의 첫째 날로 바뀌었다. 게할더스 보스는 다음과 같이 말한다.

"안식은 인간 자신이 만든 것이 아니라 그리스도께서 하신 일이다. 그것은 구약에서도 신약에서도 마찬가지다. 옛 언약은 일어날 메시아의 사역을 내다보는 것이므로 당연히 일하는 날들이 먼저 있고 안식이 제7일에 있었다. 그러나 새 언약 아래서 우리는 그리스도께서 이루어놓으신 사역을 되돌아본다. 그

---

[135] Anthony A. Hoekema, 전게서, 1963, p. 168.

러므로 먼저 그리스도께서 이룩하신 안식을 축하하는 것이 원칙이다. 안식일은 또한 최후 종말적 안식을 내다보는 예표로서 남아 있다."[136)

또 웨스트민스터 신앙 고백서는 다음과 같이 안식일 날짜에 대해 새로 정의하고 있다. 기계적인 7일이 아니라 7일 중 한 날을 안식일로 지킴에 대한 설명이다.

"일반적으로 자연 법칙에서 하나님께 예배하기 위한 시간이 적절히 배정되었지만, 하나님의 말씀 가운데서는 모든 세대에 걸쳐 모든 사람과 관련하여 적극적이며 도덕적이고 영구적인 계명으로 하나님은 특별히 7일 중 한 날을 안식일로 정하시고 거룩하게 지키도록 하셨다"(출 20:8, 10, 11절; 사 56:2, 4, 6, 7절).

안식교인들은 또 토요일을 안식일로 지키는 것이 '구원의 조건'이 된다는 것을 구체적인 용어로는 사용하지 않는 것처럼 보인다. 그러나 토요일을 안식일로 지키지 않는 기존 교회를 거짓 교회로 몰아붙이면서 참 교회인 자신들의 교회에만 구원이 있는 것처럼 주장하고 있다.

안식교는 에스겔 13장 11~13절을 인용하여 토요일을 안식일로 지키지 않는 기존 교회의 멸망을 다음과 같이 말하고 있다.

"예수께서 십자가에 못 박히신 이후 신약 시대에 와서는 제7일 안식일이 폐지되어서 예수께서 부활하신 주일 중 첫날인 일요일이 경배의 날로 대치되었다고 사람들에게 가르치고 하나님을 경배하도록 인도하는 사람들을 향하여 분노하여 말하기를, '그러므로 너는 회칠하는 자에게 이르기를…… 그러므로 나 주 여호와가 말하노라 내가 분노하여 폭풍을 퍼붓고 내가 진노하여 폭우를 내리고 분노하여 큰 우박 덩어리로 무너뜨리리라' (겔 13:11~13)."[137)

그러나 이 주장은 성경의 가르침과는 전혀 무관하다. 성경의 어떤 곳에서도 '예수 그리스도를 믿고 토요일을 안식일로 지키라. 그리하면 너와 네 집이 구원을 얻으리라'는 구절은 없다. 물론 성경은 율법의 중요성과 그것들의 실천 과제를 강조한다. 그러나 율법이 아무리 존귀하더라도 신앙에 그것을 첨부하면 구원하시는 하나님의 방법을 도리어 파괴하는 것이다. 성경은 "만일 은혜로 된 것이면 행위로 말미암지 않음이니 그렇지 않으면 은혜가 은혜 되지 못하느니라"(롬 11:6)고 가르친다. 바울은 "율법의 행위로써는 의롭다 함을 얻을

---

136) Geerhardus Vos, Biblical Theology, 1954. p. 15, in 심창섭, 전게서, p. 119.
137) 그리스도인과 안식일, p. 173, 이대복, 전게서, p. 771.

육체가 없느니라"고 분명히 말한다(갈 2:16). 또 율법으로 의롭게 된다면 그리스도는 헛되이 죽은 것이라고 말씀한다(갈 2:21). 누구든지 율법으로는 구원을 얻을 수 없다고 말하면서 율법 행위에 속한 자들은 저주 아래 있다(갈 3:10)고 선포했다. 그럼에도 불구하고 안식교도들은 토요일을 안식일로 지키는 것이 영원한 안식(영생)의 진원지인 것처럼 믿고 있다.[138]

조사 심판의 원리에 관하여

안식교는 모르몬교와는 달리 은혜만으로 구원 받는다고 인정하나 성경에 없는 조사 심판의 교리를 주장한다. 그리고 종국적으로는 그리스도의 십자가 속죄의 충족성을 인정하지 않는다. 그들은 우리가 구원을 받을 것인지 아닌지는 그리스도가 십자가에서 모든 사람을 위해 단번에 드린 사역에 달려 있는 것이 아니라 성도들이 하나님의 계명을 충실히 지키고 그들의 죄를 충실하게 고백하는 데 달려 있다고 고백하는 데 달려 있다고 가르친다. 그래서 마지막 날에 성도들의 신앙 행위를 조사하는 조사 심판을 통과해야 구원을 얻는다고 주장한다.[139]

또한 심판과 관계된 그리스도의 재림에 대해 오류를 범하고 있다. 안식교는 2,300 주야를 2,300년으로 계산했고, 주전 457년을 2,300년의 출발점으로 하여 그리스도의 재림 시기를 1843년에서 1844년 사이로 잡았다. 그러나 재림이 실패로 끝나자 에드슨은 그리스도께서 하늘 지성소에 들어가는 환상을 보았다고 했다. 이 예언을 근거로 밀러는 그리스도께서 성소를 정결하게 하기 위해 하늘 지성소에 들어갔다고 했다. 그는 다니엘 8장 14절의 "성소가 정결 하게 되리라"는 구절을 그와 같이 해석했던 것이다. 이러한 근거를 바탕으로 교리 문답 제7장에서 인간의 자유 의지와 심판, 조사 심판의 예언, 상징, 성경 원리 등을 다룬다.

안식교가 인용하는 다니엘의 말씀은 안식교의 가르침대로 그리스도가 하늘 지성소로 들어감을 의미하지 않는다. 14절에 나타난 숫자인 2,300년은 그리스도의 재림이나 지성소에서의 조사 심판의 기간이 전혀 아니다. 고대 중동지방의 역사에 대한 상식적인 지식만 있어도 안식교의 주장이 터무니없음을 알 수 있다. 이 기간은 유대 역사 가운데서 수리아를 통치한 안티오커스 에피파

---

138) 기본 교리 27, p. 246.
139) Anthony A. Hoekema, 전게서, pp. 126~127.

네스의 통치 기간인 주전 171년부터 165년까지 즉 유대의 마카비 왕조가 성전을 회복하여 제사를 드릴 때까지의 기간을 말한다. 따라서 다니엘 8장에 나타나는 예언은 결코 안식교가 주장하는 것처럼 예수 그리스도께서 하늘로부터 재림하거나 하늘 성소로 들어가는 것을 나타내는 것이 아니다.

   그들은 성경의 역사적인 배경과 사건을 곡해하였으며 불발된 재림 예언을 정당화하기 위해 성경에 없는 조사 심판 교리를 창출해냈다. 이러한 오류는 구약의 제사 제도를 잘못 이해한 데서 비롯한 것이다. 구약의 제사 제도는 그리스도의 십자가를 통해 성취되었고 십자가 사건은 단회적인 것이며 영원한 속죄를 이루는 완전한 능력이다. 그런데 안식교는 그리스도의 십자가의 구원 성취를 불완전한 것으로 간주하고 주께서 지금도 하늘 지성소에서 속죄의 사역을 계속하고 있는 것으로 오해하고 있다. 예수 그리스도께서는 하나님의 보좌 우편에 앉아 계셔서 중보 기도를 하시지만(롬 8:34) 조사 심판을 위해 준비하시지는 않는다.

그리스도의 재림에 관하여

   안식교는 세대주의자들의 전천년설을 따르지 않으며 두 단계의 재림(공중 재림과 최후의 재림)을 믿지 않는다. 그들은 그리스도의 재림은 단회적이고, 문자적이고, 가시적이고, 가청적이고, 육체적이고, 인격적인 것이라고 주장한다. 그리고 갑작스런 재림이 될 것이라고 주장한다. 이들은 재림이야말로 교회의 최고 소망이요, 복음과 구원의 경륜의 최고 절정이라고 말한다.[140]

   이러한 재림의 실재성에 대해서는 기존 교회의 입장과 동일하나 재림 날짜에 대한 오판을 함으로써 다른 이단들과 동일한 실수를 범했음을 부인할 수 없다. 그들은 마태복음 24장 21~22절에 나오는 마지막 때 세상의 징조에 대한 말씀은 1780년에 미국 뉴잉글랜드 지방에서 성취되었다고 하며, 그것을 대낮에 갑자기 어두워진 기이한 일을 토대로 설명한다. 그리고 이것을 538년부터 1,260년간 계속된 박해로 본다. 또 별이 떨어진다는 예언(계 6:13)도 1833년 11월 13일에 성취되었다고 한다. 이것을 예수의 재림의 징조로 보고 그리스도의 제1차 재림이 1844년에 성취되었다고 한다. 그리고 제2차 재림을 기다리고 있다는 것이다. 이러한 사실로 보아 안식교는 예수의 재림 사실은 부인하지 않으나 종말에 대한 날짜와 예언의 해석에서 오류를 범했다고 하겠다.[141]

---

140) 상게서, 1963, p. 137.
141) 참조, 이대복, 전게서, pp. 678~680.

결론

안식교는 모르몬교나 여호와의 증인에 비해서 비교적 성경적인 견해를 갖고 있다고 볼 수 있다. 그러나 그들이 주장하는 주요한 교리인 토요일 안식, 조사 심판, 하늘 지성소, 재림, 예언의 영 등은 기존 교회의 보편적인 신앙과 큰 차이점을 보인다. 안식교도들은 특히 제7일(토요일)을 안식일로 지키는 것이 구원의 조건인 것처럼 주장한다. 또한 성경 말씀을 인간적인 조작으로 만들어낸 하늘 지성소의 교리 등은 분명히 왜곡된 성경 해석에서 나왔음을 보여준다. 그들은 종말론에서 환상적인 신비주의적 경향이 강하고 율법을 주장하고 행위를 강조하는 구원 사상도 두드러지게 나타난다. 이러한 사실에도 불구하고 안식교를 이단으로 규정짓는 것을 유보하는 입장을 가지는 것은 다음과 같은 그들의 신앙에 대한 긍정적인 면 때문이다.

안식교는 정통 기독교의 기본 교리를 믿는다는 점에서 긍정적인 평가를 받을 수 있다

안식교는 어떤 특정 부분에서 율법적인 행위를 강조하지만 예수 그리스도를 믿음으로 구원 받는다는 것을 확실한 구원 교리로 주장하고 있다. 그들은 또한 성경의 완전 영감을 믿으며, 삼위일체 교리를 받아들이고, 성경을 유일한 신경이라고 선포한다. 그리고 정통 교회로부터 전승된 풍부한 성경 진리와 위클리프, 후스, 루터, 칼빈, 녹스, 웨슬리 등과 같은 개혁 신앙가들의 계보를 인정하고 자신들의 전통으로 간주한다.[142]

안식교는 교주를 신격화하는 점에서 다른 이단들과 구분된다

안식교는 비록 창시자 엘런 G. 화이트 여사의 예언과 책들을 중시하는 요소가 있으나, 다른 명백한 이단들처럼 예수님의 신성을 부인하여 예수 이외의 구원을 주장하거나 교주를 신격화하거나 섬기는 경향이 약하다.

안식교는 도덕성에 있어서 다른 이단들과 구분된다

안식교는 다른 이단들에서 찾아볼 수 있는 혼음, 이권 분쟁, 가정 파괴 등과

---

142) 기본 교리 27, pp. 6~7.

같은 비도덕적이고 반사회적인 행위를 하지 않는다. 그들의 경건 생활 패턴은 고전적인 청교도들과 유사한 점이 많다. 특히 가정에서 하는 신앙 교육의 중요성을 강조하며 세속적인 생활, 즉 댄스, 화투, 담배, 술 등을 금하고 검소한 옷차림을 하라고 가르친다. 지나친 화장이나 보석과 같은 장신구의 부착을 부적합한 신앙 행위로 규정지을 정도로 걸쳐 단순하고 검소한 생활을 추구한다.

안식교의 사회활동은 다른 이단들에 비해 건전하다

안식교는 사회 봉사와 구제 활동에 역점을 두고 대사회적인 활동인 지역 무료진료 선교활동 등을 전개하며 대중 보건 위생에 이바지하고 있다. 무공해 농산물과 식품 생산을 통해 위협받는 현대인들의 건강 문제 해결에 앞장서는 등 생활 개혁의 정신을 통한 건전한 신앙 활동을 권장하고 있다.

이상과 같은 주장과 실천을 통해 안식교는 이단성과 사이비성에 대한 일반인들의 인식을 바꾸는 데 성공했다. 유명한 보수 성경학자인 도날드 그레이 반하우스(Donald Gray Banhouse)교수와 월터 마틴(Walter Martin)교수는 안식교도들을 구속함을 받은 형제요 그리스도의 몸 된 교인들이라고 하였다.[143] 안식교도들은 빌리 그레이엄 전도대회에도 개신교도들과 함께 참석하여 초교파적인 복음 사역에 동참하기도 하였다.

그러나 안식교는 화이트 부인이 잘못할 수 있다는 것과 천국에 있는 어떤 기록에 의해서도 신자를 정죄할 수 없다는 것, 하늘 지성소에서 그리스도의 사역, 조사 심판의 교리, 안식일을 지키는 것과 같은 율법 행위가 구원을 얻는 데 조건이 되지 못한다는 것을 인정할 때 비로소 이단의 굴레에서 해방될 것이다. 그들이 여전히 이런 것들을 인정한다면 스스로 갈라디아식의 이단임을 자처하는 셈이 되며, 동시에 자신을 율법의 저주 아래 있게 할 것이다(갈 3:10). 특별히 토요일 안식일 주장을 단순한 예배 날짜의 차이가 아니라 '절대적 구원 교리'로 몰고 가면서 기존 기독교를 '멸망의 종교'라고 폄하하는 것은 큰 문제로 대두되고 있다. 토요일을 안식일로 지키는 종파는 안식교 외에 안상홍 집단, 엘리야 복음선교원, 참예수교회, 세계가공회 등이 있다.[144]

---

143) Walter R. Martin, What Seventh-Day Adventists Really Believes, Eternity, 1956, Nov. p. 42.
144) 이대복, 전게서, p. 770.

크리스천사이언스
발생 과정

크리스천 사이언스의 창시자 M. B. G. 에디(Mary Ann Morse Baker Glover Patterson Eddy)는 1821년 6월 16일 뉴햄프셔 주 콩코드 부근의 보우에서 태어났다. 메리는 신경이 예민한 아이로 학교에도 많이 결석하여 가족의 도움을 받아 주로 독학을 하였다. 그녀는 척추가 약하여 전신이 떨리는 증상이 있었으며, 신경마비 상태로 이어지기도 하였다고 한다.[145] 양친은 헌신적인 신앙인이었고 아버지 마크 베이커(Mark Baker)는 엄격한 칼빈주의자였다. 메리는 그녀의 아버지와 신앙적으로 몇 가지 점에서 달랐다. 마지막 심판, 영원한 형벌, 불신자의 심판 등이었다. 그녀는 특히 어려서부터 철저한 예정 교리에 대한 신앙 교육을 받았으나 이러한 엄격주의가 도리어 신앙에 대한 회의를 불러일으켰다. 그녀는 후에 다음과 같이 고백한다.

"무조건적 선택 교리나 예정 교리는 나를 무척 괴롭혔다. 만일 나의 오빠들과 언니들이 하나님으로부터 영원히 쫓겨날 운명으로 예정되어 있다면 나 또한 구원 받으려 하지 않았을 것이기 때문이다."[146]

기본적인 예정론의 교리 등을 거부한 것은 그녀 자신의 성향에 의한 것이었다. 젊어서부터 논리적이고 과학적이었던 그녀에게 예정론 같은 비논리적인 교리는 의심의 대상이 될 수밖에 없었다. 동시에 그녀가 크리스천 사이언스와 같은 믿음에 빠지게 된 성향이 있었던 것으로도 볼 수 있다.

"에디의 초기 사상 경향은 현저하게 정신적이고 철학적이었다. 이것은 그녀가 소녀 시절에 자연과학, 논리학 및 도덕철학 등을 선택했던 것을 보면 알수 있다. 어릴 때부터 그녀는 시를 썼는데 그 시들은 크리스천 사이언스의 가르침과 비슷한 사상들을 포함하고 있다. 그녀는 선천적으로 넓은 식견을 소유하고 있었다. 그녀가 소녀 시절 회중교회의 신자가 되었을 때 무조건적 선택, 즉 예정 교리에 동의하기를 거부하였다는 사실은 이를 증명해주는 것이다."[147]

에디는 1843년 첫 번째 남편인 조지 글로버와 결혼했으나 1년도 못 되어 남편이 병사했고, 남편 사후에 유복자 한 명을 출산했다. 10년 후 치과 의사인

---

145) Anthony A. Hoekema, 전게서, 1973, p. 9.
146) Mary Baker Eddy, Retrospection and Introduction, p. 14, 재인용, 이호열, 전게서, p. 19.
147) 이대복, 전게서, p. 777.

다니엘 패트슨과 재혼했으나 남편의 무절제한 생활로 인해 이혼했다.

에디에게 급격한 변화가 일어난 것은 지병인 척추 쇠약증이 재발하여 7년간의 투병 생활을 하면서였다. 그녀는 당시 약을 쓰지 않고도 놀랄 만한 치료를 하고 있다는 퀴비(Quimby)라는 사람이 개발한 심리 치료 요법에 의존하였고 그의 열렬한 제자가 되었다. 1년 후 그녀는 독자적인 치료 방법을 만들어내어 '영적 과학 질병 치료' 라는 공개 강의까지 하였다.

그것은 최면술과 안수에 의한 병 고침이었는데, 훗날 크리스천 사이언스의 「과학과 건강」의 원리가 되었다. 그녀는 성경이 영감으로 된 것처럼 그녀의 저서 「과학과 건강」도 신적 영감을 받았다고 하였다. 그러나 이것은 그녀의 의사였던 퀴비의 처방술인 '그리스도의 과학' 이라는 임상 일지를 모방한 것이었다.

그녀는 후에 자신의 체제를 '크리스천 사이언스' 라고 명명하였다.

어쨌든 그녀는 1875년에 출간한 「과학과 건강」과 1883년에 부록으로 첨가된 책을 신적인 계시에 의한 것이라고 주장하였다.

"만약 「과학과 건강」, 「성경의 열쇠」가 인간에게서 나온 것이라면, 그리고 내가 하나님과 무관한 저자였다면 나는 이 책을 쓰기가 부끄러웠을 것이다. 그러나 나는 단지 형이상학적인 하늘의 조화들을 그대로 옮겨 적은 기록자에 불과하기 때문에 크리스천 사이언스의 교과서로서 이 책에 대해 긍지를 가지지 않을 수 없다."[148]

최종적으로 에디는 1879년 과학자 제일교회 또는 그리스도의 과학자 교회(어머니 교회라고도 칭함)를 보스턴에서 설립하고 목사로 취임하였다. 초기에 이 교회는 26명으로 구성되었으나 16년이 지난 뒤인 1895년에는 보스턴에 5천 명을 수용할 수 있는 위용이 당당한 새 건물을 완성하게 되었다.

보스턴에 있는 그리스도 과학자 제일교회는 이 교파의 모(母)교회들 및 지교회들을 1,244개나 갖게 되었다. 시카고에는 9개의 큰 교회와 5개의 아름다운 교회 건물이 있다. 뉴욕 시에는 12개의 교회가 있는데 교회 건물은 8개이고, 그중 뉴욕 제일교회 건물은 115만 달러 이상을 들여 건축되었다. 뉴햄프셔 주의 콩코드에는 강력한 조직체와 아름다운 교회가 있다.

---

[148] Christian Science Journal, Jan, 1901, 재인용, 이호열, 전게서, p. 200, 참조, 이대복, 상계서, pp. 778~779.

그 외에도 영향력 있는 크리스천 사이언스 교회들이 샌프란시스코, 로스앤젤레스, 오클랜드, 미니애폴리스, 밀워키, 브루클린, 필라델피아, 워싱턴, 클리블랜드, 세인트루이스, 버팔로, 피츠버그, 신시내티, 애틀랜타, 프로비던스, 토론토 등지에 있다. 이와 같이 북미 대륙의 모든 주요 도시에 크리스천 사이언스 교회가 있다. 세계 각지에도 선교 활동을 통해 크리스천 사이언스 교회가 산재해 있다. 영국, 오스트레일리아, 독일, 프랑스, 스칸디나비아, 네덜란드, 남아프리카, 남아메리카, 멕시코, 하와이, 필리핀 등에 있다.[149]

크리스천사이언스의 주장
에디의 주장

에디가 주장하는 크리스천 사이언스의 정체는 다른 이단들의 경우와 마찬가지로 성경 외의 계시에 의존하고 있다. 그녀는 자기 계시의 신성함과 권위를 위해 사도 바울의 말(갈 1: 11~12)을 인용하면서 다음과 같이 주장하였다.

"1866년에 나는 그리스도와 과학 곧 생명과 진리와 사랑에 대한 하나님의 법칙들을 발견하였고, 나의 발견을 '크리스천사이언스'라고 불렀다. 하나님은 은혜스럽게도 수년 동안 나를 연단하셔서 나로 하여금 과학적 정신 치료의 절대 원리에 대한 주의 계시를 받아들이게 하셨다. 그리하여 나는 하늘의 확신을 가지게 되었다. 이미 죽음의 골짜기에 서서 거의 인간 존재의 한계에 도달했을 때 신적인 계시와 이성과 증거를 통하여 절대적으로 결론에 도달할 수 있는 길을 터득하였다. 이 이성 안에서 계시가 점차적으로 그리고 명백하게 신적인 능력을 통하여 나에게 임하였다."[150]

결국 그녀가 주장하는, 정신적으로 질병을 치유하는 방법은 하나님이 주신 직접적인 계시를 통해 자신에게 주어진 것이라는 주장이다. 그래서 에디는 '그리스도의 과학'을 발견하고자 '크리스천사이언스'라는 이름을 붙였다.[151] 즉 그녀는 사경에서 살아나면서 경험한 계시가 신적인 계시였다는 확신 가운데 자신이 제시한 방법만이 원시 기독교와 상실해버린 치료의 길을 회복할 수 있다고 주장했다.

---

149) 이대복, 전게서, pp. 779~780.
150) Science and Heath, 107:1~6; 109:20~30, 재인용, 이호열, 전게서, p. 201.
151) 이대섭, 전게서, p. 787.

"19세기 말에 나는 크리스천사이언스의 법칙들이 하나님의 법칙이라는 것을 증명하였다. 나는 이 법칙들을 매우 철저하게 실제로 시험해보았다. 인간적으로 증명이 가능한 상황 속에 이 법칙들을 그대로 적용시켜보았을 때 비록 예수께서 유대 광야와 갈릴리 골짜기에서 이 법칙들을 사용하신 지 이미 수세기가 지났다 할지라도 그것은 여전히 하나님의 법칙이며 치료의 효능을 상실하지 않았다는 것을 알 수 있었다."[152]

에디에 의하면 크리스천사이언스는 기독교가 상실한 본래의 모습을 찾았고 그것이 바로 치료의 방법이라는 것이다. 이 법칙이 바로 신적으로 에디 부인에게 임하였고 이를 가르쳐 실천함으로써 잘못된 정통 교회의 신앙을 바른 길로 인도할 수 있다고 보았다.

그들은 병 고치는 방법이 인간적인 것들에 의존하지 않고 그녀의 신적 계시라고 주장한다. 그러나 에디는 이전에 최면술과 자기 암시라는 심리적인 방법을 사용하여 치유 효과를 본 심리치료사 피니아스 큄비의 영향을 받았으며, 동시에 그의 이론을 모방했다. 물론 에디 부인은 이러한 사실을 강력하게 부인한다.

"크리스천사이언스는 변경될 수 없는 확고한 것이다. 이것은 날카롭고 대담한 추측이나 순수철학, 또는 인간의 창의력으로 도저히 뚫을 수 없는 견고한 것이다. 이것은 신으로부터 받은 진리다. 현재와 미래의 모든 시간들이 점점 더 확고부동하게 이것의 실제적인 진리를 증거하여줄 것이다."[153]

큄비와의 관계 부인과는 달리 1862년 에디 부인은 등에 있는 상처를 큄비에게 치유받고 그의 열렬한 추종자로 나섰다. 그녀는 포틀랜드 석간 신문에 그에 대한 기사를 써서 그를 찬양하였으며, 그의 사망 후에는 그에 대해 시를 쓸 정도로 열렬한 팬이었다. 그녀의 시 제목에서 이미 그에 대한 에디의 모방 성향을 읽어볼 수 있다. 그녀의 시제는, '모든 이념들과 구별되게 가르치신 그리스도의 진리로써 치료한 피니아스 큄비 박사에게 부치는 시'다. 모방이나 표절에 대한 그녀의 강력한 부인에도 불구하고 1921년 호라티오 드레서(Horatio Dresser)는 큄비의 원고를 정리하여 펴낸 「큄비 원고들」이라는 책을 에디 부인의 책 「과학과 건강」과 비교하여 그들의 사상과 말이 여러 면에서 똑

---

152) 재인용, 이호열, 전게서, p. 202.
153) 재인용, 심창섭, 전게서, p. 128.

같다는 사실을 발견하였다.[154]

위와 같은 사실을 고려하면 에디 부인이 계시받았다고 하는 크리스천 사이언스의 원리들은 하나님에게서 온 계시가 아니라 결국 인간 심리요법사에게서 유래했다는 사실을 알 수 있다. 그리고 그녀의 가르침 자체도 성경의 가르침과 일치하지 않으며 동시에 이단들이 공통적으로 가지고 있는 종교 심리적 병리 현상을 나타내고 있다.

그녀의 주장을 대표적으로 다룬 「과학과 건강」의 내용은 극히 이원론적인 세계관을 바탕으로 한다. 그들은 물질의 실존을 거부하고 그것을 환상으로 간주한다. 그리고 물질을 진리, 영, 신의 반대 개념으로 이해한다. 악이나 죄 같은 것은 추상적인 개념에 불과하며 실제로 존재하지 않는다고 한다. 질병도 하나의 정신적인 것이며 죽음에 대한 공포라고 한다. 병이란 일종의 망상이요 환상이라는 것이다. 그래서 그들은 환자로 하여금 실제로 병든 것이 아니라고 인식시키고 통증까지도 가상적인 것으로 인식시킨다. 더 나아가서는 죽음의 실체를 부인하고 환상이라고 주장한다.

이와 같이 「과학과 건강」의 주요 주제는 신유의 은사 또는 정신적인 치료 요법으로 모든 병을 고치는 데 대한 것이다. 18장에 달하는 내용 중 1~14장까지가 과학과 건강의 원리를 취급하고 있으며 나머지 3장만 성경에 대해 이야기한다. 크리스천 사이언스의 성경에 대한 이해는 바로 에디의 이러한 입장을 잘 대변해준다.

성경에 관하여

에디 부인은 스스로 성경을 유일한 권위라고 말하고 있으나[155] 자신의 의미로만 성경을 받아들인다. 그녀의 권위와 궁극적인 자료는 성경이 아니라 「과학과 건강」이며 이것을 성경 위에 두고 있다. 성경은 오직 「과학과 건강」의 이론을 뒷받침하는 보조 기능으로 사용되고 있기 때문이다.

이 사실은 그들의 추종자들에게 그대로 받아들여지고 있다. 찰스 브래든

---

154) Georgine Milmine, The Life of Mary Baker G. Eddy, pp. 56~104, 재인용, 심창섭, 상게서, p. 128.
155) Science and Health, p. 126; "The Bible has been my only authority, I have had no other guide in 'the straight and narrow way of Truth" in Anthony A. Hoekema, Ibid., 1973, p. 21, in 심창섭, 상게서, p. 129.

(Charles S. Braden)은 다음과 같이 주장한다.

"「과학과 건강」은 이들에게 제2의 성경이다. 그것이 변함없이 항상 사용되어 온 것을 보아 알 수 있으며, 성경 자체와 같은 권위나 그 이상의 권위를 가지고 있음을 보아 알 수 있다. 그들에게 성경의 진정한 의미는 오직 「과학과 건강」에 주어진 해석을 통해서만 알려질 수 있기 때문이다."[156]

더군다나 이들은 성경의 오류 가능성을 말하면서 「과학과 건강」의 진실성을 부각시킨다.

"공교회에서 무엇이 성경이 될 것인지 아닌지를 결정한 것에 대해 분명히 고대 역본들 가운데서 실수가 있었다. 구약에서는 3만 번의 해독(解讀)이 있으며 신약에서는 3백 군데의 다른 독해들이 있다. 이러한 사실들은 인간적이고 물질적인 의미가 얼마나 하나님의 기록에 잠입되어 있는가를 입증한다. 그리고 이것들은 어떤 의미에서 영감된 말씀의 메시지마다 성서의 의미를 어둡게 한다."[157]

크리스천 사이언스에서 주장하는 성경의 오류는 결론적으로 그들에게 「과학과 건강」이 성경보다 더 권위가 있음을 확정지어주는 태도라고밖에 볼 수 없다. 크리스천 사이언스는 「과학과 건강」에 비해 성경은 권위가 없다는 것을 다음과 같이 주장한다.

"「과학과 건강」은 계시된 완전한 하나님의 말씀이지만 성경은 전설, 은유, 우화, 알레고리 및 신화로 이루어져 있다. 「과학과 건강」은 인간의 오류가 섞여 있지 않지만 성경은 수천수만의 오류들로 가득 차 있다. 「과학과 건강」은 신의 가르침이지만 성경은 인간의 저작들이다. 「과학과 건강」은 절대적인 가르침이지만 성경은 사실이 아닌 진술들을 담고 있다."[158]

크리스천 사이언스의 성경관에서 나타나는 오류 중 하나는 성경을 영적으로 해석하는 것이다. 그것은 「과학과 건강」의 둘째 부분인 '성경의 열쇠'라는 장에서 두드러지게 나타난다. 여기에는 창세기, 요한계시록 용어 해설 등이 있는데 창세기 1~4장까지 영해를 하고 요한계시록 10, 12, 21장을 영적으로 해석하고 있다. 예를 들면 시편 23편을 인용해볼 수 있다. 그들은 '여호와'를

---

156) Anthony A. Hoekema, 전게서, 1963, p. 183.
157) Science and Health, p. 139, 재인용, 심창섭, 전게서, p. 130.
158) 이대복, 전게서, p. 791.

'신적 사랑'으로 이해하며 '그가 나를'을 '사랑이 나를'로 읽는다. 이런 식으로 시편 23편의 여호와를 열한 번이나 사랑으로 풀이하고 있다. 그들이 성경사전으로 사용하고 있는 용어 해설에서는 아벨을 '조심성 있는', 아브라함은 '성실' 아담은 '잘못', 교회는 '진리요 사랑의 구조' 등으로 해석하고 있다. 이것이 바로 그들이 모든 기독교의 실상을 추상적인 개념으로만 해석하려는 기본 구도다.

하나님에 관하여

크리스천사이언스는 인격적인 하나님을 전적으로 부인한다. 하나님은 개인적인 인격체가 아니고 아이디어나 원리의 개별화된 개념이라는 것이다.[159] 그들은 우주의 실재를 부인하며, 마음이 전부라고 주장하면서 마음과 하나님을 동일시한다.[160] 그들은 하나님에 대해 '신적인 원리, 생명, 진리, 사랑, 혼, 영, 마음' 등으로 표현하며 다음과 같이 말한다.

"그는 위대하신 존재로서 모든 것을 알고 모든 것을 행하며, 모든 지혜를 갖고 있으며, 모든 것을 사랑하며 또한 영원하신 존재로서 원리와 마음과 혼과 영이 되신다."[161]

표면적으로는 이러한 표현이 큰 문제가 없는 것처럼 보이지만 이러한 표현에 대한 그들의 해석은 전혀 다른 의미를 갖고 있다. 즉 하나님은 원리고, 사랑이고, 생명이고, 진리라는 것은 하나님은 인격이 없는 원리고 사랑이라는 것이다. 이러한 표현은 하나님의 속성을 가리키는 말임에도 불구하고 그들은 하나님을 어떤 우주의 원리로 보며, 기존 교회에서 말하는 하나님의 속성들을 신격화한다. 결국 크리스천 사이언스는 "하나님을 인격이 없는 원리, 사랑하는 주체가 없는 사랑, 살아 있는 존재가 없는 생명, 여하한 의식도 없는 진리"[162]로 인식하고 있다고 볼 수 있다.

에디는 하나님을 '모든 것의 모든 것, 영, 선, 마음' 등으로 표현한다. 하나님에 대한 에디의 이러한 견해들은 결국 신은 모든 것 안에 존재하며, 모든 것이 된다는 의미요, 신은 선하시고 선한 모든 것은 마음이며, 존재하는 모든 것

---

159) I. M. Haldeman, Chrstian Science in the Light of Holy Scripture, 1909, pp. 117~119.
160) Science and Health, pp. 173, 166, 171, 재인용, 이대복, 전게서, p. 787.
161) Science and Health. 587:5~8, 재인용, 심창섭, 전게서, p. 130.
162) 이대복, 전게서, p. 788.

은 영이요 신은 영이므로 영이 아닌 모든 것은 존재하지 않는다는 의미다. 이렇게 추상적이고 불분명한 신에 대한 서술은 개념상의 표현들에 불과하며, 인격적인 신으로서의 인식에 도달하지 못하고 있다.[163]

크리스천사이언스의 가르침과 반대로 성경에서는 하나님을 인격이 있는 영이요, 사랑이요, 생명이라고 한다. 하나님이 사랑이고, 진리고, 생명이라는 표현은 하나님의 속성에 관한 표현이지 추상적인 개념으로서의 하나님 자체를 표현하는 것은 아니다. 성경은 분명히 하나님은 무한한 사랑과 생명을 지니신 영적인 존재이며 동시에 인격적인 분임을 나타낸다. 그의 인격을 나타낼 때 여러 가지 속성들을 표현할 뿐이다. 하나님은 분명히 창조주시며 피조물은 아니라고 가르친다(사 44:24). 사도 바울은 피조 세계와 창조주를 갈라놓는 선을 분명히 그으며 범신론적인 개념을 배제한다.

"우주와 그 가운데 있는 만물을 지으신 하나님께서는 천지의 주재시니 손으로 지은 전에 계시지 아니하시고 또 무엇이 부족한 것처럼 사람의 손으로 섬김을 받으시는 것이 아니니 이는 만민에게 생명과 호흡과 만물을 친히 주시는 이심이라"(행 17:24, 25절). 사실 크리스천사이언스는 하나님의 인격적인 존재를 부인함으로써 기독교의 모든 것을 부인하는 결과를 낳는다.

그리스도에 관하여

크리스천사이언스는 그리스도의 실제적인 성육신 부인, 인격의 실재성 부인, 예수와 그리스도의 구분, 그리스도의 재림을 크리스천사이언스와 동일시하는 것 등 비성경적인 기독론을 주장한다.[164] 그들은 다음과 같이 말한다.

"그리스도는 크리스천사이언스를 통하여 질병과 죄를 치료하기 위해 내려와서 모든 영광을 하나님께 돌리는 이상적인 진리다. 예수는 다른 모든 사람들보다 더 효과적으로 그리스도, 곧 하나님에 대한 참된 개념을 심어준 인간의 이름이다. 예수는 인간이며 그리스도는 신적인 개념이다. 그러므로 예수와 그리스도는 이원론적인 성격을 띠고 있다."[165]

---

163) 잡록, p. 16, 재인용, 심창섭, 전게서, p. 131.
164) I. M. Haldeman의 분석에 의하면, 1) 그리스도와 예수는 구분된다(Christ and Jesus are distinct), 2) 그리스도는 영적이고 무오하다(Christ was spiritual and infallible), 3) 예수는 물질적인 남성이다(Jesus was material manhood), 4) 예수는 그리스도가 아니다(Jesus was not Christ), 상게서, p. 159.
165) 상게서, p. 132.

이러한 견해는 한 분이신 예수 그리스도를 두 실체의 존재, 즉 예수와 그리스도로 분리해서 인식하는 오류를 범하고 있다. 이는 이원론적인 사고 개념에서 나왔다고 볼 수 있다. 영적 그리스도는 결함이 없으며 물질적인 인간인 예수는 결함이 있기 때문에 그리스도가 될 수 없다는 것이다.[166] 이런 논리 때문에 그들은 그리스도의 성육신을 부인한다.

"신은 나눌 수 없고 신의 일부분이 인간으로 들어갈 수 없다. 신의 충만은 단순한 인간에 의해 영향을 받지 않으며 신은 분명히 유한하시지 않으며 신적 속성을 잃지 않으면서 신 이하로 되지 않는다."[167]

신이 인간이 되지 못한다는 견해는 기독론의 성육신을 받아들일 수 없다는 그들의 신앙 때문이다. 그리스도의 성육신을 거부하는 근본적인 이유는 물질을 부인하는 고대 영지주의적인 이단성과 유사하다. 그래서 그리스도의 성육신을 피하기 위해, 마리아가 잉태한 것은 살과 피를 가진 아들이라기보다는 하나의 개념이라고 말한다. 인간 예수는 그리스도가 아니기 때문에 오류가 있고 기만적이며 잘못이 있다고 주장한다. 반면에 그리스도는 무흠한 영적 존재라고 한 것이다. 예수와 그리스도를 양분화시킨 범례는 기독론에서 양성을 인정하지 않는 오류를 심화시킨, 초대교회의 가현설을 주장한 이단들의 견해와 동일하다.

그리스도의 참된 인성을 부인하는 것은 또 다른 문제를 야기시켜 그리스도의 속죄를 위한 고난 사역과 부활을 부인하기에 이른다.

"그는 실제로 고난 받지도, 죽지도, 죽은 자 가운데서 부활도 하지 않았고, 진정 하늘로 승천하지도 않았다. 그는 죽지 않고 살아 있었다. 부활이라는 용어는 사상의 신령화, 불멸성 혹은 영적 존재의 새롭고 더 높은 관념, 영적 이해에 복종하는 물질적 신앙으로 정의했고, 하늘로 승천한 자는 인격이 아니라 단지 하나의 관념, 곧 사라져버린 인간 개념이었다."

"예수는 땅 위에 신적 개념을 증명하기 위해 오셨고, 사람의 모든 것과 미움, 죄, 죽음이 아무것도 아니라는 것을 보여주기 위해 오셨다."[168]

크리스천 사이언스의 주장과 반대로 성경은 예수의 양성을 분리하지 않는

---

166) 잡록, p. 84: "영적 그리스도는 무오하다. 물질적 인간으로서의 예수는 그리스도가 아니다." 재인용, 심창섭, 상게서, p. 132.
167) 박영관, 전게서, p. 283.
168) Anthony A. Hoekema, 전게서, 1963, pp. 205~209.

다. 그리스도는 참된 인성을 가진 분으로 인류의 속죄를 위해 직접 십자가의 죽음과 부활을 경험하셨다. 그리고 영원하신 하나님과 동일한 본질을 가진 분이다. 예수의 성육신은 기독교 신앙의 준거이며 핵심적인 가르침이다. 이를 부인하는 종파는 이미 교회에서도 이단으로 정죄되어왔다.

구원에 관하여

정통 기독교에서는 예수 그리스도의 십자가의 보혈을 믿으면 구원 받는다고 가르친다. 그러나 크리스천사이언스는 에디가 창설한 크리스천 사이언스의 가르침을 통해 구원 받는다고 주장한다.

"필멸자들이 그에게서 배워 악으로부터 도피하도록 그는 신적 과학의 길을 설명해주고 실연(實演)해 보여줌으로써 그의 말을 받아들이는 모든 사람에게 구원의 길이 된다. 참 인간은 과학에 의해 조물주와 연관되어 있는 까닭에 필멸자들은 단지 죄로부터 돌아서서, 참 인간과 참 인간의 하나님에 대한 관계를 발견하기 위해 스스로를 잊어버리고, 스스로가 신의 아들이라고 하는 사실을 깨닫기만 하면 된다."[169]

크리스천사이언스는 구원의 개념에서도 다른 비성경적인 견해를 갖고 있다. 그들은 구원이 죄에서 해방된다는 개념 없이 이렇게 주장한다.

"구원이란 생명과 진리와 사랑이 가장 궁극적인 것으로 이해되고 증거되는 상태며, 죄와 질병과 죽음이 필연적으로 소멸된 상태다."[170]

이런 주장은 죄의 실체를 믿지 않는 그들의 신앙 때문이다. 그들은 죄란 실재하는 것이 아니며 마음의 믿음에 불과하다고 말한다. 죄는 단순한 인간의 착각 상태로 인식된다.[171] 그래서 인간이 죄에서 속죄함을 받아야 된다는 속죄의 은총 같은 개념이 그들에게는 없다. 죄가 실재하지 않기 때문에 크리스천사이언스에게는 영혼이 범죄한다는 사실도 없으며, 인간이 육신적으로 범죄

---

169) 이대복, 전게서, p. 790.
170) Science and Health, 593:20~22, 재인용, 심창섭, 전게서, p. 133.
171) Miscellaneous Writings, p. 27, "크리스천 사이언스의 기본 교리의 지침과 중심점은, 물질과 악(모든 불의와 죄와 질병과 죽음을 포함하는)이 실재하지 않는다는 데 있다." Ibid., 480:23,24; "…… 악은 단지 환상에 불과한 것이며 실제로 존재하는 것은 아니다. 악에 대한 온갖 가르침들은 거짓된 교리이며 하나님은 이 교리를 세우신 적이 없으시다", 재인용, 심창섭, 상계서, p. 134.

하는 것도 가능하지 않다. 동시에 그리스도가 사람들을 죄로부터 해방시키기 위해 고난을 당하거나 죽임을 당하는 것은 잘못된 것이라고 가르친다.[172]

그러나 성경은 분명히 인간의 범죄 사실과 그리스도를 통한 속죄의 원리를 가르친다(롬 3:23~24: 모든 사람이 죄를 범하였으매 하나님의 영광에 이르지 못하더니 그리스도 예수 안에 있는 구속으로 말미암아 하나님의 은혜로 값없이 의롭다 하심을 얻은 자 되었느니라).

기도에 관하여

크리스천사이언스는 기도를 부인한다. 기도는 하나님을 의식적이고 인격적인 존재로 전제한 것이기 때문에 인격적인 하나님의 존재를 부인하는 그들에게는 당연히 기도의 존재가 인정될 수 없다. 그래서 그들은 주기도문을 자신들 나름대로 다음과 같이 고쳤다.

"모든 조화자가 되신 우리 아버지 어머니 하나님, 숭배할 자 당신의 나라가 오며, 당신은 항상 현존하시며, 하늘에서같이 땅에서 이루어진 것을 우리에게 알게 하시며, 신은 전능하시며, 절대자이시다. 오늘날 우리에게 은혜를 주시고 영적 기갈을 채우소서. 사랑은 사랑을 나타내며, 신은 우리를 시험에 빠지게 하시지 않으며, 죄·질병·죽음으로부터 구원하시며, 신은 무한하시며, 전능하시며, 생명·진리·사랑·모든 것 중에 모든 것이다."[173]

'신이 전능'하다든지 '절대자'라든지 '현존'한다든지 하는 이들의 표현에 미혹되어서는 안 된다. 하나님을 인격적인 존재가 아니라 진리, 사랑, 생명 등 추상적인 개념으로 묘사하고 있기 때문이다. 주기도문의 일용할 양식이라는 구체적이고 현실적인 주님의 요구를 그들은 양식 대신 은혜로 대치하고 영적 기갈로 해석함으로써 주기도문을 영적 또는 은유적으로 이해하고 받아들이는 것을 알 수 있다.

크리스천사이언스는 모든 물질 세계에 대한 영지주의적인 견해를 갖고 있기 때문에 결혼에 대한 견해도 왜곡되게 주장한다. 그들에게 결혼은 육체적인 결합이라기보다는 마음의 결합이다. 결혼 생활의 행복은 영적이며 그것은 사

---

172) Science and Health, p. 17; "저주받은 나무에 흘려진 예수의 물질적인 피는 그가 아버지의 사명을 감당하고 있는 동안, 매일 그의 혈관 속에 흐르고 있었던 피와 다를 바 없이 죄로부터 정결케 할 아무런 효력도 갖고 있지 못하였다", 재인용, 심창섭, 상게서, p. 134.
173) 상게서, p. 135.

랑과 진리를 낳는다고 주장한다. 이런 주장은 결혼은 하나님이 정하셨으며 육체적·정신적·신앙적 결합이요, 남녀가 일체라고 주장하는 성경의 개념과 판이하다고 할 수 있다. 성경에서 말하는 결혼은 순전히 영적인 것도 아니요 육적인 것도 아니다. 결혼은 하나님의 백성이 영육간 조화로운 삶을 통해 하나님의 뜻을 실천하도록 하나님께서 제정해주신 인간 삶의 근본 제도다. 그래서 그것은 가장 현실적이고 구체적인 것이지 영적인 것을 충족시키기 위한 가현설적인 것은 아니다.

치유에 관하여

크리스천사이언스의 「건강과 과학」 제18장은 '결실' 또는 '성과' 라는 제하에서 신유의 은사로 치유 받은 자들에게 온 편지로 가득 차 있다. 이러한 편지의 사실성과 진실성에 대하여, 그리고 그 치유 방법이 주님께로부터 왔는지에 대하여 우리는 정확하게 알 수 없다. 그러나 그들은 치유 방법이 주님께로부터 왔음을 확신 하고 있다. 이것은 오직 그들에게만 계시된 주님의 비밀이라고 말한다. 이러한 태도는 이단들이 주장을 정당화하기 위해 사용하는 전형적인 형태라고 할 수 있다.

"우리 주님은…… 크리스천 사이언스의 치유 법칙을 사용하셨다. 그러나 그는 질병을 치료하고 예방하는 이 원리를 증거할 만한 명백한 법칙을 세우지는 못하였다. 이 법칙은 크리스천 사이언스에 의해 발견되도록 감추어져 있었다."[174]

이러한 치유의 비밀을 갖고 있는 크리스천 사이언스들은 실증적인 증거를 내세우기 위해 바로 '결실' 이라는 부분을 만들고 있다. 에디 부인의 말을 직접 인용해보자.

"크리스천사이언스의 치유 효능과, 특별히 이 책을 정독하고 연구함으로써 개선되고 치유 받은 엄청난 사람들에 관하여서는 그들로부터 온 헤아릴 수 없이 많은 편지들이 증거물로 제출될 수 있다."[175]

에디는 후에 크리스천사이언스의 원리에 의해 질병에서 치유 받은 사람들에게 받은 증거물로 그들의 편지를 100페이지에 달하도록 기록하였다. 그러

---

174) 상게서, p. 137.
175) 상게서, p. 137.

나 그들의 치유 행위는 사실로 확인되지 않았고 지속성도 유지되지 못했다. 일시적인 환상처럼 유행하는 것으로 끝나고 말았다. 그리스도께서는 분명히 말세에 거짓 선지자가 나타나 내 이름으로 기적과 이적을 행하겠다고 하였다. 바울은 그리스도의 복음을 병 고치는 은사나 계시 체험 등으로 오해하지 말라고 경고하기도 했다(살후 2:9).

결론
지금까지 논한 크리스천사이언스의 주장은 아래와 같이 요약할 수 있다.

크리스천사이언스는 범신론적인 신관을 갖고 있다
크리스천사이언스는 하나님을 추상적인 개념으로 인식하고 설명하며, 근본적으로 신의 인격성을 부인하는 범신론적인 종교현상을 나타낸다. 하나님과 피조 세계를 동일하게 여기는 잘못을 범하고 있다.

크리스천사이언스는 가현설을 주장한다
크리스천사이언스는 그리스도의 인성을 부인하는 영지주의적인 가현설의 현대판 모델이며, 예수와 그리스도를 구분하여 두 개의 다른 실체를 주장한다. 결과적으로 그리스도는 이원론적인 성격을 띤 존재로 받아들인다. 이로 인하여 삼위일체를 부인하는 결과를 초래하였다.

크리스천사이언스는 성경의 절대 권위를 인정하지 않는다
성경의 최고 권위를 인정하지 않는 대표적인 이단이다. 그들은 「과학과 건강」에 더 권위를 부여하고 있다. 그들은 성경을 「과학과 건강」을 위한 참고서 정도로 인식하고 있다.

크리스천사이언스는 창세기에 기록된 인간의 타락상을 부인한다
크리스천사이언스는 인간을 궁극적으로 물질이 아닌 존재로 인식하여 인간의 육체를 부인한다. 이러한 인간상은 결국 인간의 타락과 죄성을 부인하는데 이른다. 그들은 창세기 3장에 기록한 타락 기사를 하나의 신화, 하나의 오류의 역사로 돌린다.

크리스천사이언스는 인간의 죄성을 인정하지 않는다

크리스천사이언스는 사람이 죄인이 아니므로 구원받을 필요가 없는 존재로 인식한다. 죄와 악은 실제로 존재가 없고 단지 환상이며, 그리스도는 도리어 죄가 있다는 믿음을 멸하러 왔다고 한다.

크리스천사이언스는 공교회의 제도를 인정하지 않는다

크리스천사이언스는 공예배와 성례전을 부인한다. 세례는 전혀 필요 없는 것이고, 성만찬도 거행하지 않는다. 세례란 '영에 의한 정화'에 불과하며, 성만찬이란 제자들의 영적 모임으로써 그들이 행하는 아침식사로 대신한다.

크리스천사이언스는 종말 교리를 부인한다

크리스천사이언스는 정통 기독교의 종말론을 인정하지 않는다. 성경의 우주적인 종말을 부인한다. 신적 마음과 관념들 외에는 아무것도 현존을 갖지 않기 때문이다. 예수는 실제적인 죽음에서 살아나지도 않았고, 승천도 하지 않았기 때문에 재림할 리도 없다는 것이다.

크리스천사이언스는 기독교 신앙의 근거를 이루고 있는 정통 교리를 거의 다 부인한다. 그들에게 기독교는 과학이 아닌 거짓 종교에 불과하다. 비록 에디 부인이 예수의 이름으로 가르치고 교훈한다 해도 모든 면에서 예수 그리스도와 정면으로 상충되는 거짓 계시와 교리를 가르치고 있다. 그러나 이러한 오류와 잘못에도 불구하고 신유의 은사와 접신적인 치료법을 통해 사람들을 미혹시키고 있다. 정통 기독교의 가르침에 의하면 이들도 말세에 나타날 이단 종파들 중 하나임이 틀림없다고 볼 수 있다.

종합적 결론

이단을 연구하다 보면 하나의 흥미로운 점을 발견하게 된다. 첫째는, 복음이 전파된 곳에는 언제나 이단들이 나타나 정통 교회와 교리를 괴롭혀 왔다는 것이다. 둘째는, 이단들은 서로 유사점이 있다는 것이다. 초대교회부터 현대 교회에 이르기까지 무수히 나타난 이단들은 비록 역사적으로 직접적인 고리는 연결되어 있지 않지만 모두 서로 유사한 특성과 강조점들을 가지고 있다. 이는 단순히 인간의 장난이 아니라 공중의 권세 잡은 자, 즉 유혹하는 자의 영의 세력과 깊이 연계되어 있음을 알 수 있다. 그들의 주된 공격 대상은 주로 그리스도가 피로 값 주고 산 교회의 성도다. 그리고 그들은 그리스도를 공격하는 적그리스도로 행세하면서 믿는 성도들을 현혹하고 있다. 이단에 대한 정의는 마틴의 이러한 사실을 정확하게 꼬집는다.

"이단 종파란 어느 한 특정인의 비정상적 성경 해석을 중심으로 한 극단주의자들의 모임이다. 또한 그들은 기독교 신앙의 주요 골자에 한결같이 정통 기독교의 가르침을 벗어나고 있다는 점에서 서로 상통한다. 특히 이단 종파들이 주요 공격 대상으로 삼는 것은 하나님 자신이 육신을 입으시고 사람이 되셨다는 사실이다."[176]

이처럼 이단 종파들이 노리는 대상은 항상 그리스도인이며, 그들은 교회와 예수 그리스도에 대해 잘못된 인식과 신앙에서 출발함을 볼 수 있다. 그러나 그들의 편견은 주로 성경을 근거로 한 것이 아니라 주관적인 계시나 신앙 경험에서 비롯된 것이다.

대부분의 이단들은 나름대로 성령 체험이나 계시를 받았다는 확신 위에서 출발한다. 문제는 그들의 체험적인 신앙이 객관적인 성경 말씀보다 더 권위가 있다고 하는 데 있다. 그리고 종국에는 자시들도 헤어나올 수 없는 유혹의 미궁으로 빠져 들어가고 만다. 기존 교회의 부패에 불만을 품고 새로운 교리를 주장하지만, 자신들도 종국에는 똑같이 부패한 집단으로 변하거나 교회보다 더 사악한 행동을 자행하기도 한다. 그러나 성경은 세상에는 완벽한 신앙을 가진 교회나 사람은 아무도 존재하지 않는다고 말한다.

인간의 조악성에 대해서 칼빈은 마치 스펀지를 잉크에 담근 것과 같다고 하였다. 칼빈이 말한 것처럼 인간은 잉크를 먹은 스펀지처럼 만지기만 하면 죄가 스며 나온다. 이때에 인간은 오직 자신이 죄인임을 고백함으로써 의롭게 되고 성화될 수 있다. 이런 죄인 된 인간이 모여 있는 교회는 자연적으로 완벽한 공동체가 될 수 없다. 그래서 정통 기독교의 가르침은 교회가 많은 문제가 있다고 해서 하나님의 교회가 아니라고 말하지 않는다. 이단들은 바로 이점을 간과하고 있다. 그들이 기존 교회를 부인하는 행위는 바로 인간의 죄악성과

---

[176] Walter R. Martin, The Rice of the Cult, p. 12, 재인용, 이호열, 전게서, p. 14.

교회의 속성을 이해하지 못하기 때문이다. 그들은 오히려 신앙의 교만병으로 인해 유혹의 늪으로 빠지고 만다.

이단을 연구하면서 깨닫는 것은 이단들은 교회 역사에서 끊임없이 발생한다는 것이다. 이런 경험을 통해 이단들의 잘못에서 교인들을 보호하고 바른 진리로 인도할 책임을 강하게 느낀다. 그리고 우리는 이단들이 주장하는 기존 교회의 부족한 점들을 겸손하게 받아들여야 할 것이다. 동시에 그들을 환자로 취급하고 그들을 치유하는 데 정성을 기울여야 할 것이다. 정죄보다는 사랑이 영혼을 치유할 수 있는 더 좋은 길이다.

한국 교회의 대표적인 이단과 신흥 종교들

한국에서 발생한 이단들에 대해서는 지면상 통일교 등과 같은 중요한 이단들을 중심으로 다루려고 한다. 여러 유사 기독교 신흥 종교에 대해서는 간략하게 그들의 주장을 취급하여 독자들이 이단들의 잘못된 주장을 파악하도록 하는 데 저술의 역점을 두었다.

발생원인

이단의 발생 원인에 대하여 앞에서 언급한 바 있지만 한국의 이단 발생 원인에 대해 좀더 확대 설명할 필요가 있어서 다시 언급하고자 한다.

미국의 근대 이단들이 사회적인 혼란 속에서 발생한 것처럼 한국의 이단과 신흥 종교의 발생도 같은 맥락을 이룬다. 한국의 이단이나 신흥 종교들은 주로 일제의 강점기부터 시작하여 6·25 전쟁과 군사 독재 정권 치하, 그리고 오늘날에 이르기까지 사회적인 변화와 그칠 줄 모르는 민족의 역사와 함께 독버섯처럼 발생하였다. 노길명 교수는 신흥 종교의 발생 원인은 수없이 많지만 다음 두 가지가 대표적인 것으로 진단하고 있다. 하나는 사회적 원인이고 다른 하나는 종교적인 원인이다. 즉 신흥 종교는 주로 사회적인 모순과 기성 종교의 문제점 때문에 출발한다는 것이다. 노 교수는 사회적 원인으로 첫째는

---

177) 노길명, 전게서, p. 26.
178) 탁명환, 한국신흥종교 기독교편 제1권, 국종출판사, 1992, p. 39. 탁명환 씨도 신흥 종교의 발생이 정치, 사회, 경제의 불안으로 인한 것으로 보고 있다.

사회의 변화와 구조의 불안정을 지적한다. 한국 사회는 조선 후기에 급격한 사회적 변동이 있은 후 지속적으로 변화의 사건들이 이어졌다.[177] 이러한 불안정한 사회적 격변의 상황은 한국의 각종 신흥 종교와 이단들이 발생할 수 있는 토양을 이루었다.[178]

한국의 신흥 종교가 발생한 사회적인 배경 두 번째는 사회적 병리 현상이다. 이단과 신흥 종교는 건전한 사회 속에서보다 병든 사회 속에서 나타나는 것이 상례다. 사회가 건강하지 못하여 불의가 판을 치고 상식이 통하지 않는 비정상적인 환경을 말한다. 군사 정권 이래로 추구해온 경제 정책은 인간의 존엄성과 가치보다는 개발과 경제 부흥의 가치가 앞서는 물질 만능의 현상을 가져왔다. 인간에 대한 가치를 인간의 윤리적인 인격성보다는 그가 가진 재산의 소유 정도에 의해 평가하는 물량주의가 생겨났다. 그래서 한국 사회에 정신적인 가치보다는 물질주의, 개인주의, 경쟁주의, 업적주의, 관료주의 등 불건전한 사회 풍조가 확산되어 사회적으로 병리 현상이 발생한 것이다.

"대부분의 신흥 종교는 '병든 사회'에 적응할 수 없는 민중의 종교 운동으로 등장한다. 이들은 새로운 종교 운동에 참여함으로써 손상된 자아 의식을 회복하고 삶의 의미를 찾고자 시도한다. 이러한 점에서 신흥 종교의 발생을 단순한 병리 현상으로만 간주하는 것은 타당하지 못하다. 신흥 종교를 사회 병리 현상으로 매도한다면, 신흥 종교의 실체를 제대로 파악될 수 없다. 오히려 신흥 종교를 사회 병리 현상에 대한 반응이라고 인식할 때 신흥 종교의 본질과 성격은 더욱 분명하게 파악될 수 있다."[179]

노길명 교수가 지적하는 신흥 종교 발생 원인의 세 번째 사회적 배경은 상대적인 박탈감의 증가다. 한국 사회는 그동안 많은 변화를 경험하면서 상대적인 박탈감이 만연되어 있다는 것이다. 농업 사회에서 산업 사회로 변화하는 과정에서 지역 간의 불균형한 발전, 분배의 격차 등이 심화되었고 부익부 빈익빈의 격차가 현실에 대한 상대적 박탈감과 소외감을 증대시켰다. 이러한 현상은 가진 자와 중산층에게는 희망을 주었지만 하류 계층의 사람들에게는 오히려 상대적인 박탈감을 증대시켜 사회적인 불만을 축적시켰다. 이러한 상대적인 박탈감으로 인해 형성된 좌절감 등을 해소시킬 만한 현실적 대안이 없는 것이 신흥 종교의 모판으로 작용했다는 것이다.[180]

---

179) 노길명, 전게서, p. 29.
180) 상게서, p. 30.

노길명 교수는 기존 공동체 권위의 붕괴를 신흥 종교 발생의 네 번째 사회적 원인으로 본다. 기존공동체의 실패로 인해 신흥 종교들이 권익을 보호하기 위한 이익 집단을 형성한다는 것이다. 그러나 이익 집단은 신흥 종교의 발생 원인도 되지만 사회적으로 소외되고 사회에 적응하지 못한 이들이 추구하는 결과로 보는 것이 더 타당하다.

사회적인 원인 이상으로 신흥 종교의 발생 원인으로 지적되는 것이 종교적인 원인이다. 이단이나 신흥 종교가 발생하는 것은 억눌리고 소외당한 자들의 고통과 한을 해결하기 위한 사회적 노력이 부재한 데서 기인한 것임이 틀림없다. 이것은 바로 기성 종교의 한계로 인한 결과가 이단과 신흥 종교의 발생을 가져왔다는 도식으로 이해할 수 있다. 한국의 기독교는 근대에 와서 세계가 주목할 만큼 성장했지만 동시에 각종 이단들과 신흥 종교를 잉태시켰다. 결국 기존의 교회나 종교들이 제대로 기능을 하지 못했다는 것이다. 이것은 사회가 그 기능을 담당하지 못할 때 나타나는 현상과 동일하다.[181]

"결국 이렇게 본다면 신흥 종교의 발생에는 사회적인 원인뿐만 아니라 종교적인 원인도 크게 작용하는 것으로 볼 수 있다. 즉 기성 종교의 기능과 역할이라는 변수가 작용하게 되는 것이다. 기성 종교가 상황의 절박성을 외면한 채, 스스로의 제도적 권위에 머물러 새롭게 야기되는 사회적 상황과 인간의 물음에 무관하거나 무감각하면서 준비된 해답만을 권위에 의해 배급해주는 것으로, 또는 그 배급에 대해 불만을 갖거나 이의를 제기하는 사람들을 정리하는 것으로 만족할 때 신흥 종교는 발생하게 된다. 다시 말하면 기성 종교가 종교다운 모습을 보여주지 못할 때, 그러한 종교에 의해서는 자신의 궁극적인 물음과 당면한 문제를 해결할 수 없다고 느끼는 사람들에 의해 새로운 종교가 나타나게 되는 것이다."[182]

또한 신흥 종교의 발생은 사회적, 종교적인 원인에 기인한다고 하지만 창시자 개인의 불운한 환경과 가정의 어려움이 원인으로 작용하기도 한다.

"예를 들면 동학을 창시한 최제우는 벼슬 없는 선비가 63세에 이르러 셋째 부인에게 처음 얻은 아들로 여섯 살에 어머니를, 열일곱 살에 아버지를 여의고 어려운 생활을 하던 자였다. 증산교의 창시자인 강일순은 신분상의 지위가

---

181) 탁명환, 전게서, pp. 38~39. 특히 기성 종교에 대한 반발이 신흥 종교 발생의 주된 원인이다.
182) 노길명, 전게서, p. 36.

높았음에도 극도로 빈곤한 처지에서 생활한 자였다. 일제 시대에 차천자교라고도 불리던 보천교를 창시하여 수백만의 신도를 이끈 차경석은 그의 부친이 갑오농민전쟁(동학혁명)시 군사령관으로 활동하다가 체포되어 처형당하였기 때문에 아버지의 원수를 갚기 위해 전국을 유랑하던 자였다. 전도관(현 천부교회)을 세운 박태선은 빈농 가정의 출신으로 조실부모한 자였으며, 통일교의 문선명은 형과 누이가 정신이상에 걸린 것이 계기가 되어 개신교로 입교한 자였다. 그 밖에도 거의 대부분의 신흥 종교 창시자들은 어렵고 불우한 성장과정을 보낸 자들이다."[183]

대표적 이단들

문선명(통일교)과 그 계보
발생 과정

통일교의 정식 명칭은 세계기독교통일신령협회(The holy spirit association for the unification of world christianity)다. 통일교의 발생은 문선명이라는 청년이 열여섯 살 때 산 기도를 하던 중 신비한 체험을 한 데서부터 시작된다. 그의 본명은 문용명이었으나 1964년 8월 11일 문선명으로 개명했다. 이름을 개명한 것은 본명에 있는 용이란 말이 요한계시록(12장)의 말세에 나타날 사탄을 상징하는 문자이기 때문이라고 한다.[184] 그는 1920년 1월 6일(음) 평안북도 정주군 덕언면 상사리 221번지에서 문유경 씨와 김경계 씨 사이에 차남으로 태어났다. 그의 부친은 몽골족으로 알려져 있고, 문선명은 어릴 때 성격이 괴팍했다고 한다.[185] 그는 청소년기에 서당에서 한학을 배웠으며 열다섯 살 때 비로소 평안북도 정주 오산보통학교 3년에 편입하였다. 1935년에 정주공립심상소학교에 4학년으로 전입하였고 1938년에 졸업하였다. 문선명은 1935년 4월 17일 부활절에 신비한 환상 체험을 했다. 기도 중 하늘로부터 음성이 들렸고 예수로부터 인류 구원 사업의 대명을 받는데, 문선명 자

---

183) 상게서, pp. 36~37. 이외에도 탁명환 씨는 시상적, 문화적 빈곤과 대중의 무지 등을 원인으로 보고 있다. 참조, 탁명환, 전게서, pp. 40~41.
184) 노길명, 전게서, p. 192.
185) 이대복, 전게서, p. 793.

신이 아니고서는 이 구원 사역을 이룰 자가 없다는 소명이었다.[186]

1939년 문선명은 상경하여 경성상공실무학교 전기공학과에 입학하였고, 영등포구 흑석동에서 하숙 생활을 하며 학생 신분으로 이용도 목사의 예수교회와 북아현동의 오순절교회에 열심히 출석하였다. 신비주의 성향의 종파에 열심이었던 것이다. 이 당시 문선명은 단군의 개국 이념인 홍익인간, 신라의 화랑도 정신, 조선조의 정감록 예언, 3·1 운동에서 표방되었던 광명대도와 같은 한국의 전통 사상과 하나님의 평화적인 이상과의 관계에 대해 연구하였으며, 한민족이 하나님의 구원의 사랑에 부합하며 그의 구원 섭리의 역사에 일치함을 알게 되었다. 그래서 결국 "하나님의 창조 이상과 인간의 타락과 유구한 세월에 걸친 구원 섭리를 중심으로 한 하늘의 심정과 사정을 자신의 것으로 체화하는 일"에 도달했다.[187]

1941년 문선명은 22세의 나이에 일본으로 건너가 와세다 대학 부속 고등공업학교 전기과를 조기 졸업하였다고 하나 2학년 때 중퇴했다는 설도 있다. 그는 일본 유학 시절 일본 제국주의에 반대하는 서클에 가담한 혐의로 1944년 경기도 경찰부에 체포되어 혹독한 고문을 받았다. 동년에 토목건설회사 전기사로 근무하다가 최길선과 결혼하였고, 8·15 해방이 되자 직장 생활을 청산하고 종교 활동에 전념하였다. 그러나 그의 출발은 좋지 않았다. 1945년 10월 그는 김백문 씨가 주도하는 이스라엘 수도원에 들어가 6개월간 수련을 받고 상도동 집회소의 인도자로 활동했는데, 이미 김백문의 수도원은 기성 교단에서 이단으로 취급된 신흥 종파였다. 사실 통일교의 「원리강론」은 김백문의 「성서신학」, 「기독교 근본원리」와 내용이 많이 유사하여 통일교의 비판자들은 이 점을 들어 문선명을 김백문의 계보로 보기도 한다.[188]

그후 그는 월북하여 평양에 광해교회를 세우고 중언부언하는 방언과 병자안수, 통성 기도 등 열광적인 신비주의 신앙을 전파하였다.[189] 평양에서의 그의 활동은 추문으로 얼룩졌다. 1948년 그는 사회 질서 문란 혐의로 대동보안소에 100일간 구속되었고, 1949년에는 계시를 통해 여신도 김종화와 강제 결

---

186) 오영호, 박영관, 한국에서 발흥한 이단들, in 심창섭, 전게서, p. 210, 참조, 노길명, 전게서, p. 193.
187) 상게서, p. 193.
188) 상게서, p. 194.
189) 탁명환, 전게서, p. 52. 심창섭, 전게서, p. 210.

혼을 하여 혼음 및 간음죄로 흥남교도소에 복역하였다.[190] 2년 6개월의 투옥 생활 후 그는 유엔의 진주로 출옥하여 1951년 1월 부산으로 남하하였다. 이곳에서 피난민 생활을 하면서 부두 노동자로 일하며 범냇골의 토담집에서 친지들에게 자신의 교리를 전파하고 「원리강론」을 집필하였다. 이 책은 유효원에 의해 완성되어 1957년 「원리 해설」이라는 명칭으로 발행되었다.[191]

범냇골은 통일교의 성지가 되었고, 문선명이 눈물을 흘리며 기도하던 바위는 '눈물의 바위'라는 통일교의 사적지로 알려져 있다. 문선명은 부산에 있는 동안 1952년 강현실이라는 고려신학교 재학생(범천교회 여전도사)을 포섭하는 데 성공하였다. 이듬해 7월 강현실은 대구 지역에 파송되어 개척 전도를 시작한다. 한편 문선명 그룹은 1953년 9월 김천에 나운몽 장로가 운영하는 용문산 기도원에 7개월 정도 머문 후 상경하였다.[192]

문선명의 공식적인 포교 활동은 피난 생활을 청산하고 상경한 1954년 5월 1일 서울 성동구 북학동 391번지에서 '세계기독교통일신령협회'의 간판을 내걸고 교단을 창립하면서 시작되었다. 이때부터 문선명은 교주(고문)로 등장하고 이창환과 유호원 등은 협회장이 되어 교단 운영의 책임자가 되었다.

결국 문선명의 출발은 민족의 암흑기인 1930년대부터 일기 시작한 신비주의 운동과의 접촉에서 시작되었다고 볼 수 있다. 당시 이북에서 이용도, 황국주, 한준명, 백남주, 이호빈, 이종현, 김성도 등 이단적인 신비주의 운동이 일어났고 이들 중의 한 주류인 김백문과 깊은 관계가 있었던 것이다. 통일교의 출발은 교계에 깊은 우려를 가져왔는데 특히 1940년대부터 시작된 피가름 이론과 실천이 가장 컸다. 그는 김백문의 영향 아래 피가름을 실천하였는데, 피가름 이론은 이미 1920년대에 한준명, 백남주, 황국주로부터 시작되었다고 한다.[193] 박태선과 마찬가지로 문선명은 피가름 교리를 발전시켰고 완성 단계에 이른 것이다. 문선명이 주장하는 피가름 이론은 육적 타락의 역행적 복귀 원리라고 할 수 있다.

"타락 원리의 내용은 불순종에 의한 인류의 타락이 아닌 타락한 천사와의

---

190) 통일교회 측에서는 이때 반공 혐의, 사상 혐의로 투옥되었다고 주장한다. 참조, 탁명환, 전게서, p. 52. 노길명, 전게서, p. 194.
191) 재인용, 심창섭, 전게서, p. 202.
192) 이대복, 전게서, p.795
193) 이영헌, 한국 기독교사, 컨콜디아, 1980, p. 289, 재인용, 이형기, 정통과 이단, 한국장로교출판사, 1993, p.70.

성적인 관계로 인한 타락으로 보고 있으며, 복귀 원리에서는 예수 그리스도를 통한 구원이 아니고 자신의 노력으로 인한 복귀, 곧 인류가 타락하게 된 방법적 요인에 대한 역행적 진행으로 가능하다고 말하고 있다. 다시 말하면 영물인 천사 루시퍼와 하와 사이의 혈연적 관계(sex) 및 아담과 하와 사이의 육적 타락을 그 역행적 같은 방법으로 복귀한다는 것이다."[194]

서울에서 공식적인 포교 활동에 들어간 통일교가 교계에 크게 알려지고 주목을 받게 된 것은 대학가의 지성인들을 중심으로 성공적인 포교 활동을 하면서부터였다. 속칭 '연대 사건'과 '이대 사건'으로 연대 교수 박상래와 일부 학생들, 이대 교수 양윤영과 일부 학생들이 통일교에 가입한 사건이었다.

문선명은 신도들에게 절대적인 존재로 인식되어 누구든지 한번 발을 들여 놓으면 철저한 세뇌를 통해 이탈을 하지 못하게 하였다. 통일교의 「원리강론」은 문선명에 대한 통일교의 입장을 잘 묘사하고 있다.

"그런데 하나님은 이미 이 땅 위에 인생과 우주의 근본 문제를 해결하게 하시기 위하여 한 분을 보내셨으니, 그분이 바로 문선명 선생이시다. 이분은 수십 성상을 두고 역사 이래 어느 누구도 상상조차 할 수 없었던 창망한 그 무형세계를 헤매시면서, 하늘만이 기억하시는 진리 탐구의 피 어린 고난의 길을 걸으셨다. 인간으로서 걸어야 할 최대의 시련의 길을 다 걷지 않고는 인류를 구원할 수 있는 최종적인 진리를 찾을 수 없다는 원리를 아셨기에, 선생은 혈혈단신으로 영계와 육계의 억만 사탄과 싸워 승리하신 것이다. 그리하여 예수님을 비롯한 낙원의 수많은 성현들과 자유로이 접촉하시며, 은밀히 하나님과 영교하는 가운데 모든 천륜의 비밀을 밝혀내신 것이다."[195]

통일교 신도들에게 교주 문선명은 천상의 영계와 자유로운 접촉을 하는 자로 인식되고 있다. 또한 그는 인류 구원의 최종적인 진리의 발견자며 사탄과의 싸움에서 승리한 자이다. 이런 표현에 의하면 그의 능력은 가히 신적이라고 할 만하다. 인간적인 성품과 능력에 대한 표현도 유사하게 묘사된다.

"첫째, 지극히 아니 절대적으로 하늘을 공경하는 믿음의 심정이요, 둘째, 차라리 영능이라고 표현할 정도의 영감과 정신력이요, 셋째, 인간으로서는 더할 수 없을 만큼 골고루 갖추신 초인적인 능력이요, 넷째, 남다른 상상력과 남다

---

194) 심창섭, 전게서, p. 203, 참조, 박영관, 이단 종파 비판Ⅱ, 기독교문서선교회, 1992, pp. 68~75.
195) 상게서, pp. 198~199.

른 추구력을 포함한 이상과 실천적 추진력이요, 다섯째, 한번 시작한 이상에는 그 끝이 나기까지 피로를 모르고, 싫증을 모르고, 두려움을 모르고, 꺾일 줄 몰라 결코 중지하지 않는 초인적 관찰력이라 하겠다."[196]

문선명에 대한 추앙 신앙은 곧 그를 구세주나 메시아의 이미지로 승화시킨다. 그들의 신조에 의하면 한국에 예수님이 재림할 것이며 인류 전체는 재림하는 예수님을 중심으로 하나의 대가족 사회를 이룩한다고 한다. 그는 바로 인생의 근본 문제를 해결하기 위해 하나님이 보내신 한 사람인 문선명으로 귀결되는 것이다.

통일교는 교단 간부들과 문선명이 병역법 위반 혐의 등으로 수감되는 7.14 사건을 겪은 후 대대적인 포교 활동을 시작하여 1957년에는 전국 116개 도시에 선교사를 파송하였다. 곧 해외 선교 활동을 시작하여 1958년 일본과 미국에서 포교 활동을 하였고, 1965년에는 문선명 자신이 무려 40개국을 방문하면서 해외 선교 활동에 박차를 가했다.

통일교의 조직 체계는 어느 이단 집단보다 강력한 중앙 집권 제도로 운영되며, 교회의 조직은 기존 교회의 조직을 모방하여 목사, 장로, 권사, 집사 등을 갖추고 있다. 엄청난 재정 지원을 통해 대외적으로 학계, 예술계, 언론계 등에 진입하여 선전 및 포교 활동에 박차를 가하고 있으며, 각종 교육 기관을 세워 통일교의 정체성을 다지고 있다. 예술 분야의 대표적인 단체는 리틀엔젤스, 유니버설 발레단, 국제 민속발레단, 새소망합창단, 선버스트 경음악단, 한성무용단 등이 있고, 교육 기관으로는 선문대학, 통일신학교, 선화예술중·고등학교, 경복초등학교, 통일신학대학원(미국), 성화신학교 등이 있다.[197]

통일교의 주장

• 성경에 관하여

통일교는 신조를 통해 "신구약성경을 경전으로 믿는다"고 고백한다.[198] 그러나 성경은 진리를 깨닫게 해주는 교과서에 불과하며 절대적인 것은 아니라고 한다.

"성서의 문자는 진리를 표현하는 하나의 방법이요, 진리 자체는 아니라는

---

196) 재인용, 노길명, 전게서, p. 199.
197) 심창섭, 전게서, p. 205.
198) 노길명, 전게서, p. 201.

것을 알아야 한다. 이러한 견지에 입각해 볼 때, 신약성서는 지금으로부터 2천 년 전에, 심령과 지능의 정도가 대단히 저급했을 때의 인간들로 하여금 진리를 알기 위해 주셨던 하나의 과정적인 교과서였음을 알 수 있다. 그렇다면 그 당시의 사람들을 깨우치기에 알맞도록 주셨던, 한정된 범위 내에서의 비유 또는 상징적인 표현 방법 그대로를 가지고, 현대 과학 문명인들의 진리 욕구를 완전히 충족시킨다는 것은 결정적으로 불가능한 일이다. 따라서 오늘날의 지성인들로 하여금 진리를 깨닫게 하기 위하여는, 좀더 고차적인 내용과 과학적인 표현 방법에 의한 것이 나오지 않으면 안 된다. 이것을 우리는 새 진리라고 부른다."[199]

그들은 진리를 위한 새로운 길잡이는 성경이 아니라 「원리강론」이라고 주장한다. 「원리강론」은 완성된 언약이며 이 시대에 새로 계시된 진리라는 것이다. 통일교도들은 성경의 절대성을 믿는 것은 어리석은 일이라고 말한다.

"경건한 신자들, 특히 그리스도인들은 새로운 진리가 나타나야만 한다는 사실을 받아들이는 일에 대하여 기분 나쁘게 생각하고 있다. 현재 그들이 지니고 있는 성경은 그 자체로서는 완전하며 절대적인 것이라고 그들은 믿고 있는 것이다."[200]

통일교도들에게는 성경이 절대적인 교훈과 진리의 지침이 아니다. 문선명이 새롭게 받았다는 계시가 성경보다 더 절대적이다. 이러한 통일교의 견해와는 다르게 성경은 하나님의 말씀은 영원하며 변치 않는 절대적인 진리임을 말한다.[201] 그리고 아무도 가감할 수 없는 하나님의 명령이라고 말한다.[202] 성경은 분명히 성경 외에 성경과 같은 다른 계시를 허락하지 않는다. 그럼에도 불구하고 통일교는 문선명의 개인적인 계시 체험을 성경의 권위보다 더한 권위로 받아들이는 오류를 범하고 있다. 그러나 「원리강론」은 내용의 진실 여부와 무관하게 설명 방식이 논리적이고 분석적이어서 젊은 지성인들에게 설득력이

---

199) 원리강론, p. 139, 재인용, 노길명, 상게서, p. 206.
200) Divine Principle, p. 9, 재인용, 이호열, 전게서, p. 159.
201) 사 40:8, "풀은 마르고 꽃은 시드나 우리 하나님의 말씀은 영원히 서리라"; 마 24:35, "천지는 없어질지언정 내 말은 없어지지 아니하리라"
202) 신 4:2, "내가 너희에게 명령하는 말을 너희는 가감하지 말고 내가 너희에게 내리는 너희 하나님 여호와의 명령을 지키라"; 계 22:18, "내가 이 두루마리의 예언의 말씀을 듣는 모든 사람에게 증언하노니 만일 누구든지 이것들 외에 더하면 하나님이 이 두루마리에 기록된 재앙들을 그에게 더하실 것이요"

있다. 또한 동양의 음양 사상과 한(限) 사상을 포함하고 있기 때문에 서구인들이 동양적인 교리에 매혹되기 쉽다.[203]

• 신관

통일교는 신관을 창조론과 연계하여 이해한다. 무형의 하나님은 유형의 창조 세계를 통하여 알 수 있다는 것이다. 즉 하나님은 로마서 1장 20절에 표현한 것처럼 자연계를 관찰함으로써 알 수 있다고 주장한다. 그런데 자연계의 모든 사물은 이성성상(二性性相)의 구도로 형성되어 있다. 즉 양성과 음성, 또는 형상(외형)과 성상(내성)으로 되어 있다. 그래서 인간은 남성(아담)과 여성(하와)으로 창조되었고(창 1:27, 2:18), 식물계는 수술과 암술, 동물계는 암컷과 수컷으로 되어 있다는 것이다. 우주의 근본은 태극(무극)에서 음·양이 나오고 음·양에서 금·목·수·화·토의 오행이 나오는데, 오행에서 만물이 생성되어 나오므로 음·양이 도이며 도는 말씀이라고 한다. 이 말씀이 곧 요한복음의 로고스다(요 1:1~3). 자연계의 삼라만상이 바로 이성성상의 존재 양식을 그대로 나타낸다는 것이다. 표와 리, 내와 외, 전과 후, 좌와 우, 상과 하, 남과 북, 동과 서, 모두들 상대성적으로 존재한다는 것이다. 속성에서도 인간은 성상(마음)과 형상(몸)으로 형성되어 이성성상의 원리 위에 존재하며 동물, 식물, 광물의 세계도 성상과 형상과 같은 존재 양식으로 되어 있다고 한다.

이러한 피조 세계의 이성성상의 존재 양식을 보아서 하나님도 이성성상으로 존재한다는 사실을 알 수 있다는 것이다.[204] 즉 통일교의 주장은 우주가 존재하는 영원한 원리는 이성성상이기 때문에 하나님도 영원성을 갖기 위해 이성성상으로 존재하여야 한다는 것이다. 하나님의 영원한 대상인 피조물도 영원성을 갖기 위해서는 하나님을 닮아서 이성성상으로 존재해야 한다.[205] 그래서 하나님은 "성상과 형상의 이성성상의 상대적 존재 양상으로 이루어진 피조 세계의 중화적 주체로 계신 분"이라는 것이다.[206] 그러나 이러한 문선명의 이론은 주역적 원리인 '결합과 출산'의 원리에서 출발하며 음양조화설 원리의

---

203) 노길명, 전게서, p. 207.
204) 이대복, 전게서, p. 802.
205) 원리강론, p. 42, 재인용, 이동주, '통일교와 애천교회', 한국기독교와 유사사이비운동, p. 71.
206) 이대복, 전게서, p. 802.

도식을 차입시킨 것이다.

"문선명은 하나님을 양성과 음성으로 된 '이성성상(남성과 여성의 양성체)'으로 파악한다. '음양의 중화적인 주체인 태극은, 이성성상의 중화적 주체이신 하나님을 작용하게 되고', '하나님 자체 내의 이성성상이 상대 기준을 조성하여 수수 작용을 하게 되면 그 수수 작용의 힘은 번식 작용을 일으켜, 하나님을 중심으로 이성성상의 실체 대상으로 분립된다'라고 함으로써 창조주와 피조물의 관계를 진화론과 혼인 출산 도식 속으로 용해시키려 하였다. 동시에 진화의 법칙에 의해 구체화된 인격인 아버지는 어머니를 만나 자녀를 생산해야 하므로 성신이 오셨다는 것이다. ……통일교의 신관은 자연 관찰에서 출발하여 음양과 결합의 범주에서 존재의 근원을 찾았다. 그러므로 하나님은 남녀 결합의 원인이며, 인간은 형체화한 하나님이라는 것이다."[207]

• 인간 타락에 관하여

신관에 못지않게 이단성을 나타내는 통일교의 대표적인 주장은 인간의 타락에 관한 것이다. 통일교는 영적인 타락과 육적인 타락의 두 종류의 타락을 논한다. 영적인 타락은 하와가 뱀이라는 상징적인 표현으로 나타난 천사 루시퍼와 불륜의 관계를 맺은 것을 말하며, 육적인 타락은 미성숙한 하와가 아담과 성관계를 한 것을 의미한다. 타락을 성적인 관계에서 설명하는 것이다. 그들의 주장을 성경적으로 해명하기 위해 뱀을 천사로 비유하였다는 성경 구절들을 인용한다(벧후 2:4; 유 1:6; 계 12:9). 이런 식으로 창세기의 타락 기사들을 주로 상징적으로 표현한다. 대표적인 것은 바로 선악과에 대한 해석이다.

"그러므로 선악과는 문자 그대로 나무 열매인 과실이 아니고 무엇에 대한 비유라고 주장한다. 비유로 주장하는 내용은 아담, 하와의 미완성기 때 성적(섹스) 사랑 행위를 말하며, 그 사랑은 간음 행위로 범죄가 되는 것이요, 이 간음행위가 선악과요, 죄(타락)의 뿌리요, 근원으로 비유한 것이라고 주장한다. 또 혈통적인 죄가 아니고서는 죄는 유전될 수 없으며, 아담과 하와의 성적(섹

---

[207] 이동주, 전게서, pp. 72~73, 참조, 심창섭, 전게서, pp. 207~209; 오영호, 박명관, 한국에서 발흥한 주요 이단들; "무형의 주체로 계신 하나님의 이성성상이 만유원력에 의하여 상대 기준을 조성함으로써 수수 작용을 하게 되면 이것들은 다시 합성 일체화하여 하나님의 또 하나의 대상인 합성체 또는 신생체를 이루게 된다. 이렇게 하나님을 정으로 하여 분립되었다가 다시 합성 일체화하는 창조의 전개 과정이 정분합 작용이며 이것은 모두 존재 세계의 발전의 법칙이 되는 것으로 본다."

스) 사랑 범죄 행위만이 죄를 유전시킬 수 있으며, 선악과는 아담과 하와의 '성적(섹스) 사랑 범죄 행위를 비유한 것이다' 라고 주장한다."[208]

창세기의 타락이 아담과 하와의 성적 타락이라는 증거로 그들은 아담과 하와가 범죄 후 하체를 가리게 된 것을 제시한다.

"범죄한 부분을 가리는 것이 인간의 본능이다. 아담과 하와는 성기를 가렸다. 그러한 행동은 분명히 그들이 성기로 죄를 범했기 때문에 그들 몸의 성적인 부분을 부끄러워했다는 사실을 지적해주는 것이다."[209]

통일교는 이것이 바로 인간의 원죄라고 주장한다. 통일교는 아담과 하와가 성적 타락을 하지 않고 하나님의 뜻에 따라 성혼하였더라면 선한 가정과 사회, 국가를 이루었을 것이라고 한다. 이들을 통해 선한 가정을 이루어 천지창조의 목적을 달성하는 것이 하나님의 뜻인데 실패로 끝났기 때문에 하나님은 이루지 못한 한을 품고 계신다. 이 한을 풀어주는 것이 인간에게 주어진 가장 큰 의무다. 하나님을 중심으로 한 선한 가정, 사회, 국가의 형성은 통일교가 인식하고 있는 하나님의 한을 풀어주기 위한 지상명령으로, 이것이 그들이 가정 운동을 전개하는 교리적인 이유가 된다. 그들이 합동 결혼식을 주장하는 것도 이러한 교리적인 이유가 있는 것이다. 그들에게 합동 결혼식은 원죄로 인해 실패한 하나님 중심의 가정을 회복하려는 의도다.

"특히 문선명 교주가 주례하는 합동 결혼식은 에덴 동산에서 실패한 가정을 창조 본연의 가정으로 복귀시키는 일종의 세례 성사와 같은 의미가 있다. 이들은 합동 결혼식을 통해 이루어진 가정을 '축복 가정'이라고 부르며, 배우자의 선택에서부터 약혼, 결혼, 부부 동침에 이르기까지 독특한 절차와 의식이 있다."[210]

이 모든 하나님의 뜻인 가정 회복의 구원을 위해서 영적인 타락은 예수를 통해 해결되지만 육적인 타락은 천사의 더러운 피를 정하게 해야 구원에 이르게 된다. 육적인 구원은 참 부모의 상징인 생명나무에 접붙임을 받아야 하며 문선명이 바로 그 중심에 자리하고 있다. 구체적인 육적 타락의 해결은 통일교의 피가름과 혼음 교리로 연결된다.[211] 물론 이러한 것이 「원리강론」에 문자

---

208) 이대복, 전게서, p. 804.
209) Divine Principle, p. 72, 재인용, 이호열, 전게서, p. 161.
210) 노길명, 전게서, p. 210.
211) 이대복, 전게서, p. 806.

적으로 기록된 것은 아니다.

"피가름 교리와 혼음 교리가 문자 그대로 원리강론 교리에 기록된 것은 아니다. 그러나 창세기 2장 17절의 선악과를 따먹은 것을 아담과 하와의 성적 행위로 비유하는 통일교 교리는 피가름 교리와 혼음 교리가 성립되며 원리강론 탕감 복귀 원리에서 증명되고 있다. 그러므로 문 교주의 섹스 교리와 성적 (섹스) 행위로 구원을 받는다는 주장은 절대적인 것이다. ……그래서 문 교주는 신이 허락한 유일한 성적 행위로 구원시키는 자칭 섹스 구세주다."[212]

육적인 구원이 성행위를 통해 이루어진다는 주장은 통일교의 복귀 섭리 이론에서 얻어진 결론이다.

"통일교의 복귀 섭리는 언제나 문자 그대로 복귀 행위를 통해서 되는 것으로 본다. 가령 노아 가정 중심의 복귀 섭리는 아담과 하와가 나체로 있어도 서로 부끄러워하지 않는 일로 복귀하는 일이었다. 그러면 성행위로 타락한 것은 성행위로 복귀되어야 할 것이 분명하다. 그 남녀의 행위가 구체적으로 어떤 것인지는 원리강론에 나타나지 않는다. 그러나 그것이 음행에 대응하는 성관계여야 할 것은 분명하다. 그러면 재림 예수는 한 사람인데 어떻게 많은 사람이 다 그를 통해 하나님의 혈통적 직계 자손으로 복귀될 수 있을까? 그것은 천사와의 음행으로 타락한 하와가 아담과 음행할 때에는 천사와 같은 구체적인 입장에 섰다는 것을 보거나, 또 통일교 원리강론의 '남성 속에는 여성 성상이, 여성 속에는 남성 성상이 각각 잠재해 있다'는 것은 보면 어떻게 재림 예수를 통해서 한 여자가 가름이 되며 또 그 여자를 다른 남자가 피가름을 할 수 있는가를 알 수 있다. 그러므로 통일교에 들어가서 하나님의 직계자손으로 복귀되어 육체의 구원을 얻기 위해서는 반드시 그와 같은 과정을 거쳐야 한다는 것이 원리강론에서 귀결하는 당연한 결론이다."[213]

• 그리스도에 관하여

통일교가 그리스도의 사역을 완전히 곡해하고 있다는 것은 이미 숙지된 사실이다. 그들은 그리스도의 십자가 구속 사역을 완전한 실패로 간주하고 있으며, 구원을 완성하려면 십자가에서 인류의 죄를 대속하기 위해 돌아가진 예수

---

212) 홍난숙, 탈출 수기, 1997. 7. 25, 재인용, 이대복, 전게서, p. 806.
213) 심창섭, 전게서, p. 214.

그리스도가 아니라 다른 구세주가 와서 육체적인 구원을 완성해야 한다고 주장한다. 예수는 사탄에 의해 살해된 것이며, 그의 죽음은 아담으로부터 인류에게 유입된 혈통적인 원죄를 청산하지 못했다는 것이다. 차라리 그가 십자가의 죽음에서 실패하지 않았다면 영육 양면의 구원 섭리를 이루었을 것이다. 그의 십자가의 죽음은 하나님의 뜻이 아니었다. 그것은 뜻을 이루지도 못한 마귀의 작품이라는 것이다.

"……사실상 바울같이 훌륭한 신앙자에게도 눈물 겨운 기도와 신앙 생활은 없을 수 없었다. ……그것은 십자가에 의한 속죄가 우리의 원죄를 완전히 청산하지 못하고, 따라서 인간의 본성을 완전히 복귀해주지 못하였다는 사실을 단적으로 말해주고 있는 것이다. 예수님은 이렇듯 십자가의 대속으로서는 메시아로 강림하셨던 그의 목적을 완전히 이룰 수 없다는 것을 아셨기 때문에 재림할 것을 약속하셨던 것이다. 예수님의 십자가의 죽음이 당연한 것이었던가? 만일 예수님의 죽음이 하나님의 예정에서 온 필연적인 결과였다면 하나님의 예정대로 이루어진 그 섭리의 결과에 대해서 분개하고 저주했을 리 없다. 이것을 보아 예수님은 온당치 않은 죽음의 길을 걸어가셨다는 것을 짐작할 수 있다. 우리는 예수님이 십자가의 죽음의 길을 가기 위하여 오신 것이 아니었다는 것을 알아야 한다. 만일 예수님이 십자가에서 돌아가시지 않았다면 어떻게 되었을까? 예수님은 영육 양면의 구원을 완수하셨을 것이다. 그리하여 그는 영원토록 소멸되지 않는 지상 천국을 건설하셨을 것이다. 하나님은 인간을 육과 영으로 창조하셨으므로 타락도 역시 영육이 아울러 된 것이다. ……그러나 유대인들은 예수님을 불신하여 그를 십자가에 내주었으므로, 그의 육신은 사탄의 침범을 당하여 마침내 살해되었다. ……따라서 아담으로부터 내려오는 혈통적인 원죄가 청산되지 않았기 때문에, 아무리 잘 믿는 성도라 할지라도 그에게 원죄는 그대로 남게 되어 그는 또 원죄 있는 자식을 낳게 되는 것이다. 이와 같이 예수님은 육적 구원 섭리의 목적은 달성하지 못하였다."[214]

그리스도의 사역에 대한 통일교의 잘못된 견해는 곧 그리스도의 인격에 대해 비성경적인 견해를 가르칠 뿐 아니라 그의 신성을 부인하는 결과를 가져왔다. 그래서 그들은 예수를 단순히 위대한 한 인물로 간주하며 그의 하나님 됨을 거부한다. 예수는 창조 본연의 인간에 불과하기 때문에 후 아담으로 표현

---

214) 원리강론, pp. 148~156, 재인용, 심창섭, 상계서, pp. 215~216.

된다는 것이다. 즉 그는 원죄를 짓기 이전의 창조 본연의 인간으로 아담과 동격이라는 것이다.

"이들에 의하면, 마음과 몸이 일체를 이루는 것과 같이 하나님과 예수는 일체이지만, 몸이 마음 그 자체는 아닌 것처럼 예수도 하나님 자신은 아니라고 부정한다."[215]

이런 주장은 「원리강론」과 그들의 출판물에서 밝혀지고 있다.[216] 예수는 한 인간으로 왔지만 기독교인들이 그를 신성화한 것에 불과하다는 것이 통일교의 주장이다. 한 걸음 더 나아가 예수는 아브라함과 모세처럼 하나님의 사역 완성에 실패한 한 사람에 불과하며, 심지어 통일교도들이 예수를 능가하여 더 위대할 수도 있다고 가르친다.

"우리는 예수와 동등할 수 있을 뿐 아니라 또한 능가할 수도 있다. ……여러분들은 자신을 예수 그리스도에 견주어볼 수 있다. 그리고 그렇게 할 경우 여러분은 자신이 예수 그리스도보다 더 위대하게 될 수 있다는 사실을 느끼게 될 것이다."[217]

통일교는 그리스도의 신성과 십자가의 완전한 구속 사역을 동시에 부인하는 이단 사상을 가르치는 것이다. 예수는 십자가에서 죽기 위해 세상에 오신 것이 아니고, 그의 죽음은 마귀의 승리에 불과하며, 그렇기 때문에 십자가의 죽음은 우리의 원죄를 제거하는 것과 아무런 관계가 없다는 것이다.[218]

예수에 대한 비성경적인 통일교의 가르침은 예수의 탄생 사건에서도 분명히 드러난다. 통일교는 동정녀 탄생을 부인할 뿐 아니라 제사장 사가랴와의 관계에서 예수가 태어났다고 주장한다. 「통일신학」을 보면, 이사야의 처녀 탄

---

215) 노길명, 전게서, p. 218.
216) Divine Principle, p. 255, 재인용, 이호열, 전게서, p. 162; "예수는 위대한 인물이었다. 그러나 그가 아무리 위대하다 할지라도 인간이 가질 수 있는 위대한 이상으로 위대할 수는 없다……." Divine Principle, p. 258, 재인용, 이호열, 상계서, p. 162; "예수는 하나님이 아니라는 것이 분명하다." Christianity in Crisis, p. 255. 재인용, 이호열, 상계서, p. 162; "예수가 십자가에서 죽은 후에 기독교는 예수를 하나님으로 만들어버렸다. 하지만 이로 인해 하나님과 인간 사이의 간격이 메워진 것은 결코 아니었다. 예수는 하나님이 성육신 하신 한 인간이었다. 그러나 그가 하나님 자신이었던 것은 아니다."
217) 'The Way' translated by Won Pok Choi, From the Master Speaks, p. 4, 재인용, 이호열, 상계서, p. 162.
218) Divine Principle, pp. 178, 438, 435, 재인용, 이호열, 상계서, p. 163, 참조, 이대복, 전게서, p. 813.

생 예언을 부인하며 가브리엘 천사가 메시아의 탄생을 예고하자 마리아가 제사장 사가랴를 찾아가서 몸을 바쳐 태어난 아이가 예수라고 말한다. 그래서 친 아버지는 사가랴라고 주장한다.[219]

• 부활에 관하여

통일교는 그리스도의 육체적인 부활을 부인한다. 부활한 예수가 제자들에게 나타난 것은 영체이며 육체가 아니라고 주장한다. 부활은 창조 본연의 자세로 복귀하는 과정의 현상에 불과하며 육체적인 부활은 없다고 믿는다. 육체적인 부활은 없고 심령의 변화만 일어난다는 것이다. 인간의 육신은 노쇠하면 죽어 흙으로 돌아가 없어지도록 창조되었으므로 죽은 육신이 부활하는 일은 없다는 것이다.

"원래 인간이란 노쇠하면 그 육신은 흙으로 돌아가도록 창조된 것이기 때문에 한번 흙으로 분해되어버린 육신은 다시 원상태로 부활할 수도 없으려니와 영계에 가서 영원히 살게 된 영인체가 다시 육신을 쓸 필요도 없는 것이다. 따라서 죄를 회개하고 어제의 나보다 오늘의 내가 좀 선하게 되었다면 우리는 그만큼 부활한 것이다."[220]

육신의 부활이 중요한 것이 아니라 사탄의 권세에서 벗어나 복귀 섭리에 의하여 하나님의 주관 내에 복귀되는 과정인 영적 현상이 중요하다는 것이다.

"……부활이란 이미 죽어 없어진 죽은 사람의 뼈와 살이 되붙어서 살아나는 육체적인 부활을 뜻하는 것이 아니다. 부활이란 타락으로 인해 사탄의 주관권으로 떨어진 인간이 주님에 의해 하나님과 일체가 되어 하나님의 말씀대로 사는 인간이 됨으로써 잃어버렸던 하나님의 사랑을 다시 받아 하나님의 자녀가 되는 것을 뜻한다. 즉 인간이 자신의 타락으로 초래된 죽음, 다시 말하면 사탄 주관 내에 떨어진 입장에서 복귀 섭리에 의하여 하나님의 직접 주관권 내로 복귀되는 과정적인 현상이 부활이다. 따라서 이들은 죄를 회개하고 어제의 자신보다 오늘의 자신이 좀더 선하게 되었다면 그만큼 부활한 것이 된다고 설명한다."[221]

---

219) 통일신학, pp. 158~159, 235, 재인용, 노길명, 전게서, p. 218.
220) 원리강론, pp. 181~182, 재인용, 탁명환, 전게서, p. 71.
221) 노길명, 전게서, p. 214.

결국 통일교의 부활론은 정통 교회에서 말하는 육체의 부활을 부인하고 종국에는 불교의 윤회설과 비슷한 주장을 하고 있다고 볼 수 있다.

"지상 육신 생활에서 완성되지 못하고 육신을 벗고 타계로 간 영인들은 재림하여 자기들이 지상 육신 생활에서 이루지 못하고 간 부분을 지상 성도들을 협조함으로써 그를 통하여 대신 이루어 맞추지 않으면 안 된다."[222]

이러한 주장은 천주교의 연옥설과 불교의 윤회설이 혼합된 인상을 준다. 죽은 사람의 영이 지상의 산 사람에게 재림하여 역사한다는 것으로 죽은 사람에게도 회개의 기회가 주어진다는 이론이다. 이것은 지상 인간과 영계 영인들의 영교 가능성을 말하고 있다. 즉 입신 상태에 들어가 영계의 사실을 알 수 있다는 것이다. 예를 들면 「워싱턴포스트」에 문선명의 죽은 아들 홍진 군이 짐바브웨 청년의 몸을 빌려 환생했다는 소문이 통일교 내부에서 일어나 세계적인 관심을 불러일으켰다고 보도된 적이 있다.[223]

통일교에서는 이러한 비성경적인 부활론을 가지고 부활의 순서를 4단계로 구분한다. 첫째 단계는 아담부터 아브라함 때까지로 복귀 섭리 시대고, 둘째 단계는 아브라함부터 예수님의 때가 이르기까지로 행위 시대라고 한다. 셋째 단계는 예수님이 십자가에서 돌아가신 때부터 재림 때까지로 장성 부활 섭리 시대라고 한다. 신약의 말씀을 믿음으로써 행위 신앙을 완성한 신의 시대라는 것이다. 넷째 단계는 재림 예수에 의해 영·육이 아울러 부활하는 완성 부활 섭리 시대다. 이 시대에는 재림 주님을 모시고 영·육이 아울러 완전 부활하여 생명체를 이룬 지상 천국의 시대가 된다. 그리고 지상 천국 생활을 하다가 육신을 벗으면 생영체급 영계를 이루어 천상 천국에 들어가 살게 되는데 이것이 완성 부활 섭리다.[224]

통일교는 또한 세 종류의 부활을 말한다. 첫째 부활은 지상인들의 부활로서, 지상의 성도들이 주님의 부활을 믿고 모심으로 말미암아 육신을 벗고 자동적으로 천상 천국에 들어가 사는 것을 의미한다. 둘째 부활은 영인들의 부활로서, 주님의 재림 때 지상 성도들을 통해서 영인들에게 일어나는 부활이다. 셋째는 악영인들의 부활인데, 악영인들에게도 지상인들의 죄를 청산하는

---

222) 원리강론, p. 200, 재인용, 탁명환, 전게서, p. 71.
223) 노길명, 전게서, p. 215.
224) 이대복, 전게서, p. 812.

조건이 채워졌을 때 시대적인 혜택에 의해 재림 부활의 혜택이 주어진다.[225)]

사실 통일교가 부활이란 용어를 사용하긴 하지만 이것은 기독교적인 의미가 아니라 죽은 영혼의 완성을 뜻하며 복귀라는 말과 동의어로 사용하고 있다. 그리고 인간의 영혼에 대해 영인체라는 개념을 사용한다.[226)] 영인들이란 죽은 자들을 의미하는 것이다. 지상에서 완성하지 못하고 타계에 간 영인들의 구원은 지상의 성도들을 통하여 협조함으로써 이루어진다고 주장한다. 이런 주장은 곧 무(巫)교의 귀신론이나 강신 체험에 의한 접신 형태의 이론과 상통한다.

• 성령에 관하여

통일교에서 성령은 하와 대신 사역하는 분으로, 하와로 말미암아 더럽게 된 죄를 깨끗하게 하신다고 한다. 성령은 모신으로서 사람의 마음을 감동하여 중생하게 한다는 것이다. 성령은 후 하와로 참 어머니다. 그래서 말세에 여성신으로 계시 받는 사람이 많다는 것이다. 성령은 여성이기 때문에 여성신인 성령을 받지 않고는 예수님 앞에 신부로 설 수 없다. 통일교에서 많은 여성신이 일어나 계시를 받게 된다는 것은 사도행전 2장 17절의 "모든 육체에" 부어준다는 말을 '많이' 부어준다는 부사로 해석하여 중성 단수인 성령(프뉴마)이 무교적 귀신관에 의해 복수와 다수로 왜곡되어 설명된 것이다. 그러나 성경에서 성령은 복수가 아니라 단수로 표현되었다(엡 4:4; 고전 12:4~11).[227)]

통일교는 요한복음 3장 5절의 "성령으로 나지 아니하면 하나님 나라에 들어갈 수 없느니라"는 말씀을 인용하여, 성신은 여성신이 되어야 하므로 여성신은 문선명의 처인 한학자를 가리키는 것으로 추론한다.[228)] 그러나 성경은, 성령은 삼위 중의 한 분이며(막 1:9~11), 진리의 영이요, 하나님의 영으로 진리를 증거하고 중생케 하는 하나님이시라고 증거한다.

"……성령은 예수 그리스도의 영이고(갈 4:6) 하나님의 영이다(롬 8:9). 진리의 영으로(요 14:17, 16:13), 예수 그리스도를 증거하고(요 15:26; 행 1:8),

---

225) 상게서, p. 812.
226) 원리해설, p. 109, 재인용, 이동주, 전게서, p. 81. 각주 91, "영인체는…… 육신의 주체로서…… 영인체의 모습은 육신의 모습과 같으며…… 영인체의 음성도 육신의 음성과 같으며 또 그 감촉은 동일하다"(원리해설, p. 58).
227) 상게서, p. 83.
228) 이대복, 전게서, p. 818.

예수 그리스도께 영광을 돌리게 하며(요 16:14) 예수 그리스도를 믿게 한다(고전 12:3). 그러므로 성령의 증거를 받은 사람은 '역사적 예수'와 '전파된 예수'의 동일성을 고백한다. 성령이 아니고는 오순절 후에 제자들에 의해 그리스도로 전파된 분을 나사렛 예수와 동일시할 수 없다."[229]

- 탕감 복귀론에 관하여

통일교에서 주장하는 독특한 구원론인 복귀 원리는 원리강론 교리의 중심 사상이다. 이것은 특히 성경에 없는 언어와 내용들이다. 통일교는 "성경은 진리가 아니므로 틀릴 수 있지만 통일교 원리강론의 교리는 진리이니 틀릴 수 없다는 것을 절대적으로 주장한다."[230] 통일교에서 말하는 복귀론은 일종의 구원 섭리로 이해된다. 즉 타락으로 인해 죽은 인간을 다시 살리는 원리이기 때문에 복귀 섭리 혹은 재창조 섭리라고 한다. 하나님의 창조 사역은 창조 원리에 의해 진행되었고 죽은 인간을 살리는 일도 복귀 원리에 따라 이루어진다는 것이다.

"통일 원리에 의하면, 타락은 인간이 자기 책임 분담으로 걸어가야 할 성장기간에 그 책임 분담을 다하지 못하고 불신한 것과, 인간의 주관 아래 있었던 천사장으로부터 거꾸로 주관을 받는 자리에 떨어진 것을 뜻한다. 따라서 타락한 인간이 잃어버린 본연의 입장으로 복귀하기 위해서는 자기 책임 분담으로서의 믿음을 세우고, 자기를 주관하고 있던 천사장을 사랑으로 자연 굴복시켜 주관할 수 있는 자리에 올라가야 한다. 통일교에서는 메시아란 인간을 그러한 자리에 복귀시키는 분이라고 설명한다."[231]

그래서 복귀 섭리는 통일교에서 구원 역사로 인식되어 있다. 복귀 섭리에서 말하는 구원은 인간이 타락하기 이전에 창조 본연의 인간으로 복귀하는 것이다. 그런데 인간이 어떠한 조건(신앙 행위)을 달성하지 못하면 하나님은 타락한 인간을 무조건적으로 하늘 편으로 복귀시키지 않는다. 그러면 어떻게 인간의 복귀가 가능한가? 통일교는 복귀의 가능을 위해 탕감이란 조건을 주장한다. 탕감이란 "타락한 인간이 본래의 위치와 상태로 복귀하려면 반드시 필요

---

229) 이동주, 전게서, pp. 93~94.
230) 이대복, 전게서, p. 820.
231) 노길명, 전게서, p. 219.

한 조건을 세워야 하는데, 그 조건을 세우는 것"이다.[232] 이것을 그들은 '탕감복귀'라고 부른다. 통일교는 복귀를 위해 필요한 탕감 조건은 "타락한 인간 스스로가 인간 책임 분담(행위 신앙)으로써 그에 필요한 탕감 조건을 세우지 않으면 안 된다"고 주장한다.[233] 그래서 통일교는 "인간이 세우는 믿음의 기대와 실체 기대의 범위가 일치할 때 메시아가 지상에 오게 된다"는 것이다. 그런데 "그때가 바로 지금"이라고 주장한다.[234]

• 재림에 관하여

통일교는 정통 기독교의 재림론을 정면으로 거부한다. 그들은, 주님은 성경이 말하는 대로 구름을 타고 재림하는 것이 아니라 초림 때처럼 지상에서 여인의 몸을 통하여 태어난다고 한다. 이런 주장을 하는 것은 재림주가 문선명이라는 사실을 주장하기 위해서다. 즉 육체적인 구원을 문선명이 이룬다는 교리에 맞추어 성경을 해석한 것이다. 그들은 예수의 재림에 대한 성경의 표현들을 상징적으로 해석한다. 즉 그리스도가 구름 타고 오신다고 말씀하신 것은 적그리스도의 미혹을 방지하기 위함이요, 어려운 신앙 생활을 하고 있는 성도들을 위로하기 위한 표현이라는 것이다.[235]

그들은 또한 예수님의 재림 시기는 세계 전쟁사로 보아 현대이며 재림 장소는 동방의 해 돋는 나라인 한국이라고 한다. 그들은 요한계시록 7장 2절에 기록된 해 돋는 곳 동방은 곧 한국을 가리킨다고 주장한다. 이러한 논리로 다음과 같이 결론짓는다.

"인류의 부모 되신 주님이 한국으로 재림하는 것이 사실이라면 그분은 틀림없이 한국말을 쓰실 것이므로 한국어는 바로 조국어가 될 것이요, 이렇게 주장하는 자는 통일교 문선명 교주이니 문선명이 재림주라는 것이다."[236]

이들의 주장과 달리 성경은 메시아의 초림에 대해 분명하게 말하고 있으며(마 2:1~2), 그의 재림에 대해서는 누구나 볼 수 있도록 하늘로서 다시 오실 것이라고 하였다(행 1:11).

---

232) 이대복, 전게서, p. 821.
233) 상게서, p. 821.
234) 노길명, 전게서, p. 219.
235) 원리강론, pp. 533~535, 재인용, 이대복, 전게서, p. 824.
236) 상게서, p. 825, 참조, 노길명, 전게서, pp. 219~222.

결론

통일교는 한국이 낳은 신흥 이단 가운데 가장 영향력 있게 활동하고 있다. 그리고 성공한 케이스다. 이들은 교주 문선명이 메시아임을 믿으며 그를 '아버지'라고 부르면서 절대적인 봉사와 희생을 다하고 있다. 문선명 자신도 "하나님은 지금 기독교를 물리치시고 하나의 새로운 종교를 세우시고 있다. 그 새로운 종교란 바로 통일교다"라고 고백하였다.[237] 통일교는 정치, 문화, 교육, 체육, 사업, 언론 등 전반에 걸쳐 그들의 이념인 문선명의 지상 통일 국가를 이루기 위해 매진하고 있다.[238] 한국 교회에서 가장 관심을 갖고 대처해야 할 대표적인 이단은 통일교라고 할 수 있겠다. 통일교의 계열로 주목되는 대표적인 인물은 진진화(생령교회), 정명석(기독교복음선교회) 등이다.

통일교 계보에 대한 소고
• 진진화(생령교회)
생령교회는 진진화가 통일교에서 이탈하여 창설한 교회로 다음과 같은 이설을 주장한다.
  · 하나님은 이성상으로 존재한다. 그는 진화적인 존재며 사람이다. 인간도 신이며 하나님의 본체다. 하나님도 결혼하는 존재다.
  · 삼위일체는 하나님이 진화해서 셋이 되었다. 성자는 남성격 주체성을 닮아서 태어난 말씀의 실체고, 성령은 여성신으로 하나님의 여성상을 닮아서 태어난 말씀의 실체다.
  · 타락은 아담과 하와가 선악과를 먹은 것이 아니라 하나님이 허락하지 않은 시기에 불륜의 관계를 맺은 것이다.
  · 예수의 죽음은 하나님의 뜻이 아니었고 인간의 무책임으로 인한 결과다.
  · 예수의 부활은 아담의 환생이다.[239]

• 정명석(애천교회)
정명석은 통일교와 관계를 맺고 통일교의 승공연합에서 반공 강사로 활동

---

237) Time Magazine, September 30, 1974, 재인용, 이호열, 전게서, p. 164.
238) 김영무, 전게서, pp. 138~139.
239) 참조, 상게서, pp. 142~144.

하면서 통일교의 영향을 받은 것으로 보인다. 특히 그는 젊은층과 대학생들을 중심으로 포교 활동을 활성화하여 영향을 미치고 있다. 그가 주장하는 교리는 통일교의 「원리강론」과 유사하다. 그의 선교회의 공식 명칭은 현재 기독교복음선교회(국제크리스천연합회)다.

- 그는 기존 교회의 성경 해석을 과학적·시대적인 상황을 고려하지 않은 문자적인 해석이라고 배격한다. 그리고 자신은 풍유적이나 자의적으로 해석한다.
- 그는 현재의 기독교에 대해 희망이 없다고 가르친다. 유대교는 영적으로 실패하였고, 성령은 신약 시대에 실패하였으며, 역사적인 기독교는 영적인 실패자라는 것이다.
- 정명석은 요시야 왕처럼 하나님이 보내셨기 때문에 기독교가 자기에게 무릎을 꿇어야 한다고 주장한다.
- 삼위일체를 부인한다. 삼위는 각 위에 불과하며 하나가 아니다.
- 그리스도의 신성과 육체의 부활을 부인하며, 그의 사역은 미완성이라고 주장한다.
- 부활은 영이 다른 사람의 육신에 재림하는 것을 말한다.
- 타락은 영과 육의 성관계를 통해 이루어졌으며 기독교에는 구원이 없다. 특히 선악과를 여자의 생식기로 비유한다.[240]

이들 외에도 통일교의 계보로 이창환(우주신령학회), 변찬린(성경의 원리파), 김건남(생수교회), 장영창(구세영우회), 장문국(통일원리파) 등의 집단이 있다.

박태선(천부교)과 그 계보

문선명과 더불어 한국 교회에 큰 충격을 주었던 집단은 박태선을 중심으로 형성된 전도관이었다. 그는 자칭 '동방의 의인', '감람나무', 불의 사자'라고 호칭하며 사람들을 현혹하였다.

1950년대 한국 사회는 전쟁으로 인해 황폐해져 있었고 사람들은 절망과 무기력 속에서 신음했다. 이런 정황에서 많은 사람이 박태선의 책동에 휘말렸

---

240) 김영무, 상게서, pp. 145~147, 참조, 상게서, p. 660.

고, 그에게 희망을 갖고 신앙촌으로 몰려들었다. 전국 각지에서 박태선을 절대 교주, 구세주로 믿으며 영원한 천년 왕국을 건설하겠다는 열망을 가진 신도들이 몰려들었다.

발생 과정

박태선은 1917년 11월 22일 평안북도 덕천에서 출생하였다. 그는 어릴 적부터 불우한 가정에서 자랐다. 9세 때 모친이 죽었고, 부친은 방탕 생활로 일관된 삶을 살았다. 그의 부친은 조부가 물려준 재산을 도박과 술로 탕진하면서 아내와 자식을 전혀 돌보지 않았다. 10여 년간 돈을 가지러 오는 것을 제외하고는 집에 들어오지 않았다. 양친을 잃은 어린 박태선은 고향의 주일학교에 출석하여 위로를 받았다. 그는 고향에서 소학교를 마치고 일본으로 건너가 공업고등학교를 수학하였고 신문 배달, 우유 배달 등 어려운 환경 속에 공부하면서 때로는 영양실조로 칠판에 쓴 글씨가 보이지 않았다고 한다. 그는 괴로워서 네 번이나 자살을 기도했으나 자살하면 지옥 간다는 말 때문에 실현하지 못했다. 이런 악조건 속에서도 그는 철저하게 주일 성수, 십일조 생활, 십계명을 준수하였다.[241]

그는 1944년에 귀국하여 서울 남대문교회에 출석하였다가 창동교회로 옮겨 장로 직분을 받게 된다. 1948년 이성봉 목사의 부흥회에 참석하여 성령 체험을 하였는데 사흘간의 금식 기도 중에 불 체험을 하게 되었다. 자신의 죄악을 통회하고 자백하는 동안 하늘에서 불이 내려와 뜨거움이 온몸을 떨게 하였고 전신이 마비될 정도였다고 한다.[242] 1950년 서울에서 피난 중 생수의 체험을 하고 자신을 영모라고 하였으며, 1951년 평택에서 피난 중에 이슬이 쏟아지고 피 흘리는 주님을 만나 피를 받아 마시고 '피가름'을 체험했다고 주장했다. 드디어 1955년 박태선은 무학교회의 집회를 시작으로 전국에 집회를 시작하였다. 특히 남산집회를 정점으로 큰 물의를 일으키자 기존 교회에서 이단으로 규정하였다.

그럼에도 불구하고 그의 세력은 약화되지 않았고, 드디어 1955년 7월 1일 결국 '한국예수교 전도관 부흥협회' 전도관이 발생하였다. 박태선 집단은 전

---

241) 오영호 · 박영관, 한국에서 발흥한 이단들, 재인용, 심창섭, 전게서, p. 313.
242) 이대복, 전게서, p. 827, 참조, 심창섭, 전게서, p. 313.

국적으로 세력화하여갔고 그들의 천년 성인 신앙촌을 각지에 세우면서 번창하였다. 그러나 그는 신앙과 사업에서 성공을 거두지 못하고 기울기 시작하였다. 1980년에는 천부교로 개명하였고, 700여 개의 전도관 중에서 60여 개만 남을 정도로 세력이 미약해졌다.

박태선의 엉터리 주장은 시간이 감에 따라 심화되었다. 1980년 경남 양산 제3신앙촌에서 박태선은 갑자기 성경이 98퍼센트가 거짓이요, 예수는 '마귀 새끼'라는 청천벽력 같은 소리를 하였다. 예수는 99퍼센트가 죄 덩어리요, 음란 마귀의 아들이라고 하였다. 그리고 자신을 '새 하나님'이라고 선포하며 나이가 5,798세(후에는 1조 5천 세)라고 선포하며 가공할 만한 망언을 하다가 말년(1990)에 지병으로 무기력하게 사망하고 말았다.[243]

전도관(박태선)의 주장

전도관은 자신들만의 비밀 교리를 갖고 있다고 주장한다. 그것은 오묘원리로서 골로새서 1장 26절에 나오는 감추인 비밀(무스테리온)인데 그것이 박태선에게 나타났다는 것이다.

• 창조에 관하여

박태선은 이원론적인 창조론을 주장한다. 태초부터 하나님에게 대적하는 악의 세력이 있었다는 것이다. 즉 어둠과 사망(벧후 2:4), 빛과 하나님(창 1:1~3), 어둠과 마귀(창 1:2)와 같이 하나님과 마귀가 상대적으로 태초부터 존재했다고 주장한다. 또 오묘원리의 창조론에서 전도관은 태초에 하나님이 3 씨를 보유했다는 '3수의 원리'를 주장한다(롬 9:29). 하나님은 한 씨는 감추어 두었고(고전 2:6~8), 두 씨는 보내어 좋은 열매를 맺기를 원했지만 실패했다. 그래서 상실한 두 씨를 회복하였는데 그 하나가 독생자 예수님이고, 다른 또 하나의 씨는 동방의 의인인 이간자다. 그리고 셋째가 전도관의 박태선이라는 것이다.[244]

---

243) 최삼경, 대성교회, 천부교, 밤빌리아 추수꾼, in 한국 기독교와 사이비 이단 운동, pp. 229~230.
244) 김영무, 전게서, p. 148. 참조, 이대복, 전게서, pp. 833~834.

• 타락에 관하여

인간 타락에 대한 박태선의 견해는, 아담과 하와의 원죄는 그들이 하나님의 계명을 어기고 선악과를 먹은 죄가 피로 더러워져서 그의 후손들에게 유전되었다고 말한다. 또한 그들은 선악과를 상징적으로 해석한다. 즉 에덴 동산의 선악과는 식물성 실과가 아니라 하와가 육체적으로 뱀과 간통한 것을 의미한다는 것이다. 그래서 아담의 후손들은 뱀의 혈통성을 받고 태어나고, 인간의 피가 불순하게 되었기에 성경은 언제나 피의 제사를 요구하였다는 것이다. 하나님은 구약에서 짐승의 피로 제사를 드리도록 했으며 새 언약도 피로 세웠는데(히 9:18~21), 바로 이 피의 원리가 전도관의 핵심 타락론이다.[245] 계보적으로 김백문의 피가름의 원리를 따른 것이다.

• 구원에 관하여

피가름의 원리에서 타락론을 주장하는 박태선은 성적으로 타락하여 더러운 피를 갖고 있는 인간이 정화되는 길은 동방의 의인이요, 이긴 자인 감람나무(슥 4:11~14; 계 11:4) 박태선을 통하여 가능하다고 한다. 그들은 박태선이 구원자임을 주장하기 위해 대표적인 성경 구절로 이사야 41장 25절을 인용한다. "내가 한 사람을 일으켜 북방에서 오게 하며"라는 표현이다. 동방은 바로 한국이며, 북쪽에서 남쪽으로 온다는 표현은 박태선이 북한에서 남한으로 오게 된 것을 의미한다는 것이다. 또한 오묘원리에 의하면 이긴 자는 예수가 아니고 제3자가 되는 것이며, 주님이 십자가에서 피 흘려 죽으심으로 그 보혈 권세를 이긴 자에게 맡겼다는 것이다. 이 이긴 자는 바로 박태선을 두고 하는 말이다.

오묘원리는 감람나무의 구원설도 말한다. 감람나무가 세상의 구원자인데, 그는 사망과 권세를 갖고 있으며 심판하고 말씀의 불로 원수를 소멸하며 하늘을 닫아 비를 멈추게 하는 권세를 가진 자라고 하였다. 바로 이런 사람이 박태선이라는 것이다. 그래서 전도관 신도들은 기도할 때 '우리 감람나무'의 이름으로 하고 찬송가도 '감람나무 오셨네'라고 부른다. 그들의 신조에 '감람나무'는 예수님이 부활 승천한 후에 보내신다는 보혜사 성령으로, 감람나무를 통하여 완전한 성령을 받아야만 구원 받고 천당 가고 영원 불멸할 수 있고 부활도 할 수 있다.[246]

---

245) 이대복, 전게서, p. 834, 김영무, 전게서, p. 148.
246) 이대복, 상게서, pp. 835, 837.

• 성령에 관하여

전도관의 성령론은 인간의 타락으로 인한 더러운 피를 정화시키는 혈통적 원리를 기초로 한다. 죄는 피를 통하여 유전되기 때문에 예수님이 성만찬에 자신의 피를 마시는 자는 영생이 있다고 했다는 것이다. 그런데 이 주님의 피가 다른 보혜사 성령으로 임했다(고전 12:13; 요일 3:24). 바로 이 성령을 받은 이가 박태선이다. 성령이 나타나는 증거로는 급한 바람 같은 것을 느끼고, 불의 혀 같은 것을 보고 뜨겁게 체험하며, 이슬과 같이 내리고 물 붓듯 부어주시고 생수로 마시게 된 것이라고 하였다. 이러한 성령 체험을 먼저 한 사람이 박태선이다. 그리고 그에게 안찰을 해주어 그는 사람의 죄를 사할 수도 있고 정할 수도 있다는 것이다. 박태선은 이러한 경험을 평택의 피난 생활에서 체험했다고 한다. 그는 이렇게 고백한다.

"피 흘리시는 주님이 나에게 말씀하시기를, '내 피를 마시라' 하시며 그 피를 내 입에 넣어주시어서 내 심장 속에 정하고 정한 주님의 보혈을 흘러 들어가게 하였다."[247]

이것이 바로 성령이 자신에게 임했다는 것이며 곧 자신을 성령으로 둔갑한 사건이었다고 인식하고 있는 것이다.

• 말세에 관하여

전도관의 종말론은 박태선을 중심으로 전개된다. 전도관의 신도들은 말세가 되어서 감람나무가 나타나는 것이 아니라 감람나무가 나타나면 말세가 된다고 믿는다. 이 감람나무가 곧 박태선이므로 그의 출현 시점이 바로 말세라고 이해하는 것이다. 오묘원리는 말세에 대해 악조건과 호조건의 말세가 있다고 주장한다. 악조건에는 14만 4천 명만 살아서 주를 맞아 천년 성에 들어가고, 호조건에는 이 외에도 수많은 무리들이 구원을 받는다는 것이다. 이것은 신앙촌의 수요와 공급에 대한 전도관의 계획에서 발상된 것이다.

오묘원리는 또한 재림주를 맞이할 삼층천을 구분하여 주장한다. 첫째는 마음속의 천국으로 일층천이고, 둘째는 살아서 주를 맞이할 권세를 받은 천 년 성안의 이층천이다. 그리고 천 년이 지난 후 최후의 심판 때 성도들이 공중에 올라가 영화된 몸으로 주님을 맞이할 영원한 천국이 삼층천이라는 것이다. 이

---

247) 최삼경, 대성교회, 천부교, 밤빌리아 추수꾼, in 한국 기독교와 사이비 이단 운동, p. 313.

러한 이론도 전도관의 조직을 형성하고 지키기 위해 만들어낸 것이다. 즉 일층천은 전도관의 일반적인 박태선의 추종자들로 분류하고, 이층천은 신앙촌 천년 성에 들어가는 자들을 지칭하며, 삼층천은 박태선과 불사하여 영원히 거할 곳을 의미하는 것이다.

오묘원리는 부활에 대해서 두 가지로 나누어 해석한다. 첫째 부활은 전도관의 이전 순교자들과 박태선을 믿는 현재의 전도관의 무리들이요, 둘째 부활은 신앙촌의 천년 성에서 사는 자들이다. 그래서 전도관의 신도들은 박태선과 함께 영생할 부활을 믿고 있었던 것이다.[248]

• 생수에 관하여

보통 이단과 달리 박태선은 생수 교리와 안찰 안수 교리 등 특별한 주장을 하였다. 생수는 박태선이 특별 기도하여 만든 물이다. 그런데 묘하게도 이 생수 교리가 박태선의 종교를 지탱시켜주는 데 큰 힘이 되었다. 전도관 신도들에게 생수는 만병통치약으로 통한다. 심지어 죽은 자의 몸에 바르면 시체가 부식되지 않는다고까지 주장한다. 박태선은 생수 교리에 의미를 부여하기 위해 요한복음 4장 14절을 인용하였다.[249] 월말 축복의 날과 월 중순에 전국의 신도 1천여 명이 덕소의 신앙촌에 몰려와 전도관 앞의 우물물을 당시 유행하던 플라스틱 통에 채워놓으면, 박태선이 그 앞을 지나가면서 입김으로 축복 기도를 하는데 그러면 생수가 되는 것이다. 어떤 사람은 이때 박태선의 입에서 불기둥이 나와 물통에 들어간다고 주장하기도 하였다.[250]

박태선은 생수가 단순히 병 고침의 능력이 있는 것에 그치지 않고 회개의 영을 주어 회개하게 한다고 주장하였다. 이런 형태는 한국의 이단들에게 나타나는 특이한 현상이다. 밀가루나 소금 등을 이용하여 고약이나 환약을 만들어 만병통치약으로 팔아먹는 사이비 이단들의 소행과 동일한 것이다.[251]

---

248) 이대복, 전게서, pp. 833~840.
249) "내가 주는 물을 마시는 자는 영원히 목마르지 아니하리니 내가 주는 물은 그 속에서 영생하도록 솟아나는 샘물이 되리라."
250) 이대복, 전게서, p. 834.
251) 최삼경, 대성교회, 천부교, 밤빌리야 추수꾼, in 한국 기독교와 사이비 이단 운동, pp. 231~232.

• 안찰 안수에 관하여

박태선은 한국 교회에 불건전한 안찰 안수 개념을 불러일으킨 장본인이다. 그의 안찰은 주로 배를 중심으로 이루어졌는데 죄가 배에 있다고 믿었기 때문이다. 그는 안찰을 통해서 교역자들의 심령의 성결 여부를 확인하였기 때문에 교역자 임직식 때에도 안찰과 안수로 교역자들을 테스트하였다. 박태선은 "안찰이란 죄를 지적하고 죄를 사하며 성령을 물 붓듯이 부어주는 이긴 자의 권능이므로 죄 때문에 생긴 병은 안찰로 치료된다"고 주장했다. 안찰 안수는 금전과도 연계가 되어 있었으며, 섹스 안찰 내지 피가름 교리까지 발전되었다.[252]

결론

처음에 박태선은 어려운 삶을 딛고 일어나면서 신앙 생활에 열심이었고 철두철미했다. 나름대로 신앙 체험을 추구하며 은혜를 갈망했다. 그러나 그는 미혹의 영을 분별하지 못하였고 자신을 동방의 의인 감람나무로 자처하면서는 기독교와 정면 대립하는 적그리스도로 변했다. 특히 1980년대에 접어들면서 돌변하여 전술한 바와 같이 예수를 마귀의 일당으로 몰고 가는 등 거의 정신병자와 같이 변해버렸다. 그리고 성경을 전적으로 부인하면서 이단의 실체를 적나라하게 드러냈다. 지금은 거의 세력이 약화되었지만 아직도 그가 남겨놓은 사업체들과 계보들이 재기의 잠재력을 가진 채 잠복하고 있다. 박태선의 계보로 현재 영향을 받은 20여 종파가 형성되어 있는데 그중에 대표적인 집단은 노광공(동방교), 계정렬(산성기도원), 유재열(장막성전), 구인회(천국복음전도회), 이영수(한국기독교에덴성회), 천옥찬(대한기독교천도관), 김풍일(새빛등대중앙교회), 최규원(천사마귀교), 이만희(신천지교회), 이현석(한국기독교승리제단), 조희성(영생교) 등이다.

박태선 계보에 대한 소고

박태선의 계보로 분산된 집단들은 숫자적으로는 많지만 크게 두각을 드러내면서 기존 교회에 위협적인 존재로 부상된 집단은 많지 않다. 그중에 가장 두드러지게 나타난 집단은 영생교 승리 제단인 조희성 계파이다.

---

252) 상게서, p. 232.

영생교 승리 제단의 조희성은 허무맹랑한 교리로 사람들을 현혹시켰다. 자신을 믿으면 흰머리가 검게 되며, 할머니도 생리를 한다는 등 거짓 주장들을 했다. 영생교는 사람들에게 '놀라운 희소식'의 비밀을 갖고 있다고 하면서 이렇게 말한다.

"여기에 행복의 비결이 있다. 만병통치의 비결이 있다. 젊어지는 비결이 있다. 사람을 죽지 않게 하는 고도의 학문이 있다. 삼신산의 불로초가 있다. 늙지 않는 비결이 있다. 하나님을 보여준다. 죽은 사람의 영혼도 보여준다. 선악과도 보여준다. 생명과도 보여주고 먹여준다."

영생교의 조희성은 이런 엉터리 주장을 한다. 그리고 기독교의 다른 중요한 교리도 아전인수 격으로 해석한다.

- 성령으로 거듭난다는 말은 하나님이 된다는 말이다.
- 피가 곧 영생이다. 욕심을 버림으로 더러워진 피가 맑아지는데 이것이 곧 영생이다.
- 영생과 구원을 위해서는 이슬성신이 내리는 승리 제단에 와야 한다.
- 마지막 날에 구세주로 오실 분은 단 지파의 시조인 단인데 바로 그분이 이긴 자인 조희성이다.[253]

조희성 외에도 박태선 계보는 각자 나름대로 성경과 그리스도의 이름으로 자신들의 주장을 내세우며 전혀 기독교의 가르침과 상관없는 이질적인 신앙 집단을 이루고 있는 것이 특징이다. 이들을 이단이라고 명할 뿐 아니라 사이비 이단이라고 호칭할 수 있겠다.

권신찬(구원파)과 그 계보

한때 구원파에 몸담고 있다가 그것의 정체를 파악한 후 구원파를 떠난 정동섭 교수는 다음과 같이 말한다.

"거짓의 영에 사로잡혀 있는 구원파는 이단으로 정죄 받지 않기 위해 동질성을 강조하며 그들의 우월성을 드러내고자 한다. 또한 기존 교회 성도들을 유혹하기 위해 이질성을 강조하여 정통 교회를 정죄하는 두 개의 얼굴을 가지고 있다."

---

253) 이단 사이비 연구 종합자료, p. 145, 참조, 김영무, 전게서, pp. 145~146.

정 교수의 지적처럼 자신의 실체를 철저히 위장하면서 기존 교인에게 구원을 강조하며 미혹하는 대표적인 집단이 구원파다. 그들이 사용하는 12신조에는 성경의 삼위일체 하나님, 죄, 구원, 교회, 재림, 천년 왕국 등의 교리가 기존 교회와 차이가 없는 것처럼 기록되어 있다. 그러나 실제로 그들의 신앙은 깨달음이라는 인간적인 확신을 근거로 구원을 주장하고 있다. 이 교단의 창설자인 권신찬과 유병언은 성경이 아니라 그들의 깨달음의 경험을 근거로 성경을 해석하고 가르치는데 그것들이 기독교 신앙과 너무나 이질적이다. 권신찬은 신도들에게 공공연히 "우리의 신앙생활은 일반 교회생활과는 아주 틀리다는 것"을 천명하고 있다.[254]

발생 과정

구원파의 창설자인 권신찬은 1923년 1월 13일 경상북도 영덕에서 출생하였다. 1937년 영해보통학교를 졸업하였고, 1940년 일본 통신중학교를 중퇴하였으며 독학으로 검정고시를 치렀다. 1951년 대한예수교장로회 총회신학교를 졸업하였고 동년 11월 30일에 목사 안수를 받았다. 1961년 네덜란드 선교사 길기수의 영향으로 죄 사함의 깨달음을 경험했다. 권신찬의 사위인 유병언은 1961년 미국인 선교사 딕욕에 의해 복음의 깨달음을 경험한 후 대구를 중심으로 구원파의 포교 활동을 시작하였다. 이들의 이설에 당황한 경북노회는 1962년 이들을 이단으로 정죄하면서 목사직을 면직시키고 제명 처분하였다. 그러자 이들은 1963년 선교사들과의 관계를 단절하고 독자 노선을 걸으면서 성경을 나름대로 해석하며 자신들의 경험을 바탕으로 한 교리를 형성하기 시작하였다.

1966년 권신찬은 인천에 있는 복음주의 방송국(극동방송)에 전도과장으로 재직하면서 상당한 영향을 미쳤다. 그는 매일 아침 은혜의 시간을 통해 기존 교회의 예배 행위, 십일조 헌금, 장로 집사 제도, 주일 성수, 새벽 기도, 율법을 지키려는 노력 등을 비난하면서 이런 종교에서 해방하는 것이 복음이라고 하였다. 그는 이때에 '청취자를 위한 여름 수련회'를 개최하여 세력을 확장해 나갔고, '한국평신도복음선교회'라는 이름으로 조직하여 활동하기 시작하였다. 그리고 1981년 '기독교복음침례회'라는 이름으로 변경하여 구원파 용산

---

254) 재인용, 정동섭, 그것이 궁금하다, 도서출판 하나, 1994, pp. 3~94.

교회당에서 창립 총회를 개최하였다.[255]

구원파의 주장

구원파는 표리부동한 자세로 밀실 교육을 시키면서 자신들의 구원 진리의 깨달음을 간증하고 기존 교인들에게 개종을 종용한다. 그들은 구원 받은 구체적인 장소와 시간 등을 알고 있어야 구원의 확실함을 믿는 등 개인의 구원 체험을 중요시 여긴다. 또한 '죄사함과 거듭남, 구원의 비밀'은 구원파의 교회를 통해서만 가능하다고 주장한다. 일종의 초대교회의 영지주의와 유사한 주장을 하고 있다.[256]

- 성경에 관하여

구원파는 성경을 하나님의 말씀으로 믿는다고 하지만 성경 해석에서 정통교회의 해석을 부인하고 자신들의 주장을 관철시키기 위해 성경을 우화적 또는 풍유적으로 해석한다. 유병언의 경우를 예를 들면 그는 구원파를 통해서만 구원받을 수 있다는 유일구원론을 정당화하기 위해 요한복음 14장 6절을 이렇게 해석한다. '구원파로 말미암지 않고는 아버지께로 갈 자가 없다.' 요한복음 15장 4~5절은 '사람이 구원파에 붙어 있지 아니하면 영적으로 고립되어 멸망한다'는 식으로 해석한다. 권신찬은 기도에 대한 정의를 구원파 교인들이 그들의 사업체(주님의 일)를 위해 함께 교제하며 의논하고 상의하는 자체라고 해석한다. 그는 말라기 3장 16절을 인용하여 다음과 같이 말한다.

"성도들과 함께 주님의 일(세모 그룹의 일, 한강 유람선, 세모 스쿠알렌 등)을 위해 서로 상의하고 의논하는 성도의 교제는 참으로 중요한 기도가 되는 것이다."[257]

구원파 신도들은 권신찬과 유병언이 엉터리 성경 해석을 하더라도 그들은 하나님이 기름 부은 절대적인 존재들이기 때문에 의심없이 수용하고 있다.

구원파는 또한 십계명을 부인한다. 율법과 계명 등은 성도를 괴롭게 하는 것이며 이러한 종교에서 분리되어 해방되는 것이 복음이라고 주장한다. 율법

---

255) 이대복, 전게서, p. 115, 정동섭, 구원파와 지방교회(회복교회), in 한국 기독교와 사이비 이단 운동, p. 156.
256) 정동섭, 구원파와 지방교회(회복교회), in 한국 기독교와 사이비 이단 운동, p. 150.
257) 상게서, 1994, pp. 97~98.

종교는 구약이라고 규정하며 구약성경의 권위를 약화시킨다. 그래서 성경을 다 믿지 말라고 가르치고 마귀, 사탄, 세상 말도 있으며 성경이라고 다 진리는 아니라고 가르친다.[258]

• 하나님에 관하여

구원파의 신관 중에서 기존 교회의 관심을 끄는 것은 삼위에 대한 분명한 태도가 없다는 것이다. 그들은 기도 중에 하나님 아버지라는 말을 하지 않는다. 하나님 아버지께 기도한다고 하는 대신 언제나 '주님'께, '주님의 이름'으로만 기도한다. 이런 주장의 진의는 기도에 관한 그들의 가르침을 분석해보면 파악할 수 있다. 구원파 지도자들은, 일반인은 기도할 필요가 없고 일을 맡은 자만이 기도해야 있는데 하나님은 한 분이시기 때문에 지도자 한 사람이 대표로 기도하면 된다고 한다. 즉 하나님은 삼위의 구분이 없이 한 분이기 때문에 한 사람이 기도하면 된다는 해석을 하고 있는 것이다. 이렇게 막연하게 예수의 이름으로만 기도해야 한다고 가르치는 것은 삼위의 구분된 인격체를 받아들이지 않는 신앙 때문이라고 할 수 있다. 성경은 '한 성령 안에서 아버지께 나아간다'(엡 2:18)라고 기록되어 있다.[259]

• 구원에 관하여

구원파의 가장 큰 문제는 구원관이다. 그들은 예수 그리스도를 통해서 속죄의 은혜를 입어 성령 안에서 주를 그리스도로 고백하고 영생을 얻을 수 있다는 기존 교회의 주장과는 달리, 자신이 스스로 구원에 대한 구체적인 체험이 있어야 한다고 말한다. 이것을 그들은 깨달음이라고 한다. 그래서 구원을 받았다는 확실한 증거는 생명책에 자신의 이름이 기록되어 있는지, 자신이 거듭난 것을 아는지, 성령님이 마음속에 있음을 아는지, 모든 죄가 용서되었다는 것을 아는지, 구원받은 시간과 사건을 아는지, 재림주를 영접할 준비가 되어 있는지에 대한 깨달음이 있어야 한다고 주장한다. 그리고 영의 구원을 강조하고 믿지만 육신의 구원을 부인한다.[260]

---

258) 이대복, 전게서, p. 122.
259) 정동섭, 구원파와 지방교회(회복교회), in 한국 기독교와 사이비 이단 운동, 전게서, 1994, p. 106.
260) 하나님의 교회, p. 32, 이대복, 전게서, p. 119.

그들은 중생 체험을 크게 강조하며 그것에 대한 확신에 구원의 근거를 둔다. 예수님을 믿고 영접함으로써 구원을 받는 것이 아니라 구원은 자신들의 구원 경험에 근거해야 한다는 것이다. 이러한 구원관에는 의지적인 회개와 결단이 빠져 있고, 동시에 주 예수 그리스도와의 인격적인 만남이 결여되어 있다고 볼 수 있다.[261]

구원파는 종국적으로 구원의 조건을 믿음이 아니라 깨달음으로 대치하는 오류를 범한 것이다. 구원파는 우리를 구원하시고 죄를 사해주시는 것은 예수님이지 우리의 깨달음이 아니라는 것을 간과하고 있다.[262]

• 교회에 관하여

구원파는 기존 교회의 존재와 제도 자체를 부인한다. 그들은 교회란 건물이 아니라 구원 받은 성도 그 자체이며, 인격체이고 교제라고 가르친다. 구원파 집단만이 진정하고 영광스런 교회요 참 교회라고 주장한다. 그리고 구원 받았기 때문에 교회에 갈 필요가 없다고 주장한다. 그들은 예배를 형식적인 것이라고 매도하며 하나님은 영이시므로 형식의 예배는 필요 없다고 가르친다. 기도의 시간도 필요 없으며 마음속의 기도로 족하다고 하면서 통성 기도 등을 부인한다. 특히 기존 교회의 주일 성수, 새벽 기도, 십일조의 무용론을 주장하면서 이를 율법의 소산물로 매도하고 있다. 그들은 구원파 신도들의 교제로 예배를 대신한다.[263]

• 종말에 관하여

급진적 구원파의 종말론은 날짜를 예언하지 않은 것을 제외하고는 다미선교회와 유사하다. 그들은 이스라엘 국가의 독립 및 회복, 666, 적그리스도의 출현, 유럽 경제 공동체, 세계 정부의 실현 가능성, 예루살렘 성전의 재건 등이 그리스도의 재림이 임박한 징조라고 말한다. 구원파는 유병언이 마지막 시대의 성령의 입으로 기름 부음 받은 바 되었으며 그를 통해 나온 이러한 메시지가 하나님의 계시라고 믿는다.

"그러한 경험이 있은 후부터 그 형제(유병언)에게 그렇게 어렵던 성경이 풀

---

261) 정동섭, 구원파와 지방교회(회복교회), in 한국 기독교와 사이비 이단 운동, 전게서, 1994, p. 113.
262) 상게서, 1994, p. 119.
263) 김영무, 전게서, p. 179.

리기 시작했고……입을 열기만 하면 사람들이 진리를 깨닫는 것이었다. 또 하나의 거대한 변화는 그때까지만 해도 이스라엘 민족의 회복에 대해 언급하는 사람이 없었는데 이러한 경험 후에 이스라엘 민족의 회복이 곧 성경을 성취시키는 하나님의 계획이라고 알려지기 시작함으로써 그것이 이 복음 운동(구원파)의 중심 메시지가 된 것이다."[264]

유병언에 대한 구원파 신도들의 기대는 곧 그를 재림 예수로 둔갑시켰다. 1982년 하반기부터 이러한 현상이 구원파 신도들 간에 나타나기 시작하였다. '그분(유병언)이 예수다. 유 사장이 살아 있는 성령이다.' 권신찬의 이러한 사상에 힘입어 일부 여신도를 비롯한 구원파 소속 교인들은 1982년 하반기부터 유병언 사장을 '예수'라 부르기 시작했다. 유병언을 기름 받은 자에서 이제는 유일한 지도자, 살아 있는 성령, 예수, 메시아로 부각시키고 있다.[265]

결론

구원파는 성경을 내세우지만 성경 뒤에 숨어 있는 이단이다. 특히 미묘한 견해를 가지고 있기 때문에 기존 교회의 평신도들은 그들의 잘못된 교리들이 잘 파악하기 어렵다. 그들은 주장을 관철하기 위해 성경 해석을 우화적이고 영해적으로 하는 것이 특징이다. 구원파는 하나님의 영성과 초월성을 주장하지만 인격성과 임재성이 결여된 신관을 갖고 있다. 그리스도에 대해서도 신성을 강조하지만 인성을 약화하고 있다. 특히 극단적인 시한부 종말론을 좇고 있어서 언제라도 왜곡된 종말론을 새롭게 전개할 수 있는 가능성이 있다. 특별히 구원의 개념이 극히 주관적이어서 기존 교회의 성도들이 그들의 '경험적인 '깨달음 교리'에 현혹되기 쉽다. 구원파는 지속적으로 기존 교회의 성도들에게 위협적인 존재로 남아 있다. 그들은 사업에도 성공적이어서 제2의 통일교와 같은 집단으로 세력을 쌓고 있다.

구원파는 국내에 130여 개의 지역 교회를 가지고 있으며 해외에서도 미국, 캐나다, 독일의 주요 도시에 침투하여 50여 개의 교회를 갖고 있다. 그리고 텔레비전 매체를 통하여 미국이나 캐나다의 주요 도시에 권신찬의 설교가 방송되면서 교세를 확장하고 있다.[266] 구원파 계통의 대표적인 계보로는 박옥수(기

---

264) 정동섭, 구원파와 지방교회(회복교회), in 한국 기독교와 사이비 이단 운동, 전게서, p. 178.
265) 이대복, 전게서, pp. 121~122.
266) 정동섭, 그것이 궁금하다, 전게서, p. 86.

쁜소식), 이요한(대한침례회서울중앙교회), 이복칠(대한예수교침례회), 김갑택(샛별남원교회) 등이 있다. 그리고 이와 유사한 종파로서 지방교회 위트니스 리가 있다.

권신찬(구원파) 계보에 대한 소고

권신찬의 구원파 계열로 박옥수 등이 있지만 실질적으로 교회에 영향을 미치는 집단은 위트니스 리(지방교회)다. 지방교회의 위트니스 리는 워치만 리의 제자로서 미국 LA 근교에서 워치만 리의 사상을 변개하여 최초로 지방교회를 설립하였다. 현재 국내에 90여 개의 집회소가 있으며 3만 명 정도의 교인을 확보하고 있다. 지방교회의 주장은 다음과 같다.

- 지방교회는 성경을 억지로 해석하여 이단설을 주장한다. 특히 성경을 우화적으로 해석한다. 신일 합일주의를 주장한다.
- 기존 교회에 대해 배타적이다. '천주교는 마귀적이고 개신교는 그리스도가 없다'라고 주장한다. 교회는 여러 세기에 걸쳐 타락했기 때문에 구원이 없다고 말한다.[267]
- 지방교회는 신일 합일주의를 말한다. 하나님은 자신을 사람 속에 넣어서 사람과 연합하여 하나님같이 되게 하신다는 것이다.
- 하나님은 세 영이 아닌 하나의 영으로서 세 인격이 한 영 안에서 '삼일(三一) 하나님'이 되었다고 주장한다.
- 인간을 영·혼·육으로 나누며, 인간은 영적으로 타락하지 않았고 육적인 타락에 불과하다면서 인간의 전인적인 타락을 부인한다.
- 침례가 구원의 조건이다.
- 기성 교회를 바벨론의 음녀라고 부르며 기성 교회의 제도를 부인한다.[268]

김기동(성락교회)과 그 계보

마귀론으로 유명한 김기동은 한국 무속 신앙의 귀신의 존재와 연계되어 쉽게 기존 교회에 침투하여 정통 기독교인들을 혼란스럽게 한 이단이다. 한국의 무속 신앙은 기독교의 하나님과 영적 세계를 쉽게 이해하고 이질감 없이 받아들이게 하는 데 영향을 주었다. 바로 이 점을 이용하여 김기동은 기독교 신앙

---

267) 정동섭, 구원파와 지방교회(회복교회), in 한국 기독교와 사이비 이단 운동, 전게서, pp. 189~191.
268) 김영무, 전게서, p. 225.

과 무속 신앙의 귀신론을 쉽게 접목하였다. 그는 귀신을 쫓아내는 것을 복음의 핵심으로 이해하였고, 베뢰아 아카데미를 창설하여 이 운동을 확산시키면서 한국 교회에 하나의 이색적인 이단의 흐름을 형성하였다.

발생 과정

베뢰아 아카데미를 창설하여 귀신 쫓는 복음을 전파한 김기동은 1938년 6월 25일 충청남도 서산에서 가난한 농부의 아들로 출생하였다. 중·고등학교를 예산에서 다녔고, 울적하고 장래에 대해 불안하다는 이유로 예산감리교회에 출석하기 시작하였다(1957). 그는 이때 감리회에서 일어난 '신령 운동'의 영향을 받아 자신도 신비 체험을 하였다고 한다. 그는 방언을 경험했으며 동시에 환상도 보았다. 그 후 성경을 75회나 읽었고 1961년 기침 교단 오관석 목사에게 세례를 받았다. 1962년 그는 아내가 다니던 광시침례교회의 야유회에서 환상을 체험하였다고 하며 많은 이적을 행하고 죽은 자를 살렸다고 주장한다. 1963년 김천의 용문산 기도원에서 40일간 금식 기도를 하였으며, 동년 비봉감리교회 이강산 목사의 허락으로 평신도 목회를 시작하였다.

그곳에서 그는 침례교 목사 초청 부흥회를 통해 교인들 120명에게 세례를 주어 문제가 생겼으며 이로 인해 사임하게 된다. 1964년 대한신학교에 입학하였으나 신유복음전도회를 조직하여 전국 순회 집회를 하면서 8년 만에 신학교를 졸업하였다. 1965년 그는 드디어 서대문구에 성락교회를 창립하였다. 1966년에는 국제독립선교회 하나님의 성회에서 목사 안수를 받았고, 1969년에 영등포구 신길동으로 이전하여 다시 성락침례교회를 창립하였고 1975년 한국침례회연맹의 인준으로 본격적인 포교 활동을 시작하였다.[269]

그는, 귀신은 불신자의 사후 혼이며 모든 질병의 원인이라고 주장하면서 마귀론을 내세워 귀신을 쫓아내는 것으로 유명해졌다. 1973년부터는 자신의 신앙과 신학을 매주 토요일에 가르쳤고 1976년에는 이 모임을 베뢰아로 칭하였다. 그는 모임을 곧 베뢰아 아카데미로 발전시켰고, 1980년에는 도서출판 베뢰아를 설립하여 많은 출판물을 세간에 배포하였다. 1985년 이단 시비로 침례회 총회에서 탈퇴하고 '기독교침례회'라는 독립 교단을 창설하였다. 그리고 서울침례신학교를 운영하였다.[270]

---

269) 이대복, 전게서, pp. 371~372, 김영무, 전게서, p. 169.
270) 목창균, 김기동 계열의 귀신론과 질병관, in 한국 기독교와 사이비 이단 운동, pp. 247~248.

김기동은「마귀론」(상)·(중)·(하) 세 권과「성서적·신학적·현상적 마귀론」을 저술할 만큼 이 분야에 독보적인 이론가로 등장하여 많은 사람들을 현혹하였다. 또한 베뢰아 아카데미 출신으로 이 분야에서 유명세를 떨치며 기존 교회의 교인들을 미혹한 대표적인 제자로 한만영이 있다. 한만영은 독립하여 그레이스 아카데미를 설립하였고, 그레이스 아카데미 출신으로 한국예루살렘교회의 이초석 목사가 등장하였다.[271]

마귀론으로 물의를 일으키자 1991년부터 각 교단은 김기동을 이단으로 규정하였다. 그는 예장고신, 예장합동, 예장통합에서 이단으로 규정되었다. 1995년 김기동은 '21세기선교 서울성락교회'로 교명을 변경하였다. 1998년에는 베뢰아 신학대학원을 설립하여 본인이 총장이 되었다.[272] 김기동파는 전국 30여 개의 지부와 신도 3만 명을 거느리고 있다.

김기동(성락교회)의 주장

김기동은 1988년까지 자신이 40만 명의 귀신을 쫓아냈다고 주장한다. 그의 신학과 신앙의 골격은 귀신론을 중심으로 형성되어 있다. 그는 한국 무속 신앙의 귀신론과 마귀론을 절묘하게 혼합하여 독자적인 해석을 한다. 그의 주장은 성경에 기초했다기보다는 한국 전래의 무속 신앙에 기초한다.

• 하나님에 관하여

김기동의 삼위일체론은 초대교회 이단들의 견해와 같이 양태론적이다.

"삼위는 각각 개체의 인격을 가지고 있는 것이 아닙니다. 아버지와 아들과 성령은 장소에 따라 불리는 이름이 다릅니다. 이는 곧 세모꼴은 어디서 보나 하나인 것과 같습니다. 서로 각각 인격을 가지고 있는 것이 아닙니다. ……인격은 오직 하나입니다. 각각 개체의 인격으로 말하지 말아야 합니다. 사람의 얼굴이 보는 방향에서 다르듯이 말입니다. 하나님과 성령이 따로따로 있는 것이 아니고 성령님이 하나님이십니다. 예수님의 겟세마네 동산의 기도는 자기가 자기 안에 있는 아버지에게 기도한 것입니다."[273]

양태론적인 논리에서 김기동은 하나님을 이렇게 정의한다. 하나님(성부)은

---

271) 상게서, p. 248.
272) 김영무, 전게서, p. 170.
273) 베뢰아 9기생 강의 녹음 테이프 9-2, 재인용, 이단사이비 종합자료 2004, p. 27.

보이지 않는 성품이시고, 보이는 속성으로는 예수 그리스도로 나타나며, 우리 안에 거하실 때는 성령으로 나타난다. 또한 김기동은 구약에 나오는 하나님의 신은 성령이 아니라 하나님이 보내신 영, 곧 천사라고 한다.[274]

- 예수에 관하여

김기동은 예수의 신성을 부인하고 인성을 약화한다. 그는 예수의 육신과 영을 동일시한다. 「마귀론」에서 그는, 예수는 육신이 영이시기에 그 육신의 상처가 그대로 영원해지신 것이라고 한다.[275] 이런 주장에서 김기동은 예수의 인성을 망가지게 한다. 그리고 그는 예수의 생애는 신의 생애가 아니고 사람의 생애인데 오히려 예수를 신이라고 하면 이단이며, 예수께서 성령께 존칭어를 쓰는 것은 몸을 입고 계실 때 성령님을 같은 수준에서 말씀하실 수 없기 때문이라고 주장한다. 이런 주장은 예수의 신성을 부인할 뿐 아니라 인성을 제한하는 오류를 범한 것이다.[276]

- 성령에 관하여

김기동은 성경에 나타나는 성령의 사역들을 천사의 사역으로 대신함으로써 성령의 사역을 전면 부인하는 교리를 가르친다. 구약 시대에는 모두 천사에 의해 이끌림을 받았으므로 성령을 받은 사람은 없었으며 성령을 받지 못했기 때문에 하나님을 아버지라 부를 수 없었다고 주장한다. 신약 시대에 대해서도 오순절 성령이 임한 사건을 자의로 해석하여 성령의 사역을 부인한다. 마가의 다락방에서 성령이 임할 때 불의 혀같이 갈라졌다는 현상을 성령이 임한 것이 아니라 천사가 임한 것이라고 주장한다. 하나님이 천사를 사역자로 삼을 때 불꽃 또는 바람으로 삼으셨다고 했기 때문이다. 그는 창세기 1장 2절의 하나님의 신이 수면에 운행하신다는 표현도 천사를 가리키는 말이라고 해석한다.[277] 성령의 사역을 부인하기 때문에 예수를 인정하면 구원을 받는다고 하지만 구원 사역에서 성령의 역할은 인정하지 않는다.

---

274) 김영무, 전게서, p. 170.
275) 마귀론, pp. 23, 91, 재인용, 이대복, 전게서, p. 375.
276) 상게서, p. 170, 이단사이비 종합자료 2004, p. 27.
277) 상게서, pp. 373~374.

• 성경에 관하여

김기동은 성경의 충족성과 절대성을 부인한다. 그는 성경보다 자신의 경험이 더 중요한 진리로 이해한다. 즉 사람이 성경을 아무리 많이 읽었다고 해도 김기동의 권세를 인정하지 않으면 아무 소용이 없다고 한다. 그는 삼단논법식으로 하나님의 말씀을 영으로 논증하면서 그 말씀은 곧 그리스도의 영이라고 하면서 귀신을 쫓아내는 도식을 성경에서 찾아낸다.

"'하나님의 말씀은 영이라(요 6:63)'고 했습니다. 예수 그리스도는 말씀인 영이 육신이 되신 것이니, 그리스도의 영이란 곧 말씀이라는 말입니다. 이렇게 예수께서 말씀으로 귀신을 쫓아내고 병든 자를 고치셨다는 것은 말씀은 영이기 때문입니다. 말로 귀신을 쫓았다는 것이 아니라 영이신 말씀으로써입니다. 그 영이신 말씀에 권위를 두는 것입니다."[278]

김기동은 또한 성경은 문틈으로 들어오는 빛에 불과하며, 하나님의 성품과 그 능력의 역사 중 지극히 적은 부분이 비추인 책이므로 현재 성경으로는 그리스도를 다 이해하지 못한다고 주장하면서 성경의 충족성을 부인한다. 그리고 성경 밖의 성령으로 하나님의 역사를 경험할 수 있다고 가르친다. 성경에는 성서와 성경이 있는데 성경은 계시이지만 성서는 성경을 증거하는 계시이므로 가감할 수 있다고 주장한다.[279] 즉 구약의 율법과 신약의 복음서는 성경이지만 그것들을 제외한 기록들은 성서이며, 성서는 얼마든지 가감할 수 있다는 것이다. 이는 기록된 모든 말씀이 정확무오한 하나님의 말씀이라는 정통 기독교의 진리를 전적으로 부인하는 주장이다.

• 창조에 관하여

김기동은 우주 창조, 인간 창조의 내용에서 이단성을 나타낸다. 그는 우주를 타락한 천사의 감옥이라고 주장한다. 그는 하늘을 3단계로 나누어 설명한다. 첫째는 지구의 하늘(Sky), 둘째는 궁창의 하늘(Space), 셋째는 하나님의 하늘(Heaven)이다. 우주는 지구의 하늘과 궁창의 하늘을 합한 것으로 이곳에 마귀를 가두어두었다고 한다. 우주와 하나님의 하늘 사이에는 물 벽을 쌓아 (창 1:2의 '수면') 우주에 갇힌 마귀가 하나님의 하늘에 들어오지 못하게 한다

---

278) 이대복, 전게서, p. 385.
279) 김영무, 전게서, p. 171.

고 한다. 결국 하나님의 천지창조가 김기동에게는 하나님이 사탄을 징벌하여 투옥하기 위한 일종의 감옥 만들기였다는 결론이다. 그는 이것의 성경적인 근거로 창세기 1장 2절의 "흑암이 깊음 위에 있고"라는 구절을 인용한다.[280] 결국 김기동의 이론에 의하면 창조 세계는 불완전하다는 결론이다. 그래서 둘째 날 궁창을 창조할 때는 '하나님이 보시기에 좋았더라' 는 말이 없었다고 말한다. 이곳은 마귀가 있어야 할 곳이기 때문이다.

인간 창조에 대한 김기동의 주장 역시 이설이다. 김기동은, 창세기에 하나님이 남자와 여자를 창조하셨다는 것은 아담과 하와를 창조하셨다는 것이 아니라 암컷과 수컷 즉 자웅을 구분하여 창조하셨다는 것을 의미한다고 한다. 그래서 많은 인간의 자손이 번성하였고 여전히 생물학적인 유전이 지속되었지만 영적인 유전은 존재하지 않았다는 것이다. 왜냐하면 이때 사람들은 동물을 만드신 것과 같이 흙으로 만드셨기 때문에 아직 영이 없는 존재였다는 것이다. 그 수많은 사람 중에서 하나님이 아담을 선택했는데, 이는 아담은 개화된 존재였기 때문이라고 말한다. 여기에 하나님이 생령을 부어주어서 영적인 존재가 되었다. 이후로 사람은 육신은 없어져도 영은 영원한 존재이므로 영원히 어둠 속에서 거하게 되었다. 아담에게 에덴 동산을 지키도록 명령하신 것은 하나님이 에덴 동산에 영이 없는 인간이 침입하지 못하도록 하기 위함이었다. 김기동은, 에덴 동산에는 이와 같이 사람이 없었기 때문에 천사가 뱀을 이용하여 아담을 타락하게 했다고 주장한다.

• 마귀론에 관하여

김기동의 주장 중 가장 큰 문제는 역시 마귀론이다. 그가 말하는 귀신은 네 가지 조건을 갖고 있다. 제명이 차기 전에 죽은, 불신자의, 사후의, 영이 귀신이라는 것이다.

김기동은 모든 병의 원인을 마귀론, 귀신론에 둔다. 우리의 모든 질병은 귀신이 우리 몸에 붙어서 생기는 질병이기 때문에 약이나 현대 의술로는 치료가 불가능하며 축사를 통해서만 가능하다는 것이다.

김기동에 의하면 귀신은 영생 받지 못한 한을 풀기 위해 사람들에게 들어온다. 이 귀신은 사람 안에 있을 때는 인격적인 존재가 되어 말하고 감정을 표출

---

280) 풀빛목회, 1986, 4월호, p. 53, 재인용, 이대복, 전게서, p. 375.

하지만 사람의 몸에서 1밀리미터만 떠나도 영으로 존재하기 때문에 몸 밖에서는 역사하지 못한다. 귀신이 이와 같이 인간의 몸에 들어올 때 인격적인 존재로 역사하기에 우리가 대화하고 한을 풀어줄 수 있다는 것이다. 이러한 귀신들은 모두 불신자라고 주장한다. 그는 40여 만 명의 귀신을 쫓았지만 한 귀신도 예수 믿고 죽었다는 귀신은 보지 못했다고 한다.[281]

김기동의 귀신론의 가장 큰 문제점은 한국의 무속 신앙과 혼합되어 있다는 것이다. 김기동의 귀신론에 대해 연구한 목창균 교수는 다음과 같이 결론을 짓는다.

"김기동 계열의 귀신론과 질병관은 한국 무속 신앙에 기초하고 있을 뿐 아니라 별로 다를 것이 없다. 귀신을 불신자의 사후 존재로 보거나 모든 병의 원인으로 간주하는 것, 귀신에게도 수명이 있다는 것이 그 대표적인 예다. 귀신을 불신자의 영혼으로 간주하는 것은 임의적인 성서 해석과 주관적인 경험에서 나온 것이다. 성경 해석의 원리와 토대 중 하나가 사도적 전통, 즉 성경 해석의 역사다. 귀신을 타락한 천사로 보는 것은 사도적 전통에 의해 증거된 해석이다. 김기동은 전통보다는 무속 신앙과 주관적 체험을 토대로 귀신을 불신자의 사후 존재로 주장했다."[282]

결론

김기동의 베뢰아 귀신론을 계승하여 활동 중인 계열로 이명범(레마성서연구원), 한만영(그레이스 아카데미), 이초석(한국예루살렘교회) 등이 있다. 한국의 무속 신앙과 연계되어 있는 이들은 유사한 종교 문화를 토대로 다른 이단보다 쉽게 번창해가고 있다. 또한 통일교처럼 나름대로 그들의 주장에 대한 논리적인 이론을 갖고 가르치기 때문에 성경에 대한 지식이 없거나 무지한 성도들은 쉽게 이들에게 현혹되기도 한다. 특히 이초석 같은 경우는 땅끝 예수 전도단을 만들어 왕성한 대외 활동을 해왔고 1만 명이 넘는 대형교회로 성장하였으며 단단한 재력을 바탕으로 교육사업과 기도원 등을 운영하고 있다. 한국의 신흥 이단 중 가장 현실적으로 민족의 신앙 정서에 밀착되어 있는 김기동 계열의 활동에 대해 기존 교회는 경계심을 갖고 교인들이 미혹되지 않도록

---

281) 상게서, pp. 386~392.
282) 목창균, 김기동 계열의 귀신론과 질병관, in 한국 기독교와 사이비 이단 운동, 전게서, p. 270.

지도해야 할 것이다.

김기동 계보에 대한 소고

현재 김기동 계열은 대체로 다른 이단들의 계보보다 더 활동적이며 교계에 나쁜 영향을 미치고 있다. 특히 이초석 등은 한때 많은 활동을 전개하여 이에 유혹된 성도들이 속출하였다. 대표적인 계보들의 이단설은 다음과 같다.

- 이초석(한국예루살렘교회)

이초석은 집회 중 희귀한 현상을 일으킨다고 한다. 신도의 눈을 양손으로 뒤집고 찌르기도 한다. 그리고 '귀신아 나가라'고 외친다. 질병의 원인을 귀신으로 본다. 전국에 80여 개의 지회를 운영하고 있다.
 · 삼위일체의 교리를 인정하지 않는다. 예수는 성부와 성자와 성령의 이름에 불과하다.
 · 하나님이 창조하신 우주는 마귀의 감옥이다.
 · 인간의 영혼은 최초의 한 영혼에 의해 분리된 것이다.
 · 그리스도의 주된 사역은 귀신 추방이다.
 · 예수는 영의 육체를 입고 오셨다.
 · 구원은 십자가의 대속의 은총으로 이루어지는 것이 아니라 인간을 귀신에게서 해방하여 자유함을 얻는 것이다.[283]

- 이명범(레마성서연구원)

이명범은 렘(REM), 트레스디아스(Tres Dias), 비다뉴바(Vida Nueva) 등과 같은 훈련 프로그램을 통해 교세를 확장하고 있다. 그는 1992년 예장통합 측으로부터 '극단적 신비주의 형태의 이단'으로 규정된 바 있다.
 · 양태론적인 삼위일체설을 주장한다. 이런 주장은 김기동과 이초석과 같은 주장이다.
 · 예수의 십자가 죽음은 사탄의 지배 아래 들어간, 흙으로 만든 인간의 육체적 구원에만 효과적이다.
 · 하나님은 사탄을 멸하기 위해 인간을 창조하셨다.

---

283) 사이비이단연구 종합자료 2004, pp. 136~137.

- 성경은 영의 양식이므로 신비주의적으로 해석해야 한다.
- 이중 아담론을 주장한다. 즉 창세기 1장에서는 육과 혼(인격)이 주어졌고, 2장에서는 영이 주어졌다.[284]

신천지운동(이만희)의 정체
발생 과정

이대복에 의하면 신천지운동 (기독교 신학원, 신천지예수교 증거장막성전) 은 이만희에 의해 시작된 것으로 보고된다.[285] 이만희의 신앙은 신비적인 체험에서 출발한다. 그는 17세에 침례를 받았다. 그리고 1957년 어느 날 저녁 신비한 체험을 하였다. 그가 들판에서 기도하고 있는데 별들이 머리 위에 내려와 머리 주변을 돌고 있는 환상을 경험했다. 3일 동안 동일한 경험을 한 후 집안의 일로 인해 세상을 비관하면서 자살을 시도하다가 또 환상을 체험하고, 지속적으로 마을의 시냇가에서 신비적인 체험을 하였다.[286]

그 후 이만희는 서울 오류동에 살면서 장막성전 유재열의 집회에 참석하여 은혜를 체험하고 성경 연구에 몰두하다가 하나님의 음성을 들었다. 그는 진리를 좇아가라는 명령에 따라 장막성전에 심취하게 된다. 그러나 장막성전 유재열의 축재와 비리에 실망한 후 1970년에 자신을 하나님이라고 주장하는 백만봉과 함께 장막성전을 떠난다. 그러나 '천국이 이루어진다(1980년 3월 13일)'는 백씨의 주장이 빗나가자 실망하고 탈퇴한다.[287] 그 후 경기도 안양 비산동에 신천지교회를 세우게 된다. 그는 신천지교회가 새로운 사명자임을 주장하면서 무료성경신학원이라는 이름으로 교세를 확장하기 시작하였다.[288] 무료성경신학원은 시온기독교신학원으로 개명하여 16개의 지부를 전국에 두고 있다. 1995년 대한예수교장로교 제80회 총회에서는 무료성경신학원의 가르침은 '신학적·신앙적으로 가치가 없는 집단' 으로 규정한 바 있다.[289] 특히 최근에는 '추수꾼' 을 조직적으로 파송하여 기존 교회를 유혹하고 혼란에 빠뜨리고

---

284) 김영무, 전게서, p. 176.
285) 이단사이비연구 종합자료 2004, p. 96: 이대복, 전게서, p. 142.
286) 상게서, p. 142.
287) 최삼경, 신천지예수교 증거장막성전의 교리적 특성과 비판, 신천지 이단대책공청회 자료집, 총회 이단 피해대책 조사연구위원회, 2007, p. 41.
288) 이대복, 전게서, p. 142, 이단사이비연구 종합자료 2004, p. 96.
289) 김영무, 전게서, p. 244, 한기총에서도 동일한 판결을 하였다(2004).

있다. 그리고 현재 전국에 3만 5천 명의 신도들이 있는 것으로 추정된다. 이들은 각 지역별로 열두 사도의 이름으로 열두 지파를 형성하고 있다.[290]

본서에서는 총회의 결정을 염두에 두고 무료성경신학원과 연관된 신천지운동의 주장들이 과연 이단성이 있는지 없는지에 대해 연구를 하고자 한다. 우선 신천지운동의 역사에 대한 소고가 있은 후 이 운동의 이단성 여부를 가름하는 교리가 수록된 「신탄(神誕)」과 「계시록의 실상」의 내용을 중심으로 연구할 것이다.[291] 그리고 이 작품들에 대한 이만희와 진용식의 공개 토론을 중심으로 결론을 맺을 것이다.

「신탄」의 주장
• 이만희는 재림주로 자처하는가?

무료성경신학원을 연구한 진용식 목사는 이만희를 "재림주, 그리스도, 보혜사, 구주, 사명자, 예언의 사자, 알파와 오메가, 일곱 인을 떼는 자" 등으로 표현하여 그를 사이비 이단의 교주로 규정한다.[292] 일반적으로 사이비 이단의 교주들은 자신을 직접적으로 재림주 또는 심판주 등으로 표현하지 않는다. 그러나 「신탄」은 이만희를 직접 요한계시록에 기록된 '일곱 인을 뗄 자'라고 과감히 표현한다.[293]

이만희는 재림주 사상을 「신탄」을 통해 지속적으로 주장하고 있다. 예를 들면 제6장 구원론에서 적극적으로 이 점을 부각시키고 있다.[294] 요한계시록 11장의 두 증인에 대해 설명하면서 「계시록의 실상」은 이만희 자신이 바로 그 증인이라는 것을 시사하는 것으로 추정된다.

"그러나 우리가 한 가지 혼돈해서는 안 될 것이 끝날에 사도 요한이나 보혜

---

290) 최삼경, 전게서, p. 42.
291) 이만희 측에서는 이 저서들의 무용론을 주장하지만 진용식 목사는 유용론을 주장한다. 참조, 이만희·진용식, 무료성경신학원 이단 논쟁, 도서출판, 성산, 2006.
292) 진용식 목사, 무료성경학원 이만희의 실체는?, 도서출판 성산, 2005, p. 9.
293) 김건남, 김병희, 神誕-성경의 예언과 그 실상의 증거, 도서출판 신천지, pp. 43~44: "이 모든 증거의 말씀을 세상에 드러내기 위하여 하나님은 일찍이 이 땅에 한분을 보내주셨다. 연약한 백성들의 끊임없는 배도와 멸망의 소용돌이로부터 인류를 해방시켜 새 생명의 나라를 개국하기 위해 오셨으니 그분이 바로 이만희 선생이시다. …… 그는 이 시대에 태어난 일곱 머리와 열뿔의 붉은 용과 싸워 이기시고 묵시의 일곱 인을 떼시기에 이른 것이다." cf. 진용식, 상게서, pp. 9~10.
294) 김건남·김병희, 전게서, pp. 303~390.

사나 증인이 각기 따로 나타나 역사하는 것으로 생각해서는 안 된다. 세 사람으로 보이는 이 사명자들은 각기 다른 인물이 아니고 동일한 사명을 받은 동일한 인물이다. 마지막 날에 예수의 권세를 받아 구원과 심판, 예언과 증거, 모든 일을 맡아서 수행할 지상의 육체적인 사명자가 나타난다. 바로 이 인물을 보여주는 상징적 인물들이 사도 요한이요, 보혜사요, 또 증인이다."[295]

이러한 자신의 성경 해석은 세상을 놀라게 할 것이라고 스스로 경고하고 있다.

"너무나도 충격적인 내용을 밝혔기 때문에 이 책을 대하실 분들의 심령에 상처나 아픔이 있을까 심히 우려되는 바이지만 성경을 통하여 살피고 또 살펴서 믿음의 씨로 받아들이기 바란다."[296]

그러나 위의 내용에서 아직은 본인을 재림주라고 직접 표현하지는 않는다. 하지만 여러 가지 성경적인 표현을 사용하여 자신을 사명자, 알파와 오메가, 보혜사 성령, 인 치는 천사로 지칭한다.

" 알파와 오메가는 시작과 끝을 말한다. 시작은 씨요, 끝은 열매다. 시작은 예언이요, 끝은 실상이다. 성경 속에 감추인 모든 비밀의 실상이 나타나 열매로 결실하여야 하나님의 창조의 목적이 이루어진다. ……이 말씀은 아시아 한반도 땅에 세례 요한의 사명자가 길을 예비하고 있을 때 그리스도의 성령도 그곳에 오셔서 역사하심을 말해준다."[297]

분명히 한반도에 마지막 사명자가 나타남을 명시함으로써 자신을 암시하는 분명한 표현이다. 이만희는 또한 자신을 보혜사[298]로 지칭한다. 그리고 그 보혜사는 곧 '예수의 대언자요 예수의 또 다른 이름'이라는 것이다.[299] 그는 예수와 보혜사와의 관계를 성령과 신부(계 22:17), 백마를 탄 자와 백마(계 19:11), 그리스도와 나귀 새끼(막 11:7~10)로 비유하면서 자신이 백마, 신부, 나귀 새끼가 의미하는 지상의 보혜사 즉 사명자라고 주장하는 것으로 보인다. 그리고

---

295) 이만희, 천국 비밀 계시록의 진상, 도서출판사 신천지, 1985, p. 177.
296) 상게서, p. 177.
297) 상게서, p. 36, 참조, 최삼경, 상게서, pp. 42~43.
298) 김건남·김병희, 전게서, p. 330. "보혜사는 예수의 영혼이 재림의 때에 한 육체에 임하여 탄생하시는 예수의 다른 이름이다. 그러므로 보혜사는 예수께서 증거하실 모든 실상의 말씀을 예수의 입을 대신하여 증언하는 대언자이시다. 2천 년 전의 예수도 보혜사이므로 재림으로 오실 보혜사를 다른 보혜사(요 14:16)라고 하신 것이다."; cf. 진용식, 상게서, p. 10: "2천년 전의 나사렛 예수, 그는 승천한 후 재림하실 때 다른 이름을 가진 보혜사로서 오시게 된다. 예수의 이름을 가지고 온 보혜사라는 말이다"(김건남·김병희, 상게서, p. 329).
299) 상게서, p. 331.

"성령이 '자신'을 이끌어주시며 양육하시고 연단을 시키신 후, 땅의 사명자, 곧 구원의 역사를 전개하는 새 언약의 사자로 세우신다"는 것이다.[300] 이러한 표현들 가운데는 자신을 재림주로 알리는 암시적인 묘사가 있는 것으로 보인다. 그러나 아직은 구체적인 말로 자신을 재림주라고 표현하지 않았으므로 그를 재림주로 속단하기는 힘들 것으로 추정된다.

그는 또 "성령이 임하기 전 육체 인간으로서의 사명자가 보혜사"라고 주장한다.[301] 그는 예수도 세례를 통해 성령이 임하기 전에는 육체의 사명자로서 인간 예수였던 것과 같이, 자신도 성령이 임하기 전에는 육체적 사명자였으나 성령을 받은 후 예수가 구세주가 된 것처럼 자신을 부각하고 있는 것으로 보인다.

"2천 년 전 유대 나라에 구주가 오셨지만 그가 구주로서의 사명을 시작한 것은 세례를 받으신 후에 그의 머리에 성령이 임하시면서부터다. 그 이전에는 성령께서 미리 잉태를 예보하시고 각별히 선별하여 양육하시는 육체의 사명자 인간 예수였다. 오늘날에도 그때처럼 한 인간 곧 육체적 사명자를 부르시고 그를 양육하시게 된다. 그가 곧 2천 년 전의, 성령을 받기 전의 예수와 동일한 인물이다. 그리고 예수에게 성령이 임하여 구주가 되듯, 보혜사에게 성령이 임하여 비로소 그 보혜사가 구주가 된다. 더 직설적으로 말하면 2천 년 전의 의인 예수가 오늘날 의인 보혜사로 다시 오셔서, 성령이신 하나님과 하나됨으로써 그리스도가 되는 것이다."[302]

이렇게 강한 표현을 써서 자신을 특별한 존재로 부각시키고 있지만 아직은 실명을 통해 자신을 재림주로 표현하지는 않는다. 그러나 이러한 강한 표현들이 「신탄」의 서두에 "그분이 바로 이만희 선생이시다"라고 기록된 표현과 연관해서 해석될 때 의심을 갖게 한다.

"이 모든 증거의 말씀을 세상에 드러내기 위하여 하나님은 일찍이 이 땅에 한 분을 보내주셨다. 언약한 백성들의 끊임없는 배도와 멸망의 소용돌이로부터 인류를 해방하여 새 생명의 나라를 개국하기 위해 오셨으니 그분이 바로

---

300) 상게서, p. 333; 같은 의미로 332쪽에도 표현되어 있다. "우리는 하나님께서 정하신 한 일을 행하실 때에는 반드시 땅에 있는 한 육체(말, 나귀, 신부)를 택하시고 그에게 하나님의 성령이 임하여 섭리하신다는 사실을 확실히 알게 되었다."
301) 상게서, p. 333.
302) 상게서, pp. 333~334.

이만희 선생이시다. ……그는 이 시대에 나타난 일곱 머리와 열 뿔의 붉은 용과 싸워 이기시고 묵시의 일곱 인을 떼시기에 이른 것이다."[303]

• 신관

「신탄」에 의하면 이들은 삼위일체라는 용어를 사용한다. 그러나 삼위에 대한 「신탄」의 해석은 기독교의 정통 해석과 전혀 다르다. 무엇보다도 이들은 삼위 하나님을 인격적인 개체의 존재로 인식하지 않는다.

"예수와 하나님은 각기 다른 개체가 아니다. 두 분이 일체였음에도 불구하고 하나로 이루어 살지 못함은 사탄이 역사하여 예수의 육체를 앗아간 때문이다."[304]

그리고 성부 하나님을 성령과 동일시하며 하나님과 예수를 동일시한다.

"성부는 거룩하신 아버지 하나님의 성령을 말하며, 그 자리는 아버지의 위라 칭한다. 성자는 하나님의 독생자인, 아들로 나타나신 그리스도 예수를 말한다. 즉 아들의 위다. ……하나님은 아버지의 위에 계시고, 예수는 그의 독생자로서 아들의 위에 계신다. 따라서 하나님이 예수와 함께 될 때 둘은 하나다. 예수께서 자기를 하나님이라고 말씀하셨던 뜻도 여기에 있는 것이다. ……이미 성령관에서 성령은 하나님의 본체 신과 그의 거룩한 조직에 속한 모든 영을 포함한다고 말하였다. 하나님의 본체 신이 예수와 하나 될 때 예수는 아버지의 이름으로 나타난다."[305]

이들이 주장하는 삼위일체란 성부 성자 성령이 개체의 인격적 존재로 계신 분들이 아니며, 하나님의 성령이라는 하나의 영적 존재에 의해 삼위 전부가 설명된다. 그래서 이들은 시종일관 하나님을 성령으로 표현한다. 이들은 모호한 표현으로 성령과 예수의 혼, 땅의 육체를 말하며 이 셋이 하나가 되는 것이 삼위가 일체 되는 날이라고 주장한다. 이런 논리를 통해 보혜사인 자신이 삼위 하나님 중 하나라고 주장하는 것처럼 보인다.

"예수께서 이기는 자에게 하신 말씀을 보라. 이기는 그와, 예수와, 하나님, 이 셋이 하나의 보좌에 앉는다. 이 말씀은 이기는 자는 육체의 사명자 곧 보혜사며, 예수는 이미 그 육체에 거하는 혼이며, 하나님의 보좌는 성령이신 본체

---

303) 상계서, pp. 43~44.
304) 상계서, p. 336.
305) 상계서, pp. 334~335.

신이 좌정하는 자리다. 즉 성령과 예수의 혼과 땅의 육체, 이 셋이 연합하여 하나가 되니 이것이 하나님의 모습이다. 따라서 이 삼위가 일체되는 날, 그날이 여호와의 한 날이요, 변화성신하신 신인이 탄생하는 날이다."[306]

이 신인의 탄생은 바로 이만희 자신에 대해 말하는 것으로 추론된다. 즉 삼위 하나님의 설명도 결국은 자신이 신인으로 탄생하는 것에 초점을 맞추어 논지를 정리하기 위한 것으로 보인다.

• 성경관 오류에 관하여

신천지운동은 성경에 대한 전통적인 주석이나 해석을 모두 부인한다. 역사적인 성경 해석은 세속적이며 인간의 지식에 대한 도전에 불과한 것으로 본다. 이것을 '성경의 배타성'이라고 규정한다.

"성경이 지닌 성경의 배타성에 관한 논리적 근거의 제공이다. 무릇 모든 사상이나 종교가 그러했듯이, 지난날의 역사를 되돌아볼 때 성경은 그동안 숱한 세속적인 도전, 예컨대 인간의 지식으로 읽어진 도그마나 성경을 억지로 해석하는 강론 따위의 도전에 직면하곤 했다. 그러나 성경은 그 어떠한 세속적인 도전도 단호히 거부한다. 지금까지 역사의 뒤안길에는, 세속적인 것들이 성령인 양 허위의 두루마기를 걸치고 성경에 도전했다가 마침내 그 본색을 드러내고 쓰러져버린 잔해들이 무수히 뒹굴고 있다."[307]

성경을 해석하는 것은 성경이 약속한 인물이 오기 전에는 불가능하다고 주장한다. 그동안 수많은 신학자들의 강해나 주석은 약속된 인물의 해석이 아니기 때문에 그들의 작품은 성경의 바른 해독이 아니라는 것이다.[308] 문제는 바른 해독을 할 수 있는 자가 누구인지이다. 이들은 한 인물이 나타나야 함을 지속적으로 언급한다. 그러나 그 사람이 누구인지는 아직 밝히지 않는다. 다만 그 사람은 요한계시록에서 언급한 '일곱 인을 뗄 자' 라는 것을 강조할 뿐이다. 그리고 종국에는 새로운 제단 신천지 증거장막성전의 주인공인 이만희라고 주장하는 것으로 추정된다.

"오라! 그리고 하나님의 신실한 증거를 들어라. 모든 산들의 꼭대기에 우뚝 서 있는 여호와 하나님의 전으로 모이라. ……이 성구(사 2:2~3; 미 4:1~2)에

---

306) 상게서, p. 339: cf. 진용식, 상게서, p. 11.
307) 상게서, p. 22.
308) 상게서, p. 23.

숨겨둔 보화를 캐내어 복 받는 성민이 되라. 모든 산꼭대기에 우뚝 서 있는 하나님의 성전, 그 성전에서 말씀과 교훈이 솟아나 영생의 샘물이 된다. 이 모든 증거의 말씀을 세상에 드러내기 위하여 하나님은 일찍이 이 땅에 한 분을 보내주셨다. 언약한 백성들의 끊임없는 배도와 멸망의 소용돌이로부터 인류를 해방시켜 새 생명의 나라를 개국하기 위해 오셨으니 그분이 바로 이만희 선생이시다."[309]

이들은 이만희가 세상의 구세주요 보혜사로 오신 것에 초점을 맞추어 신 구약성경을 자의적으로 해석한다. 예를 들어 그는 신천지 증거장막과 자신이 구세주로 나타남에 대한 성경적인 근거로 누가복음 8장 17절 ("숨은 것이 장차 드러나지 아니할 것이 없고 감추인 것이 장차 알려지고 나타나지 않을 것이 없느니라")과 욥기 28장 11절("누수를 막아 스머나가지 않게 하고 감추어져 있던 것을 밝은 데로 끌어내느니라")을 인용한다. 신천지 증거장막에 대한 성경적인 근거로는 이사야 2장 2~3절이나 미가 4장 1~2절을 인용한다.

"말일에 여호와의 전의 산이 모든 산꼭대기에 굳게 설 것이요 모든 작은 산 위에 뛰어나리니 만방이 그리로 모여들 것이라 많은 백성이 가며 이르기를 오라 우리가 여호와의 산에 오르며 야곱의 하나님의 전에 이르자 그가 그의 길을 우리에게 가르치실 것이라 우리가 그 길로 행하리라 하리니 이는 율법이 시온에서부터 나올 것이요 여호와의 말씀이 예루살렘에서부터 나올 것임이니라."[310]

이들은 자신들의 입장을 정당화하기 위해 지나칠 정도로 은유적인 성경 해석을 한다. 다음은 그들의 해석이 얼마나 기고만장한지를 이해할 수 있는 긴 인용구이다.

"다음으로 예수께서 아무도 타보지 않은 나귀 새끼를 끌고 오라 하신 이유는 무엇일까? 나귀 새끼 옆에는 이미 나귀가 있었다. 나귀는 곧 세례 요한이며 새끼 나귀는 그의 제자 된 예수 자신이다. 예수께서 세례 받으시고 물에서 올라올 때에 성령(탄 자)이 예수(새끼 나귀)에게 임하시고(타시고), 세례 요한(어미 나귀)에게 임하지 않았던 사실을 상기하자. 이러한 일은 재림의 때에도 동일하게 재현된다. 세례 요한의 입장인 장막성전의 어린 종 삼손에게서 세례를 받으시고 양육을 받으신 제자 곧 새끼 나귀에게 성령이 임하여 역사하게 된다

---

309) 상게서, pp. 43~44.
310) 상게서, p. 43.

는 것을 알 수 있다. 예수께서 나귀 새끼를 타고 예루살렘을 향하여 가실 때에 왜 제자들이 '주의 이름(예수의 이름)으로 오시는 이여'라고 소리쳤는가를 생각해보아야 한다. 끝에 주의 이름으로 오실 자는 이 땅의 육체 인간의 입장에서 부르심을 받게 되고 그에게 성령이 임하여 구원의 역사를 하게 된다. 그러므로 부름 받은 사람이 백마요 나귀며 신부다. 그 사명자에게 임하실 자가 성령이요 탄 자이며 신랑이다. 이러한 오묘한 비밀을 알지 못하고서는 결코 하나님의 깊은 곳을 깨닫지 못할 것이다. 이상의 말씀을 통하여 우리는 하나님께서는 정하신 한 일을 행하실 때에 반드시 땅에 있는 한 육체(말, 나귀, 신부)를 택하시고 그에게 하나님의 성령이 임하여 섭리하신다는 사실을 확실히 알게 되었다. 보혜사, 그는 지상의 사명자다. 그가 백마요, 신부요, 나귀 새끼다. 성령이 그를 이끌어주시며 양육하시고 연단을 시키신 후, 땅의 사명자 곧 구원의 역사를 전개하는 새 언약의 사자로 세우신다. 그리하여 성도들의 이마에 인치게 한 후 예루살렘(성도)이 신부로서의 단장을 마치면 보혜사가 첫 열매인 그리스도로서 변화 성신하여 사망을 온전히 이기고, 또 그를 따르는 무리에게도 길을 열어주어 모든 성도가 차례대로 홀연히 변화하게 된다."[311]

앞에서 언급한 성경 구절들이 전혀 이만희 자신이나 신천지 증거장막에 대해 언급하지 않음에도 불구하고 이들은 성경을 자의적으로 해석, 적용함으로써 성경 해석에 많은 오류를 발생시킨다. 즉 이만희는 성경을 비유와 상징으로 해석하는 데서 문제를 발생시킨 것이다. 그는 성경을 문자적으로 해석해서는 안 되며 영적으로 해석해야 한다고 주장한다.

"성경에 기록된 하나님의 말씀은 육적인 것을 빙자하여 비유를 베푼 영적인 것인데 사람들이 문자에 매여 육적으로 해석하여 행동한다면 하나님의 뜻에 맞을 리가 없다."[312]

"성경의 비밀인 비유의 참뜻을 알지 못할 때, 우리는 눈이 있어도 보지 못하고 귀가 있어도 듣지 못하는 영적 소경이요 귀머거리가 되어 어두운 구덩이에 빠질 수밖에 없다."[313]

이러한 성경 해석은 성경의 권위를 추락시킬 뿐만 아니라 이만희 자신의 주장을 세우기 위한 왜곡된 성경 해석에 불과하다.

---

311) 상게서, pp. 332~333.
312) 이만희, 성도와 천국, 도서출판 신천지, 1995, p. 26, 재인용, 최삼경, 전게서, p. 44.
313) 상게서, p. 44.

• 믿음으로 구원 받음을 부인한다

"예수는 믿기만 하면 영생의 나라에 들어간다고 선언하였다. 그러나 믿는다고 하는 사람들은 모두 죽어갔고, 아직도 천국은 요원하다. ……지나친 역설이라고 할지 모르지만 이제 우리는 좀더 냉철해질 필요가 있다. 믿는 자는 영생한다고 하셨으니 실제로 믿었다면 영생해야 마땅하다."[314]

이만희는 자신을 믿어야 할 대상으로 인식하게 하면서 예수를 믿는 믿음은 영생과 무관한 것으로 해석한다. 만약 이 해석이 잘못되었다면 '믿는다고 하는 사람들은 모두 죽어갔고, 아직도 천국은 요원하다' 는 표현이 무슨 의미인지 제대로 밝혀야 할 것이다. 이만희는 초림 때는 그리스도를 통해 구원의 역사를 이루었지만 재림 때는 자신을 택하여 심판과 구원의 역사를 이루어야 한다고 주장한다.

"하나님은 구약성경(39권)대로 이 땅에 강림하사(사 19:1; 마 3:16) 약속대로 예수님을 빛으로 택하시고 ……범죄한 그 시대를 심판하시고 승천하실 때 약속하신 예언의 말씀이 곧 신약성경 27권이다. 다시 오시는 예수님은 하나님께서 자기를 택하심과 같이 때를 따라 양식을 나누어주는 한 목자(이만희를 뜻한다)를 빛으로 택하시고 ……그와 함께 성경의 예언대로 알곡과 쭉정이를 가르는 심판과 구원의 일을 ……초림 때와 같이 하신다."[315]

• 초월적인 천국을 부인한다

"그래서 믿는 것으로써 구원 받았다고 안주하는 현생 천국과 죽어서 간다는 사후 천국을 멋대로 그려내었다. 성경에도 없는 허구적인 천국이 오늘의 목자와 성도들에 의해 만들어진 것이다."[316]

"천국이 없는데 뉘라서 천국에 들어갈 수 있으랴. 예수는 '가는' 천국이 아니라 우리 앞에 '도래하는' 천국을 선포하셨다(마 4:17). 또한 사도 요한도 거룩한 성, 새 예루살렘이 하나님께로부터 하늘에서 내려온다(계 21:2)고 말했다. ……성경에 사후 천국에 관한 기록이 한 구절도 없음을 알자."[317]

이러한 표현에서 초월적인 천국 개념이 사라지는 것처럼 보인다. 이는 결국

---

314) 상계서, p. 37.
315) 상계서, p. 47.
316) 상계서, p. 37.
317) 상계서, p. 38.

신천지 천국 창조설로서 지상 천국이 그들 집단 위에 이루어진다는 여호와증인과 같은 지상 천국론을 주장하는 것으로 추정된다.[318]

- 구름을 성령이라고 주장한다

엉터리 예언자들이 '구름을 타고 재림한다' 라는 예수님의 말씀을 문자적으로 믿지 않고 자신들의 주관으로 해석하는 것과 같이 이만희도 동일한 태도를 취한다. '하나님의 교회' 교주 안상홍은 구름을 인간의 육체로 해석하여 재림주가 육신으로 온다고 해석한다. 또 어떤 교주는 구름을 말씀으로도 해석한다. 이만희는 구름을 영으로 해석한다.[319] 이들은 기존 교회에서 구름을 문자적으로 해석하는 것은 무지의 소치에서 발생한 에피소드라고 잘라 말한다.[320]

- 윤회설을 주장한다

신천지운동은 기독교가 윤회설을 거부하는 것은 성경과 무관한 것이며 하나님의 뜻과도 무관하다고 말한다. 이들은 윤회설의 성경적 근거로 전도서를 인용한다(1:9~11, 3:15, 6:10). "이미 있던 것이 후에 다시 있겠고 이미 한 일을 후에 다시 할지라"라는 표현과 "이제 있는 것이 옛적에 있었고 장래에 있을 것도 옛적에 있었나니" 등의 표현을 인용하여, 이 말씀이 바로 성경 속에 감추어진 윤회 사상의 일면을 보여준다고 말한다.[321] 그리고 좀더 구체적인 실례로 엘리야의 경우를 장황하게 역설한다.[322] 말 4:5에 나오는 표현이 신약의 세례 요한(눅 1:17, "그가 또 엘리야의 심령과 능력으로 주 앞에 먼저 와서 아비의 마음을 자식에게, 거스르는 자를 의인의 슬기에 돌아오게 하고 주를 위하여 세운 백성을 준비하리라")을 두고 한 예언이며 세례 요한이 바로 엘리야의 화신으로 세상에 왔다는 것이다.[323]

"이상의 성구를 보면 가브리엘 천사는 엘리야의 심령이 세례 요한으로 탄생

---

318) 이대복, 전게서, p. 155.
319) 진용식, 전게서, p. 134; 신탄, p. 354. "구름은 영을 말한다. 예수께서 구름 타고 오신다 함은 영으로 오신다는 말이다. 이 영은 또한 말씀이다."
320) 상게서, p. 354.
321) 상게서, p. 405.
322) 말 4:5, "보라 여호와의 크고 두려운 날이 이르기 전에 내가 선지자 엘리야를 너희에게 보내리니", 왕하 2:11, "두 사람이 길을 가며 말하더니 불수레와 불말들이 두 사람을 갈라놓고 엘리야가 회오리바람으로 하늘로 올라가더라".
323) 상게서, p. 406.

할 것을 통보하였고, 예수는 엘리야가 이미 왔으매 세례 요한이 바로 엘리야라고 지적하였다. 그러나 세례 요한은 자기의 이전 세대(전생)을 기억하지 못하고 자기는 엘리야가 아니라고 답변한다."[324]

이들은 세례 요한이 잡힌 후 예수님이 하신 말씀을 윤회설을 근거로 제시한다(막 8:27~28).

"사람들이 나를 누구라고 하느냐 제자들이 여짜와 이르되 세례 요한이라 하고 더러는 엘리야, 더러는 선지자 중의 하나라 하나이다."

그들은 이 성경을 해석하면서 통해 유대인도 윤회설을 믿었다고 확신시키고 있다.[325]

결론

이와 같은 논지로 수많은 다른 문제점도 「신탄」에서 발견할 수 있다. 특히 이만희가 저자로 되어 있는 「천국 비밀 계시록의 진상」에 수많은 문제점들이 표현되어 있다. 그러나 이 문제들에 대한 결론은 결국 이만희와 진용식의 공개 토론을 소책자로 출판한 「무료성경신학원 이단논쟁」에서 도출할 수밖에 없는 것처럼 보인다. 결론부터 말하면 이만희의 주장인 「신탄」과 「천국 비밀 계시록의 진상」이 이만희나 신천지운동과 전혀 관계없다면 「신탄」과 「천국 비밀 계시록의 진상」에서 드러난 신학적 문제점들은 이만희와 관계없는 것이다.[326]

그러나 진용식 목사의 주장대로 신천지운동이 지속적으로 이 두 권을 사용한 것으로 드러난다면 이만희의 주장은 가식이요 속임인 것이다.[327] 「신탄」과 「천국 비밀 계시록의 진상」은 분명히 신학과 성경 해석에서 이단성을 내포하고 있기 때문이다.

이들의 논쟁에서 이만희는 진용식 목사의 질문에 직접적인 대답을 피하고 있는 인상을 준다. 예를 들면 진용식이 '이만희는 재림주인가' 라고 지적한 질

---

324) 상게서, p. 406.
325) 상게서, pp. 406~407.
326) 이만희, 진용식, 전게서, pp. 44~45; 「신탄」은 김건남, 김병희가 공저로 기록한 책이다. 당시 이 책의 내용 때문에 성도들 간에 분쟁까지 있었고 이 일로 저자 두 사람은 신천지에서 추방되었다. 그때 이 두 제자가 「천국 비밀 계시록의 진상」이라는 책을 저자 이만희의 이름으로 발간하였으나 내용은 자기들의 생각대로 기록하였다. 그 책은 제본이 잘못되어 모두 버렸다."
327) 상게서, pp. 66~67.

문에 대해 이만희 자신이 '재림주가 아니다' 라고 말하면 논쟁은 종결되는데 그렇게 말한 곳이 없다. 단순히 설명으로 이어가다가 마지막에도 막연하게 표현한다. 즉 "……신약성경에는 육체가 재림주가 될 수 없다. 이긴 자 및 대언자가 있을 뿐이다"[328]라는 식으로 막연한 기술을 하고 있다. 그래서 논자는 이만희에게 되묻고 싶다. 그가 말하는 '이긴 자 및 대언자' 는 누구인가? 바로 자신을 재림주로 생각하고 표현한 말이 아닌가?

두 번째 실례는 진용식목사가 '이만희는 자신을 보혜사라고 주장한다' 는 대목이다. 이 문제도 이만희 자신이 '나는 보혜사가 아니다' 라고 말하면 될 텐데 그러한 단정적인 대답은 하지 않고 설명으로 일관한다. 그래서 이 점에 있어서도 논자는 이만희에게 묻고 싶다. 자신이 성경에서 말하는 보혜사인가 아닌가? 진솔하게 대답해 주기 바란다. 이만희 자신이 말한 것처럼 형제의 잘못을 치유하기 위해 지적하는 것이지 형제를 매도하기 위해 이런 질문을 하는 것은 아니다. 다른 여러 문제들도 있지만 이 두 문제에 대한 분명한 대답을 주지 못한다면 정통기독교에서는 이만희의 가르침을 이단성이 있다고 판단할 수밖에 없다.

논자는 우리가 이만희 자신의 직접적인 대답을 바라는 마음에서 위와 같은 간접적인 질문형식을 취했다. 그러나 이만희를 이단적인 교주로 추론할 수밖에 없는 주장이 충분히 그의 저서에 나타나 있다. 예를 들면 이만희는 종말에 새로운 인물이 나타날 것이며 그 인물에 의해 시대의 종말이 온다고 가르치는데 그 인물은 곧 자신임을 암시하는 역설적인 주장을 하고 있다. 그 중요한 부분을 인용하면 다음과 같다.

"하나님은 어느 시대를 막론하고 범죄한 한 세대를 끝내고 새로운 한 세대를 맞이하게 될 때에는, 범죄한 세대의 사람들을 심판하시고 거기서 특별히 의로운 자 몇 명을 골라 새 시대의 씨로 삼는다는 것을 성경에 기록된 연대의 사건을 통해서 보았다. 이것을 언급하는 이유는 예수님께서 세상에 다시 오실 때에도 이러하다고 하셨기 때문이다."[329]

"결국 모세와 아론은 책임을 완수하지 못하고 가나안에 들어가지 못하고 죽었으니 이것이 모세 세계의 구원과 종말이다. 그러나 하나님은 다시 여호수아

---

328) 상게서, p. 46.
329) 이만희, 성도와 천국, p. 92, 재인용, 최삼경, 전게서, p. 50.

를 택하여 모세와 같은 축복을 하고 그 민족을 목적지 가나안으로 가게 되었으니 이 일이 아브라함으로부터 여호수아 때까지 심판과 구원이다. 모세 세계의 종말과 구원은 신명기 32장에 잘 기록되어 있다."[330]

이런 암시적인 주장을 하면서 결국은 신천지와 신천지의 목자 이만희에 의해 종말이 열릴 것이라고 주장한다.

"지금은 성경이 약속한 신천지예수교(계 21:1~8) 시대요 증거장막(계 15:5)의 시대이며, 약속한 목자(계 10:11)에게 증거를 받을 때이다(마 6:33). 새 시대가 열리는 지금 전통이니, 신학 박사니 하는 주장은 멸망의 표식이요 다만 약속의 말씀을 믿고 지킨 자만이 천국이요 구원이다. 이제 바보 같은 신앙은 끝내야 한다. 세계 민족 중에서 성경을 통달하고 실상을 증거할 수 있는 곳은 약속한 신천지예수교 증거장막성전뿐이다. 하나님이 누구와 어디에 함께하시는지 성도는 판단하고 따라야 하며 믿어야 한다(고전 2:10; 슥 8:3, 21~23; 사 2:1~3; 계 1:1~8). 하나님이 성경에 약속하시고 이루신 것을 믿지 않는 목자마다 거짓 목자들이요, 거짓 선지자들이며, 마귀의 교단들이다."[331]

이런한 표현으로 보아서 예수교 증거장막인 신천지운동이야말로 자신들만이 말세의 참된 구원의 최후 보루며 그 외의 교회들은 마귀의 집단으로 인식하고 있음이 틀림없다. 그 중심에는 바로 이만희 자신이 말세의 재림주로 서 있음을 알 수 있다.

대한예수교침례회 기쁜소식선교회(박옥수)
발생과정

기쁜소식선교회는 박옥수에 의해 1960년대 후반부터 종파운동으로 시작하였다. 박옥수는 1944년 경상북도 선산에서 출생하였고 네델란드인 길기수(Gase Glass)에 의해 큰 감명을 받은 것으로 보인다.[332] 박옥수는 구원파의 경우처럼 자신이 거듭난 날짜를 중생의 증거로 중요하게 생각하였다.[333] 1968년

---

330) 상게서, p. 50.
331) 상게서, p. 51.
332) 김영무, 전게서, p. 108.
333) 상게서, p. 108. 박옥수는 1962년 10월 7일에 거듭났다고 주장한다.

그는 김천에서 전도사역을 하는 중 '믿음의방패선교회'인 딕 욕(Dick York) 선교사에게 목사 안수를 받는다.[334] 그 후 그는 대구중앙교회와 대전 한밭중앙 교회에서 사역을 하였다.[335] 1976년에는 신학교를 설립하여 선교사들을 배출하기 시작하였다.

그는 한때 구원파에 소속하기도 하였으나 1983년, 예수교복음침례회를 창설하여 독립하였다. 그는 2004년부터 기쁜소식강남교회에서 사역하고 있다. 현재 기쁜소식선교회에 속한 131개의 지 교회와 세계선교회 91지부를 두고 있다. 1993년 예장통합에서는 이를 이단으로 정죄하였으나 2004년 '예장연'에서는 이단의 혐의를 부정하여 기쁜소식선교회의 이단성 여부가 혼란한 상태이다.[336]

박옥수의 구원파 교리

죄사함 거듭남의 비밀은 박옥수 사역의 주요한 슬로건이다. 그는 철저하게 신도들에게 중생의 경험을 요청하고 있다. 그는 신도들이 죄의 속박에서 해방되어 구원의 확신을 얻고 "기쁜 날 기쁜 날 주 나의 죄 다 씻은 날"의 찬송을 참 마음으로 감동 깊게 부르기를 소원하고 있다.[337] 이것은 박옥수의 일관된 지론이다. 그는 구원의 확신에 대한 열정과 감동으로 일관된 설교나 세미나를 진행하여 많은 신자들에게 감동을 주고 있다. 실제로 그의 저서나 세미나의 내용을 보면 그의 이단성을 단번에 파악하고 진단하기가 쉽지 않다. 그런데 왜 한기총 이단사이비문제연구소에서는 2004년, 그를 이단사이비의 계파로 분류하였는가?

논자는 구원의 확신에 대한 박옥수의 대표적 저서인 「죄사함 거듭남의 비밀」을 연구하여 그의 이단성 여부를 살펴보려 한다.[338] 이 책의 처음에 소개되는 '네 사람의 문둥이'(왕하 7:1~9)는 부산집회 때 설교한 내용이다. 그는 서두에 자신의 바람을 호소한다.

---

334) 그가 권신찬 계열의 구원파 교리인 것으로 보아 이들 선교사들도 근본주의 구원파 선교사로 보인다. 참조, 이단사이비연구 종합자료 2004, p. 15.
335) 정동섭, 오류투성이 죄사함, 거듭남의 비밀, 현대종교, 1998. 5, p. 74.
336) 김영무, 전게서, p. 180.
337) 박옥수, 죄사함, 거듭남의 비밀, 기쁜소식사, 2007, pp. 19~20.
338) 이 책은 대한예수교침례회 기쁜소식선교회에서 박옥수 목사의 대표작으로 신자들이 읽기를 원하는 야심작이다. p. 50.

"여러분이 말로만 들어오던 '기쁜 날 기쁜 날 주 나의 죄 다 씻은 날' "너희 죄 흉악하나 눈과 같이 희겠네' 라는 사실이 어떻게 여러분 속에 이루어질 수 있는지, 이 중대한 문제에 대해서 여러분에게 말씀드리겠습니다"[339]

그리고 그는 이전에 기존교회에서 신앙생활하는 동안 자신이 거듭나지 못했던 경험을 말한다.

"저도 오랫동안 교회에 다녔지만 어떻게 해야 죄를 씻음 받는지를 몰랐습니다. 모조건 회개하고 고백만 하면 되는 줄 알았는데, 씻어질 듯 씻어질 듯 하면서도 마음은 여전히 무거운 죄에 사로잡혀 있는 것을 볼 때 난감했습니다."[340]

그러나 이것은 자신에게 국한된 문제가 아니라 모든 신자들의 문제이므로 이 문제를 끄집어 내어 마음을 열고 토론하자고 제시한다.

"오늘 저녁에 우리가 하나님과 마음의 대화를 나누는 것이 좀 어렵겠지요? 우리가 하나님의 음성을 들을 수 있습니까? 오늘 저녁 마음의 문을 열고 저와 우선 대화를 시작해 봅시다. 여러분의 마음속에 있는 의문을 전부 다 가지고 나오십시오. 신앙생활을 하면서 마음에 답답한 일들, 잘 모르는 일들, 어떻게 하면 죄를 씻음 받는지, 거듭날 수 있는지, 어떻게 하면 내 마음의 문제가 해결되는지 등등, 기도하면 좋은 줄 모르는 사람이 누가 있고, 성경 읽으면 좋은 줄 모르는 사람이 누가 있습니까? 죄 짓는 것이 나쁜 줄 몰라서 죄를 짓는 사람이 어디 있습니까? 아무도 없습니다. 그런데 우리는 우리 마음대로 우리를 다스리지 못합니다."[341]

이렇게 신자들의 죄성을 강조하면서 그는 신자들이 스스로 해결할 수 없는 죄 문제를 해결하는 방법론을 이야기한다. 죄를 이기는 것은 오직 그리스도를 통해 가능함을 역설한다.

"사랑하는 여러분, 오늘 저녁 저는 여러분의 어떤 의지를 요구하지 않습니다. ……예수 그리스도가 여러분의 마음을 지배하시면 더 이상 여러분 자신이 죄와 싸울 필요가 없는 줄 압니다. 여러분이 더 이상 술을 끊으려고, 담배를 끊으려고, 도둑질을 하지 않으려고, 방탕한 생활을 하지 않으려고 노력할 필요가 전혀 없게 됩니다. 여러분 안에 계시는 예수 그리스도가 여러분 마음속에서 그 모든 죄악을 이기게 해주실 것입니다."[342]

339) 박옥수, 전게서, pp. 19~20.
340) 상게서, p. 20.
341) 상게서, p. 21.
342) 상게서, p. 21

박옥수는 그 다음 단계로 우리가 어떻게 이 예수 그리스도를 받아들일 수 있는지를 논하고 있다. 자신이 깨져야 함을 강조한다. 네 명의 문둥병자의 실상을 비유하면서 이 점을 강조하고 있다. 여기서 박옥수는 교인들은 자신이 철저하게 죄의 노예상태에 있음을 인식해야 한다고 말한다. 인간은 죄로 인해 무능하기 때문에 그리스도 앞에 자신을 무너뜨리고 고백해야 한다는 것이다.

"문둥이 네 명이 아람 진을 향하여 걸어가기 시작했습니다. 다리가 끊어지고 손가락이 빠진 몸으로, 허기에 지쳐 넘어지고 쓰러지면서 아람 진을 향하여 한 발자국씩 황혼에 걸어가기 시작했습니다. 하나님께서 이 초라한 행진으로 굉장한 음향효과를 내신 것 같습니다. 문둥이들이 쓰러지고 넘어지고 하는 그 소리가 바람소리, 병거소리, 군대들의 말발굽 소리-굉장한 군대들의 달려오는 소리로 아람군인들에게 들렸습니다. 아람 군인들은 이스라엘 민족이 다른 나라 군인들을 사서 공격해 오는 줄 알고 얼마나 급했던지 나귀 탈 시간도 없이 그냥 도망해버렸습니다."[343]

이렇게 깨져야 할 이유는 우리에게 근본적인 죄가 있고 그것이 해결되지 않았기 때문이라는 것이다. 신자들이 아직도 근본적인 죄의 문제가 해결되지 아니했다는 주장이다. 일반적으로 목사들이 회개하라고 했을 때 회개했다고 고백하지만 죄의 문제가 해결되지 아니한 상태로 신자들에게 남아 있다는 주장이다. 우리가 일상적으로 짓는 죄(간음, 살인, 도둑질 등)는 죄의 증상에 불과한 것이라고 말한다. 죄의 결과와 죄의 근본은 다른 것이라는 견해를 갖고 주장한다.[344] 즉 근본적인 죄성이 해결되지 아니한 상태의 신자들을 묘사하고 있다.

"자신이 무슨 죄를 지었다는 것이 아니고, 그는 근본적으로 죄를 지을 수밖에 없는 인간이라는 그 자체를 고백한 것입니다. 나는 죄 덩어리로 뭉쳐진 인간이라는 것입니다. 여러분, 죄의 결과를 고백하는 것과 죄의 근본을 고백하는 것은 상당한 차이가 있습니다."[345]

이 점에 있어서 현대교회의 무능함을 박옥수는 지적한다. 즉 죄의 근본 문제를 해결해 주지 못했다는 것이다.

---

343) 상게서, p. 39.
344) 상게서, p. 31.
345) 상게서, p. 39.

"사람들은 죄에 대해서 약하기 때문에 죄를 사해 준다고 하면 귀가 솔깃해집니다. 이 시대의 많은 종교 지도자들이 죄를 씻는 문제로 교인들을 우롱하고 있습니다. 옛날 로마 교회가 그러했습니다. 죄를 씻기 원하는 교인들의 간절한 마음을 이용해서 면죄부를 사면 죄가 씻어진다고 말했습니다. 성도들이 정확하게 죄를 사함 받는 방법을 모르고 덮어놓고 하나님을 믿으려고 열심만 내고 있다는 사실을 보여 주고 있습니다."[346)]

그리고 다시 죄 씻음의 확신이 있어야 함을 강조한다.

"사랑하는 여러분, 여러분은 교회를 얼마나 많이 다녔는지 모르지만 정확하게 죄 씻는 방법을 알고 계십니까? 어떻게 하면 여러분의 죄가 눈처럼 희게 씻어지는지 그 방법을 알고 계십니까? 그냥 '예수님을 믿으면 죄가 씻어지겠지'가 아닙니다. 확실하게 죄가 씻어져야 합니다. '기쁜 날, 기쁜 날, 주 나의 죄 다 씻은 날……' 이렇게 죄를 사함 받는 날이 여러분에게 꼭 필요합니다. 여러분, 그날이 없으면 하나님과 여러분 사이에 늘 어두운 죄의 그림자가 막혀 있어서 성령의 능력이 여러분 속에 임할 수 없습니다."[347)]

그리고 죄 사함의 고백을 요청하면서 확신을 가지기를 호소하고 있다.

"오늘 저녁 여러분 가운데 신앙생활을 잘한다고 생각하는 분 말고 신앙에 자신이 없는 분, '나는 죄를 사함 받지 못했습니다' '나는 거듭나지 못했습니다', '나는 이제 정말 안 됩니다', '나는 멸망 받을 수밖에 없습니다' 하는 사람에게 오늘 저녁 구원이 이루어질 줄 믿는 것입니다."[348)]

끝으로 박옥수는 죄 사함의 복음에 청중을 호소력 있게 초대하고 있다.

"사랑하는 부산 시민 여러분, 만일 오늘 저녁 여러분이 하나님을 향하여 여러분의 생각을 버리고 발걸음을 내디디면, 오늘 저녁 하나님의 성령의 충만한 역사가 바로 여러분의 것으로 나타나게 될 줄로 저는 확신합니다. 여러분의 주장을 버리십시오. 여러분의 생각을 버리십시오. 누구든지 예수님 앞에서는 자기를 부인해야 하는 것입니다. 여러분이 잘하는 것도 버리십시오. '나는 목사네', '나는 세례 교인이네', '나는 모태 교인이네' 하지 말고 '나는 죽을 수밖에 없는 죄인입니다. 나를 구원해 주옵소서' 하십시오. 여러분, 죄가 있으면

---

346) 상게서, p. 43.
347) 상게서, pp. 45~46.
348) 상게서, pp. 51~52.
349) 상게서, p. 57.

서 죄인이 아닌 체하지 마시길 바랍니다. 죄를 안 지었다고 해서 죄인이 아닌 것은 아닙니다. 언젠가 기회만 있으면 죄가 드러날 것입니다. 아까 양덕만 전도사가 간증하기를 신학교 다닐 때는 착했던 것 같은데 군대에 가니까 죄가 드러나더라고 했습니다. 그렇지요. 형편이 되면 죄는 드러날 수밖에 없습니다. 여러분, 오늘 저녁 예수 그리스도를 향하여 새로운 발걸음을 옮기게 되기를 바랍니다."[349]

박옥수는 「죄사함 거듭남의 비밀」이라는 책에서 구원교리를 시종일관 다루고 있다. 그가 시종일관 강조하는 것은 신자들은 죄 문제를 해결하지 못했으므로 구원의 확신이 없다는 것이다. 그리고 다시 구원받는 확신에 이르러야 한다는 것이다. 이러한 그의 구원관은 구원파의 구원관과 동일하게 중생의 체험적인 고백을 중심으로 이루어져 있다. 그들은 단순히 그리스도를 믿음으로 거듭나는 것이 아니라 자신이 중생했음을 정확하게 깨달아야 한다고 주장한다. 그래서 우리가 육적 생일을 기억하는 것처럼 영적 생일도 기억하고 있어야 중생의 증거라는 것이다.[350]

그리고 진정한 회개를 통해 한번 구원받고 거듭난 자는 자신을 더 이상 죄인이라고 고백해서는 안 된다는 것이다. 회개를 지속하는 것은 바로 구원받지 못한 증거라는 것이다.[351] 왜냐하면 한번 죄 사함을 받음은 지속적인 결과와 영향이 있기 때문이다.[352]

박옥수의 신앙사상은 다른 저서에서도 같은 맥락을 이루고 있다. 중생과 구원의 확신에 대한 도식은 그의 저서들이 동일한 주제로 다루고 있다.[353] 그것은 현재의 기존신앙은 죄 사함을 받지 못한 것을 전제로 하고 죄 사함이 이루어지지 못한 상태이므로 구원을 받지 못했다는 것이다. 그래서 죄 사함이 다시 이루어져야 한다는 것이다. 그런 의미에서 그는 성도들의 죄를 지속적으로 강조한다. 즉 구원의 확신이 없는 거짓된 믿음을 갖고 있다는 것이다. 그러므로 그의 설교는 항상 기존신자들이 죄 사함을 해결하지 못하고 형식적인 신앙

---

350) 김영무, 전게서, p. 181.
351) 정동섭, 전게서, p. 74; "죄와 범죄는 다르다. 죄를 고백하고 해결하면 구원받게 되며 그 후에는 죄가 용서되었기 때문에 회개할 필요가 없다. 신앙 생활하면서 다시는 회개할 필요가 없다. 스스로 죄인이라 하면서 회개하는 자는 구원받지 못한 자이다."
352) 김영무, 전게서, p. 181.
353) 논자가 구입한 박옥수의 저서들(「내 죄벌이 너무 중하여」, 「잃었다가 얻은 아들」, 「회개와 믿음」, 「예수의 피를 힘입어」, 「히브리서강해 상·하」)은 모두 구원의 확신과 중생을 강조하는 구원파의 원리에 기초하고 있다.

생활을 하는 명목상의 기독교인임을 전제로 한다. 그래서 이들이 진정한 구원의 확신을 갖기 위해서는 먼저 그들의 죄 고백을 해야 함을 강조한다. 그리고 구원의 확신을 경험한 자들은 범죄의 족쇄에서 완전히 벗어나 항상 구원의 기쁨 속에서 신앙생활을 해야 한다고 주장한다.

그러면 박옥수의 신앙과 신학의 문제는 무엇인가? 박옥수는 성화의 과정을 곧 중생하지 못한 죄인으로 규정짓는 데 문제가 있다고 하겠다. 그는 신자들이 죄가 있다고 하면 그것은 바로 중생하지 못한 증거라고 주장한다. 그의 신학사상에서는 개혁주의의 성화의 과정이 결여되어 있는 것이다. 다음과 같은 몇 가지로 박옥수의 잘못을 정리할 수 있다.

- 박옥수는 기성교회 신자들의 구원에 대한 믿음을 인정하지 않는다.
- 박옥수는 죄와 죄의 증세를 구분하여 간음, 살인 등은 죄의 증상이며 죄가 아니라고 주장한다.
- 박옥수는 구원을 받고 중생한 체험의 날짜를 알지 못하면 진정한 중생이 결여된 것으로 인식하고 있다.
- 박옥수는 구원을 하나님의 은혜에 의존하기보다는 인간의 확신에 의존하는 경향이 있다.
- 박옥수의 구원론에는 성화의 과정이 결여되어 있다.
- 박옥수는 성화과정의 자범죄 등을 원죄와 혼돈하고 있다.
- 박옥수는 구원 후의 범죄를 인정하지 아니하므로 율법폐기론의 위험성을 주장하고 있다.
- 박옥수는 기본적으로 구원파 계열의 구원론을 주장하고 있다.

하나님의 교회 안상홍 증인회

창설자 안상홍

증인회의 창설자인 안신홍은 전라북도 장수 출신으로 1918년에 태어났다.[354] 그는 1947년 안식교인이 되었다. 그는 1948년 안식교의 목사인 이명덕에게 침례를 받았다. 그는 그 후 13년간 안식교인으로서의 신앙생활을 하였다. 그는 1953년부터 계시를 받았고 1956년에는 10년 이내에 예수재림을 예

---

354) 전라북도 장수군 계남편 명덕리에서 1918년 1월 13일에 출생하였다. 참조, 진용식, 하나님의 교회 안상홍 증인회는 과연?, 도서출판 복음사역, 1998, p. 7. 이후 진용식, 전게서, 1988로 표기.
355) 이대복, 전게서, p. 489.

언했으나 실패하였다.[355] 1962년 그는 안식교의 재림 날짜에 관한 분쟁으로 야기된 '시기파'라는 분파 활동에 개입하였고 이로 인해 안식교를 탈퇴하고 1964년 "하나님의 교회 예수증인회"를 창설하였다.[356] 안상홍은 자신을 보혜사 성령 또는 육신을 입고 온 하나님이라고 주장하였으나 1985년 67세의 나이로 부산 모 식당에서 식사 중 뇌졸중으로 사망하였다.[357] 그의 사망 후 추종자들은 안상홍의 강림을 고대하며 서울 관악구 봉천동에 자리 잡고 자신들의 교리를 전파하면서 지속적인 종교 활동을 진행하고 있다.

안상홍 증인회의 오류
• 안상홍은 재림주도 하나님도 아니었다

증인회는 안상홍이라는 이름은 성경에 하나님의 이름으로 기록되어 있다고 주장한다. 이들은 그것을 증명하기 위해 요한계시록 14장 1~2절의 말씀을 인용한다.[358] 이 성경 구절에 안산홍의 이름인 '상'과 '홍'이 명시되어 있다는 것이다. 즉 "맑은 물소리와 같고"라는 표현은 바로 안상홍의 '홍'자를 의미한다. 한자로 큰 물 '홍'이기 때문이다. 그리고 "거문고 타는 것과 같더라"라는 표현은 안상홍의 '상'자를 의미한다고 해석한다. 한자로 거문고 소리 '상'을 의미하기 때문이다.[359] 증인회는 성경 66권이 안상홍 하나님을 증거하기 위하여 기록되었다고 믿고 있다.[360]

안상홍 증인회가 안상홍을 재림주로 주장하는 근거는 다음과 같다. 누가복음 1장 32절에 예수가 "다윗의 왕위"로 왔다는 표현이 나온다. 다윗의 재위 기간은 40년인데 예수는 3년 동안 사역을 하였으므로 37년이 남는다.[361] 그런데 안상홍이 30세에 세례를 받고 67세에 죽었으니 그의 37년간의 사역이 바로 예수의 뒤를 이어 다윗의 재위 기간인 40년을 완성한 것이며 안상홍이 재림주

---

356) 진용식, 하나님의 교회 안상홍 증인회의 실체는?, 도서출판 성산, 1999, p. 59. 이후 진용식, 전게서, 1999로 표기.
357) 이단사이비연구 종합자료 2004. p. 81. cf. 진용식, 전게서 1998, p. 7.
358) 요한계시록 14:1~2, "또 내가 보니 어린양이 시온산에 섰고 그와 함께 십사만사천이 서 있는데 그들의 이마에는 어린양의 이름과 그 아버지의 이름을 쓴 것이 있더라 내가 하늘에서 나는 소리를 들으니 많은 물 소리와도 같고 큰 우렛소리와도 같은데 내가 들은 소리는 거문고 타는 자들이 그 거문고를 타는 것 같더라."
359) 진용식, 상게서, 1998, pp. 8~9.
360) 이대복, 전게서, p. 491.
361) 참조, 이대복, 상게서, pp. 493~494.

로 이 사역을 이루었다는 것이다.[362] 안상홍 증인회는 또한 안상홍이 구름타고 온 재림주라고 믿고 있다.[363] 그들은 예수의 재림을 강림과 재림으로 구분하여 설명하고 있다. 재림은 구름 타고 오는 것을 의미하며 강림은 불꽃 가운데 임한다는 것이다. 강림은 구름 타고 오는 재림과는 달리 불꽃 중에 영광으로 오신다는 것이다. 그리고 구름은 인간의 육체를 가리키기 때문에 하나님이 육신의 몸을 입고 안상홍이라는 인간으로 재림하였으며 지금은 불꽃 중에 강림하시는 안상홍을 기다린다는 것이다.[364]

이들이 주장하는 안상홍이 "다윗의 왕위"로 왔다는 이론과 구름이 안상홍의 "육신"이라는 표현이 얼마나 비성경적인지를 살펴보자. 다윗의 위로 온 자는 40년간의 재위 기간을 채워야 한다는 안상홍 증인회의 주장은 전혀 잘못된 것이다. '다윗의 위에 앉은 자'는 성경에서 예수 외에 구약의 왕들에게도 적용한 표현이다. 열왕기상 2장 12절에서는 다윗의 아들 솔로몬이 선왕의 뒤를 이어 다윗의 왕위에 앉았다고 말하고 있다.[365] 이후에도 구약에서 다윗의 위에 앉은 왕들에 대한 표현이 기록되어 있다. 예레미야 22장 2절에 의하면, "이르기를 다윗의 위에 앉은 유다 왕이여 너와 네 신하와 이 문들로 들어오는 네 백성은 여호와의 말씀을 들을지니라"고 표현하고 있다. 즉 다윗의 가문을 잇는 유다 왕들이 다윗의 위에 앉은 왕으로 지칭된 사실이 기록된 것이다(마 1:1~17).[366] 안상홍 증인회가 주장하는, 예수가 40년간의 다윗의 위를 채우지 못하여 안상홍이 나머지 37년을 채웠다는 이론은 전혀 성경과 무관한 자의적인 해석인 것이다.

구름을 인간의 육체로 비교하여 안산홍이 구름타고 재림하였다는 증인회의 주장도 엉터리다. 안상홍 증인회가 구름을 인간의 육체라고 주장하는 성경적인 근거는 히브리서 12장 1절과 유다서 1장 12절이다.[367] 안상홍 증인회는 이

---

362) 하나님의 비밀과 생수의 샘, p. 55, 재인용, 이단사이비연구 종합자료, 2004, p. 83. cf. 진용식, 전게서, 1998, p. 8.
363) 안상홍, 하나님의 비밀과 생수의 샘, 멜기세덱 출판사, 1988, pp. 90, 201, 재인용, 이단사이비연구 종합자료, 2004, p. 82.
364) 진용식, 전게서, 1999, pp. 62~63.
365) "솔로몬이 그의 아버지 다윗의 왕위에 앉으니 그의 나라가 심히 견고하니라."
366) 진용식, 전게서, 1999, pp. 56~57.
367) 히 12:1, "이러므로 우리에게 구름같이 둘러싼 허다한 증인들이 있으니 모든 무거운 것과 얽매이기 쉬운 죄를 벗어버리고 인내로써 우리 앞에 당한 경주를 하며"; 유 1:12, "그들은 기탄 없이 너희와 함께 먹으니 너희 애찬에 암초요 자기 몸만 기르는 목자요 바람에 불려가는 물 없는 구름이

성경구절에 나오는 구름을 "육신을 가진 인간"이라고 말한다.[368] '구름같이' 나 '물 없는 구름 같다'는 표현이 인간의 육신을 뜻한다는 그들의 주장은 뜬금없다. 히브리에서 말하는 '구름같이'란 표현은 증인들의 숫자가 그만큼 많다는 것을 나타내는 의미이다. 유다서에서 말하는 구름은 역시 상징적인 표현으로 거짓 예언자들의 허망함을 가리킨다. 정상적인 국어 독해법을 알고 있는 사람이라면 상식적인 수순에서도 분별할 수 있는 표현이다. 성경에 구름에 대한 이야기가 많이 나오지만 이들은 비유적으로 사용되는 것이다. 예를 들면 구름은 하나님이 영광으로(출 16:10) 환난과 고난으로(사 44:22), 때로는 인간의 허물로(사 5:30) 표현된다.[369]

안상홍 증인회의 주장처럼 구름이 인간이라면 출애굽 할 때 이스라엘을 인도한 '구름기둥'은 인간의 육신 기둥으로 해석되어야 할 것이다(출 13:21~22). 변화산에서 '구름이 와서 저희를 덮었다'는 표현도 육신이 와서 제자들을 덮었다는 식으로 해석해야 할 것이다(눅 9:34~36). 또한 "구름 속에서 소리가 났다"는 표현은 육신 속에서 소리가 났다고 해석해야 할 것이다. 사도행전의 예수가 승천하신 장면인 "구름이 그를 가리어 보이지 않게 하더라"는 구절도 육신이 저희를 가리웠다고 해석해야 할 것이다(행 1:9). 데살로니가 전서 4장 17절에 나오는 "구름 속으로 끌어올려 공중에서 주를 영접하게 하시리니"라는 뜻은 우리가 '육체 속으로' 끌어 올라갔다고 보아야 할 것이다. 안상홍 증인회는 이와 같이 자신들의 주장을 정당화하기 위해 터무니없는 성경 해석을 추구하고 있다.

• 안상홍의 후계자 장길자

안상홍을 여전히 신비적인 존재로 믿고 있는 안상홍 증인회는 장길자라는 여교주를 신봉하고 있다.

"장 여인은 안상홍에 의해서 1981년 하나님의 신부로 택함 받았다."[370]

그들은 장길자를 신적 존재로 신앙하고 있다. 장길자는 안상홍 증인회에서 하나님의 어머니 또는 하늘에서 내려온 예루살렘으로 알려져 있다.[371] 이러한

요 죽고 또 죽어 뿌리까지 뽑힌 열매 없는 가을 나무요", 재인용, 진용식, 상게서, 1999, p. 63.
368) 상게서, 1999, p. 63.
369) 상게서, 1999, p. 64.
370) 이대복, 전게서, p. 495.
371) 진용식, 전게서, 1999, p. 80.

주장에 대한 성경적인 근거는 갈라디아서 4장 26절과 요한계시록 21장 9절, 22장 17절 등이다. 갈라디아서의 "오직 위에 있는 예루살렘은 자유자니 곧 우리 어머니"라는 표현에서 우리 어머니가 바로 장길자라고 주장한다. 요한계시록 21장 9절의 "오라 내가 신부 곧 어린양의 아내를 네게 보이리라"는 표현에서 어린양의 아내인 신부가 장길자라는 것이다. 또한 22장 17절의 "성령과 신부가 말씀하시기를 오라 하시는도다 듣는 자도 오라 할 것이요 목마른 자도 올 것이요 또 원하는 자는 값없이 생명수를 받으라"라는 표현에서 성령은 안상홍이며 신부는 장길자라고 주장한다. 특히 요한계시록 21장의 예루살렘이 하늘에서 내려왔다는 기록을 들어 장길자는 예루살렘이므로 장길자가 바로 하늘에서 내려온 존재라는 것이다. 그래서 장길자를 여자 하나님의 존재로 인식하고 있다.[372]

이런 터무니없는 주장을 하는데도 이들의 주장에 현혹되는 사람들이 있다는 것은 공중의 권세 잡은 자의 유혹이 아니면 불가능하다. 어떻게 예루살렘이 장길자가 될 수 있으며, 하나님은 성별이 없는 분인데 장길자를 여자 하나님으로 인식할 수 있는가? 장길자는 결혼을 하였는데 그러면 하나님이 결혼을 하였다는 말인가? 삼척동자라도 믿을 수 없는 주장을 하는 사람들이 안상홍 증인회다. 성경에서 말하는 어린양의 아내, 신부, 예루살렘은 교회를 의미하는 것이다. 안상홍 증인회는 장길자를 통해 영생을 얻는다고 주장하지만 이것도 터무니없는 말이다. 그들의 성경 교재 '제4장 예루살렘의 어머니'라는 데서 다음과 같이 주장하고 있다.

"어머니 없는 신앙은 영생을 얻을 수 없다. 하나님의 약속인 영원한 생명은 어머니로 말미암아 완성될 수 있는 일이다."[373]

성경에는 분명히 예수 그리스도로 인해 영생을 얻는다고 기록하고 있다. 따라서 안상홍 증인회의 주장은 터무니없는 것이다.

• 구원론에 관하여

안상홍 증인회는 유월절을 지켜야 구원을 얻는다고 주장한다.

"소위 성령 시대인 이 시대는 예수의 이름만 가지고는 구원을 받을 수 없고 성령의 이름인 베드로전서 2장 4절의 산 돌 위에 새 이름으로 인침을 받아 유월절을 지켜야 구원을 받는다고 주장한다."[374]

---

372) 상계서, 1999, p. 81.
373) 상계서, 1999, pp. 88~89.
374) 이대복, 전계서, pp. 495~496.

그래서 안식교에서 분파될 때 이들을 '절기파' 라고 하였다. 유월절을 지켜야 하는 이유는 예수님이 마지막 만찬을 유월절에 지켰으므로 유월절을 지켜야 죄 사함을 받는다는 것이다. 이러한 주장 때문에 유월절은 그들에게 대단히 중요한 것으로 인식되었다. 유월절의 준수 여부는 곧 구원의 여부와 관계되는 그들 교리의 중심을 차지하고 있다. 그러나 유월절은 이스라엘 백성들이 하나님의 도우심으로 출애굽한 것을 기념하기 위해 구약에서 이스라엘 백성들이 지켜온 절기다(출 12:1~14). 이 절기는 신약 시대에 와서 구약의 다른 절기와 함께 폐기되었다(엡 2:11~18; 골 2:2~14, 16절). 그래서 신약에서는 이미 '유대인의 명절' 로 칭한 것이다(요 6:4).

유월절이 폐기되었다는 신약의 기록에도 불구하고 안상홍은 유월절은 폐하지 않았으며 교회적으로 지켜왔다고 주장한다. 마치 안식교인들이 안식일을 주장하는 것처럼 유월절을 지키고 있다.

안상홍 증인회는 초대교회에서 유월절을 지켰다고 주장하지만 사실은 그렇지 않다. 이들은 초대 동방교회에서 유월절에 맞추어 부활절을 지켰던 것을 근거로 든다. 그러나 동방교회에서 유월절을 지킨 것은 유월절의 절기를 규정하여 지키기 위한 것이 아니었다. 그것은 부활절 절기 문제였다. 당시 서방교회에서는 주일을 부활절로 지켰으나 동방교회에서는 부활절을 지키는 주간에 유월절이 끼여 있었기 때문에 유월절에 맞추어 부활절 행사를 했다. 따라서 초대교회에서 유월절을 기념하여 지켰다는 안상홍 증인회의 주장은 사실 무근이다.

또한 안상홍 증인회는 유대 달력으로 1월 14일에 유월절을 지켜야 한다고 하지만 이스라엘 백성들의 유월절 개념도 날짜에 국한된 것은 아니었다. 역대하에서는 특별한 경우에 왕과 방백들이 의논하여 유월절 날짜를 바꾸어 2월 14일에 지키기도 하였고 하나님은 그것도 인정하셨다고 기록되어 있다.[375]

• 유월절은 죄 사함, 영생, 구원과 관계가 있는가?

안상홍 증인회는 예수님이 성만찬을 유월절 절기 동안에 행하신 것으로 인식하고 성만찬 때 예수님이 '새언약' 이라고 언급한 표현을 죄 사함이 이루어

---

375) 대하 30:2~3, "왕이 방백들과 예루살렘 온 회중으로 더불어 의논하고 둘째 달에 유월절을 지키려 하였으니 이는 성결하게 한 제사장들이 부족하고 백성도 예루살렘에 모이지 못하였으므로 그 정한 때에 지킬 수 없었음이라." 참조, 진용식, 전게서, 1999, pp. 30~31.

진 것이라고 해석한다. 그러나 예수님이 제자들에게 주신 떡과 포도주는 죄 사함의 능력이 없다. 단지 예수님께서 십자가에서 죽으신 사건이 죄 사함을 위한 것임을 기념하라는 것이었다. 만약 떡과 포도주를 마시는 것으로 죄 사함을 받는다면 예수님의 십자가 죽음은 무용지물이 된다. 유월절을 지키는 것은 예수님의 구속의 은총을 가져오는 죄 사함과 관계가 없다. 신약성경 어디에서도 유월절 절기를 지켜서 그리스도가 행하신 죄 사함을 받는다고 가르치지 않는다. 죄 사함은 오직 그리스도의 은혜로 말미암아 믿음으로 의롭게 되는 것이다 (행 5:31; 롬 1:17; 엡 1:7).

안상홍은 또한 유월절을 준수함으로써 영생이 이루어진다고 주장한다. 그러나 성경은 하나님의 독생자이신 그리스도를 믿음으로 영생을 얻는다고 말한다. 성경은 명확하게 이 사실을 언급하고 있다. 예를 들면 요한복음 6장 40절에는 "내 아버지의 뜻은 아들을 보고 믿는 자마다 영생을 얻는 이것이니 마지막 날에 내가 이를 다시 살리리라"고 기록되어 있다. 요한복음 5장 24절도 마찬가지다. "내가 진실로 진실로 너희에게 이르노니 내 말을 듣고 또 나보내신 이를 믿는 자는 영생을 얻었고 심판에 이르지 아니하나니 사망에서 생명으로 옮겼느니라." 요한복음 6장 47절에는 "진실로 진실로 너희에게 이르노니 믿는 자는 영생을 가졌나니"라고 말씀하고 있다. 성경 어디에도 유월절을 지켜서 영생을 얻는다는 기록이 없다. 오직 예수 그리스도를 믿음으로 영생을 얻을 뿐이다.

안상홍 증인회는 유월절을 지키는 것이 구원과 관계가 있다고 하지만 이것은 잘못된 가르침이며 터무니없는 주장이다.[376] 성경에는 그리스도를 믿음으로 구원 받는다고 말하기 때문이다(행 2:47; 롬 10:9~10).

안상홍의 잡다한 주장은 터무니없이 계속되고 있다. 특히 교주 안상홍 하나님의 이름으로 구원을 받는다는 주장이 그러하다.

"성부 시대는 하나님 여호와의 이름으로 구원을 받았고……성자 시대에는 예수 그리스도의 이름으로 구원을 받으며……성령 시대인 이 시대는 보혜사 성령으로 온 안상홍 하나님의 이름으로 구원을 받는다……."[377]

---

376) 상게서, 1999, p. 35.
377) 이대복, 전게서, p. 496.

• 종말관

안상홍 증인회는 안상홍이 예수님의 재림을 대신한 재림주로 마지막 날에 세상에 온다고 안상홍 증인회는 주장한다. 안상홍을 따르는 신도들은 안상홍의 인치심을 받은 자로서 구원을 받는다는 것이다. 그 숫자는 계시록에 기록된 14만 4천 명이다.

"오순절 마가 다락방에 내렸던 성령은 이른 비 성령이며 성령이 오심으로 초대교회가 급격히 확장된 것과 같이 늦은 비 성령이 내리면 자신들의 복음이 급격히 전파되어 14만 4천 명을 인치면 안상홍이 공중 재림하고 지구는 흔적도 없이 멸망한다고 한다. 현재 기성 교회에서 이야기하는 것과 성령의 역사라는 것은 모두 마귀의 장난이며 성령은 떠나가고 이 땅에 계시지 않는다고 주장한다. 또한 그들은 종말론을 수시로 정하고 안 이루어지면 거짓으로 연장한다. 2000년도 종말이라고 주장하였다.[378]

그리고 안상홍은 현재 기존 교회의 성령의 역사를 인정하지 않으며 오히려 마귀의 역사라고 주장하고 있다.[379]

• 특이한 예배

안상홍 증인회의 예배에는 교회당 안에 신발을 신고 들어갈 수 없다. 모세가 호렙산에서 하나님을 만났을 때 신을 벗었기 때문이다. 초대 고린도교회의 형식을 좇아 여자들은 머리에 수건을 쓰고 예배를 본다. 더 경악스런 행위는 하나님, 성령, 주와 같은 부분은 안상홍님으로 고쳐서 찬송을 하는 것이다. 또한 예수의 이름으로가 아니라 안상홍의 이름으로 기도한다. 기독교는 콘스탄틴 황제가 기독교를 공인한 때부터 부패하였고 성령이 떠난 상태며 기존 교회에서 칭하는 성령은 마귀라고 안상홍 증인회는 주장한다. 바로 이러한 악령의 세력에 빠진 기존 교회의 성도들을 회개시켜 흑암에서 광명으로 구원해야 한다는 것이다.[380]

이들이 주장하는 성령님 안상홍이 가르쳐준 기도는 다음과 같다.

"하늘에 계신 아버지 안상홍님, 아버지께서 강림하실 날은 임박하였사오나 우리들은 아무 준비도 없사오니, 아버지여! 우리를 불쌍히 여기시고 아버지의

---

378) 전게서, pp. 496~497.
379) 김영무, 전게서, p. 185.
380) 이대복, 전게서, p. 497.

성령으로 말미암아 우리를 거듭나게 하사, 아버지 강림하실 날에 부족함이 없이 영접하여 주옵소서. 아버지 안상홍님의 이름으로 간구하옵니다."[381]

결론

안상홍은 여러 가지로 이단성이 있는 이설을 주장한 인물이다. 그는 특이한 방법으로 성경을 해석하여 신자들에게 잘못된 교리를 가르친 대표적인 이단이라고 볼 수 있다. 특히 유월절의 준수를 구원에 필요한 행사로 보는 견해는 구약의 의식을 자의적으로 해석한 것이다. 예배 시에 안상홍의 이름으로 기도하고 찬양하는 행위는 대표적인 적그리스도의 표상이다.

만민중앙교회(이재록)

창시자 이재록

이재록은 1943년 전라남도 무안에서 출생하여 혁신신학교를 졸업하고 예수교대한성결교회에 소속했다가 예성과 합동될 때 예성에 가입하였다. 그는 청년 시절부터 육체적인 질병 등을 통해 많은 실패와 좌절을 경험하였다.[382] 신학교 시절에 이미 대언 등 신비주의로 문제가 되었고 신학교 교수 회의에 회부되어 제적 처분을 받았으나 복교되었다. 만민중앙교회를 설립하였고, 1990년 예수교대한성결교회 제69차 총회에서 이단으로 규정되어 제명 처분을 받았다.[383]

그후 1991년 예수교대 연합 성결교회 교단을 조직하여 총회장이, 1992년에는 연합성결교신학교를 세우고 이사장이 되었다. 1999년에는 예장 통합 측과 한국기독교총연합회에서도 이단으로 정죄되었다. 1999년 5월 21에는 MBC PD수첩에서 이재록에 대해 방영하자 방송사를 점거하는 등 세간에 물의를 일으켰다.[384]

---

381) 상게서, p. 497; 이대복은 이들의 주장을 다음과 같이 정리하였다. pp. 497~498; 1. 여자가 머리에 수건을 쓰는 것 2. 침례의 주장. 3. 토요일 안식일 주장. 4. 성탄절은 태양신을 섬기는 우상. 5. 유월절 지켜야 구원. 6. 구약의 절기 지킴.
382) 상게서, p. 386.
383) 김영무, 전게서, p. 211.
384) 상게서, p. 211.

이재록의 주장

• 직통 계시론

이재록은 여전도사 한정애와 함께 직통 계시를 받는다고 주장한다. 1983년 5월부터 계시를 받았고, 계시를 받기 위해 월요일부터 목요일까지 말씀을 보고 기도한다는 것이다.[385]

이들은 계시를 받기 위해 새벽 기도 후 오전 내내 합심하여 기도한다고 한다. 대언을 통해서 계시를 받는데 털끝만큼도 합당하지 못한 것이 없어야 계시를 받는다고 한다. 하나님께 합당하지 못한 것이 있으면 영계를 뚫을 수 없으므로 계시를 받을 수 없다는 것이다. 그러나 이러한 직통 계시의 주장은 자신을 신격화하고 구원의 교리를 엄청나게 훼손한다. 한기총 보고에 의하면 다음과 같은 것들이 수록되어 있다[386](이단사이비연구 종합자료 2004, pp. 130~132; 주로 1998년 6월과 7월 저녁예배 설교내용 중에서 발췌한 것이다).

- 선지자들과 예수의 제자들이 이재록에게 인사한다. 아브라함과 선지자들은 자신이 부르면 온다(1998년 7월 5일 저녁예배, 1998년 7월 17일 금요철야집회).
- 죽음이 이재록을 피해간다(1998년 7월 5일 저녁예배).
- 하나님의 보좌 좌편에 이재록의 영이 앉아 있다(1998년 7월 5일 저녁예배).
- 죽고 사는 권세가 이재록 자신에게 있다(1998년 7월 5일 저녁예배).
- 이재록은 원죄와 자범죄가 없고 주님과 자신은 하나다(1998년 7월 5일 저녁예배).
- 이재록은 물위를 걷는 것 외에 66권의 모든 말씀을 이루었다(1998년 6월 21일 주일예배).
- 이재록은 심판 날 주님 앞에서 성도들을 변호해줄 것이다(1998년 7월 5일 저녁예배).
- 영안이 열리면 하나님의 모습이 보인다. 큰 입과 빨려 들어갈 것 같은 눈과 입술은 이재록의 체형을 닮았다(1998년 6월 28일 저녁예배).
- 예수님은 구약의 율법을 완성하였고 자신을 66권의 말씀을 이루었다(1998년 6월 26일 저녁예배).

---

385) 이대복, 전게서, p. 287.
386) 상게서, pp. 496~497.

- 이재록은 비를 맞지 않고, 명령하면 연탄가스도 물러가고, 이재록이 기도한 손수건만 만져도 병이 치료된다(1998년 6월 26일 저녁예배, 8월 9일 저녁예배).

• 이재록의 대언은 무엇인가?

이재록의 대언론은 한정애라는 여성도를 통해서 자신에게 예언을 준다는 것이다. 이재록은 40일간 대언자를 달라고 금식 기도하였고 그 응답으로 한정애라는 여신도가 대언자로 주어졌다. 1982년에는 태양이 작열할 때 개척하라는 대언을 받았으며 이 대언에 의해 7월 25일에 개척하였다. 그때부터 교회도 놀라운 역사를 경험하였다. 1983년부터는 성경 난해 구절을 대언을 통해 계시받게 되었다. 그의 부흥 집회도 대언을 통해 영혼들에게 주님의 뜻을 알게 해준다고 한다.[387]

• 이재록의 천국론은 무엇인가?

이재록의 천국론은 복잡하다. 여러 단계의 천국과 여러 종류의 천국에 관한 계시를 말한다. 그는 5단계의 천국론을 다음과 같이 주장한다. 낙원에 들어가는 1단계의 믿음이 있는데 그리스도를 영접했으나 행함이 없는 자들이 가는 곳이다. 행함이 없는 믿음인 것은 같지만 노력을 한 자는 면류관의 상급을 받고 일층천에 가는 2단계의 믿음이 있다. 이런 도식에 의해 믿음 생활을 한 공로에 따라 이층천, 삼층천, 그리고 새 예루살렘에 들어가게 된다는 것이다.[388]

• 성경관

이재록은 한정애의 직통 계시에 의존하여 성경을 풀이하고 해석한다. 직통 계시를 통해 얻었다는 성경 해석은 주로 알레고리적이다. 예를 들면 요한복음의 혼인 잔치(요 2:1~11) 비유를 설명할 때 다음과 같이 해석한다. 혼인 잔치는 세상 사람들이 사는 악한 세상이다. 주로 먹고 마신다. 죄가 관영한 마지막 때의 모습이다. 포도주는 십자가의 피와 영생이다. 돌 항아리 여섯 개는 인류 6,000년의 역사를 뜻한다.[389] 이재록은 이러한 알레고리적인 해석을 계시를

---

387) 상게서, p. 288.
388) 상게서, pp. 288~289.
389) 죽음 앞에서 영생을 맛보며, 1981, pp. 172~176, 재인용, 이대복, 상게서, p. 289.

통해 지속적으로 받는다고 주장한다.

결론
지금까지 살펴본 것처럼, 전에 속했던 예수교대한성결교회에서 이단으로 규정된 바(1990) 있는 이재록은 극단적인 신비주의 형태의 무서운 이단자이며 한국 교회가 철저하게 경계해야 한다.

엘리야복음선교단
창설자 박명호
박명호는 충청남도 보령 출신으로 1943년 10월 1일에 출생하였다. 그는 안식교 계보에 속한 인물로 엘리야복음선교회를 창설(1980)하여 종파 운동을 일으키기 시작하였다.[390] 그의 본명은 박광규인데 명호로 개명한 것은 울면서 아버지의 심정을 대변한다는 의미라고 한다.[391] 박명호는 종파 운동의 주동자들이 일반적으로 경험하는 환상과 계시의 체험을 하였다. 어느 날 그는 천호동 뒷산에서 안식교 목자들이 양떼를 멸망의 길로 인도하는 환상을 보고 놀라서 '엘리야의 하나님을 보내소서' 라고 외치다가 깨어났다.[392] 이 충격적인 사건을 경험한 후 그는 안식교를 떠났고 경상북도 상주에서 자신의 추종자들을 모아 종파 운동을 전개하였다.

1981년 경상북도 상주군 화북면 상호2리 신성동 706번지에서 그는 순수하게 하나님의 사랑을 전파하기 위해 엘리야복음운동을 전개하였다고 말한다. 채식주의와 토요일을 지켜야 구원을 받는다는 주장을 하면서 하나님을 '친아빠' 로 칭하는 특유한 용어를 사용한다. 도시보다는 농촌에서 살아야 한다는 등의 이색적인 주장을 펴면서 기존 교인들의 주목을 받고 있다. 그중에 가장 큰 문제는 자신이 말세에 오리라는 엘리야라고 주장하는 것이다. 1984년에는 강원도 원성군 소초면 둔둔리에 엘리야복음선교원을 창설하였다.[393]

엘리야복음선교원은 1995년에 이미 해외 선교를 설립할 정도로 확장되었다. 미국에 12지부, 필리핀에 15지부를 두고 있으며 일본, 대만, 아르헨티나,

---
390) 이단사이비연구 종합자료 2004, p. 54.
391) 김영무, 전게서, p. 186.
392) 상게서, p. 186.
393) 이대복, 전게서, pp. 594~595.

중국, 유럽 등 세계 각국에서 포교 활동을 전개하고 있다. 근래에는 유기농 친환경 사업을 전개하면서 대대적인 세력을 증폭시키고 있으며 '돌나라 한국농촌복구회'라는 친환경 유기농 사업을 통해 활발하게 활동하고 있다. 이러한 운동은 방송과 언론 매체를 통해 홍보 효과에 주력하고 있다.[394]

그러나 친환경 유기농 운동을 통해 새로운 이미지를 만들면서 부상하는 뒷면에는 자신이 인류를 구원할 마지막 엘리야라고 주장하는 박명호라는 인물이 있다. 그의 주장들을 검토해보자.

문헌[395]에 관하여

엘리야복음선교원은 기독교의 성경에 버금가는 분량의 「천국 사람들」이라는 자신들의 성경을 가지고 있다. 다섯 권의 단행본(이것이 영생이다, 하늘가는 사람들, 인 치는 천사, 엘리야, 행복한 동행길)을 한 권의 책으로 묶은 것이지만 엘리야복음 선교원의 정경으로 사용되고 있다. 이 외의 단행본들로는 박명호가 29세 때 안식교단의 개혁을 위하여 마지막 권면의 책으로 펴낸 「일어나 성령을 받자」가 있고, 시집으로 「백조의 일생」이 있으며, 신도들의 간증을 엮은 「흑암 중에 만난 광명」 등이 있다.

박명호 저술의 기본 지식은 성경과 안식교 계통의 저서를 기초로 이루어져 있다. 그가 인용하는 안식교의 저서들은 사도행전(AA), 건강을 위한 권면(CH), 새 자녀 지도법(CG), 청지기를 위한 권면(CS), 실물교훈(COL), 시대의 소망(DA), 다니엘과 묵시록(DR), 교육(Ed), 전도법(EV), 초기문집(EW), 각 시대의 대쟁투(GC), 가정과 건강(HH), 선지자의 자서전(LS), 산상보훈(MB), 치료봉사(MH), 청년에게 보내는 기별(MYP), 선지자의 비망록(NL), 부조와 선지자(PP), 정로의 계단(SC), 성화된 생활(SL), 가려 뽑은 기별(SM), 교회 증언(1T-ST), 목사와 복음 사역자에게 보내는 증언(TM), 증언보감(TT), 영문 시조(ST) 등이 있다.

이외에 106차에 걸쳐 행해진 10일간의 집회를 통해 쏟아져 나온 그의 말씀

---

394) 이단사이비연구 종합자료 2004, p. 54.
395) 엘리야복음선교원에 대한 본고는 1995년 숭실대학교 부설 한국기독교문화연구소에서 논자가 발표한 논문인 '시한부 종말론의 종파'를 중심으로 직접 또는 간접 기술하였다. 참조, **韓國基督敎와 似而非異端運動**, 한국기독교연구논총 제8집(통권 14호), 숭실대학교출판부, 1995, pp. 272~315.

전집인 70여 개의 테이프가 있다. 그 내용은 「천국 사람들」을 기초로 강론한 것이다.[396] 그리고 최근에 출간된 「새 심판장 포고령」과 「영광의 빛 I · II」등이 있다.

엘리야복음선교원에 대한 다른 논문이나 잡지로는 한국종교문제소의 「한국 신흥종교」 4권(pp. 347~363)과 「현대종교」 1994년 6, 7, 8, 9월호에서 집중 취재한 기사들이 있다.

연구방법

엘리야복음선교원의 주장을 좀더 정확하게 파악하기 위해 그들의 간행물이나 정경을 중심으로 논고할 것이다. 독자들이 객관적으로 파악할 수 있도록 그들의 주장을 직접 인용하는 데 많은 지면을 할애할 것이다. 이러한 방법은 필자의 주관에 의해 사실이 왜곡되는 것을 방지하고 독자의 주관에 맡기는, 일종의 케이스 연구가 될 것이다. 그럼에도 불구하고 방대한 문헌들을 지면상 다 취급할 수 없기 때문에 그들의 주장을 대변할 수 있는 자료인 「천국 사람들」, 「새 심판장 포고령」, 「영광의 빛 I · II」를 중심으로 다룰 것이며, 필요에 따라 그 외의 자료도 인용할 것이다. 엘리야복음선교원에서 주장하는 바가 그들의 정경으로 알려진 「천국 사람들」이라는 책에 상세하게 기록되어 있기 때문에 그들의 사상과 성격을 규명하는 데 이 책은 충분한 자료로 인정될 수 있다. 엘리야복음선교원의 원자료를 객관적으로 발췌할 것이며, 이는 독자들이 종합적인 판단을 하는 데 도움이 될 것이다. 그리고 질문의 형식으로 중요한 내용들을 정리하여 독자들이 좀더 객관성 있는 결론을 도출할 수 있도록 유도할 것이다. 마지막으로 필자의 소견을 간략하게 피력하겠다.

엘리야복음선교원의 주장

• 영생과 구원에 대하여

「천국 사람들」[397] 제1권인 「이것이 영생이다」에서는 다음과 같은 사상이 나타난다. 이 책의 주된 관심은 인류의 영생에 관한 것이다. 인류를 죄악에서 구원하려는 것이 이 책의 목적임을 분명히 밝히고 있다.

---

396) 1995년을 기준으로 산정한 것이므로 그 이후의 강론 자료는 수없이 많을 것이다. 그러나 그의 기본 사상은 원자료를 통해 알 수 있으므로 특별한 고찰이 필요하다고 생각하지 않는다 – 논자 주.
397) 천국 사람들, 석국, 1990.

"'내가 무엇을 하여야 영생을 얻으리이까' (막 10:17) 하는 우리 온 인류의 호소에 대한 밝고 뚜렷한 해답을, 사랑하는 온 인류 가족님들에게 밝혀드리는 것이 이 책의 유일한 목적이요, 사명이랍니다."[398]

그리고 영생은 바로 독생자 예수 그리스도를 믿음으로 온다는 사실도 기록하고 있다.

"우리 인류가 자취한 범죄의 타락으로 인하여 사망의 권세에 삼킨 바 되어 아무도 살 희망도, 소망도 없이 다만 사망의 권세 아래서 속절없이 죽게 되었을 때, 무한히 자비하신 아버지 '하나님이 세상(죄인들)을 이처럼 사랑하사 독생자를 주셨으니 이는 그를 믿는 자마다 멸망하지 않고 영생을 얻게 하려 하심이라' (요 3:16). 이러므로 하나님이 '죄를 알지도 못하신 이'인 독생하는 아들 예수 그리스도를 '우리를 대신하여 죄로 삼으신' (고후 5:21) 목적은 우리 죄인들로 하여금 영생을 얻게 하려 하심인 것을 우리는 이미 잘 알고 있습니다."[399]

그러나 여기에서 끝나지 않고 영생에 대한 의미와 영생을 얻게 되는 조건을 설명하고 있다.

그러면 '영생이란 도대체 무엇이며 어떤 조건으로 얻어지게 되는 것일까?' 하는 것이 중요한 문제가 되겠습니다."[400]

그리고 영생을 얻은 사람은 인류 역사 가운데 통탄하리만큼 극소수의 사람들임을 강조하면서 이러한 절박한 요청에 부응하여 천국 열쇠의 장으로 연결된다. 영생을 얻는 천국 열쇠는 두 가지 방법과 공식이 있다고 주장한다.

"성경에 영생을 얻는 데 꼭 두 가지 방법과 공식이 분명하게 밝혀졌으니…… 첫째 공식으로 '내 아버지의 뜻은 아들을 보고 믿는 자마다 영생을 얻는 이것이니……' (요 6:40). 다음 둘째 방법은 예수께서 가르쳐주셨습니다. '내가 진실로 진실로 너희에게 이르노니 내 말을 듣고 또 나 보내신 이(천부)를 믿는 자는 영생을 얻었고……사망에서 생명으로 옮겼느니라' (요 5:24). 이 두 가지 공식을 성경 한곳에 모아놓은 곳이 있으니 곧 예수께서 당신의 아버지와 말씀하신 대목에 잘 나와 있습니다. '예수께서……하늘을 우러러 이르시되 아버지여……영생은 곧 유일하신 참 하나님(성부)과 그가 보내신 자 예수

---

398) 이것이 영생이다, pp. 17~18.
399) 상게서, pp. 17~18.
400) 상게서, pp. 17~18.

그리스도(성자)를 아는 것이니이다' (요 17:1~3). 모든 성경을 대표하는 말씀이 요한복음 3장 16절이라고 한다면 그 요한복음 3장 16절의 결정체요 완성은 요한복음 17장 3절이 됩니다. 이 요한복음 17장 3절이야말로 지상에서 하늘 아버지 보좌 앞까지 곧게 뻗어 있는 유일한 황금 고속도로, 유일한 영생대로(永生大路)인 것입니다. 또한 두말할 것 없이 하늘 천성이 진주문을 여는 유일무이한 열쇠인 것입니다."[401]

박명호가 주장하는 영생을 얻는 방법은 결국 그리스도에 대한 참된 지식을 얻는 데 있다. 이적과 기사로는 영생에 들어갈 수 없음[402]을 주장하는 것은 합당하다. 그러나 이들은 영생을 그리스도를 믿음으로 얻는 것이 아니라고 주장한다. 영생을 얻기 위해서는 참 영생의 지식을 얻어야 한다는 주장이다.

"이런 말씀을 드리면 혹자는 믿음으로 들어가지 지식으로 들어가느냐 하고 반문하실지도 모르겠습니다. 물론 그렇게 말씀하실 수도 있습니다. 우리가 그리스도를 믿음으로 들어가지 지식만으로 들어갈 수 없습니다. 그러나 믿음 자체를 논할진대 믿음이 먼저인가, 지식 즉 아는 것이 먼저인가 할 때 믿는 것도 먼저 알아야 믿을 것이 아니냐는 결론이 나옵니다. '그러므로 믿음은 들음에서 나며 들음은 그리스도의 말씀으로 말미암았느니라' (롬 10:17). 그러므로 참 영생을 얻고 못 얻는 것은 참 영생의 지식을 가지느냐 못 가지느냐에 따라 결정되는 것이라 하겠습니다."[403]

박명호는 정통 교회의 이신칭의론을 정면으로 반대하면서 구원의 비밀 지식론을 주장한다. 구원은 하나님께서 우주의 왕이시며 예수께서 그의 아들이시며 세상의 구세주라는 것을 상식적으로 아는 지식과는 전혀 무관하다는 것이다. 이런 주장은 그리스도를 믿는 익명의 기독교인들에게 적용되는 구원의 불확실성을 의미하는 것 같지는 않다. 박명호는 영생을 얻기 위해서는 자신이 제시하는 특별한 지식이 있어야 함을 강조하면서 이러한 특별한 길과 지식을 알려줄 자가 나타나기를 세상은 간절히 사모하고 있다고 한다. 이러한 표현은 정통 기독교의 교리나 신앙으로는 구원이 불가능하며 특별한 단계의 믿음이 있어야 하고, 그것은 특정한 전달자에 의해 성취될 수 있음을 암시한다.

"하나님과 그가 보내신 예수 그리스도를 체험적으로 아는 일은 사람을 하나

---

401) 상게서, pp. 19~20.
402) 상게서, pp. 22~25.
403) 상게서, p. 26.

님의 형상으로 변화시킵니다. ······이 지식은 무한하신 자와 교통할 수 있게 하고 우주의 풍성한 보화의 문을 그에게 열어줍니다. ······온 하늘은 지금 이 생명의 기별을 가지고 세상을 향하여 나아갈 거룩한 전달자들이 나타나기를 목마르게 기다리고 있습니다."[404]

• 하나님에 관하여

엘리야복음선교원은 참 하나님에 관한 분석에서 하나님과 인간의 관계를 친족 또는 유생기원론의 개념에서 다루며, 이러한 전제에서 하나님을 '친아버지' 또는 '친아빠'로 호칭한다. 하나님의 본성이나 외모에 대한 묘사도 불가해적인 속성보다는 가해적인 속성, 즉 인간 중심의 관점들이 구심점이 되어 있다. 그리고 신인동형론을 주장한다.

"이상으로 보아 유일하신 참 하나님 우리 하늘 아버지께서는 머리와 머리털을 가지고 계시며, 얼굴과 목을 가지고 계시며, 얼굴에는 눈과 코와 귀와 입과 입술을 가지신 분입니다. 창세기 1장 26절에서 '하나님이 이르시되 우리의 형상을 따라 우리 모양대로 우리가 사람을 만들고' 하신 말씀을 보아서도 우리를 당신의 형상과 모양에 따라 똑같이 지으셨다는 것을 알 수 있습니다."[405]

엘리야복음선교원은 하나님과 인간은 외형만 동일한 것이 아니라 성격도 동일하다고 한다.

"이상 대강으로 알아본 바와 같이 우리 하늘 아버지의 성격과 속마음 역시 우리와 거의 똑같은 애정이 있으셔서 사랑하는 자를 사랑하시는 반면 미운 자를 또한 미워하시기도 하고, 좋아하는 자를······"[406]

이러한 성격과 품성을 가지고 계신 아버지를 안다면 이분을 우리의 친아버지로 사랑의 관계 속에서 이해해야 함을 강론한다. 그리고 이러한 사랑의 표현을 친자식과 아버지의 관계 속에서 이해하려 하고 있다. 하나님을 육신의 친아버지 개념으로 이해하면서 유생기원론으로 빠진 것이다.

"하늘에 계신 하나님 아버지께서는 당신의 몸으로 우리를 친히 해산하여 낳으신 우리 친아버지랍니다. ······육체를 가진 피조물인 사람은 육체를 가진 동물들과 거의 같은 방법으로 자기의 육체의 태를 통하여 자식을 낳아 얻게 되

---

404) 상게서, p. 32.
405) 상게서, p. 35.
406) 상게서, p. 42.

지만 전혀 육체를 갖지 아니하신, 영(靈)이신 창조주 하나님께서는 육체가 없는 창조주의 태(胎)와 방법대로 당신의 자녀를 낳아서 기르시는 것입니다. ……사랑하는 인류 가족 형제들이여! 이제 이후로 기도할 때는 전날에 우리의 형식과 같이……힘없이 부르는 것보다 이제부터는 우리 아버지여(마6:9)! 하늘에 계신 우리 친아버지시여(요 5:18)! ……또는 하늘에 계신 나의 아빠(공동번역 갈4:6), 하늘에 계신 나의 친아빠(요 5:18)! ……라고 그분의 가슴속 깊이 파고드는 친자녀로서의 마땅한 힘찬 기도를 드리시길 바랍니다."[407]

이러한 표현들은 피상적인 신자들의 신앙에 대한 회의에서 비롯하여 그들이 하나님과 깊은 관계를 친히 가진다는 영적 의미로 해석할 수 있으나 그 표현들은 분명히 유생기원론에 치우친 것이다. 하나님을 친족 같은 유생기원론적인 차원에서 고백해야 완전한 중생과 성화를 이룬다는 것이다.[408]

• 기독론에 관하여

엘리야복음선교원은 하나님에 관한 유생기원론적인 지식을 습득하고 고백(영생의 첫 번째 관문)한 후에 그리스도에 관한 지식도 습득해야 한다고 말한다. 그들은 예수 그리스도의 신성과 고난 사역, 창조주로서의 하나님, 유일한 구세주에 대한 고백을 한다. 그러나 역시 그에 대한 묘사도 신인동형론적인 묘사로 가득 차 있다.

"그는 몸집과 키가 중간 정도며 균형 잡힌 몸매를 가지고 있다. ……그의 머리카락은 익은 밤과 같은 빛깔이며 귀 근처는 미끄럽고 머리는 물결치듯 파마한 머리처럼 되어 있다. ……그의 얼굴은 부드럽고 착하며 주름살도 없고 상

---

407) 상계서, pp. 53~57.
408) 상계서, pp. 176~177; 1. 아버지의 사랑스런 모습과 품성 2. 십자가의 피보다 더 진하고, 십자가의 죽음보다 더 강하신 아버지의 사랑 3. 나를 낳아주신 나의 친아버지 4. 나에게 예쁜 집을 지어 분가 내주신 나의 아버지 5. 나를 택하사 맏형님 예수와 짝지어주신 나의 아빠 6. 내 모든 기도에 친히 응답해주신 나의 아빠 7. 내 모든 악(惡)과 과실(過失)과 죄(罪)를 다 용서해 주신 나의 아빠 8. 내 모든 질병을 고쳐 주신 나의 아빠 9. 나와 우리 남매들을 위해 부지런히 일(활동)하시는 우리 아빠 10. 죄인인 나에게 성령을 선물로 주신 나의 아빠 11. 나에게 또 다른 생명과를 내려 주신 나의 아빠 12. 나를 성화시켜 열매 맺게 해주시는 나의 아빠 13. 나 하나만을 위해 맏아들 예수를 내주신 나의 아빠 14. 나를 구하시려 십자가 위에서 맏형님과 함께 고통당하신 나의 아빠 15. 나를 찾아 오사 내 안에 친히 거하시는 나의 아빠 16. 나를 죽음에서 일으키시고 또 영생을 주시는 나의 아빠 17. 심판석에서 우시는 우리 아빠 18. 나를 사랑으로 징계해 주시는 나의 아빠 19. 나에게 보좌를 내주신 나의 아빠 20. 나에게 왕권을 내주신 나의 아빠 21. 나에게 나라를 내주신 나의 아빠 22. 나에게 영원한 표징을 주신 나의 아빠 23. 나와 영원히 한 집에서 사시는 나의 아빠 24. 내가 무엇을 가지고 높으신 하나님 내 아버지께 나아갈까?

처도 없으며 약간 홍조를 띠고 있다. ……코와 입은 훌륭하게 생겼다. ……예수님은 용모와 전체의 모습이 매우 아름다우며 균형이 잘 잡힌 고상한 분으로, 그를 대면하는 사람들은 하나님의 사랑과 은혜가 흘러나는 그의 인품과 위엄에 두려움을 느낄 정도로 그는 고상한 외모와 흠이 없었던 거룩한 분이셨음을 우리는 밝히 알 수가 있다."[409]

신인동형론적인 위험한 사고로 인해 사람들도 하나님과 깊이 교제하면 그의 형상과 모습을 닮게 되는데 이러한 사람들은 신선이 되어 승천하게 된다는 억지 주장을 한다.[410] 그리고 "우리가 예수님과 다른 것이 있다면 성령으로 좀 먼저 나고 뒤에 나고 시간 차이일 뿐 다를 바가 아무것도 없는 것이다"라고 주장한다.[411] 또한 친족과의 관계에서 예수를 '친형님 예수'라고 명할 수 있다고 말한다.[412]

• 성령에 관하여

엘리야복음선교원은 성령을 모성애에 비유하면서 특이한 표현으로 성령을 묘사한다. 이러한 표현은 유생기원론의 오류를 범하는 것이다.

"나의 엄마, 엄마……성령님 엄마 저를 온전히 품어주옵소서. ……성령님 엄마 저로 하여금 우리 하늘 아빠 꼭 닮게 길러주시옵소서.……엄마 나의 엄마 인자하신 성령님의 엄마."[413]

엘리야복음선교원은 「이것이 영생이다」라는 대장정의 구원의 진리에 대한 설명이 있은 후 이제 이 진리를 받아들인 사람들이 어떻게 살아야 할 것인지를 가르친다. 그리고 성경이 그들의 삶의 지침이 되지만 성경 외에 천연계 성경이 있다는 이색적인 주장을 한다. 이러한 주장들이 「하늘 가는 사람들」이라는 제2권에 기록되어 있다.

• 성경에 관하여

엘리야복음선교원은, 기록된 성경은 불완전하며 오히려 천연계가 진실하다

---

409) 상게서, pp. 183~184.
410) 이대복, 전게서, p. 597.
411) 상게서, p. 597.
412) 상게서, p. 598.
413) 상게서, p. 598.

고 믿는다. 기록된 성경이 아니라 천연계가 성경 이상의 교훈을 준다는 것이다. 자연계에 대한 신적 계시의 원시적이고 원색적인 표현들이 특이하고 신선한 충격을 우리에게 주고 있다는 것이다.

"현재 우리가 읽고 있는 66권의 종이 성경은 타락한 인간이 자기의 불완전한 언어와 불완전한 표현으로 기록하였기 때문에 불완전한 성경책이 된 것이다. ……그러나 하나님께서 당신의 손가락으로 친히 기록하여주신 성경책이 있는데 그것은 66권 성경이 나오기 전에 태초 맨 처음에 우리에게 첫 번째로 주셨던 제1성경, 천연계(天年界) 성경이 바로 하나님께서 원래 우리에게 주신 제1성경책이다. ……지금 이 땅에서 천연계 성경을 잘 읽을 수 있는 마음과 눈과 귀가 열린 사람들은 이미 승천 준비를 마친 자들이다. ……현대 기독교인들은 '공자님도 죄인이고 구원이 없다. 왜냐하면 천하 인간에 구원을 얻을 만한 다른 이름을 우리에게 주신 일이 없기 때문에 공자님도 예수를 모르는 죄인이므로 멸망한다'라고 대부분 말한다. 그러나 그것은 독선에 빠진 옹졸한 소견을 가진 현대 기독교인들의 말이지 하나님의 말씀은 아니다."[414]

천연계 성경의 원리에 의하면 중국의 이방 신선들은 예수도 성경도 몰랐지만 예수께서 재림 시에 데려가신다는 것이다.[415]

• 완벽주의에 관하여

엘리야복음선교원은 토요일 안식일을 준수한 자녀들의 교육, 효 사상 등 하늘 가는 자녀들의 신앙 생활에 대해 철저한 생활을 강조한다. 그러나 인간의 죄성과 연약성을 무시한 철저한 완벽주의를 추구하는 이단적인 생활관을 갖고 있다. 이들은 품성의 불완전을 죄로 인식한다. 그리고 그리스도께서 모든 사람에게 도덕적인 완전주의를 요구하신다는 것이다. 예수가 온전하신 것처럼 우리도 전적으로 온전해야 한다는 것이다.

"하나님께서는 탐욕과 이기심을 털끝만큼이라도 용인하실 수 없으시며 ……예수께서 자신의 귀한 생명을 바쳐 얻은 그의 공인된 백성들 가운데서 털끝만큼의 이기심이 보이면 대경실색(大驚失色)하신다. ……그러한 모든 자들은 하나님의 백성들로부터 떨어져 나갈 것이다."[416]

---
414) 하늘 가는 사람들, pp. 576~579.
415) 이대복, 전게서, p. 599.
416) 하늘 가는 사람들, pp. 409~416.

- 인간론에 관하여

엘리야복음선교원은 하늘 가는 사람들은 완벽주의와 같은 삶을 통해 하나님이 되라고 주장한다.

"소의 아들은 반드시 소가 되어야 하고, 사람의 아들은 반드시 사람이 되어야 하고, 하나님의 아들은 반드시 하나님이 되어야 한다. 그러므로 승천하여 하나님과 영원히 같이 살 하나님의 아들들은 반드시 하나님이 되어야 한다. 하나님이 되지 않고서는 하나님의 아들이 될 수도 없고 하나님과 같이 살 수도 없다. ……모세 하나님, 에스겔 하나님, 엘리야 하나님, 엘리사 하나님, 바울 하나님, 어부 요한 하나님, 세리 마태 하나님……할렐루야! 그리스도 예수와 같이 말씀 하나님을 육체 안에 영접케 하여 전능하신 하나님의 아들 곧 아들 하나님들로 태어나게 하사 영원히 죽지 않는 신이 되게 하여 주신 우리 하늘 친아버지께 한없는 감사와 찬양과 영광을 영원토록 돌릴지어다. 할렐루야."[417]

그러나 성경은, 인간은 결코 하나님과 같은 신적인 존재가 될 수 없다고 가르친다. 인간은 하나님의 피조물이며 죄로 말미암아 부패한 존재일 뿐이다. 하나님의 불변하는 속성인 전지와 전능, 영원성은 인간이 결코 하나님과 공유할 수 없다. 인간은 유한한 존재며 비록 하나님의 형상으로 창조되었으나 죄인에 불과하다(롬 3:9~24).

엘리야복음선교원의 위험한 교리는 바로 엘리야에 대한 개념이다. 제4권 「엘리야」편에서 교주의 실체를 은밀히 드러내는 작업이 시작된다. 그래서 '공개된 비밀'이라는 제목으로 시작된다.

- 엘리야에 관하여

엘리야복음선교원은 마지막 날에 임할 엘리야에 대하여 '공개된 비밀'에서 다음과 같이 주장한다.[418]

"먼저 알 것은 '주 여호와께서는 자기의 비밀을 그 종 선지자들에게 보이지 아니하시고는 결코 행하심이 없으시리라'(암 3:7). ……이제 지상의 모든 거

---

417) 전게서, pp. 616~624.
418) 엘리야, pp. 688~699.

민들은 '크고 두려운 날' 예수 재림을 대비하도록 하늘의 하나님께서 미리 보내신 엘리야의 광포하는 소리를 들을 때가 되었다. 누구든지 하나님께서 보내신 사자의 소리를 듣고 '준비하였던 자들은 함께 혼인 잔치에 들어가고'(마 25:10)……책은 그대로 하여금 하나님의 보내신 엘리야란 어떠한 자며 언제, 어디서, 어떻게 나타나 무엇을 외칠 것인가를 상세히 가르쳐주는 책이 되겠다. 뿐만 아니라 사탄 마귀가 지금까지 수없이 많이 보낸 거짓 선지자와 거짓 엘리야들에 대한 정체와 이제 나타나게 될 하나님의 참 엘리야에 대한 식별법을 상세히 알려주는 책으로, 아무도 거짓 선지자나 거짓 엘리야에게 속지 않도록 보호해줌과 동시에 아무라도 마음이 겸손한 자라면 참 엘리야를 만나서 식별치 못하여 그냥 지나쳐버리지 않도록 온전한 통찰력이 되게 하여 주는 지혜의 책이 될 것이다."[419]

이 글에서 엘리야복음선교원은 분명히 예수님의 재림을 알릴 마지막 전령자에 대한 기록을 상술하고 있다. 마지막 엘리야의 출생지, 시간, 사역까지 언급하려는 것이다. 이들은 엘리야가 박명호라는 거명은 아직 하지 않는다. 그러나 엘리야의 성격에 대해서는 언급한다.

"엘리야란…… '성실, 헌신, 하나님을 굳건히 붙잡은 자, 의로운 행실에서 떠나는 것을 용납지 않는 자, 여호와는 나의 하나님이라'는 뜻으로 하나님 앞에 성실하며 하나님께 온전히 헌신한 자로서, 하나님을 굳건히 붙잡고 사람들이 의로운 행실에서 떠나는 것을 용납지 아니하는 여호와의 편에 굳게 선 자로서, 하나님을 잃어버리고 바알을 섬기는 세상 앞에 나타나 하나님의 영광을 위하여 싸우는 여호와의 편에 굳게 선 사람을 가리켜 엘리야라고 한다.[420]

이러한 성격의 엘리야는 자의로 말하지 않고 오직 성령이 말하게 하심에 따라 말하고 외치는 자, 즉 성령의 소리가 된다는 것이다. 그런 사람이 누굴까? 우선 엘리야는 지구 종말의 최후의 순간에 온다고 한다.[421] 그리고 마지막 엘리야가 임하는 민족은 이스라엘 백성이어야 하지만 현재의 이스라엘은 하나님의 유일한 택한 백성으로서의 특권을 상실했으므로 영적 이스라엘 백성 가

---

419) 상게서, pp. 688~689.
420) 상게서, p. 690.
421) 상게서, pp. 696~697.; "엘리야는 여호와의 크고 두려운 날이 이르기 전 예수 재림하시기 직전의 때, 지구의 마지막 저녁 소제 드릴 때, 지구의 날이 거의 어두워갈 때, 마지막 최후의 시간에, 최후의 선지자로 하나님께서 마지막 엘리야를 보내실 것이다."

운데서 임한다고 한다.[422] 그러면 그 민족이 어느 민족인가? 다음과 같이 결론짓고 있다.

"내가 동쪽에서 사나운 날짐승을 부르며 먼 나라에서 나의 뜻을 이룰 사람을 부를 것이라(사 46:11). ……내가 한 사람을 일으켜 북방에서 오게 하며(사 41:25). ……이스라엘 하나님의 영광이 동쪽에서부터 오는데(겔 43:2). ……이로 보건대 마지막 엘리야는 지구의 '동쪽', '동방', '해 돋는' 나라 '동북' 아시아에서 나오게 되어 있다. 대개 동북아시아라면 중국, 일본, 한국을 가리킨다. 그러면 이 세 나라 중 어느 나라에서 엘리야가 나올 것인가? 성경의 예언은 마지막 여호와의 '모략을 이룰 사람'이 '동쪽……먼 나라', '해 돋는' '땅 끝에서' '나의 종이' 나오겠다(사 41:2, 9절) 하셨으니, 중국은 동북아시아의 머리 중심부요 '끝'이 아니기 때문에 예언에 해당되지 아니하며, 일본은 땅 끝이 아니요 뚝 떨어진 섬나라인 고로 예언에 부합되지 아니하며, 한국만이 '땅 끝……땅 모퉁이'로 예언에 적중된 나라다. 그러므로 마지막 엘리야는 한국, 그것도 북한이 아니요 '땅 끝' 남한에서 나올 것이다."[423]

이상의 주장들을 추론해보면 마지막 엘리야로 나타나는 사람은 구약의 '엘리야와 비슷한 신분으로 세상의 학식이나 신학을 구비하지 못한 비천한 시골 태생의 평범한 인물'이라는 것이다. 이것은 바로 나무꾼 박명호의 소박한 모습을 비유한 것이라고 볼 수 있다. 그리고 엘리야가 나타날 지역을 한국의 남한으로 이해함으로써 지역과 신분의 조건 역시 박명호를 지칭한다고 볼 수 있다. 또 이들은 엘리야가 마지막 한 사람인가 혹은 복수가 될 것인가라는 질문에서 한 사람이 될 것이라고 강력한 주장하면서 다음과 같이 말함으로써 집합적인 의미도 나타내고 있다.

"엘리야와 연합하여 엘리야와 같은 정신과 사명을 가지고 하나님께 충성할 자들을 가리켜 말한 것으로 마치 옛적에 기드온과 그의 친구 동역자 300명 무리가 똑같은 일과 사업을 행했던 것과 비교되겠다. 그러므로 마지막 나타날 엘리야는 여러 무리의 '엘리야들'이라고 해도 지극히 당연하고 합당한 말이 되겠다."[424]

물론 박명호 자신은 집단적인 의미의 엘리야라고 주장하겠지만 신도들은

---

422) 상게서, p. 697.
423) 상게서, pp. 697~698.
424) 이대복, 전게서, p. 605.

박명호에 대한 절대적인 신앙을 갖고 있기 때문에 박명호 자신이 동방에서 마지막 때에 나타날 엘리야로 부각되고 있음은 주지의 사실이라고 볼 수 있다.

결론

그리스도의 복음을 파악하기 위해 기독교 역사는 지금까지 자연과 은총, 이성과 신앙(계시)의 사이에서 끝없는 갈등을 계속해 왔다. 은총이 자연을 지나치게 능가하면 신비주의나 광신주의, 미신주의에 빠지고, 이성이 신앙을 떠나면 은총을 무시하는 과학주의, 자연주의에 빠져 신앙의 기조를 위협하기까지 하였다. 오직 이성과 신앙이 조화를 이루어낼 때 극단론에 빠지지 않고 공감대를 형성한 신앙 생활을 엮어낼 수 있다. 신앙의 뜨거움이 필요하지만 이것이 이성을 마비시키고 진리를 왜곡되게 오도하는 온상이 됨을 동시에 인식해야 한다.

엘리야복음선교원의 박명호는 하나님을 사랑하고 인류를 구원하겠다는 갈망과 진리에 대한 열정은 초인적이라 할 수 있다. 즉 자신을 엘리야 또는 하나님이라고 일컬을 만큼 그는 인류 구원과 하나님에 대한 사랑이 초인적(?)이다. 그럼에도 불구하고 그의 성경 해석과 인용은 그것의 원의미를 제대로 파악하지 못하고 아전인수 격으로 사용하고 있는 극단론에 서 있다. 완벽한 신앙의 삶을 구현할 수 있다는 의지와 노력에 대해서는 전혀 이론(異論)을 제기할 필요가 없지만, 그들의 환상이 도리어 자신들을 기만할 여지가 있다는 사실과, 그들의 엘리트 의식 자체가 보편 교회의 형제들과 성도의 교제를 단절시키는 독소가 될 수 있음을 인식해야 할 것이다.

더욱 근본적인 문제는 그의 표현상의 문제들뿐 아니라 자신을 종말의 '새심판주' 로 인식하거나 마지막 때의 유일한 진리의 전령자요, 구세주로서의 엘리야로 간주하는 것이다. 자신을 하나님과 같은 존재로 인식하게 한다면 그는 박태선이나 문선명이 걷고 있는 동일한 길을 갈 수밖에 없을 것이다.

예수전도협회(공개 죄 자백)

창시자

공개 죄 자백 운동은 이유빈에 의해 시작되었다. 황해도에서 출생한 이유빈은 1980년도에 인천에서 예수전도협회를 시작하였다. 자신은 만수감리교권사의 직분을 맡았고 장로가 되었다. 그의 추종자들은 죄를 회개하지 않으면 지옥에 간다고 외치며 전국을 순회하면서 소위 '전도한다'는 미명하에 자신들의 신앙을 전파하고 있다.[425]

예수전도협회의 주장과 비판

공개 죄 자백의 의미는 무엇인가? 이유빈은 공개적인 죄의 고백을 주장한다. 그는 자백, 고백, 자복이란 용어를 혼용해서 사용하는데 결국은 개인적으로 하나님께 회개하는 것은 충분하지 않으므로 공개적으로 죄를 고백해야 한다는 주장이다.[426]

공개 자백 사상에 위험성이 보이자 1998년 총회(합동)에서 이 문제를 다루기로 결의하였고, 1999년 신학 전문 위원들을 구성하여 이 문제를 심도 있게 다루었다. 신학 전문 위원들의 연구 결과를 토대로 공개 죄 자백의 문제점을 검토해보도록 하겠다.

죄의 공개 자백에 대한 이들의 대표적인 문헌은 박봉일·윤병운 공저로 출판된 「교회의 거룩함과 회개」다.[427] 이 문헌을 중심으로 총신대 교수들 (권성수·서철원·정일웅)이 이들의 주장에 대한 정당의 여부를 다룬 논문을 낸 바 있다.

예수전도협회는 죄 사함에 대한 확실한 표현으로 죄의 공개 자백의 당위성을 주장한다.

"요한일서에서 '자백하면'으로 번역된 단어는 호모로게오(ὁμολογέω)다. 이것은 문자적으로 '동의하여 말한다'라는 뜻인데 그것은 죄에 대한 하나님의 마음과 아픔의 태도를 공유하는 것을 말한다. 즉 하나님이 죄를 아파하는 것만큼 아파하는 것이다. 하나님이 죄를 미워하는 것만큼 미워하는 것이다. 하나님 앞에서 죄를 아파하면서도 사람 앞에서는 아파하지 않고 의연한 척하는 것은 이중적인 태도요 가증한 것이다. 하나님이 죄를 아파하는 것만큼 아파함으로 죄를 자백한다는 것은 자기의 죄를 설명하는 것이 아니다. 형식적으로 죄를 고백하는 것이 아니다."[428]

박봉일과 윤병운은 자신들의 저서에서 분명히 공개 없는 자백의 무용론을 강조하고 있다.

---

425) 상게서, p. 605.
426) 상게서, pp. 605~606.
427) 박봉일·윤병운, 교회의 거룩함과 회개, 예전협회, 1999.
428) 이대복, 전게서, p. 608.

"죄로부터 돌아설 때는 죄에 대한 자복이 행해지게 된다. 따라서 죄에 대한 회개는 어떤 형태이든지 죄에 대한 외적인 고백으로 이루어질 수밖에 없다는 점에서 회개는 공개적인 죄 자백을 이미 함축하고 있다고 할 수 있다."[429]

이 책의 결론에서도 이 점을 강조한다.

"먼저 고백과 자백, 자복과 관련된 어휘들의 원어적인 의미를 비롯하여 어의를 살펴 본 결과, 헬라어 원어 호모로게오(ὁμολογέω)와 엑소몰로게오(ἐξομολογέω)는 신앙은 물론이고 죄에 대한 자백이라는 용어로 사용되었는데, 그 어의가 외적인 선언, 선포의 의미가 있었다. 따라서 신앙 고백이 내적인 고백은 물론이니와 반드시 외적인 선언과 선포적인 고백이듯이, 죄의 고백도 이미 외적인 선포와 선언으로서의 공개를 전제한다는 사실을 알 수 있었다.

다시 말해 헬라어 원어상의 자백은 이미 그 어의 자체에 외적인 공개를 전제하고 함축하고 있었다. 따라서 자백이라는 말 앞에 굳이 공개적이라는 말을 붙일 필요가 없는 것이다."[430]

"회개는 하나님이 기뻐하시는 일이다. 또 죄인에게 요구하시는 하나님의 명령이기도 하다. 자신의 죄를 인정하고 그것을 고백하는 것은 하나님이 기쁘게 받으시는 제물이다. 그래서 성경은 범죄한 자들은 반드시 하나님께 그 죄를 고백하라고 명한다. 따라서 죄의 자백이 없는 회개는 있을 수 없다. 물론 회개 없는 자백도 있을 수 없다. 그것은 마치 행함이 없는 믿음이 있을 수 없고, 믿음이 없는 행함이 있을 수 없음과 같다. 또한 그리스도에 관한 언급 없이 그리스도인에 관해 말할 수 없듯이 자백에 관한 언급 없이 회개에 관해 말할 수 없다. 그런 의미에서 자백 없는 회개는 공허한 회개며, 회개 없는 자백은 맹목적이고 무의미한 자백이라고 할 수 있다."[431]

이러한 주장으로 보아 이들은 죄의 공개 고백을 진정한 회개의 필요 불가분한 행위로 보고 있음을 알 수 있다. 물론 공개 고백과 죄 사함은 무관하다고 말한다.[432] 그러나 이 책의 전반적 흐름은 죄의 공개적인 자백이 진정한 회개의

---

429) 박봉일 · 윤병운, 전게서, p. 27.
430) 상게서, p. 100.
431) 상게서, p. 101.
432) 상게서, "따라서 공개적인 죄 고백과 관련하여 오해하지 말아야 할 것은 공개적으로 죄를 고백하는 것이 죄를 용서받기 위해 거쳐야 할 의식이라거나 죄를 용서받기 위한 행위가 아니라는 점이다. 공개적으로 죄를 자백했느냐 아니냐가 죄를 용서받느냐 못 받느냐의 기준이 절대로 아니라는 말이다."

필수 요건임을 전제하고 있다. 이것을 반증하기 위해 저자는 공개 자복의 성경적 근거(pp. 37~90)와 교회사적인 조명(pp. 91~135) 등을 기술하고 있다.

공개 죄 자백에 대한 예전협회의 성경적 이해에 대한 비판
• 신약성경의 이해에 대한 비판

예수전도협회는 고백, 자백, 자복으로 표현된 성경의 죄에 대한 고백은 원어적 의미에서 공개적인 의미가 함축되었거나 전제되었다고 주장한다.

"이렇게 볼 때 호모로게오 또는 엑소몰로게오를 우리 성경에 고백, 자백, 자복 등의 어휘로 번역한 이유에 대해서 확실하게 말할 수는 없지만, 죄와 관련되어 번역할 때 일반적인 의미에서는 고백으로, 더 구체적이고 공개적이라는 사실을 함축할 때는 자백이나 자복으로 번역하지 않았는가 여겨진다."[433]

이러한 주장의 대표적인 근거로 요한일서 1장 9절을 인용한다. 그러나 권성수 교수는 이들의 잘못된 주해를 다음과 같이 반박한다.

요한일서 1장 9절의 경우 '호모로게오'가 죄를 고백한다는 의미로 사용되었지만, 그것은 문맥상 우리와 하나님의 교제 측면에서 죄를 고백하는 것을 의미할 뿐 우리와 다른 사람들과의 교제 속에서 죄를 공개적으로 고백하는 것을 의미하지는 않는다. 따라서 '호모로게오'라는 단어 자체를 공개적인 죄 고백의 어휘론적 근거로 사용할 수는 없다.[434] 예수전도협회는 세례 요한의 세례시에 사람들이 자백한 죄를 공개적인 자백이라고 주장한다(마 3:5~6). 세례의 수혜자들이 요단강의 공개 장소에서 죄를 고백했으므로 공개 죄 자백이라는 것이다.

"그들이 세례를 받으러 나아온 요단강은 세례 받기 위해 나아오는 제한된 장소일 뿐 아니라 공개된 장소이기도 했다. 그리고 거기에는 많은 바리새인과 사두개인들도 찾아올 정도로 많은 사람들이 몰려왔다. 그러므로 세례를 받기 전 자기의 죄를 자복했다는 말은 그것이 공개적으로 이루어졌음을 의미한다."[435]

그러나 "그에게 나아와 자기들의 죄를 자복하고"란 표현에는 공개적인 죄자백의 함축성이 있음을 인정하지만, 그 자백이 예수전도협회가 주장하는 것처럼 모든 사람들 앞에서 죄 자백을 해야 하는 것이라고 공식화할 수 없다. 요한

---
433) 상게서, pp. 26~27.
434) 권성수, 공개 죄 자백에 대한 성경적 반증, 공개 죄 자백에 대한 예수전도협회 비판서, p. 5.
435) 박봉일 · 윤병운, 전게서, p. 53.

에게 나아와 죄를 자백했지만 정확한 상대로 표현되어 있지 않고 공개적으로 죄를 자백해야 진정한 회개라는 요한의 요구도 없는 것이다. 이 구절은 일반적으로 나와서 세례 요한에게 세례를 받기 위해 죄 고백을 했다는 의미로 사용된 것이지 공개적인 죄 고백의 의미로만 해석할 수는 없다. 다만 세례를 받기 위해서는 죄의 고백이 필수적이기 때문에 회개의 진정한 모습을 동반한 세례였음을 기록한 것이다.

예수전도협회는 예수님도 산상보훈에서 죄의 공개 자백을 가르쳤다고 주장한다. 즉 "네 형제에게 원망 들을 만한 일이 있는 것이 생각나거든 예물을 제단 앞에 두고 먼저 가서 형제와 화목하고 그 후에 와서 예물을 드리라"(마 5:23~24)라는 본문 구절을 인용하여 공개 자백을 주장한다.

"분명한 것은 형제에게 원망 들을 만한 일이 있을 때 예물을 제단 앞에 두고 먼저 가서 형제와 화목하라는 주님의 말씀은 사람에게 죄를 고백하라는 가르침이다. 물론 그것은 개인 대 개인의 관계에서 이루어지는 자백이지만, 숨기는 것이 아니라 드러낸다는 점에서 보면 죄는 사람 앞에서 마땅히 공개되어 야 한다는 것으로 이해할 수 있다. 만약 이 말씀을, 사람에게 죄를 자백하는 것은 일대일로 사적으로 하라는 말씀이지 공적으로 하라는 말은 아니라고 해석한다면 이는 지나치게 문자적으로 집착한 협소한 해석이라 아니할 수 없다."[436]

그러나 본문에서 공개 자백에 대한 성경의 가르침은 전혀 나타나지 않는다. 형제에게 가서 죄 문제를 먼저 해결하라는 의미로 말씀한 것이지 죄를 공개 자백하라는 것은 전혀 아니다. 예수전도협회는 공개 자백의 교리를 정당화 하기 위해 이와 같이 아전인수 격으로 성경을 해석하여 교인들을 현혹하고 있다. 심지어 예수전도협회는 베드로가 주님에게 고백한 말씀을 인용하여 베드로가 공개 자백하였다고 주장한다(눅 5:8; "주여 나를 떠나소서 나는 죄인이로소이다").

"그런데 베드로가 그렇게 죄를 고백한 장면과 상황을 생각해보라. 그것은 명백하게 공개된 상태였음을 알 수 있다. 즉 그가 주님의 무릎 아래 엎드려 고백한 행위는 주님을 옹위한 수많은 무리들(1절), 배에서 나와 그물을 씻는 어부들(2절), 고기가 너무 많아서 도움을 청한 다른 배에 있는 동무들(7절)이 보는 앞에서, 즉 자기와 및 함께 있는 모든 사람(9절) 앞에서 행해진 것이다. 다

---

436) 상게서, pp. 55~56.

시 말해서 죄인임을 인정한 베드로의 고백은 공중(公衆) 앞에서 공개적으로 이루어진 행위라는 말이다."[437]

그러나 이 본문은 그들이 주장하는 공개 자백의 성격을 내포한 죄의 고백이 아니다. 베드로는 그저 주님 앞에서 자신의 부족함과 무지함을 깨닫고 죄인이라고 고백한 것이다. 자신의 죄를 낱낱이 사람들 앞에서 고백하고 회개하는 공개 자백과는 전혀 다른 성격의 고백이다.

예수전도협회는 이외에도 향유를 부은 여인의 사건(눅 7:36~50), 삭개오의 사건(눅 19:1~10), 십자가상의 강도의 자백(눅 23:39~43) 등을 인용하여 공개 자백의 정당성을 주장한다. 공개 자백을 진정한 회개의 징표로 인식하고 많은 유익한 점을 주지시키는 예수전도협회에게 공개 자백이 죄 고백의 표준이 될 수 없다는 것을 반증하는 성경 한 구절을 소개하고 싶다.

"네 형제가 죄를 범하거든 가서 너와 그 사람과만 상대하여 권고하라 만일 들으면 네가 네 형제를 얻은 것이요"(마 18:15).

성경은 분명하게 표현한다. 형제의 죄를 다룰 때 형제가 상처 받지 않도록 은밀하게 다루어야 한다는 것이다. 그래서 '너와 그 사람과만 상대하여 권고하라'고 한다. 그래도 해결되지 않는다면 한두 사람을 데리고 가서 증인을 세워 죄의 문제를 처리하라고 했지 이때도 예수전도협회 식의 공개 자백을 종용하지 않았다. 예수님은 바리새인의 외식적인 기도 행위에 대해 환멸을 느끼시며 제자들에게 기도를 가르치실 때 골방에 들어가 은밀한 가운데서 기도하라고 했다(마 6:5~8). 예수님은 회당과 큰 거리에 서서 손을 높이 들고 서서 공개적으로 기도하는 외식하는 자들의 기도를 거부하셨다. 진정한 회개는 자신과 하나님이 얼마나 깊은 관계에서 이루어졌는지가 더 중요하다. 공개 자백을 통해 심리적인 해방을 경험할지는 몰라도 그것은 죄 사함과 아무런 관계가 없다. 우리의 죄는 오직 그리스도의 주권과 관계되어 있다. 곧 하나님의 은혜로 죄 사함을 얻게 되는 것이다. 심리적인 해방과 개인의 확신을 통해서 죄 사함이 이루어지는 것은 아니다.

예수전도협회는 죄의 고백이 나오는 성경 구절들을 대부분 공개 죄의 정당성을 주장하는 근거로 해석하고 있는데, 그들이 인용한 죄의 고백은 이미 지적한 바와 같이 공개 죄 자백의 성격이 아니라 일반적인 죄의 고백을 포괄적

---

437) 상게서, pp. 57~58.

으로 기록한 것이다. 예수전도협회가 명백한 공개 죄 자백의 성경적 증거의 하나로 삼고 있는 요한일서 1장 19절 말씀도 공개 죄 자백의 의미로 해석하기에는 부족하다. 자백이라는 단어 자체가 공개 죄 자백을 말한다고 할 수 없을 뿐만 아니라 본문의 내용도 그러한 의미는 아니다.

"만일 우리가 우리 죄를 자백하면 그는 미쁘시고 의로우사 우리 죄를 사하시며 우리를 모든 불의에서 깨끗하게 하실 것이요"(요일 1:9).

'우리 죄를 자백한다' 는 말의 의미는 여러 가지 해석이 가능하다. 첫째, 우리 죄를 하나님께 자백하는 것을 의미한다고 볼 수 있다. 둘째, 형제에게 자백한다고 볼 수 있다. 셋째, 하나님과 형제에게 자백한다고 볼 수 있다. 하나님께만 자백한다는 의미로 해석한다면 공개 죄 자백의 의미는 없다. 그러나 둘째나 셋째의 의미로 사용되었다면 공개 죄 자백 의미가 함축되어 있다고도 볼 수 있다. 논자의 견해로는 첫째의 경우가 타당하다고 본다. 분명히 성경에 우리 죄를 사해주시는 주체가 기록되어 있고 바로 그분께 고하는 형식으로 기록되어 있기 때문이다. '그는 미쁘시고 의로우사 우리 죄를 사하시며……' 에서 '그' 는 바로 주님을 말하는 것이므로, 우리 죄를 사해주시는 주님께 '우리가 우리 죄를 자백' 한다는 의미다. 여기에 공개적인 죄의 고백이라는 의미는 보이지 않는다. 자백도 주님께 하면 되는 것이다.

예수전도협회는 이 절에 주석가들의 주해를 인용하여 공개 죄 자백의 정당성을 주장한다.[438] 그러나 주석가들의 해석이 바로 예수전도협회가 주장하는 공개 죄 자백의 의미라고는 보기 힘들다. 예를 들면 스미스(James Smith)와 리(Robert Lee)는 "하나님 앞에서 자신의 죄를 진실하게 고백하고 모든 사람들이 그것을 알게 하여야 한다"라고 주해하고 있다. 이러한 해석은 자백이란 용어의 해석을 돕기 위한 주해에 불과하다. 실제로 모든 죄를 언제든지 이런 의미로 자백해야 한다는 강조는 보이지 않는다. 그래서 일본의 주석가인 흑기행길은 여기에 나오는 자백의 의미를 하나님 앞에서 그리고 필요하면 사람 앞에서 고백하는 것이라는 함축성 있는 주해를 한다.[439] 즉 우리가 짓는 모든 죄를 언제든지 공개적으로 자백해야 한다는 의미는 아닌 것이다.

예수전도협회는 로버트슨의 말("하나님께 대하여 그리고 서로에 대하여 죄

---

438) 상게서, p. 88.
439) 상게서, p. 88.

를 고백해야한다")을 인용하여 공개 죄 자백의 의미로 해석한다. 이러한 견해가 신약 전체에 흐르는 공통된 의미라는 것이다.[440] 그러나 로버트슨의 표현이 예수전도협회가 말하는 '공개적인 죄 고백' 인지 아니면 일반적인 의미로 사용되었는지는 명확하지 않다. 논자의 견해로는, 로버트슨은 진정한 회개를 위해서는 하나님과 사람에게 진실하게 죄를 고백해야 한다는 일반적인 의미로 이러한 주해를 한 것으로 보인다. 결코 모든 죄(개인적이든 공적이든)를 공개적으로 고백하는 식의 공개 죄 자백의 의미로 주해한 것 같지는 않다. 서철원 교수는 이 본문의 해석에 대해 다음과 같이 논평한다.

"이 본문은 하나님께 그리스도의 피를 의지해서 우리의 죄를 고백하면 용서해주신다는 것을 명시적으로 가르치고 있지, 어디에 죄를 공개적으로 자백하면 우리의 죄를 용서해주신다고 보인 부분이 있는가? 성경을 전혀 읽을 줄 모르는 자들이 자기들이 정한 규칙을 성경적인 근거로 삼으려고 억지로 꿰어 맞춘 것에 불과하다. 억지로 맞추어도 전혀 맞지 않다."[441]

- 구약성경의 이해에 대한 비판

예수전도협회는 구약성경에 나타난 죄의 공개 자백의 한 예로 레위기 16장 21~22절 등을 인용한다.[442] 이 성경 구절에서 제사장 아론이 아사셀 염소의 머리에 안수하는데 이것은 이스라엘 백성들의 모든 죄를 염소에게 전가한 행위라는 것이다. 그리고 이러한 행위는 속죄일에 행하는 공개적인 규례로서 온 백성 앞에서 행해졌기에 공개 죄 자백의 사례가 된다고 주장한다. 그러나 이 본문은 죄의 공고백을 위한 목적이 아니었다. 아론이 공인으로서 이스라엘 민족의 죄악을 제하기 위한 공적인 행위였다. 비록 공고백의 성격이 있긴 하지만 이 본문이 "아론이 이스라엘 백성의 모든 죄를 고할 때에 구체적으로 낱낱이 고하는 것은 아닐 것이다."[443]

예수전도협회는 또한 에스라 9장 1~10절, 14절의 예를 들어 공개적인 자백이 적나라하게 묘사되어 있다고 주장한다.

"에스라가 엎드려 울며 죄를 자복하는 기도를 드릴 때 많은 백성들도 심히

---

440) 상게서, p. 88.
441) 서철원, 공개 자백에 대한 신학적 반증, 예수 전도협회비판서, p. 9.
442) 이외에도 민 5:5~8; 수 7:1~26; 느 9:1~3; 욘 1:1~16을 다루고 있다.
443) 권성수, 전게서, p. 8.

통곡하며 함께 죄를 자복했고, 지도자 에스라의 공개적인 죄 자백으로 말미암아 많은 백성들이 통곡하며 어린아이까지 에스라 앞에 모여 큰 무리를 이루었다. 그리고 이어서 무리 가운데서 한 사람 스가냐가 이방 여인을 취하여 아내를 삼은 죄를 인정하고 공개적으로 자백한다. 그리고 하나님의 명령을 좇아 이방에서 취한 아내와 그 소생을 다 내어보내겠다는 결단까지 보이며, 에스라에게 이를 시행하라고까지 한다."[444]

그러나 이스라엘 백성들의 죄의 고백은 개인적인 죄의 비밀을 공석에서 낱낱이 자백하는 고백은 아니었다. 에스라가 백성들 앞에서 죄를 고백한 것은, 현대 교회에서 공예배시에 대표자가 대표 기도하면서 교인들의 죄를 공적으로 하나님께 고백하고 사죄의 은총을 구하는 경우와 동일한 것이다.

예수전도협회는 공개 죄 자백의 성경적 근거로 느헤미야(9:1~3)와 요나(1:1~16)의 경우도 인용하지만[445] 이것 역시 공개 죄 자백을 위한 성경적인 증거로는 명확하지 않다. 그리고 아전인수 격으로 성경을 인용하는 차원이라고 볼 수 있다.

• 교회사적 이해에 대한 비판

예수전도협회는 공개 죄 자백을 위한 역사적인 근거를 위해 교회사적으로 추적하여 초대 교부들의 사상은 물론 종교개혁자들과 신앙 고백 문서에 나타난 죄의 고백까지 다루고 있다. 교회사적으로 추적한 공개 죄 자백의 근거에 대한 몇 가지 예를 분석해보면 다음과 같이 논평할 수 있다.

클레멘트가 고린도교회에 보낸 서신인 '클레멘트1서'에 다음과 같은 표현이 있다.

"하나님의 종인 모세에게 항거했던 사람들의 마음이 강퍅해졌던 것같이, 사람이 그의 마음을 강퍅하게 하는 것보다 오히려 자기의 범죄를 고백하는 것이 좋으니라."[446]

이 구절을 설명하면서 예수전도협회는 이 편지가 고린도교회에 보낸 편지이므로 죄의 고백은 당연히 교회 앞의 공개적인 고백의 사실을 함축하고 있다

---

444) 박봉일 · 윤병운, 전게서, pp. 46~47.
445) 상게서, pp. 48~52.
446) 이은선 역, 속사도교부들, 기독교문서선교회, 1995, p. 38, 재인용, 박봉일 · 윤병운, 상게서, p. 93.

고 주장한다. 그러나 "클레멘트의 서신이 촉구하는 것은 권징을 받을 사람들이 바른 권징과 징계를 받으라는 것이고 그 과정에서 범죄한 사실을 승인하고 그 죄를 버릴 것을 강조한 것이지 공개 죄 자백이 전혀 아니다."[447]

예수전도협회는 또한 디다케의 문서[448]에서 공개 죄 자백의 근거를 주장한다. "교회에서 너희의 죄를 고백하고 악한 양심으로 기도하지 말 것이니라 이것이 생명의 길이니라."[449]

"주님 자신의 날에 함께 모여 떡을 떼고 감사를 드릴 것입니다. 먼저 여러분들의 죄를 고백하여 제사가 깨끗하도록 해야 합니다."[450]

"어떤 사람이 그의 이웃으로 잘못을 범하면, 그가 회개할 때까지 어떤 사람도 그에게 말을 하지 말고, 그가 여러분들로부터 한 말도 듣지 못하게 하십시오."[451]

이 인용구들도 권징에 순종해서 지은 죄를 회개하라는 것을 강조한 것이지 공개 죄 자백을 말하지 않는다. 예수전도협회는 '교회에서' 죄를 고백하고 형제들이 주의 날에 모인 곳에서 죄를 고백하라는 표현을 공개 죄 자백의 의미로 해석한다. 그러나 이것은 진정한 회개를 촉구한 것이지 공개 죄 자백을 주장한 것은 아니다. 또한 교회에서 하는 개인적인 고백인지 공적인 고백인지에 대해서도 전혀 언급하지 않는다. 오직 예수전도협회에서 주장하는 공개 죄 자백이라는 해석은 추측에 의한 확신일 뿐이다.

예수전도협회는 이와 같은 방식으로 터툴리안, 오리겐, 키프리안, 가이사랴의 바질 등 초대 교부들의 사상 속에 나타난 공개 죄 자백의 근원들을 말하고 있다. 그러나 이러한 해석은 모두 공개 죄 자백과 관계없는 자의적인 해석에 불과하다.[452]

예전협회는 종교개혁자인 칼빈도 공개 죄 자백을 가르쳤다고 주장한다.[453] 특히 「기독교 강요」 III. IV. 10절에 나오는 '사람들 앞에 죄들의 고백'에서 칼빈은 절대적으로 공개 죄 자백을 주장하였다고 역설한다.

"이와 같은 고백을 진심으로 하나님 앞에서 하는 사람은 사람들 사이에서

---

447) 서철원, 전게서, p. 9.
448) 디다케는 초기 열두 사도의 가르침으로 전승되어온 문서다.
449) 디다케 4:14, 재인용, 박봉일・윤병운, 상게서, p. 94.
450) 디다케 14:1~2, 재인용, 박봉일・윤병운, 상게서, p. 95.
451) 디다케 15:3, 재인용, 박봉일・윤병운, 상게서, p. 95.
452) 서철원, 전게서, pp. 9~11.

하나님의 자비를 선포할 필요가 있을 때마다 언제든지 입으로도 고백할 수 있을 것이다. 마음속에 있는 비밀을 한 사람에게 한 번만 귀엣말로 속삭이는 것이 아니라, 자주 공개적으로 온 세상이 듣는 데서 자기의 수치와 하나님의 큰 자비와 영예를 성실하게 이야기할 수 있을 것이다. 이와 같이 다윗도 나단에게 책망을 들었을 때에 양심의 가책을 받아 하나님과 사람들 앞에서 자기의 죄를 고백하기를 '내가 여호와께 죄를 범하였노라' 고 하였다(삼하12:13). 바꿔 말하면 이제 나는 변명하지 않겠다. 나는 모든 사람에게 죄인이라고 판정 받는 것을 피하려 하지 않으며, 내가 하나님에게 감추려고 하던 일이 사람들에게까지 알려지는 것도 개의치 않는다는 말이다."[454]

이 문구가 사람들 앞에서 죄를 고백하는 것이 합당하다는 칼빈의 주장이라고 예수전도협회는 강론한다. 그러나 그들은 이 본문을 잘못 이해하고 있는 것이다. 이 점에 대해 서철원 교수는 다음과 같이 반론한다.

이것은 본문을 바로 이해한 것이 전혀 아니다. 하나님 앞에 죄를 고백한 경우 하나님의 자비를 사람들에게 선포할 필요가 있을 때 온 세상이 듣도록 자기의 수치를 말하고 하나님의 크심과 영광을 말할 것을 칼빈이 말하였다.

그 예로 다윗이 범죄하고 나단에게 책망 받았을 때 양심의 찔림을 받아 자기를 죄인으로 고백하였다. 그러나 그는 모든 사람에 의해 죄인으로 판단 받는 것을 피하지 않는다고 하여 그것이 공개 죄 자백이라고는 할 수 없음을 분명하게 하였다. 공개 자백이 아님을 분명하게 하기 위해 칼빈은 강조하기를, 하나님께 고백한 비밀한 고백이 하나님의 영광과 우리에게 치욕을 안겨줌을 요구할 때 사람들 가운데 자원하는 고백이 따라온다고 하였다. 즉 우리의 비천함을 고백하여 하나님의 선하심과 자비를 우리 자신들 가운데와 세상 앞에 보이는 것이 적합하다고 하였다. 이것은 결코 공개 죄 자백을 규칙으로 삼아야 하는 것을 지지함이 전혀 아니다. 단지 죄 고백은 신부에게 하는 것이 아니라 하나님께만 하는 것이라는 가르침에 대항하여 사람 앞에서도 자기가 큰 죄인인데 하나님의 은혜로 용서받았다는 것을 세상에 말하는 것이지 죄를 낱낱이 사람들에게 공개하는 것이 아님을 강조하였다. 죄의 고백은 언제나 하나님께만 하는 것이다.[455]

---

453) 박봉일·윤병운, 전게서, pp. 164~178.
454) 상게서, p. 167.
455) 서철원, 전게서, p. 15.

예수전도협회는 장로 교단의 헌법에 나타난 부분을 다루면서 또 공개 죄 고백의 당위성을 주장한다.[456] 예를 들면 본 교단의 헌법을 인용하면서 공개 죄 자백의 당위성을 주장한다.

"각 사람은 자기의 죄의 용서를 위해 기도하면서 하나님에게 그것을 사적(私的)으로 고백함이 가하고……그러함과 그 죄를 버림에 의해 그는 긍휼을 얻을 것이다. 그와 같이 그의 형제나 그리스도의 교회를 중상한 자는 그의 죄를 사적(私的)이나 공적(公的)인 고백과 애통으로 그의 회개를 피해자들에게 선언하기를 즐겨함이 가하다. ……이것에 의한 피해자들은 그에게 화목되고 사랑으로 그를 영접함이 가하다."[457]

이 조항을 해석하면서 예수전도협회는 "다시 말해 합동 측은 하나님에 대한 고백이나 피해자들에 대한 고백이 '가능성'으로서가 아니라 '당위성'으로 이루어져야 한다고 규정하고 있다"고 결론을 내린다. 그러나 이 조항을 살펴보면 절대로 공개 죄 자백을 말하는 것이 아니다. 이 조항은 우선 하나님께 사적으로 죄를 고백하는 것을 언급한다. 공적인 고백에 대해서는 그리스도의 교회를 중상한 자는 공적인 고백과 애통으로 피해자들에게 선언해야 하며, 개인에게 범죄한 자는 피해자들에게 알려야 함을 말하고 있다. 그러나 이것은 결코 모든 죄가 그리스도의 모임인 공교회에서 고백되어야 한다는 주장은 아니다. 오직 교회와 관련된 개인의 죄에 한하여 공개적으로 고백되어야 함을 말하는 것이다.[458]

「교회의 거룩함과 회개」에는 이 외에도 많은 경우를 예로 들면서 공개 죄 자백의 당위성을 말하고 있지만 이들의 논리는 오직 자신들의 주장에 맞추기 위해 해석상의 무리를 가하고 있다고 볼 수 있다. 공개적으로 죄를 고백해야 할 공적인 경우가 있을 것이다. 사적인 죄라도 개인의 결심에 따라 공개적으로 자백을 할 수 있을 것이다. 그러나 공개 죄 자백이 성경적이고 역사적이기 때문에 반드시 택해야 할 죄 고백의 원칙이라고 주장하는 것은 성경의 가르침과 공교회의 입장을 빗나간 주장이다.

대순진리회(大巡眞理會)

대순진리회는 기독교에서 파생된 사이비 이단은 아니다. 한국에서 발생한

---

456) 박봉일 · 윤병운, 전게서, pp. 136~154.
457) 대한예수교장로회 총회(합동) 헌법, p. 19, 재인용, 박봉일 · 윤병운, 상게서, p. 139.
458) 정일웅, 공개 자백에 대한 신앙 고백서 및 장로교단 헌법에 의한 반증, 1999, 예수전도협회비판서, p. 5.

신흥 종단이다. 이단들의 공격적인 태도가 기존 교회에 위협이 된다면, 소위 민족 종교라는 한국의 종파들은 기독교의 진리에 반하는 교리들을 가르치고 있다. 많은 종파들이 있지만 대순진리회를 한 예로 이들의 가르침을 섭렵해봄으로써 기독교의 가르침과 차이를 살펴보고자 한다. 최근에 민족 종교의 종파들이 민족이라는 이름으로 또는 구국을 위한 도덕 훈련 등을 내세우며 사람들에게 설득력을 갖고 영향력을 행사하고 있기 때문이다.[459] 교인들은 이들의 주장이 최소한 무엇인지를 인지하고 있어야 하므로 가장 대표적인 종단인 대순진리회를 간단히 소개하려 한다.

창설자 박한경

대순진리회의 창설자인 박한경은 1917년 충청북도 괴산에서 태어나 19세에 박유선의 양자로 입양되었다. 수안보보통학교를 졸업하고 농업에 종사하다가 27세에 일본으로 징용되어 노무자로 근무하였다. 1937년 경정남과 결혼하여 3남 5녀를 두었다. 해방이 되자 귀국하여 농업에 종사하였고 1946년 조철제가 운영하던 부산 태극도의 신도가 되었다. 그 뒤 충북 지역의 포교자로 활동하였고, 1955년 그 지역의 포장인 안상익이 죽은 후 그의 뒤를 이어 포장이 되었다. 그는 교주인 조철제의 신임을 받아 곧 시봉원의 책임자로 임명되었고 총도전이 되었다. 조철제 사후에 그는 태극도의 대표인 도전이 되었다. 그는 곧 자신을 신격화하기 시작하였고 그를 반대하는 세력과의 내분에서 밀려나 경기도 안양으로 도주하였다. 그는 서울에서 포교 활동을 전개하면서 자신의 처남인 경석규와 추종자들을 규합하여 1969년 서울에 태극진리회를 창설하였다.[460] 그리고 1972년 2월에 대순진리회로 개명하였다. 대순진리회는 특히 학교를 통해 일반인들에게 다가가 포교를 하였다. 1984년에 학교 법인 대진학원을 설립하였고 1992년에는 대진대학교, 대진의료재단이 설립되었다. 1998년에는 분당에 제생병원을 설립하였고, 2001년에는 사회복지법인을 설립하여 왕성한 활동을 하고 있다.[461]

---

459) 이러한 한국의 민족 종교로는 천도교, 대종교, 갱정유도, 수운교, 대극도, 순천도, 증산교, 성덕도, 선불교, 현존회 등이 있다. cf. 김영무, 전게서, pp. 306~307.
460) 이대복, 전게서, pp. 191~192.
461) 김영무, 전게서, p. 303.

대순진리회의 정체

대순진리회는 기독교에서 파생한 기독교 이단은 아니다. 그러나 자신들의 종교를 민족 종교 또는 민족 주체성의 종교로 선전하며 세인들에게 접근하여 기독교에 도전적인 영향을 크게 미치고 있다. 대순진리회가 교리적인 확보를 하게 된 것은 1974년 「대순전경」을 출간하면서부터였다. 「대순전경」은 서울대학교 종교학과 주임교수였던 장병길 교수가 이들의 사주를 받아 기록한 것이다. 이 외에도 「대순전경」, 「대순진리회요람」, 「도헌」, 「의식」, 「주문」, 「포덕교화기본원리」, 「대순성저도해요람」 등 많은 도서가 출판되어 있다. 「대순진리회요람」을 보면 대순진리에 대해 다음과 같이 기록하고 있다.

"대순진리회는 조정산 도주께서 만주 봉천에서 강성상제로부터 그 천부의 종통 계승의 계시를 받으신 데서 비롯하여 유명으로 종통을 이어받으신 도전께서 영도하시는 우금까지 반세기를 훨씬 넘은 60여 년 간의 발전사를 가진 종단의 명칭이다. 이 종단의 명칭을 대순진리회라고 한 그 대순의 어귀는 전경에 상제께서 같은 말씀 가운데 삼계대순 개벽공사의 뜻을 담고 있는 그 대순을 인용하여 이름한 것이다. 그러므로 대순진리회는 진리를 종지로 하여 인간개조, 정신개벽으로 포덕천하 구세창생, 지상천국 건설의 목적을 달성하기 위하여 창설된 종단이다. 대순진리회는 전경을 근본으로 하여 참다운 도인이 되도록 교회하여야 한다. 본도는 민족 종교이니 민족 주체성 계도에 앞장서야 한다."[462]

이들은 특히 해원상쟁(解冤相生)의 원리를 내세우면서 세계평화와 전 인류의 화합을 위한 인류애와 도덕성을 강조하고 있다.

"전 세계 인류의 화평이 세계개벽이요 지상낙원이요 인간개조이며 지상신선이다. 인류가 무편무사하고 정직과 진실로서 상호 이해하고 사랑하며 상부상조의 도덕심이 생활화된다면 이것이 화평이며 해원상생이다."[463]

엄밀하게 말하면 대순진리회는 인간의 영적 문제보다는 현실적인 정신 개혁과 도덕적 무장을 통한 인간 개조, 지상 천국 건설을 위한 세계 개혁을 추구하는 운동이다. 그럼에도 불구하고 대순진리회는 기독교의 진리를 위협하는 여러 가지 교리들을 주장하고 있다.

---

462) 이대복, 전게서, p. 193. 재인용, 대순진리회가 무엇인가? 국제신학연구소, 1996.
463) 상게서, p. 194.

대순진리회의 주장

대순진리회는 세계 평화의 화신을 표방하지만 내부적으로는 기독교의 진리와 상반된 신론, 귀신론, 죄론, 구원론, 종말론을 갖고 있다.

• 신관

대순진리회는 옥황상제를 신봉한다. 그 옥황상제는 그들이 숭배하는 조철제로 알려져 있다. 대순진리회의 신관은 태극도의 원리에서 비롯된 하나의 무극적인 체계에 불과하다.

"상제의 신격위는 태극주, 옥황상제이시며, 인격위는 무극신, 대도덕, 봉천명, 봉신교, 태극도주 조성상제는 삼계 최고신이신 태극도주 옥황 조성정산상제로서 구천상제와 이도일체이시니라. 하루는 제자들에게 일러 가라사대 자손을 두지 못한 신은 중천신이니 곧 서신이 되느니라. 신은 사람이 먹는 데 따라서 흠향이 되느니라."[464]

대순진리회의 신관을 한마디로 말하면 신들의 총합체라고 볼 수 있다. 이들이 신의 대상으로 삼고 있는 신들은 옥황상제 환인, 환웅, 단군과 각 민족의 신들이다. 공자, 석가, 예수, 최수운, 마테오 리치 등도 신에 속한다. 결국 신과 인간이 한데 어울려 존재한다고 믿고 있다. 신은 곧 사람이 죽어서 되는 것이며 인간 영체의 다른 이름이라고 주장한다.[465]

• 귀신론

대순진리회는 모든 인생사를 귀신과 연관지으면서 귀신이 사람의 마음속에 영적으로 실존하고 있다고 여긴다. 그래서 대순진리회는 그들의 천지공사에서 귀신으로 더불어 행동한다고 인식하고 있다.

"이 뒤에 종도들에게 일러 가라사대 귀신은 천리의 지극함이니 공사를 행할 때에 반드시 귀신으로 더불어 판단하노라 하시고 글을 써서 형렬의 집 벽에 붙이시니 시천주조화정 영세불망만사지……크고 작은 일을 천지의 귀와신이 살피시니라 하셨으니 도인들은 명심하여 암실기심하지 말아야 한다."[466]

귀신이 바로 사람의 마음에 출입하는 길이기 때문에 마음을 곱게 쓰는 것이

---

464) 상게서, p. 196.
465) 김영무, 전게서, p. 304.
466) 이대복, 전게서, p. 196.

예법에 합당하며, 귀신과 화합하여 만물과도 질서를 함께할 수 있다는 것이다. 대순진리회는 이와 같은 주장을 통해 그들이 귀신과 수작하는 것을 영적 수준이라고 믿고 있다.

• 인간론

대순진리회는 인간 스스로 신(神)이나 천(天)이 될 수 있다고 본다. 인간이 스스로 비하하면 금수와 같이 되기도 하므로 스스로 비하하지 말고 자신을 신으로 발달시켜야 한다는 것이다. 선천 영웅 시대에는 인간이 죄를 먹고 살았지만 후천 성인 시대에는 선으로 먹고 살 것이라는 도덕론을 주장한다. 권선징악과 같은 것은 후천선경이 도래하기 위한 과도기적인 현상이며, 후천선경이 오면 인간이 다 선인으로 변화하는 낙원의 세계가 온다는 것이다.[467]

• 죄에 관하여

대순진리회는 인간은 본성적으로 선함을 주장한다. 인간성의 본질은 정직하고 성실하며 양심이 선하다고 인식하고 있다. 그들은 "모든 죄악의 근원은 마음을 속이는 데서 비롯하여 일어나는 것인즉 인성의 본질인 정직과 진실로써 일체의 죄악을 근절하라"고 말한다.[468] 그리고 양심(良心)이 천성(天性) 그대로의 본성(本性)이라고 한다.[469] 그래서 본성이 선하므로 인간 스스로 선한 본성을 좇아 자신의 몸과 행동을 살펴 죄에서 해방할 것을 주장한다.

"……원망치 말고 스스로 몸을 살펴라. 만일 허물이 네게 있는 때에는 그 허물이 다 풀릴 것이요 허물이 없을 때에는 그 독기가 본처로 돌아가느니라. 죄가 없어도 있는 듯이 잠시라도 방심하지 말고 조심하라."[470]

대순진리회의 죄론은 성경에서 말하는 인간의 원죄와는 무관하며, 인간의 자범죄에 대한 피상적인 도덕관에 불과하다. 그래서 이들은 노름죄, 거짓말죄, 도적질죄, 간음죄[471] 등에서 해방하려는 것이 죄의 근본을 해결하는 것이라고 주장한다. 대순진리회의 주장은 죄에 대한 분명한 정의가 결여된 도덕경의 준수에 불과하다.

---

467) 김영무, 전게서, p. 305.
468) 이대복, 전게서, pp. 197~198.
469) 김영무, 전게서, p. 305.
470) 이대복, 전게서, p. 197.

• 구원에 관하여

구원관에서 대순진리회는 천지개벽설을 주장한 강증산의 도를 따르고 믿는다. "내가 사계대권을 주재하여 천지를 개벽하여 무궁한 선경의 운수를 정하고 조화정부를 열어 재겁에 빠진 신명과 민중을 건지려 하노라. 천지가 조용한 것도 상제님의 뜻이요, 어지러운 것도 상제님으로부터 되느니라. 남국을 살릴 수 있는 계획이 남조선에 있고 맑은 바람과 밝은 달은 금산사라. 문명의 꽃이 세계에 피었으니 도술운이 구만리에 통하리라."[472]

"······이제 혼란하기 짝이 없는 말세의 천지운로를 뜯어고쳐 새 세상을 열고 비운에 빠진 인간과 신명을 널리 건져 각자 안정을 누리게 하리니 이것이 곧 개벽이다. 사천주조화정이라 하였으니 내일을 이름이라. 내가(강일순, 강증산) 천지를 개벽하여 조화정부를 열어 인간과 하늘의 혼란을 바로 잡으려 하며 삼계를 두루 살피다가 너희 동토에 그쳐 잔폭에 빠진 민중을 먼저 건지려 함이니. 또 가라사대 미륵불이 출세할 때에 하늘에서 법을 비와 이슬처럼 내려주리니 세상 사람들의 안목이 비로소 열리게 되리라. 인연이 있는 사람은 모두 들어서 알게 되리니 좋은 도법을 미륵불고에 옮겨서 모든 사람들을 부처가 되게 하라."[473]

곧 대순진리회의 구원은 태극도의 일부와 불교 신앙의 일부가 혼합되어 형성된 혼제 원리다.

"믿는 자도 인연이요 믿지 않는 자도 인연이라. 오직 인연 있는 사람은 하나님 말씀을 믿고 사욕을 버리고 의로운 마음으로 전체 인류를 생각하며 국가 민족을 위하여 부모에 효도하고 이웃 형제를 사랑하며 불의를 저지르지 않는 사람이라면 국가와 인종 구별 없이 앞으로 오는 살기 좋은 선경 세계에 누구나 들 수 있을 것이다. 후천 개벽이 5만 년 대운수이며 예언했던 미륵 용화 세계가 실현되어 지상낙원 시대가 열리게 되는 것이다. 그러므로 앞으로 미륵께서 출세하여 상제께서 설계해놓으신 후천선경세계[474]를 건설할 날도 그리 멀

---

471) 상게서, p. 197.
472) 상게서, p. 198.
473) 상게서, p. 199.
474) 후천선경세계란 새 세상을 열어 인간과 죽은 신명들을 구원하여 안정을 누리게 하는 천지개벽의 세계다. 그런데 이러한 천지개벽의 일은 강증산의 사역이다. 모든 사람이 부처가 되게 하는 인간 개조의 개벽이다. 이러한 천지개벽의 날이 멀지 않았다고 강증산이 예언했으나 그 자신은 1909년 6월 24일에 사망하였다.

지 않았음을 알게 된다."⁴⁷⁵⁾

• 내세론

대순진리회는 천당과 극락 사상을 갖고 있다. 죽어서 잘된 신명들은 그곳에서 영화를 누리게 된다고 주장한다. 그리고 이러한 극락 5만 년의 청화 세계에 강일순과 조철제의 인도로 이르게 된다고 한다. 대순진리회는 양면성의 내세관을 갖고 있다. 만약 땅에서 도통하면 5만 년의 지상낙원에서 살게 되고 실패하면 극락 세계에 이르면 된다는 것이다.⁴⁷⁶⁾ 사후의 고통이나 심판의 개념보다는 낙관주의적인 내세관을 갖고 있다.

• 우주관

대순진리회는 우주를 천계(天界), 지계(地界), 인계(人界)의 삼계(三界)로 나눈다. 천계는 지상의 아홉 단계의 하늘을 형성하고 있는 구천계를 의미한다. 지계는 지상 세계를 의미하며, 인계는 만물의 영장인 인간의 세계를 의미한다. 지계는 유형의 존재들이 있고 동시에 무형의 신이 존재하는, 증산(甑山)의 천지공사에 의한 선경의 기지다.⁴⁷⁷⁾

• 대순진리회의 수도대상과 수도법

대순진리회는 치성 행사를 통하여 신앙에 입문하고 도통하는 식순을 가르친다. 치성이란 "있는 정성을 다하여 대순진리회의 하느님들과 신장 신령 또 다른 신령들에게 정성을 드리는 제사"다.⁴⁷⁸⁾ 대순진리회는 또한 "강증산(강일순, 학봉, 사옥), 조정산(철제) 옥황상제 도주, 영대(하느님의 영정을 앉힌 것)" 등을 치성의 대상으로 삼는다.⁴⁷⁹⁾ 그리고 치성일 등을 정하여 치성 행사를 연중 내내 치르고 있다. 예를 들면 강증산 하나님이 세상에 태어난 날인(강세일) 9월 19일, 조정산 도주 하나님이 태어난 날인 12월 4일과 이들이 죽은 날(화천

---

475) 상게서, p. 199.
476) 김영무는 현실적 내세관만을 말하지만(김영무, 상게서, p. 305) 실제로는 사후의 내세관도 주장하고 있다(이대복, 상게서, p. 200).
477) 김영무, 전게서, p. 304.
478) 참조, 이대복, 전게서, pp. 204~212.
479) 상게서, p. 202.

일) 등을 기념하는 제사를 드린다. 또한 개인의 사업이나 재앙을 면하기 위한 특별 치성 행사도 개인의 사정에 따라 수시로 행한다. 치성 시에는 절하는 법례를 갖추고 강증산 하나님께 큰절 네 번, 조정산 도주께 큰절 네 번 등을 하며 때로는 밤을 새워 절을 하기도 한다.[480]

이러한 통속적인 민속종교의 틀을 형성한 대순진리회는 주문과 도통수도법도 개발하여 마치 큰 진리의 성산을 이루어낸 것처럼 신도들을 유도하고 있다.[481]

나머지 이단성 종파들

지금까지 언급한 한국의 이단 외에도 우후죽순처럼 일어난 이단들이나 사이비 종파, 불건전한 종파들이 기존 교회의 신자들을 유혹하면서 정통 기독교를 위협하고 있다. 한국에는 무려 120여 종류의 이단이나 이단성을 지닌 사이비 종파들이 형성되어 있다. 이들의 특징은 각 종파에 따라 각각 지금까지 이 책에서 다룬 범주에 속한다고 보아도 될 것이다. 그중에서 특히 주목해야 할 종파들은 다음과 같다.[482]

통일교 계열

문선명(세계평화통일가정연합), 정명석(기독교복음선교회), 진진화(생령교회), 박윤식(평강제일교회), 이창환(우주신령학회), 변찬린(성경의 원리파), 김건남(생수교회), 장영창(구세영우회), 장문국(통일원리파)

전도관 계열

박태선(한국천부교), 조희성(영생교승리제단), 이영수(한국기독교에덴성회), 김종규(대한기독교이삭교회), 유재열(대한기독교장막성전), 구인회(천국복음전도회), 김풍일(새빛등대중앙교회), 이만희(대한예수교신천지교회), 이현석(한국기독교승리제단), 노광공(기독교대한개혁장노회), 김순린(한국중앙교회), 천옥찬(대한기독교천도관), 계정렬(산성기도원), 장영실(백마십자군), 최규원(천사마귀교), 최총일(하나님의 장막)

---

480) 상게서, p. 202.
481) 상게서, pp. 204~212.
482) 이 자료는 김영무, 상게서, pp. 232~237에 수록된 것을 발췌한 것이다.

이유성 계열
이유성(여호와새일교), 유진광(신탄새일교), 김화복(서울중앙교회), 김인선(스룹바벨)

김기동 계열
김기동(21세기선교 서울성락교회), 한만영(그레이스 아카데미), 이초석(예수중심교회), 이명범(레마성서연구원), 이태화(산해원부활의교회)

권신찬 계열
권신찬(기독교복음침례회), 박옥수(대한예수교침례회 기쁜소식선교회), 이요한(대한예수교침례회 서울중앙교회)

토요일 계열
김갑택(샛별남원교회), 안상홍(하나님의교회 세계복음선교협회), 박명호(한국농촌복구회)

시한부 종말 계통
이장림(새하늘교회 다미선교회), 권미나(성화선교교회), 하방익(사자교회-다베라선교회), 저양금(다니엘선교교회), 이재구(시온교회), 오덕임(대방주교회), 유복종(혜성교회), 임순옥(중앙예루살렘교회), 공명길(성령쇄신봉사회), 이현석(한국기독교승리재단), 공용복(종말복음연구회)

기타 계열
양도천(세계일가공회), 김성복(일월산기도원), 원인종(예루살렘교회), 이선아(세계추수훈련원), 김은혜(영복기도원), 원경수(천국중앙교회), 김기업(혜성교회), 김민석(만교통화교-에덴문화연구원), 김백문(이스라엘총회), 나운몽(대한예수교오순절성결회), 김용기(호생기도원), 이교부(주현교회), 김계화(할렐루야기도원), 류광수(세계복음화다락방전도협회), 김기순(아가동산), 박무수(부산제일교회), 정보화(대구밀알기도원), 김동열(그리스도님의교회), 박동기(시온산성일제국), 방수원(세계종교연합법황청), 강제헌(광야교회), 박인선(에덴수도원), 안영숙(삼광수도원), 김동현(영생천국본부), 박연룡(그리스도구원선신생원), 신상철(조선기독교회), 이현래(대구교회), 임택순(아델포스 성경원어연구원), 이송오(말씀보존학회), 한정애(시해선교회), 김광신(은혜교회), 예태해(미국엠마오선교교회), 이옥란(감림산기도원), 황판금(대복기도원), 이옥희(소원의항구기도원), 선신유(에스겔교회), 김옥순(광복교회), 안병오(마라나타선교교회), 정용근(서울 그리스도교회), 김정순(대한예수교복음교회), 소계희(서초제일교회), 엄명숙(명인교회), 김바울(강북제일교회), 장수진(한빛대학생선교회), 정보화(대구밀알기도원), 이양원(에덴공동체), 박철수(새생활영성훈련원, 아시아교회), 이유빈(예수전도협회)

종합적 결론

한국의 신흥 이단들은 그동안 한국의 정치, 사회적인 혼란기에 우후죽순처럼 발생하였다. 대부분의 경우는 자신들의 지나친 종교 경험을 중심으로 발전한 사이비 이단들이다. 특별히 성령 운동, 기도 운동이 말씀 중심의 궤도를 벗어나 개인적인 체험 신앙에 역점을 두었을 때 나타났다. 물론 기존교회의 무기력한 스테레오 타입의, 생명력이 결여된 신앙도 문제였다. 건강한 신학 교육의 결핍도 이단 발생의 한 원인이었다고 볼 수 있다.

한국의 이단들은 특히 한국의 무속 신앙과 접속되어 있다. 귀신론, 마귀론의 경우가 그렇다. 더욱 안타까운 것은 무분별한 이단 운동으로 인해 기독교의 정체성은 물론이고 이미지에 큰 손상을 입었다는 것이다. 어떤 경우의 이단들은 질적으로 저하되어 상식을 무시한 비윤리적인 행위를 자행하여 세간의 지목을 받기도 하였다.

기존 교회의 지도자들과 교인들은 자신들의 교회가 이단이 아니라는 안이한 생각을 넘어 이단들이 더 이상 발생하지 않고 동시에 확장되지 않도록 노력해야 할 것이다. 그것이 바로 교회를 교회답게 하는 중요한 사역이다.

마무리

사람들은 이단들에 대한 교단 차원의 징계를 두고 여러 이견을 말한다. 그 중에 하나는 정치적인 희생이다. 물론 정치적인 요소를 배제할 수 없다. 그러나 이단에 대해 연구하면 할수록 그들이 얼마나 정통 기독교의 진리에서 벗어나 있는지를 알게 된다. 그들은 기독교 신앙을 왜곡되게 전할 뿐 아니라 지속하게 만드는 행동을 자행하기도 한다. 대부분의 이단들은 비이성적인 신앙을 주장하며 도덕적으로 건전하지 못한 상태에 있는 것을 발견하게 된다. 그럼에도 불구하고 많은 교인들이 이단의 꾐에 넘어가 큰 낭패를 보는 경우가 빈번하게 발생하고 있다. 여기에는 여러 상황과 이유가 있겠지만, 그 핵심은 바로 정통 기독교 교리에 대한 무지와 무관심이라는 것을 기억할 필요가 있다. 그러므로 교회는 양적인 성장에만 관심을 기울일 것이 아니라, 성도들에게 정통 개혁주의 신학에 바탕을 둔 올바른 교리를 가르쳐서 이단들이 틈타지 못하도록 힘써야 할 것이다.

한국의 이단들에 대한 일목요연한 자료집으로는 김영무의 「이단과 사이비」(아가페 문화사, 2004)와 이대복의 「이단과 사이비」(큰샘출판사, 2002)가 대표적이다. 이 책들은 한국의 이단들에 대한 개요로서 본서를 집필하는 데 참고가 되었다. 본서의 내용이 원자료에 의존한 연구가 아니고 대부분 제2의 자료에 의존하였기에 아쉬움이 남지만, 제2의 자료들의 내용이 대부분 서로 상이한 점이 없이 공통점을 갖고 있기 때문에 큰 문제는 없어 보인다. 본서를 통하여 일선에서 수고하시는 목회자들과 교회의 지도자들이 이단들에 대해 더 연구하고 교인들을 바르게 섬기는 데 도움을 얻길 소원하는 바다.

부록

이단 관련 총회 결의사항
(제1회~제93회)

제4회(1915년)

1. 예수재강림 제7일 안식회라는 회의 유혹을 받아 그 교회의 교리가 옳다 하는 자는 그 당회가 권면하고, 만일 직분 있는 자에게는 권면하여도 듣지 아니하면 면직시키기로 하고, 그 교회로 가는 자에 대하여는 그 당회가 강권하여 보아서 종시 듣지 아니하면 제명할 것.

제7회(1918년)

1. 함북노회에서 이단을 징치하여달라는 헌의에 대하여는 각 노회가 권징조례 제42조와 제47조와 예배모범 17장에 의하여 징치할 일.

제22회(1933년)

1. 이단 방지 : 각 노회 지경 내 이단으로 간주할 수 있는 단체(이용도, 백남주, 한준명, 이호빈, 황국주)에 미혹되지 말라고 본 총회로서 각 노회에 통첩을 발하여 주지시키기로 가결하다.

제38회(1953년)

1. 김재준 목사를 제37총회에서 본인을 심사치도 않고 처단한 것과 그를 옹호, 지지, 선전하는 자를 심사 처리키로 한 것은 명백 불법이라 하였음에 대하여는, 제37총회에서 김재준씨 처단의 건은 차를 경기노회에서 명하여 실시하라 하였으며 만일 해 노회가 실행치 않을 때에는 총회에서 처리한다고 결의가 있었음에도 불구하고 하회로서 상회의 결정을 불복하고 오히려 차를 불법이라고 지적하였음은 불법한 태도이오니 총회로서는 작년 결의대로 당석에서 즉결하심이 가한 줄 아오며.

제40회(1955년)

1. 군산 노회장 김형우 씨가 헌의한 근래 한국 교계를 풍미하는 나운몽 씨에 관하여 각 지방에서 그로 인한 손해를 많이 입고 있는 바 그 정체를 밝혀 주기를 청원한 건은, 그 신분과 거취가 분명하지 않고 신앙의 기초를 정신수련 위에 두며 우리 장로교 신경에 맞지 않는 점이 많으므로 막는 것이 가한 줄 아오며.

제41회(1958년)
1. 박태선 씨는 그 가르치는 바가 비성서적이요 본 장로교 교리와 신조에 위반됨이 많을 뿐 아니라 교회를 크게 소란케 하므로 차를 이단으로 규정함이 가한 일이오며, 기타 사설 집단체나 개인이 주최하는 집회에 본 장로회 교인이 참석하는 일에 대하여는 총회 또는 노회의 승인이 없는 한 금하는 것이 가함.

제54회(1969년)
1. 불경건한 신비주의 운동자 김화복, 박덕종, 양춘식 씨와 WCC, NCC 노선에 가담한 목사를 강사로 초청하는 일과 집회에 참석하는 일을 금하기로 하다.

제71회(1986년)
1. 평동노회장 운재수 씨가 질의한 건에 대하여,
- 박윤식 씨에 관한 건은 총신대 신학원 교수회에 일임하여 「기독신보」에 기재하게 하고,
- 총회 기관지에 기사 및 광고(이단자)가 가능한지에 대한 것은 불가한 일이오며,
- 이단에 속한 자가 총신대 신학원에 편입이 가능한가에 관한 것은 불가한 일이오며,
- 총회 안에 이단 방지를 위한 연구기관 설립의 건은 총신대신학원 교수회에 일임하여 지도케 함이 가한 줄 아오며.

제74회(1989년)
1. 김기동 씨를 이단으로 규정하다.

제75회(1990년)
1. 문선명 집단에서 추진 중인 성화신학교 정부 인가 반대의 건은 전국교회가 반대 서명을 하고 문집단 제품 불매 운동을 실시하기로 하다.
2. 목포노회장이 청원한 김기동 씨의 정체 규명 건은 근본적으로 이단인 바 위원들에 맡겨 '신학적, 교리적'으로 연구케 하여 「기독신보」에 발표하기로 한 것은 「기독신보」 1989년 11월 18일자에 발표하였으므로 잘된 줄로 아오며 (위원장: 한석지, 서기: 최기채).

제76회(1991년)

1. 이장림을 이단으로 규정하다.
2. 할렐루야 기도원 생수의 신유 능력 유무 건은 비성경적이므로 금지하기로 하다.
3. 김기동 집단 신학사상 연구 건

개요

김기동 목사는 서울특별시 영등포구 신길3동 355-184, 베뢰아 아카데미 원장으로서 5만여 명의 교세를 자랑하고 있을 뿐만 아니라 1987년 5월 23일부터는 미국 서남침례대학(Southwest Baptist University) 신학부에 김기동 박사 교회 성장학과를 개설하는 등 교계 및 국외에 널리 알려진 인물이다. 이미 김기동 목사는 1987년 9월 30일자로 기독교한국침례회 제77차 연차 총회에서 제명 직전에 탈퇴를 선언하고 추종 교회들을 규합하여 기독교남침례회라는 교단을 구성하였다. 더욱 주목할 만한 사건은 동년 8월 29일자로 동 교단에서 작년 11월 16일에 이단으로 단정했던 김기동 씨에 대한 비판서를 「무엇이 다른가?」를 표제로 하고 김기동과 베뢰아 아카데미의 정체를 부제로 하여 발행했다는 사실이다. 본 교단에서는 뒤늦게 김기동 신학을 검토하기에 이르렀고 제75회 총회에서 이단 신학 연구위원회를 구성하였다.

문제점

신학, 그 자체가 귀신론이다

김기동은 모든 성경의 계시는 귀신에 대한 형벌을 뜻하는 것이므로 마귀를 멸하기 위한 하나님의 역사로 해석하기 때문에 자연히 하나님의 일에는 마귀가 개입된다고 주장한다. 예수를 알려면 성경 자체의 계시에 의존하지 않고 우선순위에 있어서 먼저 마귀를 알아야 된다고 전제하고 있다.

그는 또 "죄는 보이지 않는 병이요, 병은 보이는 죄다."라고 말하며 이것을 철저한 신앙관으로 삼아야 한다고 주장한다. 천사 또한 인간을 도우려고 보낸 존재인데 과잉 충성하든가 인간이 가증스러우면 하나님이 가변(성질을 변하게 만듦)시켜 미혹의 영을 만들어 버리며 지금도 천사가 계속 타락하고 있다고 주장한다. 교회가 부흥되었으면 그만이지 교리는 불필요하며, 성령 충만하여 봉사 잘하는 자에게 신학을 가르쳐주는 것은 사탄에게 사주 받은 것과 같다고 주장한다(베뢰아 강의 Tape 18-1, 1983. 10. 21).

그에 의하면 예수 그리스도는 아무도 볼 수 없는 본질로서 아버지가 되시고 보이는 곳에 나타나신 분 곧 피조물이 그를 확인하여 그의 존재가 있음을 알게 되었을 때는 본체가 되신다(Tape 9-2, 1983. 6. 25). 내 말이 영이라고 할 때 영은 인격이 아니다. '영이 육신이 되어', '말씀이 육신이 되어' 는 똑같은 뜻이다. 예수의 육신은 인격이 아니다. 예수의 육신은 항구적 존재이다. 영이 육신이 되었는데 영은 인격이 아니니 예수님의 육신은 인격이 아니라는 주장이다. 지금까지의 주장을 알기 쉽게 요약하면 다음과 같다.

성부는 하나님의 본질, 성자는 본체, 성령은 본영인데 성부, 성자, 성령의 인격이 따로따로 존재하지 않는다.

아버지가 따로 있는 것이 아니고 말씀이 예수가 되었으니 곧 조물주이신 아버지가 육신인 예수로 왔다.

예수는 육신이 되기 전 인격이 아니고 육신이 될 때 인격으로 현현했다.

아버지가 우리 안에 있으면 '아버지, 아버지' 라 할 때 예수가 곧 아버지란 뜻이요, 우리는 예수를 통해 아버지라 부른다. 어느 곳에 있느냐에 따라서 이름이 다르게 불린다.

겟세마네 동산의 예수님의 기도는 자기가 자기 안에 계신 아버지께 기도한 것이다.

예수의 육신은 인격이 아니고 항구적 존재의 영이다. ·오직 인격은 하나이지 개체가 아니다.

위의 주장은 과히 수많은 이단자들 중 교회사에 나타난 시벨리우스의 주장과 같은 맥락이다.

그의 성서론에 대한 비판

김기동 목사의 성서관은 구약의 모세오경과 신약의 공관복음만 성경이요, 나머지는 성서라 하여 더할 수도 있고 뺄 수도 있다고 주장하고 있다. 또한 자신의 체험과 주장을 지나치게 강조한 나머지 성서의 권위를 약화시키거나 소홀히 하는 경향이 있으며, 자신의 신학적 입장을 정당화하기 위해 자의적 해석을 가하고 있다. 성서적 근거보다는 자신의 축자경험과 귀신들이 실토하는 말들을 종합하여 마귀론 신학을 정립하였으며, 예수님이 오신 목적을 오로지 사탄 박멸이라는 소극적 측면에만 국한시킴으로써 보다 중요한 구원, 교회,

하나님의 나라라는 적극적 측면을 소홀히 하고 있다.

그의 증언기록을 좀 더 상고한다면, 「베뢰아 사람」(1988. 6. p. 8)의 증언은 "……성경은 하나님의 말씀이라 할 때, 성경에 기록되어 있는 모든 말들이 마귀의 말도 있고 믿지 않는 자의 말도 있습니다. 그런데 성경에 기록한 모든 말씀이 다 하나님의 말씀이라고 말한다면 이들의 말도 하나님의 말씀이라고 말하는 셈이 됩니다."라고 가르치고 있다.

그의 창조론에 대한 비판

그는 「마귀론」(p. 84~85)에서 태초에 하나님이 천지만물을 창조하셨다는 성서의 대전제를 부인한다. '아담은……땅에 충만한 수 중에서 뽑혔으니 굉장한 사람'이라고 논의한다. 창세기 1장의 창조에 대한 기록 이전에 이미 땅 위에 인류가 있었다고 주장한다. 뿐만 아니라 인간 창조의 목적은 타락한 마귀를 멸망시키기 위한 수단이며, 세상은 하나님이 사탄을 형벌하려고 만든 장소라고 주장한다(「하나님의 의도」 p. 8, 「마귀론」 p. 4). 이밖에도 다음과 같이 주장한다.

- 죄짓고 오는 인간에게 상까지 주시겠다는 것은 인간은 마귀를 멸하러 오신 예수 그리스도의 오실 길을 위한 사전의 안내자였기 때문이다(「마귀론」 p. 74 中).
- 인간은 사탄을 정죄하기 위한 도구로 사용되었다. 다시 말하면 예수께서 십자가에 죽으실 때까지 인간은 그의 오실 길을 위해 봉사한 것이다(「마귀론」 p. 74 中).
- 창세기 1장 27절의 "하나님이 …… 남자와 여자를 창조하시고" 할 때의 남자와 여자는 인격적인 사람이라기보다는 암컷과 수컷이라는 자웅을 구분하는 이치로서의 표현이다(「마귀론」 p. 81 中).
- 이들 역시 몸과 혼을 합해 완전한 인격이 되었다. 그러기에 육신이 있는 동안 이들에게는 도덕이 있고 윤리와 문화가 있었다. 다만 영적인 요소가 없었을 뿐이다. 그러므로 그들은 내세가 없다. 오히려 그 당시 죄짓는 자들은 내세가 없었기에 더 행복할는지 모른다(「마귀론」 p. 81~82 中).
- 결국 아담은 선택된 자요 나머지 문화적 존재인 네피림은 버림 받은 탈락자들이다(「마귀론」 p. 55 中).
- ……이와 같이 땅에 충만한 수의 사람 중에서 아담 하나를 뽑았으나 그 아담이 얼마나 개화된 인간이었겠는가. 하나님은 이렇게 한 사명자를 불

러 이 기존적인 인격 위에 항구적 가치를 부여하심으로써 성령이 되게 하셨다(「마귀론」 p. 83 中).
- 아담은 몇몇 사람 중에서 한 사람으로 뽑힌 것이 아니라 땅에 충만한 수 중에서 뽑혔으니 굉장한 사람이다. 사람은 남자와 여자로부터 시작했으나 아담은 충만한 수의 사람 중 하나를 뽑아 경건한 자녀를 얻기 위해 분리한 것이다(「마귀론」 p. 84 中).

위의 글들을 종합해볼 때 인간 창조의 목적은 하나님의 영광을 위한 것일진대 그는 아담 이전의 어떤 형태의 인간 아담을 중심으로 한 신학을 전개하고 있다. 인간은 사탄을 정죄하기 위한 도구로 사용되었고, 하나님은 불법을 합법화하여 정당하게 치리하시는 분으로 정의하고 있다.

그의 성령론에 대한 비판

그의 성령론은 성령과 피조물인 천사의 존재를 혼돈하고 있다.
- 마가 다락방에 성령이 임했을 때 눈에 보이던 불이나 바람 소리는 성령이 아니라 바로 성령을 수행하는 천사들이다(「마귀론」 p. 134 中).
- 구약의 하나님의 신은 모두 천사를 말한다고 전제하고 있다(「마귀론」 p. 70 中).

위의 두 전제에서 성령과 천사의 존재에 대하여 비물질적이고 형이상학적인 언어적 측면을 사용하면서 그 본질과 사역을 수행하는 능력의 범위가 인간에 대한 사역의 한계점을 벗어나지 못한다고 주장하고 있다. 또한 성령과 천사의 존재론적인 사실을 동일시하고 있다.

그의 천사론에 대한 비판

천사는 지금도 타락하는 과정에 있다는 비성경적인 주장을 하고 있다.
- 신자의 불의에 따라 그의 천사가 가변하기 때문에 천사를 구제해야 한다(「마귀론」 p. 170 中).
- 신자에게 도우라고 보낸 천사는 신자가 잘못을 저지르면 가변되어 미혹의 영이 된다(「마귀론」 p. 141 中).
- 미혹의 영인 천사는 신자가 세상을 떠나면 불신자들을 찾아 미혹의 영으로 괴롭히는데 가변된 천사는 없어지지 않는다(「마귀론」 p. 142 中).
- 신자가 혈기를 자꾸 내기 시작하면 천사를 가변시킨다. 그런데 예를 들어

혈기를 내게 하는 미혹의 영이 둘이 있을 때 이를 능가하려면 더 많은 천사를 얻어야 한다(「마귀론」 p. 141 中).

위와 같은 그의 주장대로라면 천사도 무능하기 그지없고 보잘 것 없는 존재로 비하될 수 밖에 없으며, 그의 사역 반경은 인간의 행동에 따라 변화할 수밖에 없다. 만약 그렇다면 천사도 인간과 같은 구원 문제의 대상으로 등장한다는 논리가 될 것이다.

그의 악령론에 대한 비판

악령에 대한 그의 견해는 전체적인 성경 해석학상 이단이냐 아니냐의 가치를 논하고도 남음이 있는 핵심 논제로 삼아도 좋을 것이다.

그의 귀신론에 나타나 있는 대표적인 견해를 요약하면 다음과 같다.
- 귀신은 불신자의 사후 존재라는 것이 그의 학설이며 이론이다.(「마귀론」 p. 179 中).
- 천사가 지위를 떠났을 때 이를 혁명이라 한다. 바로 사탄이란 말은 바로 혁명가란 뜻이다(「마귀론」 p. 37 中).
- 귀신이 불신자의 사후 존재라고 할 때 불신자의 영이 귀신이 된다는 것이 아니라 그냥 귀신으로 동일하게 취급한다(「마귀론」 p. 199 中).
- 자연 수명이 100세인 을이라는 사람이 암으로 60세에 죽었다고 하자. 그는 60세에 죽었기에 자연 수명에서 아직 40년이 남아 있다. 이때는 무저갱으로 가는 것이 아니고 음부에서 자연 수명이 차기까지 40년간 마귀와 그 사자들과 함께 활동하게 된다(「마귀론」 p. 187 中).

이상에 언급한 그의 마귀론을 정리해보면 다음과 같다.
- 마귀는 혁명가이다.
- 우주 안에서 마귀가 하고자 하면 무엇이든 가능하다.
- 예수님도 마귀라는 불법이 정해놓은 대가의 희생으로 우리를 값주고 샀다.
- 마귀 조직 중 미혹의 영은 선한 천사가 가변된 것이며 귀신은 불신자의 사후 존재이다.
- 마귀는 타락할 권리로 타락했다.
- 마귀가 행하는 권세는 하나님으로부터 받은 합법적인 권세이기에 성도를 괴롭히는 것도 합법적인 것이다.

- 하나님은 불법자 마귀를 합법자로 인정해주셨다.

결론
김기동 신학에는 구원이 없다. 그의 학설은 이단이기 때문이다.

제78회(1993년)
1. 트레스디아스는 엄히 경계하여 제지하도록 하다.

제79회(1994년)
1. 예태해 씨는 불건전한 신비주의 내지 이단성의 혐의가 있으므로 강단 교류를 금하고 일체의 교제를 금하기로 하다.

개요
한국에서 목회자 영성 수련회 및 평신도 영성 수련회에서 주강사로 활약, 입신의 붐을 일으킨 예태해 목사의 집회에 참석하고 돌아온 목회자들 중에 안수하여 넘어지는 일들을 하여 교회 성도가 분열되거나 교회를 가지고 교단을 떠나 버리는 일들이 보고되었다. 이에 총회 신학부 소위원회(예태해 목사 신학 성분 규명)에서는 그동안 국내외에서 수집한 자료와, 그가 78총회 이후 미주 동부노회에 가입한 사실 배경 확인과, 그의 목회지인 미국 뉴저지 현지에 가서 본인의 증언과 그가 이전에 담임했던 P.C USA 교단 베다니교회와 태평양노회를 방문하여 사실 확인을 하고 L.A.와 뉴욕 뉴저지 교회협의회 목회자들의 실증을 토대로, 그의 신학 성분 이단 시비의 진상과 경위를 밝혀 총회에 보고 하여 올바른 신학과 신앙을 보수하고자 한다.

문제점
신학배경
그의 목회 생활의 출발에 신비적 체험이 동기가 되었다.
- 금식기도로 하나님의 음성을 듣고 기도의 능력이 나타났다. 통회 자복하는 기도를 했다(「현대종교」 92년 12월호 인터뷰에서 실증한 것).
- 신비한 체험
  한번은 10여 명의 신도들과 함께 기도하고 있는데 갑자기 머리 위에서 물이 흐르는 것 같아 눈을 떠보니 실제로 머리 윗부분이 젖어 있었다. 함께 있던 신도들이 기드온의 양털의 이슬이냐며 놀라 묻더니 이내 기도하던 사람들이 갑자기 뒤로 쓰러졌다. 이 일을 계기로 교인들을 대상으로 첫 성회를 가지게 되었고 이때 많은 사람들이 뒤로 넘어지는 현장을 목격했다. 그 후부터 그의 집회 때에는 으레 교인들을 일어서게 한 상태에서 이마에 안수를 했고 안수 받은 자들은 꼿꼿이 선 채로 뒤로 넘어지는 현상이 계속되었다. 그의 목회 생활의 출발은 계시 의존이 아니라 신비한 주관적 체험이 결정적인 동기가 되었다.

- 예태해 씨의 신학성분(이단성)을 규정할 수 있는 근거 자료

'성령이 권능으로 임할 때' 나타나는 현상을 증거한 팜플렛과 그의 신학을 요약한 저서 「속사람」이란 책이 있다. 그가 안수 기도할 때 성령의 권능이 임함으로 사람들이 한꺼번에 넘어지는 현상은 성령이 권능으로 임할 때 그 사람의 육적인 것을 결박시킴으로써 일어나는 것이라고 한다. 그 근거로 마태복음 12장 29절을 제시했다. 그러나 이 구절은 사탄을 결박한 것을 나타낸 것일 뿐 그 현상과 아무 연관이 없다. 그는 계속해서 성령의 충만을 받지 않고 성령의 역사를 부인하거나 세상에 빠지기 때문에 성령의 권능에 의해 넘어진 사람이 후에 사탄에게 사로잡히거나 사탄의 도구로 쓰임 받는 경우가 있다고 했다. 그러므로 넘어진 것이 잘못된 것은 아니라는 것이다. 예태해 씨는 이것을 성령의 역사 가운데 일어나는 외적 현상이며 이를 문제 삼는 것은 성령의 역사를 이해하는 능력이 부족하기 때문이라고 한다.

- 그의 신학을 대표하는 '속사람'에 대하여
  · 인죄론

예태해 씨는 「속사람」이란 책에서 예수를 믿음으로 다시 태어난 속사람은 죄가 없다고 했다. 하나님의 아들은 겉사람이 아니라 성령으로 인도함을 받은 속사람이다. 하나님과 함께하는 것은 우리의 영원한 영이다. 이 영이 하나님의 아들이다. 영은 죄를 짓지 않고 혼과 육이 죄를 짓는다. 그는 인간의 구성요소를 영, 혼, 육으로 보는 3분설을 말한다. 그러나 3분설은 성경 교훈의 결과가 아닌 헬라 철학에서 기원한 것으로 신체를 인성의 물질적 부분으로, 혼을 감정적 생활의 원질로, 영을 하나님과 관계된 이성적·불사적 요소로 인정한다. 예태해 씨는 철저한 3분설을 주장하여 성경해석을 거기에 맞추려고 한다. 혼과 육이 범죄한 결과로 영이 죽었다는 것이다.

그는 또 사람의 혼과 육은 영의 지배를 받는다고 말한다. 거듭난 자의 영은 범죄하지 않는다. 거듭난 자가 범죄한 것은 혼과 육이지 영은 아니다. 혼과 육의 범죄는 영에게는 책임이 없다는 것이다.

· 계시관(성경관)

베다니교회 담임목사로 시무할 때 그는 어떤 여신도가 재림 예수의 영을 받아 예언한다고 했다. 환상이나 음성이나 예언을 지금도 하나님이 주신 계시로 받아들이고 있다. 성경을 완성된 계시요 충족함을 확실히 믿지 않고 지금도 계속해서 계시를 주신다고 믿고 있고 주관적인 느낌이나 체험을 성경보다 앞세우는 것 같다.

· 성령론

예태해 씨가 손으로 안수할 때 사람들이 한꺼번에 모두 쓰러지는데 그는 그것을 권능으로 임하는 성령의 특별한 외적 사역이라고 주장한다. 그것이 정당한 성령 역사의 현상이라는 것을 강조하고 증명하기 위하여 성령의 예(삼상 10:23~24; 대하 5:13~14; 단 10:8~9, 마 17:5~6 28; 3~4; 행 9:3~4, 10:10~11, 22:17~18, 26:24; 고후 12:2~4; 계 :10, 17)를 들고 교회사의 예(요한 웨슬레, 조나단 에드워드, 조지 휫필드, 찰스피니, 마리아 우도워쓰, 에터 케스린 쿨만, 케네스 헤이건, 존 윔버)까지 들었다. 그러나 성경의 보증으로 든 내용이 안수하여 쓰러지는 것과는 전혀 관계가 없는 것이고, 교회사의 실례를 든 이들의 집회 때의 현상과도 별 관계가 없다. 이는 성령의 인격성과 사역성을 바로 이해하지 못하고 말씀과 더불어 역사하심과 그 목적을 올바로 정리하지 못했기 때문이다. 또한 자신의 안수로 인해 넘어지는 현상을 성령의 권능이 임할 때 나타나는 현상이라고 주장한다. 이를 정당화하기 위하여 성경 구절을 증거로 든 성경인용은 전혀 관계없는 것이며 자기중심적인 짝 맞추기에 불과하다.

· 구원론

예태해 씨의 신학과 신앙의 특징은 속사람에 집중되어 있다. 그는 속사람을 강조함으로써 사람의 인격을 영, 혼, 육으로 분리하였다. 또한 영은 죄를 범하지 않고 육이 죄를 범하며, 영이 혼, 육을 구원한다는 헬라 철학에 근거한 이원론인 비성경적 주장에 빠져 있다. 그의 「속사람」을 살펴보면 예수 그리스도의 십자가의 구속도 완전히 성취된 것이 아니고 부족하거나 부분적 불완전하다는 주장이 있다.

그는 "우리의 영은 성령으로 거듭나서 구원되고 혼과 육은 우리의 영이 구원한다"고 했다. 성령으로 거듭난 우리 영이 우리의 혼과 육을 구원하는데 우리가 스스로 십자가의 말씀을 듣고 혼적인 것을 파괴하면서 새로움을 입어가야 한다. 그래야 우리의 혼과 육이 구원되어진다는 것이다. 이것은 육신을 입은 예수 그리스도의 구원이 불완전하다는 주장이 된다. 하나님은 우리의 영만 구원하시기에 혼과 육을 우리의 노력과 훈련으로 구원해야 된다는 것이다. 그러나 우리는 아담의 범죄로 전인격이 전적으로 타락하고 부패하였다. 영은 범죄하지 않고 혼, 육만 범죄하였다고 하며 인성의 부분적 범죄와 타락으로 구분한 것은 주님의 고난도, 죽음도, 부활도, 구원도 전인격적이 아니고 부분적인 것이라는 주장이 된다.

그는 우리가 하나님의 은혜와 은사를 받지 못하는 이유를, 고정된 종교관념(지식, 경험, 전통(참조, 마 15장, 막 7장)), 알지 못하는 일이 일어나면 의심부터 하기 때문(롬 14:23), 철저한 회개가 없기 때문(마 3:9~22; 행 2:38), 두려워하기 때문(딤후 1:7; 요일 4:18), 하나님보다 사람의 눈치를 보기 때문(갈 1:20), 자신을 십자가에 못 박지 않기 때문(갈 2:20), 하나님의 응답을 기다리는 시간을 갖지 않기 때문(행 1:4; 유 1:21), 영이 육과의 싸움에서 패하기 때문(롬 2:25; 고후 12:9)이라는 8가지로 이야기하고 있다.

그런데 여기서 인용한 성경구절을 문맥에 따라 바로 해석하지 않고 자기 견해를 보증하는 데 유리하게 인용했다. 이 주장대로 하면 인간의 노력이나 공로에 따라 은혜와 은사를 받는다. 그것은 곧 하나님의 주권적 은혜보다 인간의 회개나 공로를 우선적으로 강조하는 것으로 알미니안주의요, 칼빈주의 개혁신앙이 아니다.

· 예태해 씨가 한국교회와 해외교회에 끼친 영향

예태해 씨의 집회에 깊이 빠져 들어가 그의 안수기도로 넘어지는 일을 교회에 와서 시행하므로 교회가 분열하고 갈등하게 되었다.

결론

그는 신앙과 신학이 일관성 있게 정리되지 않은 상태에서 신비한 주관적 체험을 중시하는 자기 나름대로의 신학을 정리하였다. 그의 신앙과 신학을 대표하는 「속사람」이라는 책에서 속사람을 지나치게 강조하여 인간을 영, 혼, 육으로 분리하여 영은 죄를 짓지 않고 혼과 육이 죄를 범하고 영이 혼과 육을 구원한다는 영지주의적인 비성경적인 주장을 하고 있다. 인간이 죄를 전적으로 부패하고 타락한 범죄가 아닌 부분적인 것으로 볼 때 이것은 전인적 구원이 아닌 부분적 구원으로 연결된다. 성령에 대해서도 인격적인 성령보다 기운이나 힘과 같이 나타나는 현상을 중시하고 성령을 부분적으로 제한하여, 안수하여 넘어짐의 현상을 성령의 지배당함이라고 주장한다. 또 이것을 성경의 진리인 것으로 증명하기 위해 성경을 인용하고 있지만 자의적이다.

이상으로 볼 때 예태해 씨의 신학 성분은 상당한 문제점이 있다. 그가 우리 교단에 들어오겠다는 생각은 좋으나 지금까지 그의 신앙과 신학, 목회 현장에서의 성분이 성경 진리 앞에서 바로 가려지고 난 후에 잘못된 것이 무엇인지를 분별하여, 버릴 것은 버리고 고칠 것은 고치려는 확신이 인정될 때 우리 교단의 신학을 이수하도록 가입하는 것이 옳다. 앞으로 그의 신학 성분에 대해서는 계속해서 신학부로 하여금 전문적인 조사를 하게 해야 할 것이다.

제80회(1995년)
1. 소위 '무료신학교'(대표 이만희)를 일고의 신학적, 신앙적으로 가치 없는 집단으로 밝히다.

개요
무료성경신학원의 구심체는 안양 신천지 교회
본 신학원의 구심체는 안양 신천지 교회를 이끌고 있는 교주 이만희씨로 밝혀지고 있다. 안양신천지교회는 안양시 관양동에 소재하고 있으며, 교주 이만희는 장막성전 이삭교회(교주 : 유재열)에 관계된 자로 장막성전에서 분리되어 1980년 안양 신천지 증거장막성전을 설립하였다.

이만희의 개인적 이력
출생 배경 및 신앙체험
1931년 9월 15일 경상북도 청도군 풍각면 현리 702번지에서 출생하였으며, 17세의 나이로 서울 성동구 금호동 형님 집에 기거하면서 건축업에 종사하다가 한 전도사의 안내로 창경원 앞에 있는 한 천막교회에서 침례를 받았다. 이렇다 할 신앙 체험이 없는 상태에서 낙향하여 풍각장로교회를 출석하던 중 본격적인 신앙생활이 이루어지고 「박군의 심령」, 「학생 문창 독본」 등의 서적을 탐독하였다.

어느날 신비한 체험을 한 후, 유재열(장막성전) 씨를 열성적으로 추종하다 이탈하여 1980년도부터 설파해온 것이 오늘날의 무료성경신학원의 모체다. 유재열은 1975년 9월(당시 26세) 서울 지검 영등포 지청에 의해 사기, 공갈, 폭력 행위 등의 죄목으로 구속된 자다.

학력, 경력 및 신학 수업 배경

정상적인 신학 수업을 받은 흔적이 전혀 밝혀지지 않고 있으며, 장막성전 유재열의 강한 영향력을 받은 것이 전부인 것으로 조사된다.

무료성경신학원의 다른 명칭

- 용현 기독교 신학원   - 간석 기독교 신학원
- 동인천 기독교 신학원   - 가정 기독교 신학원
- 서울 신학원   - 기독교 신학 교육원
- 기독교 평신도 신학원(광명신학원, 신촌신학원, 화곡신학원, 공항신학원)

무료 성경 신학원의 학생모집 홍보유형

초등은 1개월 기간으로 성경 상식, 비유 풀이, 사복음서 강해, 중등은 1개월 기간으로 이사야, 예레미야, 에스겔, 다니엘, 예언서 등, 고등은 2개월 기간으로 요한계시록 진상 강해로 되어 있다. 재정 및 시간의 제약으로 신학 공부의 기회를 갖지 못한 자들을 위해 '무료'라는 말과 학력제한 없음을 강조하며 국내 월간지 및 지하철 입구, 주택가, 전신주 등을 통해 홍보하고 있다. 4~5개월 기간 안에 성경 전부를 가르쳐 준다고 홍보하고 있으며, 교재 대금으로 2~3만원을 받는다. 수강 자격은 남·여, 연령의 제한이 없으며 부부를 환영한다.

문제점

교재의 목차 및 내용에 대한 개괄 분석

초등교재는 22호로 구성되어 있으며 1호, 2호 성경 상식을 제외하면 비유로 일관한다. 이 비유는 정통 신학에 근거한 비유 이론이 아니라 근거 없는 자의적 해석의 비유 이론을 게재하고 있기에 일고의 가치가 없는 내용임을 밝혀 둔다. 고등교재로는 이만희 씨의 저서 「계시록의 실상」을 중심으로 가르치고 있다.

그들의 교재에 근거한 이단성 분석

모든 교육과정은 주제별로 구성되어 있다.

[초등과정]
1호 - 성경상식(1)
2호 - 성경상식(2)
3호 - 비유의 말씀과 예언과 실상의 짝
4호 - 비유한 씨, 밭, 나무, 새
5호 - 비유한 불, 떡, 돌
6호 - 비유한 빛과 인
7호 - 비유한 그릇과 누룩과 가마
8호 - 비유한 저울, 지팡이, 향료와 향연
9호 - 비유한 물, 샘, 강
10호 - 비유한 바다, 어부, 그물, 고기, 배
11호 - 비유한 섬과 산
12호 - 비유한 눈, 등대, 촛대
13호 - 비유한 짐승
14호 - 비유한 생물과 바람, 우상, 나팔
15호 - 비유한 전쟁과 말, 병거, 검, 철장, 우박
16호 - 비유한 죽음, 무덤, 생기, 부활
17호 - 비유한 어린양의 피와 살과 재물
18호 - 비유한 천지와 해, 달, 별
19호 - 비유한 신랑, 신부, 과부, 고아, 딸
20호 - 선민 장막 이전과 이방 바벨론
21호 - 비유한 새 하늘, 새 땅, 새 이스라엘
22호 - 비유한 머리와 꼬리와 뿔

[중등과정]
1호 - 세 가지 천국비밀, 배도 멸망, 구원과 성취순리
2호 - 도의 초보와 사이비 이단과 완전한 정통
3호 - 이사야 1장 1~24절

4호 – 예레미야 1장
5호 – 에스겔 1~3장
6호 – 다니엘 1~2장
7호 – 마태복음 13장 천국과 추수
8호 – 마태복음 24장
9호 – 마태복음 22장, 25장 어린양의 혼인잔치

[고등과정]
1호 – 제1장   14호 – 제14장
2호 – 제2장   15호 – 제15장
3호 – 제3장   16호 – 제16장
4호 – 제4장   17호 – 제17장
5호 – 제5장   18호 – 제18장
6호 – 제6장   19호 – 제19장
7호 – 제7장   20호 – 제20장
8호 – 제8장   21호 – 제21장
9호 – 제9장   22호 – 제22장
10호 – 제10장   23호 – 요한계시록 진상
11호 – 제11장   24호 – 신·구약의 성취요약
12호 – 제12장   25호 – 초림과 재림의 뜻
13호 – 제13장

고등교재는 요한계시록을 내용으로 한다. 이만희의 「계시록의 실상」을 분석하면 아래와 같다(「천국 비밀 계시록의 실상」, 도서출판 신천지, 1985년 판).
- 자신이 직접 주님으로부터 계시를 받고 본다고 주장함으로써 자신을 성경 저자와 동등자 내지 그 이상의 존재로 자칭하는 자로서 성경의 충족성을 무시한다.
- 자신의 저서만 참 진리를 담고 있기에 다른 신학자나 목회자의 저서는 일고의 가치가 없는 것으로 매도하고 있다.
- 현시대가 신천지예수교 증거장막성전 시대라는 어처구니없는 주장을 하며, 자신이 증거한 말씀을 믿지 않으면 생명이 없으므로 죄와 벌을 받되

요한계시록 22장과 같이 된다고 엄포하고 있다.
- 2,000년 전 사도요한이 증거한 것은 오늘날 주인공이 할 말을 예언으로 빙자하여 예비한 것이라고 가르치면서, 요한계시록의 실제 주인공이 자신이며 예수님의 대언자라고 말을 하고 있다.
- 14만 4천 인의 수에 들어가려면 이만희를 만나 증거를 받아야 한다고 하며 많은 이단들의 주장과 같은 어리석은 말을 하고 있다.
- 천하 성도는 두 증인을 만나 증거를 받아야만 혼인 잔치에 들어간다는 잘못된 가르침을 하고 있다.
- 땅에 임하는 심판이 하늘에서부터 발동되는데 이만희는 이것이 증거장막 소속 성도의 입을 통하여 쏟아질 것이라고 하는 망상에 빠짐으로써 하나님의 주권을 침해하고 있다.
- 자신이 사명자로서 메시야인 것처럼 주장하고 있다.
- 예언으로 시작해서 성취로 끝나는 알파와 오메가며, 예언이 실상으로 나타남으로 자신이 출현하여 증거한다는 말을 하고 있다.
- 요한계시록에 나오는 일곱 교회는 소아시아 지방에 실제로 산재해 있는 교회로서 전 세계 모든 교회들의 유형으로 보여 주는 것인데, 이만희는 일곱 교회가 이만희를 통해 익사할 것이라는 잘못된 주장을 하고 있다.

결론
- 그들은 성경을 단순 임의적으로 해석함으로써 전통 성경해석 원리를 근본적으로 무시하고 있다.
- 성경을 비유적 개념으로만 해석하는, 매우 무지한 자들이다.
- 그곳에서 가르치는 자들은 정상적인 신학수업을 받지 못한 자들이기에 신학적 기반이 없으므로 지도자로 나서기에는 매우 위험스러운 자들이다.
- 그들의 일정한 기준에 도달한 자만이 그들의 교회 및 단체에 관여하게 하는 비밀 집단체제 방법을 갖고 있다.
- 종말론을 강조하면서 기성 교회와의 괴리를 시도하며 기성 성도들을 위협하고 있다.
- 건전한 기독 단체인 것처럼 위장전술을 사용하고 있다.
- 일고의 신학적, 신앙적 가치가 없는 집단으로 밝혀지고 있다.

이들의 침투를 막기 위해서는 건전한 성경교육과 종말관을 개 교회에서 일반 성도들에게 가르쳐야 할 것이다. 개 교회는 좀더 적극적으로 성도를 관리함으로써 이들 세력에 오염되지 않도록 방지해야 할 것이며, 개교회 안에서 건전한 공동체 의식을 갖고 소외되는 자가 없도록 노력해야 할 것이다. 또한 이들의 실체를 좀더 교단 내에 알려 사전에 예방하는 것이 시급하다. 이들의 계속적인 활동 상황에 대한 조사 연구는 이단대책연구위원회에서 계속하여 대책을 마련하는 것이 필요하다.

제81회(1996년)
1. 한기총 및 평화통일희년대회가 공동 주최한 '광복 50주년 기념 평화통일희년대회'에 관련된 일부 인사의 이단성 규명 조사 건

개요
'광복 50주년 기념 평화통일희년대회' (이하, 한기총 희년대회)가 1995년 8월 12일 오후 2시 여의도광장에서 열린 바 있었다. 당일 대회에 참석자 중 다수가 이단에 연류된 집단이 있었다. 참석자로는 김기동(대회 부총재)과 그의 집단(성락교회), 이재록(대회 실무 대회장)과 그의 집단(만민중앙교회), 유복종(대회 상임 준비 부위원장)과 그의 집단(혜성교회), 안성억과 그 집단(평강제일, 구 대성교회) 등이었다.

문제점
김기동 씨에 대한 본 교단의 입장
제74회 총회(1987년)에서 김기동 씨를 '근본적으로 이단인 바' 시비할 가치조차 없음을 밝힌 바 있다. 또한 제75회 총회(1990년)에서 김기동 신학의 허구성을 폭로하기 위해 '김기동 집단 신학사상 연구위원회'를 구성하여 위원장 최기채, 위원 이진만, 김수학, 정문호, 김경원 씨로 하여금 연구하게 하여 제76회 총회(1991년)에 보고됨으로 동 총회에서는 '김기동을 이단으로, 베뢰아를 이단 집단으로' 규정한 바 있다. 그러므로 본 교단은 김기동을 이단으로 규정, 처리하는 것을 마땅한 논리적 귀결로 받아들여야 한다.

이재록의 이단성에 대하여
개인 이력 및 활동

1943년 4월 20일 전라남도 무안에서 출생하여 유년 시절 불치병에 시달리다가 1974년 현신애 권사의 기도로 병이 나았다고 전해지고 있으며 신대방동에 만민중앙교회를 개척하여 활동 중이다. 1990년 5월 1일 예수교성결교 제69차 총회에서 이단으로 규명되어 제명 처분 받은 사실이 있다. 성결교 교단으로부터 이단 정죄를 받은 후 연합 활동 등으로 자신의 신분을 위장하는 일이 많았으며 교계중진 인사들과의 접촉이 빈번한 것으로 드러나고 있다.

신학사상 및 교리적 특성
- 성경 외에 직통 계시를 주장하며 자신이 그것을 받았다고 주장한다.
- 그의 목회는 한정애라는 여자의 예언과 대언에 좌우되고 있는 실정이다 (40일 금식기도를 통하여 응답받았다고 함).
- 한정애의 직통 계시를 듣고 그의 해석에 의존하여 성경을 사사로이 풀고 있다.
- 천국의 모든 것에 대하여 계시를 받았다고 주장한다.
- 천국을 낙원, 일층천, 이층천, 삼층천, 새 예루살렘의 다섯 천국으로 나누고 거기에 따라 믿음을 5등급으로 나누고 있다.
- 재림의 때를 자신만이 알고 있다며 시한부 종말론을 주장하고 있다.
- 예배나 기도 시 성령의 춤을 추어 무당을 방불케 하고 있다.

이홍선의 이단성에 대하여
이단 연루 사실 및 행적에 대하여

그는 자신이 창간한 「기독저널」 제66호 1995년 7월 26일자에 "베뢰아 김기동 목사는 이단이 아니다."라고 주장하며 김기동을 옹호하는 일에 적극성을 띠었으며, '한기총 희년대회'에 관련한 이단 참석여부에 대하여 옹호하는 기사를 집중적으로 다루었다. 본 교단지인 「기독신보」를 공격적인 자세로 음해하였으며, 본 교단을 향해 갖가지 법적 투쟁을 하는 일에 앞장섰던 인물이다.

개신교 문제 연구소의 실체

이홍선 씨는 개신교 문제 연구소를 만들었는데, 그가 대표이며 사실상 본인 단독으로 연구하는 유명무실한 연구소로 밝혀졌다.

함남노회로부터 탈퇴 및 제명

이흥선 씨는 제106회 함남노회(노회장 윤차복 목사) 제1차 임시회(1996년 1월 5일)에서 이단에 연류된 사건으로 인하여 노회를 자진 탈퇴함으로써 노회는 목사 제명을 결정한 바 있다.

안성억, 유복종의 이단성에 대하여

안성억은 평강제일교회(구 대성교회(박윤식)) 담임자로서 박윤식 사상에 깊이 연류된 자다. 유복종은 시한부 종말론을 주장하며, 세간에 널리 알려진 자다.

2. 할렐루야 기도원(원장 김계화)에 대한 조사연구보고서

개요
할렐루야 기도원의 현황

김계화 원장은 남편 이인주(집사) 씨와의 사이에 현아, 현진, 지원 등 딸 셋이 있고 예장통합(장신대 졸) 측에 속한 오빠 김정웅이 있다. 김계화 원장 자신이 말하는 하나님의 소명은 아들을 잃고 자살하려는 순간 하나님이 만나주시고 '복음으로 영의 아들, 딸을 낳으라' 는 하나님의 계시적 음성을 듣고 전도자의 사명을 감당케 되었다고 했다(「외길 가게 하소서」, pp. 35~39).

문제점
직통계시

김계화 씨는 자기 안에 하나님의 말씀이 있기 때문에 말이 아닌 '말씀' 을 선포한다고 수없이 강조했고, 자신이 받은 직통계시가 성경계시와 동일한 효과를 가지거나 오히려 우위를 점한다고 강조한다(「꺼지지 않는 불」, pp. 31, 37, 106, 195, 222).

생수문제

경기도 포천군 포천읍 신단3리 포천 송우리 기도원에서 나는 소위 할렐루야 기도원 생수라는 것은 지하수를 뽑아 올린 물이다. 김계화 씨는 이 지하수에 큰 영적 의미를 부여한다. 곧 자기가 계시를 받아 계발한 물 자체에 말씀이 들어 있어서 능력이 나타나기 때문에 '능력의 생수' 라고 하면서(「꺼지지 않는 불」, pp. 191, 195), 그 물을 마시는 자는 병에서 놓임을 받고, 그 물이 생수로 역사하여 마시는 자마다 회개의 영과 복음을 전하는 영을 받게 된다고 하였다.

성령수술

김계화 씨가 말하는 성령수술은 그가 환자의 환부에 손을 대면 손에서 불이 나가 살이 찢어져 상처가 나고 그 자리를 통하여 소위 암 덩어리가 나오게 하여 이를 끄집어내는 것을 말한다(「꺼지지 않는 불」, p. 108). 김계화 씨는 성령수술에 대한 성경적 근거를 사도행전 19장 1~12절에 있는 바울의 손에 비유하여 '자신의 손에 희한한 능이 부여되어 성령의 불의 역사가 나타나 병이 치료된다'라고 하고(「외길 가게 하소서」, p. 153), 이사야 1장 25절의 "내가 또 나의 손을 네게 돌려 너의 찌끼를 온전히 청결하여 버리면 너의 혼잡물을 다 제하여 버리고"라는 말씀에 근거를 두고 자신의 성령수술이 성경적이라고 주장한다(녹음테이프).

자신의 신격화 문제

김계화 씨는 주의 천사가 안마하여 피곤이 풀어진 일이 있다고 했으며(「꺼지지 않는 불」, pp. 158~159), 기도원에서 봉사하는 사람들은 김씨 앞에 설 때 두려운 마음으로 서고 '당신은 하나님의 종입니다. 그리고 선지자입니다.' 하고 스스로 고백하는 곳이 할렐루야 기도원이라고 한다(「외길 가게 하소서」, p. 157). 더욱이 기도원에서 봉사하는 자들은 김계화 씨를 '어머니'라고 하여 만세 삼창을 하고(녹음테이프), 김 씨는 봉사자들을 '아이들' 혹은 '애들'이라고 부른다(「꺼지지 않는 불」, pp. 101, 103, 132, 149, 153).

할렐루야 기도원의 예배

할렐루야 기도원의 예배에는 형식이 없다. 처음부터 김 씨가 나와 이리저리 뛰며 찬송을 하다가 성경 봉독도 없이 시작하는 김 씨의 설교는 주로 성령 수술 사례를 나열하며 자신을 자랑하는 것 일색이고 MBC와 「조선일보」도 이겼다고 수없이 강조한다. 또 수없이 찾아오는 환자들을 불러 강대에서 피고름을 짜고 메스와 가위로 썩은 부위를 잘라내는 등 성령수술을 보여주는 것이 예배의 전부이다. 최근에는 그의 집회 때마다 강단 뒤쪽에 수십 명씩 줄지어 앉아 있는 목사들 중에서 김 씨가 지명하는 목사가 나와 축도하는 것이 추가되었다(「교회와 이단」, 1995년 6월호, p. 115).

그 밖에도 기도원의 재산을 자기 개인과 남편과 자녀, 친지와 측근의 이름으로 등기하고 교회용이라고 명분을 내세워 탈세까지 자행하는 불법을 저지르고 있고(「교회와 이단」, 1995년 11월호, p. 85), 포천, 광주, 그 밖에 여러 곳에 불법 건축을 할 뿐 아니라(「교회와 이단」, 1995년 11월호, pp. 87~88), MBC TV 매독 사건 등으로 기독교의 이미지를 실추하고 있다(「교회와 이단」, 1995년 12월호, p. 105, 「현대종교」, 1993년 5월호, pp. 26~37).

또한 예배 때 강대 위에 목사들을 등장시켜 자신의 이단성을 위장할 뿐 아니라 기성 교회나 목사들을 외식자들이나 능력도 받지 못한 자들로 낙인 찍어 평신도들로 하여금 기성교회나 목사님들을 신뢰를 하지 못하게 하고 있다.

결론

이상의 사실로 할렐루야기도원은 이단성이 충분하므로 총회 산하 모든 교회는 성도들의 할렐루야 기도원 출입을 엄격히 금지함이 옳은 줄로 보고한다.

3. 류광수 씨 다락방을 이단으로 규정하고 관련된 자를 각 노회별로 시벌키로 하다.

개요

류광수 씨는 고신대학교·신학대학원 2년을 수료하고(1984) 총신대학교 신학대학원 3학년에 편입학하여 동대학원을 졸업한(1985) 후 부산노회에서 안수 받았으나, 1991년 11월 26일 부산노회 제133회 제1차 임시노회에서 다락방 교리 및 도덕적인 문제로 인해 목사 면직의 판결을 받은 바 있다.

그후 류광수 씨는 교단을 옮겨 대한예수교장로회(고신) 남부산노회에 가입하였으나(1993년 10월 정기노회 시) 대한예수교장로회(고신) 부산노회에서 교회의 위치와 소속 노회의 지역이 상이하다는 문제를 제기하고 류광수 씨가 고신측 남부산노회에 가입한 것을 불법이라고 주장함으로써 그의 해노회 가입이 원인 무효화되기에 이르자, 류광수 씨는 다시 당교단을 탈퇴하게 되었다. 그리고 교단 재적(在籍) 문제와 관련하여 다시 이전의 위치로 환원하고자 1994년 10월에 그는 본 총회(합동) 산하 부산노회에 주사 면직(1993년 11월 26일)에 대한 재심 청구를 올렸다. 따라서 본 총회는 지난 제80회 총회에서 "다락방 확산 방지 및 이단성 규명 위원회"를 구성하고 류광수 씨의 다락방 운동에 대한 구체적인 조사에 착수하게 된 것이다.

문제점
이른바 다락방 운동은 일종의 전도 운동이라 할 수 있으나 그 밑바탕을 이루는 사상이 김기동 씨의 교리와 접목되어 있다는 데 문제의 심각성이 존재한다.

미혹의 영
미혹의 영은 류광수 씨가 즐겨 사용하고 강조하는 용어이다. 미혹의 영이 가변된 천사라는 직접적 주장은 류광수 씨의 글에 나타나지 않으나, 미혹의 영이 '계속 증가' 된다는 그의 표현은 김기동 씨의 천사 가변 사상 및 가변 천사, 즉 미혹의 영이 늘어난다는 사상과 맥을 같이하는 것으로 보인다. 미혹의 영이란, 신자를 지키도록 보냄 받은 천사가 신자들의 잘못으로 가변되어 신자들을 괴롭히는 영, 그것도 일생동안 괴롭히는 영이 된다는 것이다. 그러나 천사는 그런 영이 아니며, 또 성도의 반복적 죄악으로 그들이 계속 증가한다는 것도 있을 수 없는 일이다. 성경은 그러한 가변과 가변되는 영의 증가에 대해 보고하지 않는다. 또 귀신이 사람 몸속으로 들어가도록, 가변된 미혹의 영이 미혹하고 유혹한다는 것은 성경의 진리 및 하나님의 구원 섭리에 전적으로 배치된다.

천사 동원권
천사 동원권에 관한 류광수 씨의 진술들은 김기동 씨의 진술과 흡사한 면이 있다. 천사가 성도를 돕는다는 사상은 성경적이다. 오순절 성령 강림 이후 베드로가 천사의 도움을 받은 사건에 대해 성경은 상세하게 말하고 있다(행 12:6 이하). 히브리서 기자도 천사가 구원 얻을 후사들을 섬기도록 보내심을 받는다고 말한다(히 1:14).

그러나 "천사 동원권"이라는 류광수 씨의 표현은 문제의 소지를 다분히 안고 있다. 하나님이 필요 시에 천사를 보내셔서 주의 백성을 지키고 보호하신다고 말할 수는 있으나 천사 동원권을 우리가 행사한다고 주장하는 진술은 모든 것을 영들의 일로 보는 김기동 씨의 「마귀론」에서나 나올 수 있는 논리다.

사탄 결박권
그리스도인들이 사탄 결박권을 갖는다는 주장도 김기동 씨의 「마귀론」에서 나온 진술들에 근거한 것으로 보인다. 게다가 그리스도인들이 사탄 결박권을 갖는다는 주장은 표현상 성경의 가르침을 넘어서고 있다.

- 사탄을 결박할 수 있는 권세는 예수 그리스도의 십자가뿐이다. 우리는 예수 그리스도가 사탄을 결박하였으므로 그 사실을 알고 담대히 살 수 있을 뿐이지 우리가 직접 사탄 혹은 마귀를 결박할 수 있는 것은 아니다.
- 우리는 믿음으로 사탄의 지배를 벗어날 수 있으나 우리가 받은 힘으로 사탄을 결박하는 것은 아니다. 만일 우리가 기도로 사탄을 결박할 능력을 가지고 행사한다면 예수 그리스도가 할 일이 없어지며, 또 우리가 권세 있는 자가 되어 우리의 힘을 의지하는 자들이 될 것이고, 결국 그리스도는 필요 없는 존재가 되고 말 것이다.
- 우리가 마귀를 이기고 시험과 유혹을 물리칠 수 있는 것은 예수의 피를 힘입은 결과일 뿐이다. 결박되지 않고 있는 사탄이 우리의 기도에 의해 결박되는 것은 아니다. 사탄 결박권은 예수 그리스도만 가지고 있으며 신자들은 그의 보호와 인도로 능력을 얻어 전도의 일을 능히 할 수 있는 것이다.

"자율 신경이 약해지면 병이 든다."

이는 김기동 씨의 가르침과 매우 유사하다. 귀신이 사람의 생각을 통해 들어오는 경우가 많으므로 그런 말을 할 수 있을지 모르지만, 귀신이 신경 계통을 통해 들어와 의식을 연결한다는 주장은 전혀 근거가 없다. 병이 드는 경로는 여러 가지다.

구원론의 문제

류광수 씨는 예수 이름으로 구원 받는 단계를 다섯 항목(아는 단계, 믿는 단계, 영접하는 단계, 시인하는 단계, 나타나는 단계)으로 나누고 예수를 믿는 것과 영접하는 것을 구분한다(「성령이 말씀하시는 전도 기초 훈련」 p. 69, 79). 그는 믿는 단계로 요한복음 3장 16절의 성경적 증거를 들고, 영접하는 단계로 요한복음 1장 12절, 요한계시록 3장 20절을 든다. 그러나 신자가 구원 받는 단계에서 믿는 것과 영접하는 것을 구분하여 두 단계로 교리화하는 것은 비성경적이다. 류광수 씨는 예수를 믿는 것과 영접하는 것을 구분하고 특히 영접이라는 말을 요한일서 3장 8절의 "하나님의 아들이 나타나신 것은 마귀의 일을 멸하려 하심이라"는 말씀에 기술된, 그러한 예수를 영접하는 의미로 사용함으로써, 예수를 믿음으로 구원 받는 것 외에 영접하는 단계가 필요하다고 역설하고, 이를 통해 '영접'하는 자를 요원화하고 결국 다락방화하는 자세를 취하고 있다. 이 경우 류광수 씨의 가르침에는 성경적 구원론과 교회론에서 심각한 문제가 제기된다.

교회론의 문제

예수를 믿는 단계와 예수 이름으로 사탄을 결박하고 사탄의 권세를 이기는, 영접하는 단계를 상호 구분하는 것은, 교회 안의 신자들을 구별하는 이론으로서, 그리스도를 머리로 하고 신자들이 그리스도의 한 몸을 이룬다는 공교회의 교회론에 어긋난다. 성경에서 믿는 것과 영접하는 것은 두 단계가 아니다(요 1:12, 3:16, 5:24; 롬 2:8, 8:16~17; 엡 4:13~16). 결국 류광수 씨가 신자의 구원을 두고 '믿는 단계'와 '영접하는 단계'를 구분하는 것은 기존 신자를 요원화, 다락방화하여 결국 공교회와 분리시켜 사조직화하는 행위라고 해석하는 것이 가능하며 또 그런 결과를 가져올 수 있다.

교회의 질서 유지 문제

다락방 전도 훈련은 기존 신자들을 요원화하고 다락방화한다는 점에서 기성 교회를 분열시킬 수 있으며 또한 교회 안에 위화감을 조장할 만한 원인을 제공한다. 따라서 다락방 전도 운동은 그리스도의 몸으로서 공교회가 지향해야 할 건전하고 성경적인 전도 운동은 아니라고 생각된다.

결론 : 교회의 대응책

지금까지 조사한 바에 의하면, 류광수 씨와 다락방 전도 훈련의 내용이 일견 복음적이요 기존 교회 주변 운동과 별반 다르지 않은 것으로 보일 수 있으나, 믿는 단계와 영접하는 단계를 구분하고 요한일서 3장 8절을 그 핵으로 강조하고 있다는 점에서 구원론에 있어 중대한 결함을 안고 있으며, 기존 신자들을 요원화하고 다락방화한다는 점에서 교회론에 심각한 문제를 제기하고 있다고 판단된다. 이런 이유로, 다락방 전도 훈련은 구원론에서 신자를 오도할 우려가 있을 뿐만 아니라 교회 내에서 다락방화된 신자와 그렇지 못한 신자 사이에 위화감을 조장하고 분열을 일으킬 위험성이 있다. 그러므로 다락방

전도 운동을 받아들이거나 다락방 훈련교재 및 테이프 등을 교회 안에서 신자 양육용으로 사용하는 것을 금하는 것이 마땅하다고 판단된다.

또한 류광수 씨의 교재들에는 김기동 씨의 「마귀론」과 흡사한 내용이 자주 언급된다. 미혹의 영, 천사 동원권, 미혹의 영들에 의한 병듦, 특히 요한일서 3장 8절("하나님의 아들이 나타나신 것은 마귀의 일을 멸하려 하심이니라")을 제 이론의 구심점으로 삼기 등이 그것이다. 이와 같은 김기동의 그것과 유사한 가르침들은 개혁 교회의 원리에 배치된다.

지금까지 진술한 제반 이유로 인해 부산노회가 류광수 씨의 목사 면직을 판결하고 이를 공고한 것은 정당하다고 보며, 류광수 씨가 자신의 목사 면직에 대한 재심 청구서를 제출한 것과 관련해서는 이상의 문제점들을 완전히 시정하기 전에는 이를 기각함이 마땅하다고 생각된다. 동시에, 이후로 본 총회 산하 모든 목사 및 성도들은 류광수 씨의 집회 및 다락방 전도 훈련의 조직과 기구에 참여하지 말 것이며, 다락방 전도 훈련을 지 교회에 도입하는 것도 삼가야 할 것이다.

제82회(1997년)

1. 빈야드 운동에 참여하거나 동조하는 자는 다락방 운동에 참여하는 자에 대하여 하는 것같이 징계하기로 하다.

개요

한국교회와 우리 교단은 선교 2세기에 접어들면서 성장이 둔화되고 침체의 늪에 빠져 있다. 이런 상황에서 미국 교회 내에서 일어나 세계로 퍼져가고 있으며, '제3의 물결'이란 이름으로 시도되는 은사 갱신 운동의 발전된 다음 단계인 빈야드 운동을 한국교회와 목회자들은 새로운 교회 갱신의 대안으로 받아들이게 되었다.

빈야드 운동에 참석하고 매료된 목회자들은 이미 빈야드 교회의 목회방식을 능력의 목회로 적용하고 있고 교회의 예배를 빈야드 예배로 바꾼 이도 있다. 물론 갑작스런 예배 갱신의 충격과 혼란으로 기존 교인이 교회를 떠나는 경우도 있지만, 상당수의 목회자들과 교회들은 그것을 모방하기를 원하고 부분적으로 수용하는 이도 있다고 한다(「목회와 신학」, 1995. 6월호).

빈야드 운동이란 무엇인가?

빈야드 운동은 우리 말로 옮기면 '포도원을 세우는 운동'이다. 빈야드 운동이라고 하면 어떤 이들은 세계 빈야드 교회의 모교회라고 할 수 있는 미국 애너하임 빈야드 교회 집회나 세미나 시간에 이루어지고 있는 격식 없고, 프로그램화 되지 않은 단순한 예배 절차, 찬양과 치유사역, 넘어짐, 방언, 전율, 중보 기도, 예언사역 등을 연상하기도 하고 캐나다 토론토의 에어포트 빈야드 교회 예배와 세미나 시간에 일어나는 거룩한 웃음, 넘어짐, 기이한 짐승 소리(사자, 개, 닭) 등을 연상하기도 하고 또는 존 윔버(John Wimber)가 제창한 능력 전도, 능력 치유, 능력 목회, 교회 성장 등을 연상하기도 한다. 그러나 이런 것들은 빈야드 운동의 특징적 여러 단면을 보여준 것으로 빈야드 운동 전체를 말한다고 하기는 힘들다. 이 운동은 오순절 운동과 은사 운동처럼 예수님과 초대 교회에 있었던 강한 성령의 역사가 오늘날에도 그대로 재현될 수 있다고 믿고 있다.

빈야드 운동을 정리하면 존 윔버를 중심으로 국제 빈야드 교회(협의회)에 소속된 교회와 목사들이 주창하는 표적과 기사를 통한 사역을 행함으로써 기독교 세계에 새로운 영향을 미치고 있는 운동이라고 보아진다.

존 윔버

1934년 불신자의 가정에서 출생했으나 아버지가 일찍 사망하여 재혼한 어머니와 의붓아버지 슬하에서 시절을 보냈다. 1952년에 고등학교를 졸업하고 음악 전문학교에 진학하여 1954년 졸업 후 1960년대에 인기를 끌었던 록 음악 그룹인 라이처스 브라더스(Righteous Brothers) 보컬 그룹을 만들어 라스베이거스의 쇼에도 관여하였다. 1962년 말 이혼 직전에 아내와 함께 뜻하지 않은 계기를 통하여 퀘이커 교도들이 인도하던 성경 공부에 참여하여 공부하면서 뜻밖의 개인적인 회심과 체험을 통하여 부부가 함께 기독교 신앙에 열렬하게 헌신하게 되었다. 회심 후 음악계를 떠났고, 그동안 모은 재산을 모두 자선 단체에 기부하고 공장에서 일하면서 성경 공부와 개인 전도 사역에 헌신했다.

1970년에 퀘이커 교단 소속인 요르바 린다 프렌드(형제 교단)교회에서 수사 안수 받은 후 1970~1973년에 아주사 퍼시픽 성경 대학에 편입하여 신학공부를 하였다. 1974년 풀러 신학 대학원에 가서 신약학 교수 래드(G. E. Ladd)의 하나님의 나라 사상에 깊은 관심을 갖게 되었다. 선교 대학원에서 풀러 복음

전도 및 교회 성장 연구소 설립에 관계하게 되었고 이 연구소의 분과 책임자 (1982) 및 교회성장학 조교수로 일했다. 교회성장학에 깊이 관여하면서 교회성장학 교수들의 강의와 제3세계 선교 보고 등을 통해서 지금 이 시대에도 예수님과 사도 시대에 있었던 강력한 성령의 역사와 초자연적인 표적과 기사들이 동반되는 하나님 나라의 복음 사역이 가능하다는 사실을 깨달았다. 영국 신학자 도널드 기(Donald Gee)의 저서 「영적 은사에 관하여(Concerning Spiritual Gifts)」와 마르톤 켈시(Marton Kelsey)의 「치유와 기독교(Healing and Christianity)」를 통해 오늘날도 성경적인 치유가 가능하다는 사실을 접하게 되었다.

그는 복음서 연구를 통해 이들의 가르침이 옳다고 믿고 개인적으로 표적과 기사와 치유 등을 동반하는 복음 전파 능력 전도에 깊은 관심을 갖게 되었다. 1977년 요르바 린다 갈보리 채플을 설립하였고 치유와 은사 운동으로 급격한 교인 수 증가를 체험했다.

그 후 1982년 피터 와그너(Peter Wagner)의 주선으로 풀러 신학교에서 시간 강사로 '표적과 기사와 교회성장'을 강의하면서 제3의 물결 운동을 주도했다. 그는 그동안 풀러에서 배우고 깨닫고 체험한 바를 목회에 직접 접목시키는 일을 시작하였다. 1983년 갈보리 교단에서 탈퇴하고 켄 걸릭슨(Kenn Gullikson)의 예수운동에 소속되어 있던 젊은 청년들을 중심으로 빈야드 교회 펠로십에 가입하였다. 빈야드 교회는 존 윔버 목사의 탁월한 지도력과 그가 제창한 빈야드 운동, 하나님 나라 운동을 오늘 우리 시대에 재현하자는 운동에 의해 13년이 지난 1996년 현재 약 550개의 소속 교회가 있으며, 윔버가 개척한 애너하임 빈야드 교회는 현재 약 6,000명이 회집하는 교회로 성장했다.

빈야드 운동의 현상
토론토 블레싱 사건
1994년 1월 26일 캐나다 국제 공항 근처에 있는 한 자그마한 빈야드 교회에서 일어난 사건이다. 이 교회 아르노토 수사는 빈야드 운동에 적극적으로 협력하고 있는 랜디 플라크 구사를 초청하여 부흥회를 가졌는데, 바로 그 집회에서 참석한 많은 사람들이 성령의 권능에 압도되어 넘어지기도 하고 거룩한 웃음을 웃으며 방언과 치유의 역사가 일어났다. 토론토 블레싱의 사건은 빈야드 운동의 또 하나의 영적 사건으로 간주되었고 오순절 운동과 신유은사 운동에 관심 있던 사람들에게 새로운 영적 물결로 관심을 불러일으키는 계기를 만들어주었다.

빈야드의 영적 체험 현상

빈야드 주의자들은 개혁주의자들이 성령의 일반 은사를 강조하는 것과는 달리 특이한 현상 또는 육체적인 체험 신앙을 필수 요건으로 간주한다. 성령의 체험으로 나타난다고 하는 육체적인 체험 현상은 다음과 같다.

• 몸의 진동과 떨림

이 떨림에는 평온한 진동과 격렬한 진동이 있는데 평온한 진동은 '영적 갱신이나 목회 사역을 위해 성령께서 능력을 부어주시는 일'과 관련이 있고 격렬한 진동은 '성령께서 악령과 대치하는 경우 또는 어떠한 심각하면서도 회개하지 않은 죄나 마음의 상처'와 관련이 있다고 한다(「능력 치유」, p. 355).

• 고꾸라지는 현상

이를 체험하면 새로운 능력으로 가득 차게 된다고 윔버는 주장한다(「능력 치유」, p. 366).

• 술 취한 듯한 행동

이 현상은 하나님의 은총을 새로이 깨닫는 것이다.

• 몸부림치거나 경련을 일으키는 현상

이러한 현상은 주로 성적인 범죄로 인한 내적인 갈등이 표출되는 경우에 자주 나타난다고 한다.

• 웃거나 흐느껴 우는 현상

정서적인 치유가 필요하거나 새롭게 하나님의 거룩함을 체험한 데서 오는 반응(흐느낌) 또는 그분의 은총을 체험한 데서 오는 반응(웃음)일 수도 있다고 한다(「능력 치유」, p. 362).

• 장시간에 걸쳐 하나님께 찬송을 돌리는 행위

이런 경우 "방언의 은사를 받는 일과 관련되어 있으며 성령의 능력을 새로이 부여받았다는 징표로 나타나는 것이 보통이다."라고 한다(「능력 치유」, p. 363).

빈야드 예배 현상

빈야드 세미나와 예배에서는 젊은 사역자들이 맨발에 반바지를 입고 껌을 씹으며 기타, 하모니카, 키보드 등의 악기를 다룬다. 빈야드에서는 빈야드 찬양을 해야 한다.

　모든 것을 성령의 인도하심을 따라 해야 한다. 세미나 강사가 자신이 '믿음'이라는 제목으로 강의하려고 했는데 문에 들어오는 순간 성령께서 '겸손'을 강의하라고 하면 겸손이란 제목으로 즉흥적으로 바꾼다. 그때의 성령의 지시하심을 따라 하면 된다는 것이다.

　빈야드 예배에는 기도가 없다. 대중 기도 및 목사의 축도는 물론 죄의 고백과 사도신경의 고백도 없다. 오직 빈야드 찬양, 광고, 헌금, 설교, 사역이 있을 뿐이다. 빈야드 교회 예배는 형식과 의식을 초월한 무형식의 형식이다. 빈야드 예배는 인도자와 예배하는 회중의 복장이 자유롭다. 예배의 시작은 있지만 끝이 분명하지 않다.

　형식이 전혀 없는 것 같지만 그들 나름의 형식이 있다. 예배 인도자가 사회를 보는데 그는 중앙 무대에서 기타, 키보드를 연주하며 찬양 팀과 함께 빈야드 찬양을 리드하는 음악 전문 사역자다. 준비된 악단 형식의 밴드가 연주하면 모두 일어나 무용을 곁들인 찬양을 약 한 시간 부르는데 성령의 임재를 구하는 찬양이라고 한다. 이 찬양은 가스펠 송의 형태거나 그들이 만든 빈야드 찬송이다. 찬양을 부르는 동안 회중은 감격하여 눈물을 흘리고 양손을 펴들고 할렐루야를 외치며 어느 정도 분위기가 고조되면 리더가 간절한 목소리로 읊조린다. 무릎을 꿇고 바닥에 엎드려 기도하는 이들, 몸을 떠는 이들 등 자유로운 행위 가운데 성령의 내재하심을 경험한다는 것이다. 이러한 거룩한 무질서가 지나간 후에 광고하고 헌금하고 간증하고, 간증이 끝나면 항상 기도하여 쓰러지게 한다. 그 다음 설교가 진행되는데 집회 설교는 목사가 할 때도 있으나 세미나 중에는 평신도가 주도한다. 설교는 20~30분 정도로 짧다.

　설교가 끝나면 빈야드에서 가장 중요시하는 능력의 사역이 시작된다. 여기서 말하는 사역이란 은사를 체험하는 능력의 사역을 말한다. 사역이란 은사를 체험하는 능력 받는 시간이다. 기도 받기를 원하는 자들은 전문 사역자들과 함께 앞 무대로 나오고, 사역자들은 그들을 인도한다. 이 사역자들은 빈야드 운동의 능력을 행사하는 훈련된 평신도 기도자로서 이들에 의해 성령의 역사와 여러 가지 은사적 현상들이 이루어지게 된다. 이 순서는 빈야드 예배의 절정을 이루는 시간이다. 병자들과 안수 기도를 받고자 하는 자, 능력 받기를 원하는 자는 한 손은 머리 위에 올리고 한 손은 손을 잡고 기도한다. 하나님의 능력(표적과 기사)이 나타나기 위한 기도다. 이때 설교한 목사는 권능의 손으로 손을 흔들거나 치유의 은사를 경험하러 나온 자를 앞에서 손으로 밀어 뒤로 쓰러뜨린다. 넘어질 때까지 계속한다. 안 넘어지면 '믿음 없다. 나무막대기 같다'고 한다. 계속해서 넘어지도록 주문을 외듯 기도하고 안 넘어지면 손으로 이마를 밀고 귀 부분을 누른다. 가슴에 손을 대어 밀기도 하고 최종 방법으로 두 발로 양쪽 발가락을 밟기도 한다. 이것이 반복되면 거의 모두가 넘어지게 된다. 바르르 떠는 사람들은 방언을 하며 거룩한 웃음을 터뜨린다.

빈야드 운동의 주일 예배는 이런 행위의 반복으로 진행된다. 빈야드 예배는 찬양과 경배라는 예배에 표적과 기사라는 성령의 직접적 역사의 행위를 혼합해놓은, 거룩한 무질서의, 형식과 의식을 초월한 예배라고 할 수 있다.

빈야드 운동의 문제점
존 윔버의 빈야드 운동의 배경과 신학 기초
신학적 기초

빈야드 운동을 이끄는 존 윔버의 신학은 사도행전의 은사들이 역사 속에서 연속된다는 신학적 전제에 기초한다. 그는 "표적과 기사는 결코 종식될 수 없는 것으로서 정도의 차이는 있을지언정 사도 시대로부터 오늘날까지 끊임없이 일어나고 있다. 이러한 현상이야말로 성경과 교회사가 공히 입증하고 있는 것이라고 할 수 있다"(「능력 전도」 p. 167)고 했다.

이러한 은사들이 목적은 치유이며 치유를 통하여 모든 질병과 연약함뿐 아니라 죽음까지 살릴 수 있다고 주장했다(「능력 전도」, p. 278). 말씀만으로는 믿지 않는 자들도 치유 이적을 통하여 기독교 신앙으로 돌아올 수 있으며 치유는 하나님의 나라를 확장하는 가장 중요한 수단이라고 했다. 이 같은 전제에 기초하여 영적인 체험을 강조하는데 그 체험은 몸의 진동과 떨림, 꼬꾸라지는 행위, 예언과 방언, 계시, 투시 현상이다.

퀘이커교의 신령주의적 배경

윔버는 퀘이커교도를 통해 기독교에 입문했고 거기서 목사 안수를 받았다(프렌스 교단-퀘이커교회). 퀘이커교회는 기성 교회들이 객관적인 신앙만을 강조하다가 내적인 빛의 사역을 제한하여 성경의 가르침을 떠났다고 주장하는, 영국의 조지 폭스라는 신령 주의자에 의해 세워졌다. 내적인 빛은 퀘이커의 가장 중요한 주제이다.

그 빛은 양심이나 이성과 혼돈해서는 안 되고, 인간들에게 직접적인 하나님의 임재와 인간들을 위한 하나님의 뜻을 깨닫게 하는, 인간 내부에 있는 하나님의 빛이다. 그 빛은 양심을 깨우쳐 이성에게 다시 명령을 내린다. 이러한 내적인 인도에 귀를 기울이는 경험은 신비적이고 공동적인 성격을 지니며 실재적인 것이다. 요한복음 1장 9~18절에서 말한 내적인 빛만이 그리스도께 갈 수 있는 길이며 성도를 순수하게 이끌어 갈 것이라고 생각하여 제도와 형식에 매인 교회를 무시한다. 신앙의 절대적 권위가 계시인 성경의 가르침이나 계시 의존 사색이 아니라 사람의 심령 가운데서 말씀하시는 '내적인 빛'이라고 한다. 성경계시의 객관성과 절대성을 부인하고 환상이나 직관을 통해서 하나님의 직접 계시를 받는다는 주체적 체험, 신비적인 것을 신앙의 기초로 삼았다.

윔버는 신령주의적 퀘이커교에 사상에 기초하여 '분별의 은사'들이 지혜의 말씀, 지식의 말씀, 분별의 은사로 구성되었는데 모든 초자연적인 통찰력을 부여해 주는 은사들을 통해서 마치 하나님께서 사물을 파악하시듯이 사물을 파악하게 된다고 하였다.

지혜의 말씀은 '하나님께서 특정한 상황에 지혜와 통찰력을 계시해주시는 것', 지식의 말씀은 '하나님께서 전혀 사전 지식이 없는 상황에 정보나 사실을 계시해 주시는 것', 영 분별의 은사란 '어떤 사람에게 특정한 동기를 유발하는 요인이 인간적, 신적 혹은 마귀적인 것인지를 분별할 수 있는 초자연적인 통찰력'을 말한다(「능력 치유」, pp. 321~322). 이같이 윔버는 주체적인 직관을 신학의 원리로 삼았는데 이러한 내적인 빛을 체험할 수 있는 방법으로 영감, 꿈, 환상, 성경귀절이 있다고 했다(「능력 치유」, p. 322). 윔버에게는 내적인 인상이나 투시가 최고 판단의 기준이 되고 있다. 퀘이커의 직관이나 윔버의 투시 현상은 기독교의 판단의 근거가 될 수 없다.

체험 중심

개혁주의자들과 우리 교단은 성경을 통하여 성령의 역사와 성령의 사역인 이적 기사를 이해하고 성경을 벗어난 직접 계시, 주체적인 체험을 신학과 신앙의 중심으로 삼지 않는다. 윔버는 성경을 신학의 기초 출발점으로 삼지 않고 상황을 출발점으로 삼았다. 성경을 신앙과 삶의 유일한 기준 근거로 삼지 않고 개인 체험이나 이성을 판단 기준으로 삼았다. 이럴때 거짓된 사상이 출현한다. 윔버의 주체주의적 신학은 위험한 사상이다. 윔버는 퀘이커의 직관에 기초하여 치유, 즉 질병과 가난은 사탄이 주는 것이라는 전제 아래 치유 사역을 예수 그리스도의 지상 사역의 핵심이라고 한다. 예수께서는 설교보다는 치유 사역이나 귀신을 쫓아내는 일에 그 사역의 대부분을 할애하셨다고 한다(「능력 전도」, p. 85). 병과 가난을 죄값으로 보며 그리스도의 사역을 치유로 제한하여 성경을 해석한다.

치유신학의 혼합주의

윔버의 신학은 성경에 기초한 것이 아니라 자신의 사역(능력의 목회) 예수님과 사도들이 행한 기사와 표적이 오늘날에도 그대로 재현된다는 주장을 변호하고 증명하고 합리화하기 위하여 성경을 이용한 것이다.

"나는 치유, 특히 예수님의 사역에 나타나 있는 치유 사역을 보다 정확히 이해하기 위하여 성경을 연구하기 시작했다. 치유에 관한 기독교 서적들을 닥치는 대로 읽어나갔다. 내가 그렇게 했던 것은 병든 자를 위하여 효과적으로 기도할 수 있는 방법뿐만 아니라 우리 교회 교인들 모두를 그렇게 할 수 있도록 훈련시키고 무장시킬 수 있는 방법을 배우기 위해서였다"(「능력 치유」, p. 102).

그는 성경대로 병든 자를 위하여 기도하다가 실패하고 오랄로-버츠의 오순절 모델, 성공회와 로마 천주교의 성례전적 모델, 치유 훈련을 강조하는 산 오순절 모델, 마귀 축출 방법, 상처와 원한의 치유에 관심 두는 심령적 영적 모델, 내적치유 모델을 참고하여 치유 신학을 발전시켰다고 한다(「능력 치유」, pp. 309~311). 이러한 모델로부터 배운 바를 빈야드 기독교회에 적용하였다(「능력 치유」, p. 284). 윔버의 치유 신학은 성경에서 나온 것이 아니라 인간에게 나온 것으로 성경을 교재로 사용한 것이 아니라 여러 참고서로 사용, 발전시킨 인위적 사상이라 할 수 있다.

성경 해석학적 문제

빈야드 운동은 성경에 나타난 예수님과 그의 사역, 메시아적 사역, 이적, 병고침, 귀신 축출, 죽은 자의 살림 등 초자연적인 이적들과 초대교회 신자들에게 나타났던 방언, 예언, 통역 등 다양한 성령의 은사들이 오늘날에도 계속된다고 믿고 있다.

빈야드 운동의 지나친 모방주의는 사람들의 관심을 성경 자체가 강조하는 예수 그리스도의 독특한 인격과 사역이 아닌 표적과 이적 그 자체에 두게 할 위험이 있다. 빈야드 운동은 오순절 운동과 은사 운동가들처럼 지나치게 특정한 은사를 규범화, 모델화할 뿐만 아니라 그 은사를 발휘할 수 있도록 사역자 훈련을 실시한다. 윔버는 「능력 치유」(pp. 283~385)에서 오늘날의 사역자들(성도, 목사)도 예수님과 사도들처럼 치유사역을 할 수 있다는 전제 아래 빈야드 운동의 치유 모델과 5단계 치유 단계를 제시한다.

- 1단계 : 면담으로서 "어디가 어떻게 아픈가?"라는 의문에 대한 해답을 얻어내는 과정이다.
- 2단계 : 진단을 내리는 일로서 어떤 사람이 가지고 있는 문제의 근원을 명확하게 찾아내는 일이다. 진단은 '이 사람이 왜 이러한 병을 앓고 있는가?' 라는 의문에 대한 답을 얻어내는 과정이다.
- 3단계 : 기도를 선택하는 일로서 이 사람을 돕기 위해 어떠한 종류의 기도가 필요한가? 라는 문제에 대한 해답을 얻어내는 과정이다.
- 4단계 : 기도의 시행을 통해 '우리의 기도가 얼마나 효과적인가?' 라는 문제에 대한 해답을 얻을 수 있다.
- 5단계 : 기도가 끝난 후의 취하는 후속 조치로서 '이 사람이 치유된 상태를 유지하기 위해서는 어떻게 하여야 하는가?' 하는 문제에 해답을 제공한다.

윔버의 치유모델과 5단계는 규범화, 교리화되어 있다. 은사의 모방과 은사의 사역 훈련은 은사가 우리의 노력과 훈련에 의하여 조정될 수 있다는 전제를 가지고 있다는 오해에서 벗어나기 어렵다. 사도 바울은 우리가 다 사도나 선지자가 될 수 없다는 것과 우리가 다 치유나 예언, 방언 등의 은사를 받을 수 없다는 사실을 말하고 있다(고전 2:28~31). 신약성경에 어느 곳도 예수님이나 사도들이 제시하는 치유사역의 모델이나 치유 사역 단계 훈련 프로그램을 발견할 수 없고 훈련시켰다는 기록도 없다. 개혁주의자들은 은사를 부인하는 것이 아니라 은사주의를 반대한다.

경험론의 문제

빈야드 운동가들은 오순절 운동과 은사 운동이 그랬던 것처럼 자신들의 경험론을 지나치게 누가(누가복음, 사도행전)에게 의존한다. 편협하고 획일적인 성경 이해로 성경을 한편으로는 자신들의 프로그램을 경험, 체험 등을 정당화시키는 방편으로, 다른 한편으로는 자신들의 모델을 이끌어내는 방편으로 삼으려고 하는 것과 뿌리를 같이한다고 볼 수 있다. 빈야드 운동가들은 신약성경 안에 나타난 성령의 가르침에 대한 구절들을 획일적으로 뽑아서 그 구절들을 특정한 신학이나 신앙 경험, 교리나 운동을 변증하고 옹호하고 정당화하기 위한 수단으로 삼고 있다는 비판에서 벗어나기 어렵다.

빈야드 운동은 성령을 받음으로 복음서와 사도행전에 기록되어 있는 예수와 사도들의 사역을 오늘도 우리가 할 수 있다는 구호 아래 모든 것을 성령께 의존하려고 한다. 예배의 진행까지도 성령의 인도하심에 맡기기 위해 예배 순서지를 만들지 않는다. 지나치게 성령에 의존한 나머지 빈야드 교회나 집회에서 일어나는 여러 현상들을 매우 쉽게 성령의 역사로 돌려버린다. 신약성경안에서도 그 실례가 없는 비성경적인 현상들, 최근에 토론토 에어포트 빈야드 교회에서 일어나고 있는 웃음, 뒤로 넘어짐, 이상한 짐승 소리까지도 성령의 역사로 간주한다.

웜버의 성경 인용은 사역의 목표에 맞추는 것이지 성경의 본의와는 관계가 멀다. 성경 해석도 성경적인 근거나 신학적인 배경이 없는 자신의 주체적인 체험에 근거한 것들이다.

빈야드 예배의 문제점

빈야드 예배는 찬양과 경배의 예배로서, 표적과 기사라는 성령의 직접적인 역사의 행위를 합쳐놓은 것이라고 할 수 있다. 빈야드 운동이 생겨나고 예배가 이루어지는 환경은 다양한 민족 문화가 현존하는 미국이라는 문화적 배경이 있다. 빈야드 예배는 기존 교회의 형식과 의식을 초월한다.

빈야드 운동에 심취한 이들은 미국이 가장 번성하고 번영과 자유를 누리던 시대에 출생한 자로서, 그들의 자유스러운 생활 습관은 예배에 임할 때 자유로운 복장과 태도, 찬양과 경배로 키보드, 드럼, 밴드를 동원한 빈야드 음악, 가스펠 등 이 시대의 문화적인 성향과 맞물려 있다. 그러나 아무리 사람들의 욕구에 충족되고 성향에 맞는다 하더라도 예배의 형식과 의식 없이는 그 어떤 예배도 하나님과의 만남을 표현할 길이 없다는 것을 생각해야 한다.

빈야드 교회의 예배에는 주보가 없다. 성령의 인도를 받아 예배를 드린다. 보이지 않는 성령의 질서에 따라 은혜스럽게 예배를 드린다. 예배의 시작 시간은 있으나 끝나는 시간은 없다. 순서에 맞추는 것이 아니라 성령의 인도와 역사에 맞추기 때문이다. 예배드리며 박수 치고 기도하는 모습도 각각 다르다. 성령의 인도와 역사가 체험되는 대로 자유스럽게 표현한다. 어떤 형식의 기준이 없다.

예배 신학

반야드 예배는 찬양과 경배로서 하나님과의 만남이 시작된 것으로 간주한다. 신학적으로 성령의 강조는 있으나 그리스도의 십자가의 의미와 관련된 화해의 신학적인 표현은 결여된 예배라는 것을 지적할 수 있다. 개신교 예배의 중심은 하나님의 말씀을 선포하는 설교다. 하나님의 말씀은 은혜를 받는 수단이면서 동시에 성령으로 함께하시는 하나님과의 만남과 교제로 상징화된다. 기독교 예배의 모든 순서는 하나님의 말씀을 직접 또는 간접적으로 표현한다. 개신교의 예배나 마음은 설교에 두는 것이다. 말씀 중심 예배는 단순히 설교뿐 아니라 예배의 모든 순서가 말씀에 기초하여 표현되어야 한다. 빈야드 예배는 하나님의 살아 계신 말씀과의 관계에서 추구되는 인격적인 만남으로서의 예배가 아니라, 표적과 기사라는 성령의 가시적인 영적 체험의 관계에서 하나님의 경험을 예배의 중심에 두고 있기 때문에 개신교의 역사와 전통에서 벗어난 예배의 모습으로 전환된 것이다.

빈야드 예배는 성령의 직접적인 경험을 가시화하기 위해 기도 사역의 순서에 안수와 방언 기도, 치유와 귀신 축출 등의 신유적인 형태를 예배의 중심으로 삼고 예배 중에 거룩한 무질서를 행한다. 빈야드 예배는 치유의 은사와 방언과 쓰러짐과 거룩한 웃음 등으로 굉장히 소란스럽다. 그들이 바라는 것은 예배 가운데 하나님이 함께하시는 증거가 느껴지면 되는 것이다.

종교개혁은 말씀과 성례가 은혜를 받는 수단이라고 했으나 웨스트민스터신조와 장로교 헌법에는 '말씀과 성례와 기도다'라고 제시되어 있다. 빈야드 운동과 예배는 새로운 방향으로의 전환과 방법론 추구에 도전과 혼란을 일으키고 신학적인 문제가 있다.

예배는 성령으로 임재하시는 하나님을 통한 기적과 은사를 경험하기 위한 수단이 아니다. 예배는 말씀을 통하여 성령으로 임하신 하나님과 교제하여 마음과 뜻을 나누며 하나님을 사랑하고 섬기는 일이며, 삶에 필요한 영적인 힘을 공급받는 은혜의 사건이다. 예배는 문화적 도구들을 사용하여 준비된 가운데 이루어져야 할 교회의 영적 사건이어야 한다.

빈야드 운동이 왜 이렇게 관심을 받고 있는가?

한국 교회 목회자 안에 빈야드 신드롬이 불같이 휘몰아치는 이유는 무엇인가? 교리적인 면에서 오순절 운동이나 은사 운동에 거리를 두던 보수 교단 목사들을 끌어들일 수 있는 요소가 있다는 것이다.

목회 탈출구

목회자속에 있는 어떤 공통분모를 발견할 수 있다. 영적으로 피곤하고 너무 공허하여 계속 목회를 해야 하느냐 하는 지경에 이르렀는데 와그너 박사의 「제3의 바람」을 읽고 빈야드 교회를 다녀오면서 회복을 맛보았다고 한다. 빈야드 운동에 참여하게 된 목회자들은 단순히 교회 성장을 위한 도구로 제3의 물결이 말하는 기사와 이적에 관심을 가지기보다, 근본적으로 자신의 목회 상황에 대한 새로운 좌표 설정에 목말라 하는 외침의 발로인 경우가 대부분이다. 좌절감과 패배 의식, 상실감에서 목회자의 자기 정체 의식에 강한 위기를 맞게 되었을 때 기존의 모든 형식과 질서를 근본적으로 뒤엎는 엄청난 변화를 제시하는 빈야드 운동은 보수적인 목회자들에게 새로운 탈출구로 보인 것이다.

교회 성장의 모델

교회 성장의 압박에서 벗어나지 못하여 교회 성장을 위해서라면 물과 불, 수단과 방법을 가리지 않으려다 보니 기존의 형식과 질서에서 벗어난 빈야드 운동 사역을 비판 없이 받아들이게 된 것이다.

예배문화적 입장

빈야드 운동이 생겨나고 예배가 이루어지는 환경은 서구적이며 미국적 배경이다. 빈야드 예배의 기본 구도는 시작은 있지만 끝은 없다. 복장도 자유롭다. 예배 인도자도 담임 목사로 제한되지 않는다. 기존의 형식과 의식 틀에서 벗어난 초월적 예배다. 기존의 예배가 지나치게 형식에 얽매이고 의식에 사로잡힐 때 현대인들은 본능적으로 거부감을 느낀다. 그래서 형식 없는 빈야드 예배에 관심이 집중되는 것이다.

성령의 임재를 체험하려고

빈야드 운동에서는 성령의 직접적인 경험을 가시화하려고 한다. 신약의 성령의 은사적 나타남의 현상을 재현함으로써 하나님을 경험하도록 하려는 것이다. 성령의 가시적인 경험 때문에 기도 사역에서 안수·방언 기도, 치유와 귀신 축출, 신유적인 형태로 거룩한 무질서가 행해진다. 성령의 나타난 현상을 체험하려는 관심에서다.

이상의 관점에서 관심이 집중되지만 빈야드 운동이 교회 성장에 미치는 영향보다는 목회자에게 미치는 영향이 더욱 심각하다. 현실적으로 빈야드 운동은 성장보다는 오히려 감소 추세를 보이고 있고 때로는 분열되기도 한다.

결론
빈야드 운동에 대한 입장과 대안

빈야드 운동은 제3의 물결이라고 지칭하는 하나의 새로운 물결이라기보다는 오순절 운동과 은사 운동처럼 예수님과 초대교회에 있었던 강한 성령의 역사가 오늘날에도 그대로 재현될 수 있다고 믿는 은사 갱신 운동의 발전된 다음 단계다(윔버,「능력 전도」, 제8장 '성령의 역사 새로운 물결').

존 윔버를 비롯한 빈야드주의자들은 내적으로 들려오는 음성이나 투사, 직관을 하나님의 음성으로 간주하여 신앙을 주관화하고 진동이나 넘어짐, 낄낄대며 하루종일 웃어대는 웃음, 몸부림치는 것과 같은 육체에 가시적으로 나타나는 현상을 영적인 체험으로 간주하여 체험만이 신앙의 기초인 것처럼 주장한다.

기독교는 살아 계신 하나님과의 영적인 체험을 신앙의 본질로 이해하나, 신앙을 주체화하거나 체험주의화하는 것은 반대한다. 객관적인 하나님의 말씀 대신 체험이 신앙의 온전한 판단 기준이 된다면 기독교가 계시 종교가 될 수 없고 모든 판단 기준은 결국 인간 자신이 된다. 체험을 강조하는 주의는 부패한 죄성의 영향을 받는 자율주의로 나가게 되고, 자율주의는 극단적으로 변질될 수 있는 토양을 마련하고 있다. 토론토 에어포트, 빈야드 교회는 신비적인 체험을 강조하고 그것이 성령이 능력으로 역사한 것이라고 한다. 존 윔버는 극단적인 체험주의로 나가는 토론토 빈야드 교회를 그들의 모임에서 제명했는데 이는 빈야드주의자들의 신학이 갖는 한계성을 보여주는 것이다. 개혁주의 교단인 우리 교단의 신학에서는 신앙의 주체적인 성격을 강조하지만 객관적인 면을 중요시한다. 하나님을 만나는 가시적인 현상의 체험만이 아니라 이 세상에서 하나님의 뜻을 실현해가는 삶의 체험의 필요성을 인정한다. 성령의 사역성을 강조하면서도 말씀의 중요성을 주장한다.

칼빈은 신학의 원리로 하나님의 말씀과 말씀을 통한 성령을 내세웠다. 개혁주의 신학자들도 신학적인 전통에 서서 말씀만을 강조하여 성령의 사역을 제한하려고 하지 않았고 성령만을 강조하여 하나님의 말씀을 배척하는 실수를 범하지 않으려 했다.

빈야드 운동은 특히 젊은 층에게 호응하는 은사 운동으로, 거센 물결을 전면에서 가로막아 내기에는 우리 교단과 한국 교회에 파장이 클 것이다. 그러나 이 운동은 계속 더 조사 연구해야 할 여지가 많으며 우리 교단의 성경적, 신학적, 실천 신학적 면에서 그대로 수용할 수 없는 것으로 더욱 분명하게 걸러질 때까지 경계, 금지해야 될 것이다.

제83회 총회(1998년)
1. 말씀보존학회(대표 이송오)를 이단으로 규정하다.

개요
말씀보존학회가 논란을 일으키는 부분이 다른 것들과 차별화되고 독특한 이유는 다음과 같다
- 단순한 성경의 해석 차원이 아니라 성경 자체에 대한 이견(우리가 가지고 있는 개혁성경은 사탄이 변개한 가짜 성경이라느니 한국 교회는 성경을 가지고 있지 않다느니 하는 등)을 주장한다.
- 그동안 성도들이 의심의 여지없이 믿고 따르던 성경을 불신하게 한다.
- 그들의 주장이 사본학과 원문비평에 익숙하지 않은 사람들에게 접촉되어 터무니없고 무지한 논리지만 대단히 학구적이고 합리적으로 들릴 가능성이 많기 때문에 우려성이 크고, 이에 따라 개역성경을 사용하고 다른 번역본을 무시하지 않는 정상적인 성경관이 파괴되어 성도들이 혼란에 빠지게 된다.
- 무엇보다 비성경적인 성경관과 학문적 접근으로 흑백 논리를 증폭시키고 기존의 성경을 가지고 설교하는 사람들을 무가치한 것으로 간주함으로써 하나님의 몸된 교회를 파괴시킬 수 있다.

그러므로 이 단체에 대해서 신중하고 정확하게 분석하여 교단과 한국 교회가 성경적이지 못한 사실에 미혹되지 않도록 대처해야 할 것이라는 점에서 분석의 중요성이 있다.

말씀보존학회의 정체
성경침례교회 이송오 목사가 이끄는 단체

말씀보존학회는 성경침례교회와 밀접한 연관이 있는 단체다. 성경침례교회는 기존의 성서침례교회와 구별되는 교단이 없는 독립교회로 담임목사가 이송오다. 서울시 강서구 방화동에 위치한 성경침례교회는 자신들을 다음과 소개한다.

"성경침례교회는 변개되지 않은 '한글 킹제임스성경' 만을 사용하며, 구령하고 선교하며 가르치는 자치적인 지역 교회로서 성경대로 믿는 독립침례교회입니다. 협력 사업으로는 '한글 킹제임스성경'을 번역·출판하고 성경 교리에 충실한 책들만을 출판하는 말씀보존학회와 신약 교회를 위한 목회자를 양성하는 펜사콜라 성경신학원을 운영하고 있으며, 「매일(성경대로 믿는 사람들)」이란 학회지를 출간합니다."

이상에서처럼 성경침례교회, 말씀보존학회, 펜사콜라 성경신학원은 모두 서로 연결되어 있다.

대표인 이송오 목사는 누구인가?
출판물에 나와 있는 그의 이력은 다음과 같다.
- 연세대학교 정치외교학과 중퇴
- 대한항공 조종사
- (미) Pacific Coast Baptist College, 신학사
- (미) Liberty University 대학원, 상담심리학 석사 과정
- (미) California Graduate School of Theology 신학 석사, 신학 박사
- (미) Central Baptist Church, Pomona, CA. 교육목사
- (미) California 주립 Chino 형무소 목사
- 선교침례교회(경기도 송탄시) 목사
- (현) 말씀보존학회 대표
- (현) 펜사콜라 성경신학원 원장
- (현) 성경침례교회 담임목사

그는 어디서 영향을 받았는가?
말씀보존학회 책자와 그의 글 속에서 발견되는 특징은, 그가 피터 럭크만

(Peter S. Ruckman)이라는 인물에게 큰 영향을 받고 있다는 점이다. 피터 럭크만은 미국 펜사콜라 성경신학원(약칭 PBI)의 학장이요 성경침례교회의 담임목사로 소개된다. 이송오 목사가 말한 다음의 내용을 통해 그의 내면 세계를 들여다볼 수 있다(내용은 1995년 잡지 「교회와 신앙」과의 인터뷰에서 인용한다).

-이곳(서울)에 펜사콜라 신학교가 있는 것으로 안다. 특징은 무엇인가?

-"세계에서 성경대로 가르치는 신학교는 두 곳밖에 없다. 미국에 있는 펜사콜라 신학교와 이곳이다. 이 기회에 한 사람을 소개하고 싶다. 책을 1만 5천 권을 읽은 사람이다. 또한 킹제임스성경을 150회 통독했으며, 저작이 140권이 있다. 이 사람은 자신이 쓴 성경 주석에서 칼빈 이래로 유명하다는 성경 주석가 500명 이상이 쓴 성경 주석을 일일이 지적했다. 그래서 그분이 쓴 성경 주석서가 없으면, 그리고 바른 성경이 없으면 우리는 신학을 해서는 안 된다. 그 사람은 바로 피터 럭크만이다. 미국 펜사콜라 신학교의 학장이다. 성경에 어떤 단어가 왜 그곳에 쓰여졌는가에 대해서 말해줄 수 있는 세계에서 유일한 사람이다."

말씀보존학회에서 출간한 책들은 대개 피터 럭크만의 글이다. 나머지 것들도 대부분 그에게 배운 내용을 풀어서 쓴 책들이다. 이송오 목사뿐 아니라 서울의 펜사콜라 성경신학원의 강사는 대부분 미국에서 럭크만에게 배우고 온 인물들이다.

이송오 목사와 피터 럭크만은 「세대적 진리(Dispentional Truth)」라는 책을 쓴 클라렌스 라킨(Clarence Larkin)이라는 20세기 초의 인물에게 많은 영향을 받은 것 같다. 클라렌스 라킨의 책을 보면 누구나 금방 세대주의에 입각한 글임을 알 수 있다. 이송오 목사의 글에서도 세대주의적인 관점을 어렵지 않게 발견할 수 있다. 이송오 목사는 럭크만에게 배운 지식을 가지고 한국 교회가 전혀 들어보지 못했던 새로운 성경설을 배포하고 있는 것이다.

말씀보존학회(이송오 목사)의 주장은 무엇인가?

이송오 목사의 주장은 의외로 단순하고 간단하게 요약할 수 있다. 목회자들이 알기 쉽게 쓴다면 '오직 성경(Sola Scriptura)'이 아닌 '오직 제임스성경(Sola KJV)'이다.

횃불 트리니티 신학대학원의 장두만 교수는 이들의 주장을 다음과 같은 몇 가지로 요약했다.
- 하나님은 당신의 말씀을 특별한 섭리로 변개되지 않게 보존하셨다.
- TR(Textus Receptus, 공인 본문)만이 그렇게 보존된 헬라어 사본이다.
- 비잔틴 계열의 사본을 중시한다.
- TR에서 번역된 KJV(KJV 외에 TR에서 번역된 성경)만이 하나님의 말씀이다.
- 한글 개역판은 하나님의 말씀을 많이 삭제했다.
- KJV은 영감된 유일한 하나님의 말씀이다.

한 마디로 이송오 목사는 KJV을 쓰지 않는 교회는 교회도 아니며 KJV을 가르치지 않는 성경공부는 아무런 가치가 없다는 것이다. KJV이 원문으로 채택한 TR이라는 사본만이 하나님이 섭리로 이 땅에 남겨주신 유일한 성경이기 때문이다. 바로 이 부분에서 복음주의적인 교회나 신학자들과 어긋난다. TR을 여러 사본들 중의 하나로 보지 않고 유일한 사본으로 삼기 때문에 성경을 번역하면서 참조한 다른 계열의 사본은 사탄이 변개한 것이며 따라서 그것을 번역한 한글개역성경, 영어의 NIV, RSV 등은 성경이 될 수 없다는 주장이다. 더 나아가 이송오 목사는 자신이 혼자 13년 동안 영어 KJV에서 한글로 옮겼다는 한글판 킹제임스성경을 권위역이니 최종 권위의 유일한 성경이니 하면서 개인적 번역본을 하나님이 이 땅에 주신 유일한 성경으로 주장하고 있다.

럭크만과 이송오 목사는 우리 시대의 배교를 KJV을 쓰지 않는 데서 이유를 찾고 있다.

"우리 시대에 있어서 이 배교의 모습은 킹제임스성경을 거부하고 다른 많은 변개된 성경들을 사용한 데서부터 찾을 수 있는데……우리 시대에 가장 부패한 역본인「새국제역본(NIV)」에 이르게 되었다"(럭크만,「배교의 결정판 NIV」, p. 9).

"이 땅에 예수 그리스도의 구원의 복음이 들어온 지 120여 년이 되었지만 불행하게도 성경대로 믿고 실천하는 신약교회가 세워진 적은 없었다. 물론 이 말에 이의를 제기하는 사람이 있을지도 모른다. 그러나 성경적으로 조명해보면 그 해답을 간단히 얻을 수 있다. 첫째, 이 나라는 그동안 바른 성경을 가져보지 못했다"(이송오 지음,「완벽한 교회는 없는가」서문 中).

"성경을 갖고 있지 않으면서 성경의 영감을 말하는 그 위선자의 말을 어디까지 신뢰하겠는가? 성경을 갖고 있지 않으면서 원문이 어떻게, 성경의 보존이 어떻게 되고 정확무오함이 어떻고, 교회성장은 어떻게 되고, 영적 대각성이 어떻고, 부흥해야 하고, 개혁해야 하며, 말씀을 믿어야 한다고 설교하는 그들의 위선을 당신은 어떻게 신뢰하겠는가?"(위의 책, p. 74)

"〈개혁 한글판 성경〉으로는 진리의 조명을 받을 수가 없다. 필자는 개역성경을 100독했다는 사람들을 만나보기도 하고 전해 듣기도 했다. 하루는 잠실에 있는 어느 교회의 목사가 자랑스레 성경을 100독했다고 말하기에 나는 즉시, 읽고 무엇을 남겼느냐고 물었다. 아무것도 없다고 했다."(「완벽한 교회는 없는가」, p. 211)

"개역성경이 남겨놓은 유산이 없음은 지난 100여 년 동안에 이 나라 성도들을 영적으로 깨우쳐줄 수 있는 책이 씌어지지 않았다는 점과 이 민족에게 거국적으로 복음을 전한 사람이 없었다는 점으로 증명될 수 있다."

"〈개혁한글판성경〉으로는 이 책을 읽을 수 없다는 것을 알게 되어 그 성경이 얼마나 무가치한지도 동시에 알게 될 것이다"(클라렌스 라킨 지음, 「세대적 진리」, 서문에서 이송오 목사).

이러한 이송오 목사의 주장들을 읽고 있으면 그가 결국은 개역성경을 써왔고 쓰고 있는 교회 자체를 교회가 아니라고 부정하는 단계로 갈 것임을 예측할 수 있다(1995년 잡지 「교회와 신앙」과의 인터뷰 中).

· '신약교회'라는 용어도 자주 언급했는데 그 뜻은?
- 신약 성경의 교리를 실천하는 교회를 말한다.
· 그런 교회가 한국에는 어디 있는가? 이곳 성경침례교회를 말하는가?
- 그렇다. 이곳은 한국에서 최초의 신약교회이다. 왜냐하면 하나님의 말씀을 가지고 있기 때문이다.
· 한글 킹제임스성경을 가지지 않고서는 이런 교회를 세우는 것이 불가능하다는 것인가?
- 물론이다. 한글 킹제임스성경은 변개되지 않은 성경이기 때문이다. 우리는 하나님의 최종 권위를 가지고 있다.
· 어떤 교회가 참다운 신약 교회인가?
- 모든 것은 바른 성경으로 측정되어야 한다. ……주님이 지정한 교회에 다녀야 하고 주님이 지정한 성경을 써야 한다. 그렇지 않으면 당신은 예수님을 주님이라고 부를 자격이 없다.(이송오, 「완벽한 교회는 없는가」, p. 21).

문제점
성경 이해 부족을 통한 왜곡된 사회관
"아프리카 난민촌에 가서 죽을 쑤어 먹게 해주는 것은 일차적으로 교회가 해야 할 사명이 아니다. 교회가 그리스도로부터 받은 사명은 사람들에게 죽을 주는 것이 아니다. 복음을 전해주는 일이다. 인간의 육신적인 생명을 어떻게 연장시키며 언제까지 책임질 수 있다고 생각하는가? 세계에는 800만 명이 허기진 채 잠을 자야 하고, 그 다음날 아침에는 50만 명이 죽는다. 그들은 모두 어떻게 할 것인가? 그 중에서 단 몇 명을 구해낼 것인가? 질병, 재난, 교통사고, 암, 에이즈로 죽어가는 사람들……붕대와 들것을 들고 어디까지 찾아다니겠는가? 그런 일들은 하나님의 교회가 할 일이 아니다. 그런 일들은 UN, WCC, 매스컴, 로마 가톨릭 교황, 정치꾼들이 하는 일이다"(「완벽한 교회는 없는가」, p. 12).

"갖가지 형태로 마귀의 종노릇하고 있는 사람들이 많다. 특히 하나님의 일에 종사하는 사람들 중에 많다.……그들은 말씀을 거부하고 말씀에 역행하여 일하면서 하나님의 일을 한다고 한다. 그러기 때문에 세상을 위해 기도하고 사회 복음에 참여하고, 세상의 인정을 받으려 애쓰고, NCC, WCC, 에큐메니칼 운동, 장기 기증 등의 일을 하는 것이다"(「완벽한 교회는 없는가」, p. 233).

한 가지를 더 보자. 그는 성경대로 믿는 침례교회의 특징을 열거하며 다음과 같은 것도 꼽았다.

"세상으로부터 분리되며, 세상적인 교육과 학문은 육신을 변호하는 것으로 신뢰하지 않으며 장려하지도 않으나, 그 효용성은 어느 정도 인정한다"(「완벽한 교회는 없는가」, p. 29).

이송오 목사의 성경침례교회가 세상의 학문을 경멸하는 듯한 입장을 취하는 것은 PC통신에 떠 있는 그들의 글 속에서도 발견한다.

"최초의 영감 받은 원본은 성경대로 믿는 그리스도인들에 의해 필사되고 보존되어왔습니다. 하나님께서 하신다면 하시는 것입니다. 이들의 소위 과학적인 비평 원리는 자연인의 관점입니다. 왜 자연인의 관점이냐면 인간의 이성에 근거한 판단 방법이기 때문입니다. 믿음과 이성은 반대입니다."

편의주의적 모순
이송오 목사는 「완벽한 교회는 없는가」(p. 97)에서 빌리 그래이엄을 우리가 사는 시대에 하나님께 크게 쓰임을 받았던 사람으로 인용해놓고, 말씀보존학회에서 발간하는 「성경대로 믿는 사람들」이라는 잡지에서는 천하에 쓸모없는 배교자인 양 혹독하게 비판을 해놓았다.

또한 한글 킹제임스성경을 발간하며 광고문에는 "루터와 칼빈 등 종교개혁자들이 암흑 시대에 되찾은 성경"이라며 칼빈의 지명도를 십분 이용하더니, 실상 그들의 글에서는 칼빈을 형편없는 사람으로 매도하고 있다.

그의 말대로라면 높이 평가할 것도 별로 없는 사람에게 '위대한'이라는 수식어까지 붙여놓고 말하는, 앞뒤가 맞지 않는 사고다. 이것은 다분히 기존 교단들의 비판을 우회하려는 시도로 밖에 여겨지지 않는다.

신앙적 우월주의

"또 몇 년 전에 장로교 합동 어느 교파에서 박사 학위를 받으려는 열두 명의 목사가 모여 필자에게 강의를 부탁해왔다. 박사 과정을 한다고 하기에 자료를 영어로 준비하고 내 딴에는 기대에 부풀어 있었다. 그런데 3주의 강의가 끝났는데도 강의의 분위기는 아주 냉랭했다. 4주째 되는 날 한 사람이 일어나 질문을 하는데 어찌나 유치하던지 고소를 금할 수 없었다. 나는 즉시 수강생들의 수준을 알아차리고……"(「완벽한 교회는 없는가」, p. 215).

"이제 성경이 나온다. 참 하나님의 말씀이 이 달에 나온다. 참 그리스도인이 그렇게 고대했던 그 성경이 나온다. 그때까지만 사탄의 사람들이 사탄의 성경을 말할 수 있을 것이다"(1994년 4월호, 「성경대로 믿는 사람들」 中).

"어쨌든 하나님의 말씀을 우리말로 옮겨야 한다. 무슨 수단을 쓰든지 수용언어로 만들어져야 한다. 그래서 이것이 수용 언어로 되어 나온 것이다. 우리나라도 히브리어 학자나 헬라어 학자들이 있지 않은가. 그들은 이제 우리 성경에서 틀린 것을 찾아내야 한다. 그래서 우리에게 질문을 해야 한다. 그러면 나는 그 단어가 왜 여기에 씌어졌는가에 대해서 설명을 해줄 수 있다. 이 나라에 학자들이 있으면 질문을 하라는 것이다"(잡지 「교회와 신앙」, 1995년 2월호).

반대자에 대한 공격적 성향

이송오 목사는 그들이 발행하는 「성경대로 믿는 사람들」 통권 제63호 95면에 '신원조회 I'이라는 글을 실었다. 이 글은 다름 아닌 한때 그와 함께 일했다가 그의 성경 해석이 부당함을 지적하고 빠져나간 네 사람에 대한 그야말로

'신상 비판' 적인 글이다. 그는 때로 마치 자신이 마치 하늘의 재판장이 된 것처럼 말을 하기도 한다.

"내가 만약 지옥에 가볼 수만 있다면 그곳에 제일 많이 와 있는 사람들은 개신교회 제직들일 것이다"(「교회와 신앙」 인터뷰 中).

자신의 윤리성에 대한 이상한 반박

그는 자신과 함께 일했다가 독립한 박만수라는 인물을 깎아내리며 이상한 논리를 들었다.

"그는 필자 개인의 사생활까지 들고 나왔다. 이 무식한 자는 이혼한 것과 이혼당한 것을 구분할 줄도 모른다. 필자나 피터 럭크만은 이혼한 것이 아니라 이혼을 당했고, 필자는 한 여인에게서 두 번이나 이혼 소송을 당하여 법정에 서기도 했다"(「성경대로 믿는 사람들」, 통권 제63호, p. 102).

극단적 성경해석

"연예인교회가 있다. 그러나 신약성경에서 연예인들끼리만 모이는 지역 교회가 있다는 것을 본 적이 없다. 별 희한한 교회도 다 있다는 생각이 들었다. 자기들은 특수한 계층이란 말인지 모르겠다"(「완벽한 교회는 없는가」, p. 100).

"새벽 예배가 어디 있는가? 무엇을 근거로 새벽 예배가 있는가? 성경대로 믿는 교회들이 세계 전체에 새벽 예배를 드리는 곳은 없다. 초대교회 때부터 그렇게 안 해왔고 그렇게 해야 할 이유도 없다."

방언이나 은사에 대해서는 어떤가?

"비성경적이다. 특히 방언은 악령이나 하는 것이다"(「교회와 신앙」, 인터뷰 中).

"주기도문과 사도신경이 제도 교회의 예배 의식에 들어온 것은 순전히 로마 가톨릭 교회에서 모방해온 것에 지나지 않는다. 신약 교회는 이 두 가지를 하지 않는다. 초대교회에서부터 한 번도 해본 적이 없다. 왜냐하면 성령님께서 그런 것은 헛된 것이니 하지 말라고 하셨기 때문이다"(「완벽한 교회는 없는가」, p. 95).

"세 가지 절기, 즉 성탄절, 부활절, 추수감사절을 대략 살펴보았다. 이 세 가지 모두 성경적 근거가 없다. 이 절기들이 그리스도인과 무슨 관계가 있는가?

아무런 관계도 없다"(「완벽한 교회는 없는가」, p. 111).

이상 몇 가지를 살펴볼 때, 이송오 목사는 성경의 정신보다는 성경 전체를 이해하지 못한 속에서 문자주의에 얽매여 있으며 때로는 유아적이라 할 만큼 이상한 성경 추론을 하는 경향을 발견하게 된다.

결론

말씀보존학회와 그 대표자인 이송오 목사의 주장은 살피면 살필수록 균형을 상실한 것임을 확인할 수 있다. 사상적으로는 미국 펜사콜라 신학교의 피터 럭크만의 영향을 그대로 받았고, 해석학적으로는 세대주의적 방법과 관점을 쓰고 있다. 또한 전천년설을 주장하면서 헬라어 사본 중의 하나인 TR만이 유일한 성경이고 그것을 번역한 KJV, 자신이 이것을 보고 13년간 번역했다는 한글 킹제임스성경만을 인정하는 것으로 그의 주장을 요약할 수 있다.

서두에서도 밝혔지만 이송오 목사의 주장이 터무니없고 그릇된 학문으로 교묘히 포장된 사이비적인 가르침임에도 불구하고 이것이 사람들에게 혼란을 가져다 주는 것은, 단순히 성경을 해석하는 방법이 아닌 성경 자체에 대한 부정과 비판 때문이다.

현재 우리가 사용하고 있는 개역성경은 구원을 알려주지 못하는, 사탄이 변개하여 품에 안겨준 성경이라 말하며, 숨겨져 있는, 섭리로 보존된 성경이 '따로 있는 듯' 주장할 때, 평신도들뿐 아니라 원문비평학에 익숙하지 않은 목회자들까지도 미혹될 수 있다는 점이 대단히 위험하다. 특별히 비판 의식이 높고 아직 성숙된 성경 이해가 없는 청년층과 교회에 대한 반항감이 많은 사람들에게 이들의 가르침이 전해질 때 미혹되기 쉽다는 점에서 개교회와 목회자들의 주의가 요구된다.

먼저는 성경 사본에 대한 정확한 이해를 교단의 목회자들이 가져야겠다. 성경은 주님께서 주신 원문으로부터 많은 양의 필사본으로 우리에게 전해졌다. 인쇄술이 없었던 시대에 한 복사본에서 또 다른 복사본으로 내려오는 동안 그 텍스트에 여러 가지 종류의 오류가 스며들었다. 텍스트마다 조금씩 다른 것은 때로 신학적 중요성의 문제가 포함되어 있는 것도 있다. 그러나 대부분은 성경의 의미에 근본적으로 영향을 미치는 것은 아니다. 복사상의 오류는 띄어쓰기 오류, 오탈자, 필사자의 착오, 중간절 건너뜀 등 사소한 차이다.

"과거 두 세기에 걸쳐 사본들을 수집하고 비교하는 일을 해온 본문 비평가들의 수고로 원문과 관련된 주요 의문들은 해결되었다고 할 수 있다.······비록 해결되지 않은 점이 있다 하더라도 기독교 역사나 교리의 근본적인 내용들은, 그것 때문에 달라지는 것이 아니라고 자신 있게 말할 수 있다"(풀 바네트,「신약성경은 믿을 만한가」, p. 56).

"믿을 만한 텍스트를 이룩하는 것은 과학적인 학문의 작업이다. 그렇다고 이 말이 하나님의 섭리의 손이 인간의 모든 역사에 놓여 있지 않다는 것을 암시하는 것은 아니다.······하나님은 역사적인 인물, 사건, 과정을 통하여 자기를 나타내셨고 그의 계시적인 말씀을 인간에게 주셨기 때문에 비평은 필요하다. 비평은 하나님의 말씀이 가지는 역사적 차원 때문에 야기되는 문제들을 다루는 것이다. 솔직히 말해서 성경이 미술적으로 주어졌다면 문제는 좀더 간단하고 쉬울 것이다. 그러나 이것은 하나님의 방법이 아니었다. 성경 비평의 역할은 하나님의 말씀을 비평하는 것이 아니라 그것을 이해하는 것이다. 원본 비평은 하나님의 말씀이 진리인가를 묻지 않는다. 하나님의 말씀의 텍스트는 어느 것인가, 얼마만큼 정확히 우리는 하나님이 자기를 보이신 그 말씀을 재구성할 수 있는가"를 묻는다(조지 래드, 전게서, pp. 94~95).

결론적으로 과거 400년 전의 사본과 번역보다 지금 우리가 훨씬 좋고 믿을 만한 헬라어 사본과 번역을 가진 것을 확신할 수 있다. 원문 비평학이 지금보다 발달되지 않았고 고고학적 연구가 미진하고 훨씬 이전의 사본이 발견되지 않았을 당시에 제작된 성경을, 더욱 정확해진 성경보다 우위에 놓은 것으로도 모자라 KJV 외의 성경들을 모두 사탄의 작품으로, 쓰레기통으로 매도하는 말씀보존학회의 주장과 가르침은 비성경적임을 확인한다. 더더군다나 자격이 검증되지도 않은 한 개인이 개인 성향에 따라 여러 번역본을 짜 맞추어 번역해놓은 것을, 유일하게 섭리로 보존된 성경으로 주장하는 것은 이송오 목사의 표현대로 "또 다른 변개된 성경"을 생산해내는 것 외에는 아무 의미도 없는 행동이다.

이제 한국교회는 개역성경을 쓰는 교회를 이단으로 규정하는 말씀보존학회와 이송오 목사에 대해서 단호한 대처를 해야 할 것이다. 말씀보존학회에서 나오는 출판물에 의해 더 이상 말씀이 불신당하지 않도록 해야 하며, 성도들에게 주의를 당부하고, 특별히 신학을 알지 못하는 지성인과 일부 목회자들에게 말씀보존학회의 논리가 허황된 신빙성을 가지고 전파되지 않도록 교육이 필요하다. 믿음이 없는 것을 탓하지 않고 믿음이 없는 이유는 바른 성경을 갖지 못했기 때문이라고 책임을 전가하는 논리에 젊은이들이 미혹당하지 않도록 젊은이들의 신앙 교육에도 한층 힘써야 한다.

자신이 번역한 한글 킹제임스성경이 완전하지만, 유죄가 판명될 때까지는 무죄라며 이상한 논리를 펴는 이송오 목사, 성경을 가지고 전혀 비성경적인 주장을 펼치며 주님의 몸된 교회를 어지럽히는 말씀보존학회에 이제 한국교회와 교단이 유죄를 선언할 때가 된 것이다.

제84회 총회(1999년)
1. 예수전도협회(대표 이유빈)에 대해 본 총회 산하 교회는 관계하지 못한다.

개요
이유빈 씨의 가르침이 주어지는 집회에서는 죄를 회개하게 하는 일을 중심적으로 행하고 있다. 그 방법은 회중 앞에서 공적으로 죄를 고백하도록 하는 것이다(이유빈, 「고난주간 전도전략」, 예수전도협회, p. 19). 이러한 행위는 모여든 회중에게 어떤 고백으로든 은혜를 끼치기도 하지만, 어떤 죄의 고백은 개인적으로 뿐 아니라 가족적으로나 교회적으로 오히려 많은 문제가 되고 있다. 이러한 죄 고백에 대한 이해와 그가 제시하는 죄 고백의 방법에는 쉽게 수용할 수 없는 문제성이 있는 것으로 판단된다.

문제점
자범죄에 대한 고백의 필요성을 강조함에 있어서
이유빈 씨는 그의 문서 「전도는 쉽다」 제12장 '부흥의 실제'에서 진정한 부흥에 대한 하나님의 원칙이 무엇인가를 말하면서, 먼저 "개인의 심령에 부흥이 일어나는 원칙은 우리 속에 있는 무거운 것들과 얽매이기 쉬운 죄를 벗어버리는 데에 있다"(「전도는 쉽다」, p. 246)는 점을 전제한다.

무거운 것을 벗어야 한다는 것은 인간이 예수를 믿고 난 후에도 죄를 짓게 되는 자범죄에 대한 것을 말한다. 그 죄를 벗어버려야 삶의 현장에서 주님의 얼굴을 보게 될 것이며, 그것이 부흥(復興)이라고 설명한다(「전도는 쉽다」, p. 272).

'얽매이기 쉬운 죄'는 많은 사람들이 예수를 믿되 기쁨으로 믿지 못하는 이유가 해결되지 않은 바로 이 죄 때문이라고 말한다(「전도는 쉽다」, p. 272). 그는 "물론 십자가에서 모든 죄가 다 해결되었으나, 우리가 어떤 특정한 죄를 믿음으로 주님께 맡기지 못하기 때문에 그 죄의 짐과 중압감을 그대로 가지고 살게 된다"는 것을 강조한다. 신학적으로는 인간의 원죄가 예수의 십자가의 은혜로 해결되었다는 것을 전제하나, '자범죄'에 대하여 진정한 회개를 해야만 복된 신앙 생활이 회복된다는 것을 강조한다. 이것이 부흥이라는 것이다.

이유빈 씨는 에스겔 36장 21절의 말씀을 그리스도인의 자범죄 고백과 그리스도의 교회를 연결 지어 해석한다. 그리고 이러한 주장을 뒷받침하기 위하여 다시 에스겔 36장 26절을 인용한다. 하나님은 예나 지금이나 그의 백성들을 교회를 통하여 거룩하게 하시며, 교회를 통하여 그의 거룩함을 나타내신다는 것이다. "교회의 거룩함은 죄를 감추거나 꾸며짐으로부터 오는 거룩함이 아니고 죄를 내놓고 자백하고 용서함을 받는 거룩함"이라고 설명한다(「전도는 쉽다」, p. 276).

그의 해석과 증거에서 중요한 것은 개인의 죄는 하나님 앞에서 고백되어야 하며, 그것은 교회의 거룩함을 드러내는 길이라는 것을 강조하는 점이다. 이러한 이유빈의 자범죄에 대한 이해에서 죄 고백에 대한 강조는 먼저 성경 해석적으로 문제가 있다고 할 것이다. 그는 에스겔 36장 21절 이하의 본문들을 인용하는데 에스겔서 본문 전체의 맥락에서, 특별히 역사적 맥락에서 해석되고 있지 않다. 그 본문에 나타나는 역사적이며 신학적인 의미는 하나님의 백성으로 택함 받은 이스라엘 백성이 하나님을 떠나 살다가 하나님의 약속의 땅으로 되돌림으로 하나님의 이름이 거룩하게 회복되는 언약의 새롭게 함을 보여주는 것이다(새 언약의 은혜). 이 본문은 에스겔의 입을 통하여 열국의 사람들이 여호와 하나님의 이름을 알고 그를 섬기게 될 때에 대한 예언이다. 그것은 곧 예수 그리스도를 통하여 나타날 신약 시대의 새 언약에 의한 복음 전도 운동을 예언한 것이다. 그리고 세계 만민이 그리스도를 통하여 구원받게 될 기독교의 복음 전도에 대한 예언이다.

또한 이유빈 씨가 설명하는 에스라 시대의 죄 고백과 부흥, 미스바의 부흥, 히스기야 시대의 부흥 등은 개인적이고 윤리적인 죄에 대한 것이기보다는 이스라엘 백성들이 공적으로 하나님 섬기기를 잃어버림과 예루살렘과 성전의 붕괴 등에 대한 공동적 책임에 대한 죄 고백이다. 그러나 이유빈 씨는 이 점을 간과하고 일방적으로 개인의 윤리적인 죄가 주된 것으로 일일이 공중 앞에서 고백된 것처럼 강조한다.

이유빈 씨는 그의 글에서 계속하여 개인적인 죄를 공중 앞에서 회개하는 일이 한국 교회적으로는 1907년 평양에서 일어난 부흥 운동 때 있었다고 말한다. 많은 성도들이 그들의 생활 속에 감추어져 있던 죄들을 울면서 고백하였다는 것이다(「전도는 쉽다」, p. 280). 그는 또한 간음죄의 고백과 도적질한 죄 등의 개인적인 죄를 교회 앞에서 고백함으로써 교회의 부흥이 일어났다는 것을 주장한다(「전도는 쉽다」, p. 281). 그러나 이러한 주장은 당시의 정황을 올바르게 이해하지 않고 역사적 사실만을 자기 가르침의 정당화를 위하여 인용하는 것으로밖에 이해되지 않는다. 당시 집회에 참석한 자들의 입에서 개인적인 죄들이 고백된 것은 분명하지만, 회중 앞에서 하나님의 공식적인 행사로 이루어진 것이 아니라 말씀의 은혜로 성령의 감동을 받은 청중이 그 은혜 가운데 자연스럽게 하나님 앞에 자기가 지은 죄들을 고백한 것이라고 보아야 할 것이다.

이유빈의 죄 고백의 방법과 관련하여 깊이 생각해야 할 점

그리스도인들이 개인의 죄를 공중 앞에 고백했을 때 얻게 될 유익이 무엇인가를 구별할 필요에 대한 것이다. 즉 그것이 과연 근본적으로 하나님의 영광을 드러내는 것이 될 것인가, 아니면 오히려 공중과 개인이 더 큰 시험에 빠지는 결과를 초래하는 것은 아닌가 하는 점이다. 개인의 죄 고백이 공동체에 유익을 가져오지 못하고 그 반대의 현상이 나타난다면 그것은 더 큰 문제가 되기 때문이다.

인간이 지은 죄는 숨김없이 다 하나님 앞에 고백되어야 하며, 하나님의 긍휼과 자비의 은혜인 죄 용서함을 입어야 한다. 그것은 그리스도의 피의 공로를 의지하여 믿음으로 속죄함을 받는 것이다. 그러나 그 죄 고백의 방법이 반드시 교회의 공중 앞에서 모든 죄가 고백되어야 하는 것은 아니다. 개인적인 죄에 대해서는 오히려 당사자들과 해결되어야 할 것이 있음을 성경은 더 많이 교훈한다(마 5:23~24, 6:12). 특별히 역사적으로 칼빈은 로마 가톨릭 교회의 고해성사를 반대하면서(신부의 사적인 행위로), 오히려 죄 고백은 공적인 행사로서 예배에서 공동의 고백문으로 죄책에 대한 고백이 시행되기를 희망하였고, 직접 제네바 교회의 예배 모범에 죄 고백의 순서를 만들어 죄책에 대한 고백문으로 공중 앞에서 죄를 고백하게 하는 모범을 제시하기도 하였다(개혁교회 예배의 전통). 따라서 칼빈은 죄 고백은 하나님께만 하고 사람에게는 하지 말라고 강력히 말하였다(「기독교 강요」 III. 4. 9).

결론

이유빈의 주장에서 죄 고백의 방법이 지나치게 공중 모임에서 공개적으로 고백되어야 한다는 것을 강조한다면, 그리고 그가 행하는 집회의 분위기가 참여자들로 하여금 그러한 일에 빠져들게 하고 있다면 그 집회는 문제가 있는 것으로 지적될 수밖에 없다. 성령의 은혜는 결코 강요나 억지로 이루어지게 하는 것이 아니라 그의 기쁘신 뜻대로 개인의 스스로의 판단과 자유함을 전제하고 있기 때문이다(고후 3:17).

제86회(2001년)

1. 기독교영성훈련원(대표 박철수)에 참석을 금하기로 하다.

개요

박철수 목사가 이끄는 기독교영성훈련원(이하 영성훈련원)의 신학적 문제와 사이비 이단성에 대하여 지난 제84회 총회(정읍)에 이어 제85회 총회(진주)에 재차 헌의된 바 있어 본회로 하여금 계속 연구 조사한 사건이다.

문제점

제85회 총회 보고서(pp. 428~453)에 나타난 영성훈련원의 신학적 문제점, 서약서 및 사건의 결론을 요약하면 다음과 같다.

신학적 문제점
- 박철수 자신의 영적 체험을 성경의 권위보다 위에 두고 있다.
- 로고스와 레마를 구분하여 가르치고 있다.
- 박철수 씨의 저서 「영성훈련입문」, 「변화된 삶을 경험하라」는 두 저서를 통하여 자신의 영적인 경험 철학을 기반한 자신의 이론을 전한다.
- 성경을 자의적으로 해석한다.
- 구속사적 영성을 강조하면서 성경의 역사성을 부정한다.
- 인간의 영을 성장하는 실체 이론으로 전개하고 있다.
- 철저한 삼분설을 주장한다.
- 성령의 사역을 이중사역으로 분리하여 외적 사역과 내적 사역으로 구분한다.
- 영성상담, 영성 방언에 관한 문제점

- 귀신론에 대한 이설을 주장한다.
- 영성의 단계 구분 및 상담 기법의 오류가 발생하고 있다.
- 죽음에 대한 비성경적 이해
- 천국관에 대한 오해 등이다.

박철수 목사의 서약서 요약

"합동측 신학부가 지적하여 주시는 신학적 지도에 대하여 전폭 수용하겠으며, 본인이 발간한 책에 대해서도 지적하여 주시는 대로 수정 내지 보완하겠습니다. 저의 신학적 체계의 부족한 점은 합동측 신학 노선에 일치할 수 있도록 모든 방법을 강구하여 빠른 시일 내에 최선을 다하여 노력할 것을 서약합니다. 계속 지도를 받겠습니다."

사건의 결론

- 박철수 목사가 제시한 영성훈련원에 관한 자료에 의하면, 영성훈련원을 거쳐간 인적 현황으로 일반 신도 9,500명 중 합동 2,669명(약 28%), 교역자(목사) 1,665명 중 합동 526명(약 31%)에 해당된다(2000년 8월 15일 현재). 기독교 영성훈련원 전국 35개 지원과 해외 지원을 두고 있으며, 그가 담임하고 있는 아시아교회는 1천 명 교인으로 조사되었다.
- 신학적으로 잘못된 부분에 대하여는 상기 보고서 내용에서 상세히 밝혔다. 그는 정립되지 않은 신학의 용어를 자신의 용어로 대체 변경하여 임의로 사용하였으며, 자신의 신비적 영적 체험을 중요시하면서 독자적 성경 해석 논리를 갖고 인간론 중심으로 신학적 이론을 전개하였다. 그의 신학 사상은 본 교단의 신학적 잣대로 볼 때 상당히 많은 거리감이 있는 실정이다.
- 박철수 목사가 자신이 밝힌 서신 내용에서 합동 측 신학부의 지적과 지도를 전폭 수용하겠다고 하며 합동측 신학 노선에 일치하도록 노력하겠다고 한 점은 그가 스스로 자신의 신학적 잘못을 시인하는 것으로 보아야 할 것이다.
- 그러므로 그를 다시 본 교단이 신학적으로 검증하여 인정할 수 있는 변화의 수준에 이르기까지 본 교단에 소속된 자는 관계하지 않는 것이 바람직하며, 그의 약속을 한 회기 동안 깊이 있게 관찰 주시함이 좋을 것으

로 사료된다.

제85회 총회 이후 영성 훈련원에 대한 동향 분석과 상황

- 영성훈련원으로부터 교재 개편을 위한 감수 위원 천거 의뢰서가 본 교회에 도착했다. 2001년 2월 3일자로 그가 사용하고 있는 각종 교재를 합동측 신학 기준에 맞게 재집필하고자 하며, 이에 따른 지도 위원을 천거해달라는 요청이었다. 본회는 지도 위원을 천거하는 것이 오해의 소지가 발생할 수 있으므로 허락하지 않기로 하였다.

본회 위원들과의 박철수 목사의 일문일답 요약

2001년 6월 22일에 대전광역시 유성구 봉명동 소재 계룡 스파텔에서 본회 위원들과 일문일답이 있었다. 제85회 서약대로 박철수 목사 자신이 성실하게 약속을 지키고 있는지, 그리고 평북노회 가입 경위에 대하여 청취하였다.

세간에 박철수 목사는 사유재산이 많다는 질문에 대하여 답변하길 "사실과 다르며, 교회가 인터넷 방송을 하다 보니 오해가 된 것 같다. 그리고 현 답십리 소재 아시아교회당도 전세로 사용 중이다"라고 말하였다.

평북노회 가입 건에 대하여는 "자신과 아시아교회가 같이 가입되었으며 가입 이유로는 지난해 11월 자신의 신학적 부족을 해결하기 위하여 총신 신학부 재수강을 신청했으나 본 교단 소속이 아니며, 과거에 자신이 공부하던 시절의 학제가 없어져서 당시의 조건으로서는 재수강할 수 없었다. 그러나 어떻게든 본회가 지적한 신학적 하자를 해결하기 위해 총신 신대원에 가서 재신학 수업을 받고자 평북노회에 문을 두드리게 되었다. 다른 목적은 없었다"고 하였다.

앞으로의 향방에 대하여 본회의 지도에 적극적으로 따르겠느냐는 질문에 "적극적으로 지도에 순응하며 따르겠다"고 하였다.

결론

위원장 하구봉 씨의 사업보고는(보고서, pp. 385~390) 받고 기독교영성훈련원(대표 박철수 목사)에 대한 건은 아래와 같이 가결한다.

- 평북노회는 가입을 취소하고 사과할 것
- 이단성이 없다고 검증될 때까지 받지 않으며
- 박철수 씨가 운영하는 영성훈련원에 참석을 금하기로 하다.

제87회(2002년)

1. 기독교영성훈련원(대표 박철수)과의 교류를 금하기로 하다.

박철수 목사(영성훈련원)의 노회 가입과 그 훈련원에 관련된 자에 대한 처리(보고서, pp. 432~433)의 건은, 보고서는 폐기하고 더 이상 교제하지 않기로 가결하다.

2. 예장합동혁신총회 남서울신학교는 이단성이 있는 단체로 규정하다.

개요
연혁

예장합동혁신총회(2001년 총회장: 지운길 목사, 학장: 김종덕 목사)는 1988년에 창립된 총회로 현재 서울 금천구 시흥본동 870-10호 A동에 총회 본부와 남서울 총회신학교를 두고 있다. 「성서의 핵심진리 강해」(1988년 7월 1일 발행, p. 797)에 나타난 이단 문제를 요약하여 진리의 성경에 비추어보면 연단교리, 체험 경험 교리, 시험교리, 행위신앙, 연옥교리, 천로역정 강조, 모험교리, 관상교리, 성경도 부족함이 있음 등을 주장하고 있다.

문제점
종말론
종말론적 기초 견해

- 한 이레 조약(단 9:27) : 한 이레는 7년을 가리켜 말하며, 한 이레 조약은 이스라엘과 유럽연방(재생로마제국) 사이에 맺게 되는 7년 조약을 의미한다고 주장한다.
- 적그리스도(계 13:1; 살후 2:4) : 대환난 중, 후 3년 반 환난이 시작될 때 나타나며 자칭 재림 메시아, 만왕의 왕이라고 주장하면서 하나님을 대적하고 교회와 성도들을 미혹하고 핍박하게 될 것이다.
- 천년 왕국(계 20:4; 사 11:6~9, 65:17) : 메시아 왕국이라고도 한다. 예수님께서 지상으로 재림하신 직후 불신자들을 멸망시키시고 성도들을 위하여 창조하시게 될 천년 지상낙원을 가리켜 말한다.

성경에 계시된 종말의 징조들(「성서의 핵심 진리 강해」, pp. 43~48)
- 이스라엘 민족의 고토 귀환(겔 39:25~29, 36:24~31; 롬 11:25~26) (「성

서의 핵심 진리 강해」, pp. 43~45)
이스라엘 백성들이 고토, 즉 가나안 땅으로 돌아오는 것이 왜 마지막 때의 징조가 되는가? 에스겔 39장 28절에 하나님께서 이스라엘 백성들을 고토로 돌아오게 하는 것은 예수님을 믿고 구원을 얻도록 하기 위함이라고 하였다.
- 적그리스도가 준비됨(계 13:12; 요일 2:18~19) (「성서의 핵심 진리 강해」, pp. 46~48)
대환난은 예수님께서 말씀하신 바와 같이 전무후무한 환난이 일어나고 적그리스도가 나타나 성도들을 미혹하고 박해하는 때이다. 이 적그리스도에 대하여 요한계시록 13장 1절에 "내가 보니 바다에서 한 짐승이 있는데 뿔이 열이요 머리가 일곱이라 그 뿔에는 열 왕관이 있고 그 머리들에는 신성 모독 하는 이름들이 있더라"고 표현하고 있다. 이 말씀 중에 '바다' 는 요한계시록 17장 1, 15절 세상을 의미하며 '짐승' 은 요한계시록 13장 18절의 짐승이 아니라 사람을 가리키며, '열 뿔' 은 요한계시록 17장 12절에 열 나라가 통합된 연방국가로, '왕관' 은 이스라엘을 지배한다는 의미라고 한다.

재림 시 성도들의 자세
- 연단의 조건 필요(단 12:10) (「성서의 핵심 진리 강해」, pp. 51~52)
모든 성도는 연단을 받는 가운데 정결하게 되어 예수님께서 재림하실 때 추수할 수 있을 만큼 익은 열매가 되어야 한다는 것이다. 모든 성도는 세 종류로 구분하여 추수하시는 원리가 있다고 주장한다. 예수님께서 공중으로 강림하실 때 처음 익은 열매들을 추수할 것이며, 대환난 중에 흰 구름 위에 앉으셔서 두 번째 익은 열매들 즉 순교자들을 추수할 것이며, 지상으로 재림하실 때 대환난 동안 연단을 받고 살아남은 성도들을 추수하신다는 것이다.
- 휴거되는 성도들(환난 때 시험을 면제) (「성서의 핵심 진리 강해」, pp. 54~56)
요한계시록 3장 10절에 예수께서 '네가' 라는 말과 '너를' 이라는 말을 사용하신 것을 볼 때 필라델피아 교회의 목회자 개인을 향하여 주신 말씀이라는 것을 알 수 있다. 그 목회자는 예수님께로부터 인정받은 성도이기 때문에 장차 온 세상에 임하는 시험의 때를 면제받게 된다.
- 신비주의 강조 (「성서의 핵심 진리 강해」, pp. 72~74)

　　마빈 포드라는 사람은 캐비닛을 만드는 공장에서 일하던 중에 지병인 심장병이 악화되어 병원에 입원했는데, 1972년 1월 1일 그 병원에서 30분간 완전히 죽었다가 다시 살아나는 기적을 체험했다. 그는 30분 동안 천국에 들어가서 수많은 것들을 구경하였으며 예수님으로부터 여러 가지 중요한 말씀도 듣고 돌아왔다.

　연단에 대한 교리 (「성서의 핵심 진리 강해」, pp. 75~87)

　　히브리서 5장 14절의 "단단한 식물은 장성한 자의 것이니 저희는 지각을 사용하므로 연단을 받아 선악을 분별하는 자들이니라"를 인용하여, 성도들은 익은 열매가 되기 위하여 빛에 대한 진리를 정하고 자세하게 깨달아야 하며, 이 진리를 어떠한 환경과 조건 가운데서도 계속적으로 실천하면서 연단을 받고 정결해져야 한다는 것이다. 연단을 받지 않으면 절대로 영적 성장이 있을 수 없다는 말이다. 또한 연단을 받을수록 선과 악에 대하여 정확한 분별력을 갖게 된다고 말한다(참조, 슥 13:7~9).

　영계의 구조와 실상 (「성서의 핵심 진리 강해」, pp. 182~233)

　　성도들은 누구나 광야 연단 과정을 통과하면서 익은 열매가 되어야 하나님의 나라에 들어갈 수 있다 그런데 이 땅에 사는 동안 이긴 자가 되지 못한 성도들은 어떻게 연단 과정을 다 마치게 되는 걸까? 하나님께서 대환난과 똑같은 연단과정을 영계에서 은밀하게 운영하고 계신다, 요한계시록은 영계로 들어간 영혼들이나 영계에 있는 환경과 사건들에 대해 아주 부분적인 것만 몇 군데 계시하고 있을 뿐이라고 말한다.

　영계란 어떤 곳인가(「성서의 핵심 진리 강해」, pp. 182~205)

　　입신 체험자들의 간증을 들어보면 영계의 환경도 이 세상의 문명이 발달하는 것과 마찬가지로 발달하고 있다는 것을 알 수 있다. 현재 영계를 보고 온 성도들의 증거를 들어보면 맨션아파트나 텔레비전, 자동차, 고속도로 같은 오늘날의 발달한 문명과 비슷한 환경들이 있음을 알 수 있다고 한다. 영계의 환경도 문명이 점점 발달하도록 하나님께서 섭리하고 계신다는 것이다. 정확 무오한 하나님의 말씀인 신구약성경 66권을 통해서만 하나님 나라의 신비스런 부분들을 알 수 있는 것이 건전하고 바른 자세이건만, 입신 체험 등 신비주의적 방법을 사용하는 잘못을 범하고 있다. 모든 진리는 성경에서 나온다. 성경을 떠난 어떤 가르침도 올바른 진리가 아니다. 연옥 교리, 천국의 구분 등 성경에 기록되어 있지 않은 내용이나 성경에서 명확히 하지 않은 것을 상상을 통해서 정의하는 것은 잘못된 사상이다. 그들의 주장을 살펴보자.

- 하나님께서 사람들이 행한 대로 갚으신다는 상벌의 원리에 따라 크게 세 부분으로 나누어놓으신 영계에 대하여 구체적으로 살펴보면, 상부에는 낙원이 있고, 중간에는 심판대와 함께 낙원이나 지옥에 들어가기 위해 준비하는 영역이 있고, 하부에는 지옥이 있다(고후 5:10; 히 9:27; 롬 14:10~12). 그러므로 심판대는 땅 위에는 없고, 영계에서 복음을 듣고 구원받을 수 있는 길이 있다는 것을 가르쳐 주고 있다고 한다. 성경에는 심판대의 명칭이 세 가지로 기록되어 있는데 그것은 로마서 14장 10~12절의, '하나님의 심판대', 고린도후서 5장 10절의, '그리스도의 심판대', 요한계시록 20장 11~15절의, '크고 흰 보좌' 즉 '백보좌 심판대'이다. 이 심판대는 땅에서 하는 것이 아니라 사후에 영계에서 심판하신다는 것이다.

- 심판대가 있는 중간 영역과 모형적 진리와의 관계

  모든 성도들은 광야에서 마귀들과 싸우며 세 차례의 큰 연단 과정을 통과해야 정결케 되어 천국에 들어갈 준비가 갖추어지게 된다. 이것은 결코 변할 수 없는 하나님의 구원 섭리이다. 성서의 핵심 진리 강해는 로마 가톨릭의 연옥 교리를 적극 지지한다. "연옥을 부정하는 자들은 신의 뜻을 거스르는 것이다. 13세기에는 연옥이 신학적 차원에서 확고한 진리가 되었다. 심판대가 있는 영계의 중간 영역에 대한 진리는 성경적인 것이며 초대교회로부터 내려온 전통적 교리로서 현재에도 수많은 영계 체험자들에 의해 증거되고 있다."

  그러나 연옥 교리는 다음과 같은 이유로 잘못된 것임을 알 수 있다. 첫째, 그리스도의 대속 교리의 부족을 말하는 것이다. 둘째, 믿음으로 의(義)에 이른다는 성경과 배치된다(롬 3:28). 셋째, 선행을 공로로 다른 자에게 선사할 수 있다는 잘못된 사상이다. 넷째, 교회가 내세의 고난을 경감시킨다는 그릇된 주장이다. 이상과 같은 네 가지 점에서 연옥 교리는 잘못되었다.

영계의 실상 (「성서의 핵심 진리 강해」, pp. 206~233)
- 영계의 상부 영역은 크게 두 가지 장소로 구분되어 천상 낙원과 교육 받는 낙원이 있다. 요한계시록 22장 1~3절에 영원한 천국, 즉 신천지에 생명나무와 과실이 있다고 하였다. 이와 같이 천국은 3층으로 되어 있고 그 아래에는 교육 받은 낙원이 있어서 성도들이 천국에 들어가기 위한 마지막 준비를 하게 된다. 3층으로 되어 있는 천국에서 하나님의 보좌는 3층 천국의 중앙에 있으며, 이 보좌에 계신 하나님은 영계의 태양이시다. 천국은 행한 대로 상 주시는 원리에 따라 3층으로 된 나라이다. 천국은 사랑으로 충만한 곳인데 천국 사랑을 둘로 구분한다. 주님에 대한 사랑과 이웃에 대한 사랑이다. 천국에도 변화가 있다. 천국에는 대리 통치자가 있다. 천국에도 설교자가 있다.
- 교육 받는 낙원
교육 받는 낙원에서는 하나님의 보좌를 직접 볼 수 없는 곳이지만 천상 낙원과 마찬가지로 12구역으로 나뉘어 있다. 교육 받는 낙원은 성도들의 영원한 처소가 아니고 천상 낙원, 즉 천국에 들어가기 위하여 준비하는 장소이다. 천국은 기본적인 교육을 먼저 받고 들어가야 한다.
- 사후 영혼의 처음 상태
영혼의 형체는 자신이 죽을 때의 크기와 똑같다. 「성서의 핵심 진리 강해」에서는 입신 체험, 영적 체험을 많이 한 「천국과 지옥」을 쓴 스웨덴 보르그의 간증을 많이 인용한다.
- 중간층의 실재
중간 영역에 있는 성도들이 연단을 받고 정화되는 장소는 일곱 가지 죄성에 따라서 일곱 지역으로 나뉘어 있다. 영계에서도 중간 지역에서 연단을 받을 때 마귀들이 활동하며 성도들을 유혹한다.
- 지옥
지옥은 일곱 가지 죄성에 따라서 일곱 지파, 즉 일곱 구역으로 나누어진다. 지옥의 구조는 크게 상층 지옥, 중층 지옥, 하층 지옥의 세 부분으로 나눌 수 있다. 대체로 이단 종파의 교주들은 3층 지옥에 들어가 형벌을 받는다. 지옥 역시 하나님께서 직접 통치하신다.

그러나 성경에서는 천국과 지옥의 존재는 확실히 인정하지만 천국에 훈련장이 있다는 것, 천국에 설교자가 있다는 것, 천국에 대리 통치자가 있다는 것은 언급하지 않는다. 성경의 해석은 성경이 기록한 부분에 한해서다. 성경에서 벗어난 어떤 사상도 그릇된 것이다. 지옥도 여러 가지로 나누어서 설명하는 것은 잘못되었다.

죄론 (「성서의 핵심 진리 강해」, pp. 238~327)
인간의 구조와 타락 (「성서의 핵심 진리 강해」, pp. 239~254)
- 심령과 육체를 상징하는 성막과 뜰
- 죄성과 정욕의 관계(「성서의 핵심 진리 강해」, pp. 327)
  죄성과 정욕은 서로 연합하여 범죄하며 대단히 밀접한 관계를 이루고 있다. 예를 들면 행정부의 구조와 같다고 할 수 있다. 정욕은 대통령의 역할을 하고 죄성들은 각부 장관들의 역할을 하고 있는 것이다.
  이 책은 죄의 원인에 대한 바르지 못한 사상들로 가득 차 있다. 인류의 조상인 아담의 불순종으로 인해 들어온 죄의 무서운 성격에 대한 언급이 없이 단지 인본적인 죄에 대한 견제가 기록되었을 뿐이다. 하나님께 영광을 돌리는 영화로운 구원 계획에 흠집을 내고, 인본주의적 사상을 만들어낸 구속 교리가 기록되어 있어서 십자가의 복음에 치명적인 해를 끼치고 있다. 십자가의 구속에 대한 그릇된 사상이 기록되어 있다.

속죄 복음(「성서의 핵심 진리 강해」, pp. 331~357)
- 실제적 속죄제 (「성서의 핵심 진리 강해」, pp. 338~339)
  예수님께서 십자가에 못 박히셨을 때 1인 2역, 즉 두 마리 염소의 역할을 감당하신 것이다. 아사셀을 위한 속죄 제물로서는 십자가 위에서 고통을 참으며 산 채로 버림을 받은 것이었고, 여호와를 위한 속죄 제물로서는 십자가에서 피를 흘리시고 죽은 것이다.
- 대제사장 (「성서의 핵심 진리 강해」, pp. 340~341)
  예수님께서 십자가에 못 박혀 죽으실 때는 속죄 제물의 사명을 감당하신 것이므로 결코 대제사장이라고 할 수 없다. 그러나 속죄 제물로 죽으신 예수님께서는 사흘 만에 다시 부활하셨다. 이와 같이 부활하신 예수님은 천국에 들어갈 사람들을 위하여 대제사장의 자격을 갖추게 되었다.
  · 속죄제물 = 십자가에 못 박히신 예수님
  · 뜰의 번제소 = 골고다 언덕

· 대제사장 = 부활하신 예수님
· 성막 = 영계의 천국을 상징한다는 것이다.

예수 그리스도는 완전한 하나님이시며 완전한 사람이시다. 신성과 인성을 가지신 예수 그리스도께서는 선지직과 제사직 및 왕직을 수행하셨다. 그리스도의 속죄의 필요성은 다음과 같다. 첫째, 신적 정리에 의한 수난 때문이다. 둘째, 하나님의 최고 확증 때문이다. 셋째, 하나님의 거룩과 공의의 요구 때문이다. 넷째, 죄인에 대한 칭의 때문이다. 그런데 본서는 기독론에서 그릇된 사상을 가지고 있다. 완전한 하나님이시며 완전한 사람이신 그리스도 예수님을 마치 두 인격을 가진 머리가 둘인 괴물처럼 그릇되게 가르치고 있다. 이 모든 것이 삼위일체와 기독론에서 오류를 가지고 있음을 드러내는 증거다.

영적 성장론
영적 성장에 대한 성경적 견해

이 땅에서 예수님의 형상을 닮는 성도들, 즉 완덕의 경지에 도달한 성도들은 이 세상에서 더 살지 않고 천국으로 들어가게 된다.

이스라엘 왕국의 발달 과정을 중심으로 하는 영적 성장 과정
- 성도들의 경험적 실례(1차 연단과정)
  - 아브라함의 연단
  - 다윗
  - 사도 바울
- 하나님께서 2차 연단과정을 통과하게 하시는 목적
  천로역정을 많이 이용하고 있다.

신비적 체험론
모형적 진리에 대한 해설

3차 연단과 뒤따르는 축복 과정에 대한 모형적 진리에 대한 해설은 천로역정과 비교하면서 설명한다. 이스라엘 백성들이 가데스의 므리바 반석에서 흘러나오는 생수를 마시게 된 것은 하나님께서 성도들이 정욕적이며 세상적인 축복들을 용감하게 떨쳐버리고 3차 연단 과정에 들어가기 위한 결단을 하도록 풍성한 은총을 체험하게 하시는 것을 가리켜 말한다. 성도들은 므리바의 생수를 마실 때 일사각오의 정신, 엄격한 극기 생활, 철저한 절제 생활, 영웅적인 사랑 실천과 규모 있는 경건 생활을 위하여 큰 고난과 손해를 감내하며 명예, 권세, 물질, 고급스런 생활, 남녀관계, 부부관계 등 모든 것들을 용감히 포기하게 된다. 오직 하나님의 생명을 얻기 위한 결심과 각오를 해야 하는 것이다.

3차 연단 과정에 대한 해설(「성서의 핵심 진리 강해」, pp. 502~505)
3차 연단과정은 모형적 진리에서 가데스 므리바의 생수를 마신 이후부터 광야의 마지막 전쟁이었던 이스라엘 1만 2천 명 용사들이 미디안 왕들의 군대들을 멸망시킨 때까지이다.
- 하나님께서 마귀를 통해서 주시는 역경
  성도들은 철저한 극기생활과 절제생활을 하며 온전한 사랑을 실천하고 흠 없는 경건 생활을 하기 위하여 최선을 다하게 된다.
- 모든 소유를 버리는 과정이 있다.

그러나 성경은 이 땅에서의 삶을 나그네 인생으로 언급한다. 그리고 구원받은 백성은 성화의 과정을 거치게 된다. 그런데 이 책에서는 성경에서 말하고 있지 않은 부분을 명확히 함으로 그릇되었고, 하나님의 절대 주권 등을 인정하기보다는 인간의 훈련과 노력을 그릇되게 강조하고 있다. 인간의 생사화복을 주장하시는 하나님의 주권을 드러내기보다는 세상이 강조하는 인본주의적인 의를 강조하고 있다.

요한계시록 강해(「성서의 핵심 진리 강해」, pp. 577~786)
요한계시록 해설
하나님이 주신 요한계시록은 절대 불변의 계시이므로 틀림없이 이루어진다는 말씀이다(다른 성경 계시는 절대 불변이 아니요 이루어질 수 없는 계시라는 말이 된다).
- 육체가 아닌 영체의 눈으로 재림하시는 예수님
- 24장로 : 하나님의 비서관
- 일곱 천사장 : 하나님의 정부 장관들과 같은 역할
- 천사들 : 공무원과 같은 역할

일곱 우레와 작은 책(계 10:1~11)
요한계시록 10장을 해석하기 전에 참고로 요한계시록 9장 13~21절의, '전

'삼년 반 환난'의 후반기에 일어나게 되는 전쟁, 즉 전체 인구의 3분의 1이 죽게 되는 전쟁에 대한 말씀 가운데, 그 전쟁을 마무리하는 하나님의 계획이나 전쟁이 끝난 다음에 나타나는 결과에 대해서는 자세하게 기록하지 않고 있다는 것을 알 수 있다(성경 말씀이 부족하다는 주장이다).

일곱째 천사가 나팔을 불 때 '하나님의 비밀', 즉 적그리스도가 나타나게 될 것이고, 그 적그리스도가 성도들을 미혹하고 방해할 때 순교자들의 수가 채워질 것이며, 남은 성도들은 연단을 받고 익은 열매가 되어 천년지상낙원에 들어가게 될 것이라고 미가엘 천사가 예언한 것이다.

두 증인(계 11:1~14)

요한계시록 11장 3절의, "내가 나의 두 증인에게 권세를 주리니 저희가 굵은 베옷을 입고 천이백육십 일을 예언하리라"에서 이 두 증인은 이스라엘 백성 중에서 나오는 선지자들인데, 모세의 심령과 엘리야의 심령을 가지고 증거하며 예언한 것이다. 모세와 엘리야 심령을 가진 유대인 두 사람을 가리켜 말한다(예: 엘리야와 세례 요한 비유).

요한계시록 11장 4절의 '두 감람나무와 두 촛대니'에서 '두 감람나무'란 기름을 짜는 나무들로서 두 증인을 상징한다. '두 촛대'는 두 증인의 복음 진리를 증거하면서 봉사하는 두 교회를 가리켜 말하는데, 예루살렘 성안에 있게 될 것이다. 두 증인들의 두 교회는 지난 1982년 완공한 대회당과 대환난이 시작될 때 오마르 회교 사원이 있던 자리에 세우게 될 예루살렘 성전이 될 것으로 예상된다.

일곱 머리와 열 뿔에 대한 견해

- 일곱 머리

'일곱 머리에 일곱 면류관이 있다'는 것은 일곱 나라가 이스라엘 백성들을 정복하고 지배한다는 것을 상징적으로 표현한 것이다. 좀더 자세히 설명하면 하나님의 명령에 따라 솔로몬 왕 4년부터 20년 동안 예루살렘 성을 만들었는데, 그때부터 메시아 왕국 시대가 시작될 때까지 마귀가 강대국들을 배후에서 역사하여 이스라엘 백성들을 일곱 번 정복하고 지배한다는 것을 상징한다.

- 열 뿔

  열 뿔은 요한계시록 17장 12절에 기록한 바와 같이 사도 요한 당시에 아직 나라를 얻지 못했다고 하였으므로 일곱째 머리에 달려 있음을 알 수 있다. 일곱째 머리는 재생로마제국을 상징하므로 열 뿔은 재생로마제국이 열 나라로 통합된 연방국임을 보여준다. 현재 유럽연방국에 속한 나라들은 프랑스, 영국, 독일, 이탈리아, 벨기에, 네덜란드, 룩셈부르크, 핀란드, 스페인, 포르투갈, 그리스, 덴마크, 오스트리아, 아일랜드, 스웨덴 등 열 다섯 나라다. 이와 같이 현재의 열다섯 나라가 떨어져 나가고 열 나라만 남게 될 것으로 예상된다.

적그리스도의 자격(「성서의 핵심 진리 강해」, pp. 698~699)

적그리스도는 재생로마제국의 통치자이어야 한다. 다니엘 9장 24~27절에 나오는 70이레 예언을 연구할 때 알게 된 바와 같이 적그리스도는 재생로마제국, 즉 유럽연방국 통치자이기 때문이다. 그리고 열 뿔 짐승이라고 했으므로 열 나라가 통합된 지역에서 나와야 하며, 기독교 신앙 인격과 사상을 갖춘 사람이어야 하므로 기독교 국가에서 나오게 된다. 따라서 적그리스도는 기독교 국가 열 나라가 통합된 유럽연방국에서 나오는 것이다.

그러나 성경은 '적그리스도'에 대해서 기록하지만 구체적으로 적그리스도를 지명하지는 않는다. 일곱 머리와 열 뿔에 대한 기록 등 상징과 묵시로 가득한 요한계시록을 임의로 해석하는 오류를 범하고 있다. 성경을 해석하는 데 오류를 범하고 있는 이 책은 이단적인 요소들로 가득 차 있다.

결론
- 상기에 열거된 내용들을 미루어볼 때 전통적인 기독교의 교리에 없는 새로운 교리들을 주장하고 있으며 이것들은 매우 잘못된 이단적 요소라고 할 수 있다.
- 전통적인 신비주의 학자의 사상을 그대로 수용하는 등 비성경적인 신비주의로 완전히 가고 있음이 드러나고 있다.
- 성경 해석학적 원칙에서 벗어난 무리한 성경 해석을 시도함으로써 지나치게 왜곡된 사상으로 흐르고 있다.
- 예장합동이란 교단 명칭을 사용하여 일반 평신도들에게 본 교단과 같거

나 비슷한 이미지를 풍기고 있으므로 예장합동혁신 측은 예장합동과 다르고, 본질적인 차이가 있음을 분명히 밝힘이 필요하다.
· 그러므로 상기 교단은 건전하지 못한 이단성이 있는 교단과 산하 신학교임을 명백하게 밝혀 드러냄이 마땅한 줄로 사료된다.

제88회(2003년)
1. 세계신유복음선교회(원장 강은숙)의 이단성 조사 연구 결과

개요
설립일
세계신유복음선교회는 1988년 1월 5일 전라북도 익산시 신흥동 368-3번지 대광교회에 설립하여 경산, 서울, 부산, 순천, 제주도 등지에 지부를 두고 있으며 해외 선교 지부를 필리핀(바기오), 방글라데시 등지에 두어 그 위세가 날로 확장하고 있는 실정이다.

설립 동기 및 사역
불신 가정에서 태어나 유년 주일학교 때부터 예수를 믿기 시작했고, 17세에 은혜 받고 현신애 권사 집회에서 신유 사역을 해야 할 뜨거운 마음을 갖게 되어 기도하던 중 밀가루 환상을 보고 밀가루 신유 복음 사역을 시작하게 된 것이다.

문제점
· 신유 복음 사역을 시행함에 있어 밀가루 위에 손을 얹고 안수 기도한 후 그 밀가루를 뿌리거나, 반죽하여 환처에 붙이거나, 밀가루 물을 마시게 하여 치료하되 예수 이름으로 그 일을 한다는 것이다.
· 강은숙 씨는 자신이 본 환상의 하얀 가루를 처음은 거절했으나 하나님께서 원하는 것이므로 하나님께서 주신 치료약이라고 생각하고 밀가루 치유 사역을 시작했다고 말한다.
· 밀가루 환상을 기도 응답이요 성령의 음성이라고 주장한다.
· 강은숙 씨는 밀가루 물을 마시고 밀가루 반죽을 환처에 붙일 때 고쳐주실 것을 믿음으로 해야 할 것을 가르치고 있다. 문제는 밀가루나 밀가루 물이

음식으로 먹는 것이 아니고 약으로 사용하여 그것을 의존하게 하는 것이다.
· 비성경적인 방법으로 치유 사역을 하고 있었는데도 이를 묵과하고 교단의 기라성 같은 목사들이 설교와 기도로 그의 사역에 도움을 주고 있으므로 전혀 시정되고 있지 않다는 점이 부각되고 있다.

결론
· 강은숙 씨는 본 총회가 인준한 전북신학교를 졸업한 자로서 대한예수교장로회 익산대광교회를 개척 설립하고, 세계신유복음선교회를 세워 회장으로서 사역 중에 있는 자다.
· 그는 본 총회의 증경총회장 유인식 목사, 이봉학 목사의 지도를 받는 자이며, 본 총회 및 타 교회의 저명 인사가 관여된 것으로 조사되었다.
· 그는 불건전한 신비주의 및 밀가루 안수 등 교계의 강한 비판을 받아온 것이 사실이다. 그러나 불건전한 신비주의 문제는 그다지 심각한 수준은 아닌 것으로 사료되었으며, 다만 밀가루 안수 문제는 신학적으로 비판의 빌미를 주고 있기 때문에 본 위원회는 사용을 금지할 것을 지적한 바 있었다.
· 그는 공식적으로 밀가루 치유 사역을 일절 하지 않을 것을 본 위원회 앞으로 각서한 바 있으며, 본 위원회가 경산지부 현장을 방문하여 확인한 바 있다.
· 그는 본 총회(본 연구위원회)의 신학 사상과 신앙에서 이탈하지 않고 따르고 지도받을 것을 각서한 바 있다. 그러므로 본회는 현실적으로 볼 때 강은숙은 신학 지식이 부족하여 실수한 바가 있었고 밀가루 안수 문제로 물의도 있었으나, 보고한 바와 같이 철저히 회개하고 고치기로 서약한 대로 지금까지 개선, 실행하고 있음을 감안하여볼 때 미흡한 부분이 없지는 않지만 향후 한 회기 동안 더 관찰하는 것이 좋을 것으로 사료된다.

제90회(2005년)
1. 서북노회에 평강제일교회 및 광성교회의 가입을 취소하고 총신대학 교수회가 제출한 박윤식 관련 연구 보고서를 총회 공식 입장으로 채택하다(제90회 총회 회의결의 및 요람, p. 38).
2. 심재웅 목사, 전태식 목사의 강의, 예배, 집회에는 본 교단 목회자, 성도들이 참석하지 않는 것이 바람직하다.

예수왕권세계선교회(심재웅 목사)의 이단성 조사 연구 결과

개요

심재웅 씨는 40대에 순복음신학교를 졸업하고 여의도순복음교회에서 전도사로 사역하였다. 그 후에 개척 교회도 하고 기존 교회 부임 목회도 하다가 2003년 4월경에 부천시 소방서 뒤편 ○○교회 안에서 지금 형태의 사역을 시작하였다. 그러다가 경기도 안산시 단원구 고잔동 710-2(하늘법조빌딩 2층)로 이전했고, 현재는 경기도 안산시 단원구 원곡동 994-7(경동택배 건물 2층)을 임대하여 사용 중이다(약 1,000여 평).

집회는 월요일~수요일에 정기적으로 이루어지며 시간은 오전 10시에 시작하여 오후 11시까지 열린다(2005년 3월 현재 약 700여 명 회집).

등록비는 없으며 식비도 무료이다. 집회는 월요일에서 수요일은 심재웅 목사가 인도하고 목요일과 금요일은 심재웅 목사에게 배운 목사가 인도(회집 수 100여 명)하며, 기수 과정을 수료한 강사들이 각 지역별로 개교회에서 강의를 하는데 책을 읽는 형식으로 진행된다.

한 기수는 9주간씩 성경 공부를 하는데 성경적 부부론, 생명의 성령의 법, 은혜와 율법, 신앙의 현주소 등을 가르친다. 그런데 이 교재는 일반 목회자가 습득할 수 없고 강사들만이 가지고 있다(절대로 외부 노출을 해서는 안 된다고 함). 또한 이 교재는 심재웅 목사 방식의 성경 해석의 교재이다. 최근에 「가정이 천국이 되는 비밀」(도서출판 베들레헴)이라는 책이 처음으로 출간하였다.

예수왕권세계선교회의 핵심 주장

- 왕권 운동은 말씀 운동, 생명 운동, 사랑 운동이며 왕권이 회복된 사람만이 구원을 받는다(예수님은 왕으로 오셨다. 마 2:2; 눅 1:33, 딤전 6:15; 히 7:2; 계 11:15; 사 9:6 인용).
- 옛사람이 변하여 새사람이 되려면 왕권을 받아야 한다. 그런데 인간의 이성과 지식이 이 왕권을 방해한다(롬 7:18~20; 갈 2:20).
- 왕권을 받기 위해서는 왕권선교회의 운동에 참여하고 교육을 받아야 한다(요일 3:9).
- 영의 모양도 육의 모양과 똑같다(육은 겉사람이고 영은 속사람이다. 엡 4:22~24). 속사람도 자라야 하기 때문에 입을 크게 벌리고 눈을 크게 뜨

고 배로 헐떡이며 정결한 처녀가 될 때까지 양식(불)을 먹어야 한다(겔 2:8~3:2; 시 119:130~131).
• 심재웅 목사가 하는 말은 그 안에 있는 주님께서 하시는 것이다.

문제점
흡수 통합론
예수왕권세계선교회(이하 예수왕권)는 사람의 개체를 인정하지 않고 예수님께 완전히 흡수, 통합되는 것으로 본다. 그래서 자신을 껍데기로 보며 모든 것을 예수님이 하신다고 한다. 즉 사람을 로봇이나 꼭두각시로 취급한다. 그러므로 자신을 예수님과 동일시하는 경향이 나타난다. 이것은 연합과는 거리가 멀다.

과대 광고
예수왕권은 과대 광고를 통해 사람들을 현혹시킨다. 그곳에만 가면 다 되는 것처럼 착각하게 만든다. 이것은 이단의 전형적인 수법이다.
• 예수왕권 나오면 교인이 최하 1만 명 이상 모인다(하나님의 경륜 1번 뒷면).
• 예수왕권 하면 한국 강산이 뒤집혀진다(성령의 사역에 대한 이해 2번 앞).
• 예수왕권에 오면 영이 쑥쑥 자란다(성령의 사역에 대한 이해 3번 앞).
• 주님께서 2천 년 동안 숨겼던 대사를 예수왕권을 통해 행하시다(왕권 소식지 「생명의 길」 2호).
• 목회자의 영의 인격이 180도 달라져 심령이 천국이 된다(왕권 소식지 「생명의 길」 2호).
• 강단의 설교가 하늘과 땅 차이로 생명의 능력이 쏟아진다(왕권 소식지 「생명의 길」 2호).
• 참석하기만 하면 누구나 안 되는 사람이 없다. 누구나 된다(왕권 소식지 「생명의 길」 2호).

무장 해제-세뇌화
예수왕권은 자신의 사상을 잘 주입시키기 위해 참석자들을 무장 해제 시킨다. 즉 지식과 지각을 내려놓게 함으로 옳고 그름을 판단하지 못하게 한다.
• 성경을 알려고 하지 말라(하나님의 경륜 2번 뒷면).
• 성경을 아는 한 나와 상관이 없다(하나님의 경륜 2번 뒤).

- 성경을 알려고 들면 안 된다. 해석을 해서도 안 된다. 가르쳐서도 안 된다. 이것은 마귀가 하는 수법이다(하나님의 경륜 3번 뒤).
- 머리에 있는 것을 내려놓고 아멘(입 벌리고 받아먹는 것)만 하면 생명이 들어간다(성경적 부부론 1번 앞).
- 성경을 내가 알면 알수록 하나님과 멀어진다(생명의 성령의 법 1번 앞).

잘못된 창조론

하나님이 아담을 불완전하게 창조함으로써 고의로 죄를 짓도록 장치한 것은 하나님의 사랑을 알도록 하기 위해서다. 따라서 하나님이 죄의 원인자가 되므로 죄의 책임을 하나님이 져야 한다. 이것은 상식에도 맞지 않는 소리다. 이는 심재웅 목사가 주장하는 하나님의 경륜, 즉 사랑의 나라를 완성하기 위해 사랑을 아는 백성이 필요하다는 자신의 사상을 입증하기 위한 방편으로 성경을 왜곡한 것이다.

- 선악과를 만든 이유는 사람을 타락시키기 위해서다(하나님의 경륜 2번 뒷면).
- 아담이 선악과를 따먹고 싶어 따먹은 것이 아니라 하나님이 그렇게 했기 때문이다(하나님의 경륜 2번 뒷면).
- 하나님은 하나님의 사랑을 증명하기 위해 사람을 타락하게 했다(하나님의 경륜 2번 뒷면).
- 하나님은 사람이 타락하도록 시나리오를 만들었다 (하나님의 경륜 3번 뒷면).
- 너무너무 부족한 존재로 사람을 창조해놓았다(하나님의 경륜 4번 앞).
- 사람을 불완전한 존재로 창조했다(우리 신앙의 현주소 1번 뒤).
- 사람에게는 하나님을 사랑할 수 있는 능력, 경건의 능력이 애당초 없다 (우리 신앙의 현주소 1번 뒤).
- 하나님은 인간에게 하나님의 말씀을 지킬 능력을 주시지 않았다(우리 신앙의 현주소 3번 앞).
- 하나님이 사람을 불완전하게 만드신 것은 하나님의 완전성을 드러내기 위해서다(생명의 성령의 법 1번 앞).
- 하나님의 경륜으로 보면 아담이 선악과를 따먹지 않으면 안 된다(생명의 성령의 법 1번 앞).

성경적 부부론-비성경적

남편이 죽어야 아내가 변한다고 하면서 일방적으로 남편이 죽기를 요구한다. 성경의 말씀을 무시하고 아내는 남편에게 복종할 존재가 아니라 대등한 존재며 부부는 하나의 존재라고 주장한다. 남편과 아내의 개체를 인정하지 않는다.

- 아내가 죽으라면 죽고 빨래하라면 하고 하라는 대로 한다(하나님의 경륜 3번 앞면).
- 아담의 갈비뼈로 하와를 만든 것은 성부에게서 성자가 나오는 장면을 설명한다(성경적 부부론 1번 앞).
- 하와는 아담의 몸 자체다. 개체 개념이 아니다(성경적 부부론 1번 앞).
- '아내가 복종하라'는 말은 성경을 오해한 것이다(성경적 부부론 1번 앞).
- 예수왕권에 참석한 여자가 아담이다(성경적 부부론 1번 앞).
- 아내에게 무엇을 요구하는 것은 사람도 아니다(성경적 부부론 1번 앞).
- 남편이 죽으면 모든 문제가 해결된다(성경적 부부론 2번 앞).
- 자신은 아내에게 라면을 끓여 바친다(성경적 부부론 2번 앞).
- 아내에게 "한 가지만 고쳐달라"고 요구하는 것은 마귀가 하는 짓이다(성경적 부부론 1번 뒷면).
- 남편이 변하면 아내가 변화되는 원리 구조를 주셨다(성경적 부부론 4번 앞).

양태론적 일신론

- 성령은 예수 자체다(성령의 사역에 대한 이해 1번 앞).

직무 유기-내가 하면 불법

- 내가 하면 구약 시대로 돌아간다(성령의 사역에 대한 이해 1번 앞).
- 내가 하는 것은 다 불법이다(성령의 사역에 대한 이해 2번 앞, 3번 앞).
- 내가 무엇을 하려고 하는 것이 죄다(성령의 사역에 대한 이해 3번 앞).
- 하나님의 뜻을 내가 하면 하나님의 뜻이 아니다(성령의 사역에 대한 이해 3번 앞).
- 주님이 시키는 대로 한다고 해도 내가 하면 불법이다(성령의 사역에 대한 이해 3번 앞).
- 우리는 아무것도 할 것이 없다. 입만 열고 있으면 다 이루어지니까(우리

신앙의 현주소 1번 뒤).
- 내가 하는 것은 절대로 불법이다. 큰일나는 일이다(우리 신앙의 현주소 2번 앞).
- 먹고 잘 놀기만 하면 된다. 주님이 다 하신다(우리 신앙의 현주소 4번 뒤).
- 예수님이 우리 안에 오셔서 직접 하는 것이 합법이요 내가 하면 불법이다 (우리 신앙의 현주소 4번 뒤).
- 하려고 하는 자체가 죄를 짓는 것이다(우리 신앙의 현주소 4번 뒤).

은사 부인
- 바울은 한 번도 은사를 쓴 적이 없다(성령의 사역에 대한 이해 2번 앞).
- 은사와 예언은 100% 안 맞다(성령의 사역에 대한 이해 2번 앞).
- 예언과 환상은 100% 틀리다(성령의 사역에 대한 이해 3번 앞).

위임 목사제 부정
- 위임 목사가 어디 있나? 예수님이 언제 위임했나? 큰일나는 일이다(성령의 사역에 대한 이해 3번 앞).
- 목회는 목사에게 위임된 것이 아니다(우리 신앙의 현주소 4번 뒤).

목사 비하
- 한국의 목사 99.9%가 가짜다(성령의 사역에 대한 이해 3번 앞).
- 제일 영이 어린 사람이 목사다. 집사보다도 못하다(성령의 사역에 대한 이해 4번 앞).
- 대한민국 목사들이 하나님 알기를 우습게 안다(우리 신앙의 현주소 1번 뒤).
- 목사들은 천국에 가기 힘들다(우리 신앙의 현주소 5번 앞).
- 목사를 먹사, 개털로 지칭한다(은혜와 율법 2번 뒤).
- 목사는 거의 지옥으로 곤두박질친다(은혜와 율법 2번 뒤).

구원론
- 하나님의 나라는 (사람을) 미워하는 사람은 들어갈 수 없다(성경적 부부론 2번 앞).
- 생명이 채워지지 않으면 천국에 못 간다(우리 신앙의 현주소 5번 앞).

저속한 농담
- 저녁에 자면서 안수해주면 되지(성경적 부부론 2번 앞).
- 이불 속에서 그런 고백을 하시기를 축원합니다(성경적 부부론 4번 앞).
- 오늘 가서 한번 안아주어야지(성경적 부부론 4번 앞).

극단적 초월주의-극단적 이기주의
자신은 4차원에 산다면서 "예수님이 다 하시는데 무엇을 걱정하겠는가?"라고 모든 것을 내려놓기를 요구한다. 그리하여 참석자들에게 현실을 초월한 허황된 소망을 가지게 함으로써 자신의 할 일을 망각하게 한다.
- 전쟁이 나거나 말거나 아무 관심이 없다. 나와는 아무 상관이 없다(성경적 부부론 2번 앞).
- 미사일이 우리 집에 떨어져도 무슨 상관이냐(성경적 부부론 2번 앞).
- 죽는 것도 겁이 안 나, 쌀 떨어져도 걱정 없어(우리 신앙의 현주소 2번 앞).

회개론
- 중생 이전의 회개와 중생 이후의 회개를 구분한다(성경적 부부론 2번 앞).
- 생명이 차면 회개할 필요가 없다. 주님이 다 하셨기 때문이다(성령의 사역에 대한 이해 1번 뒤).

신학, 지식 부정
- 신학이란 영과 육이 혼합된 것이다(성경적 부부론 4번 앞).
- 신학이 어쩌고저쩌고 하니까 예수님이 얼마나 답답하겠는가(생명의 성령의 법 1번 앞).
- 지식은 하나님과 원수가 된다(생명의 성령의 법 1번 앞).
- 지식은 아무 소용이 없다(생명의 성령의 법 1번 앞).
- 신학을 많이 할수록 하나님과 원수가 된다(은혜와 율법 2번 앞).
- 내가 아는 지식, 상식이 있으면 주님이 통치하시지 못한다(은혜와 율법 2번 앞).
- 신학 박사 천 개 받아도 소용없다. 완전히 돌팔이다(은혜와 율법 2번 뒤).

· 교안의 성경화
  · 내가 생각해서 쓴 것이 아니라 주님이 이렇게 쓰라고 해서 썼다(성경적 부부론 4번 앞).
  · 결론장은 하나님이 주시더라(성경적 부부론 4번 앞).
  · 성경적 부부론을 하나님이 보여주시는데 기절할 뻔했다(우리 신앙의 현주소 1번 앞).

· 죄론
  · 생명이 있는 자는 절대로 죄를 짓지 못한다(우리 신앙의 현주소 3번 앞).
  · 믿고 구원 받았다 해도 생명의 성령의 법에 따른 약속이 없었다면 죄성을 해결할 수 없다(우리 신앙의 현주소 3번 앞).

· 예수왕권에 다니는 사람들에게 나타나는 현상
  · 기존 교회와 목사들에 대해 부정적인 시각을 갖는다. 생명이 없고 율법적 설교를 한다고 비판하게 된다.
  · 극단적 초월주의자가 된다. 예수님이 다 하시므로 현실에 무관심하다. 가정과 교회는 안중에 없고 자기 혼자의 평안과 현실 초월을 누린다. (심령 천국이라고 한다)
  · 할 일을 하지 않는다. 주님께서 다 하시기 때문에 손을 놓아버린다. 주님께서 하실 때까지 기다린다. 집회에 참석하느라 교회 일을 할 시간이 없다(월~금까지 집회 참석).
  · 가정의 질서가 무너진다. 남편이 아내에게 복종하는 역전 현상이 일어난다. 예수왕권은 그러한 현상을 가정 천국이 이루어졌다고 말한다.
  · 목사가 태만해진다. 설교를 준비하지 않고 예수왕권 메시지를 전한다. 그들은 그것을 성령님이 하신다고 한다.

『가정이 천국이 되는 비밀 : 성경적 부부론』(심재웅 목사, 안산 : 베들레헴, 2005), 과연 성경적인가?

　이 책을 비평하는 데 중요한 문제는 책의 내용이 과연 성경적으로 바람직하며 신학적으로 인정될 수 있느냐 하는 데 있다. 일단 이 책은 심오한 신학서가 아니고 설교 투로 진술된 글이며, 따라서 신학서처럼 비판할 수 있는 책이 아니라는 점을 밝혀야 하겠다. 그렇게 넓은 마음으로 이해하고 보아도 이 책은 다음 몇 가지 점에서 성경의 가르침과 일치하지 않는 점이 있으므로 그런 점을 지적하여 독자들의 오해를 막고, 바른 방향으로 나가도록 하려는 의도로 비평하고자 한다.

타락의 필연성과 유익을 강조하는 입장 진술의 문제점

가장 큰 문제는 이 책에서 심재웅 씨가 인간의 타락과 죄의 필연성과 유익을 강조하는 입장을 표하고 있다는 데 있다.

이런 주장에 의하면 사람이 타락한 것은 하나님에 의해서 적극적으로 의도된 것이고 필연적인 것이며, 필연적 타락 때문에 우리는 하나님을 비로소 알고 구원의 은혜를 누릴 수 있게 되었다는 것이다. 그런 이해를 바탕으로 아담은 "하나님의 말씀을 성취할 수 있도록 지으시지 않았다"고 하면서(p. 26), 아담의 타락은 하나님의 의도에 의해 구원을 이루기 위한 필연적 전단계로 주어진 것이라는 것을 계속 강조한다. 그래서 그때의 아담은 "전능하신 하나님을 전혀 몰랐고…… 천지를 창조하신 능력의 말씀도 몰랐다"(p. 254)는 아주 이상한 주장을 한다. 그렇게 불완전한 인간의 영혼에 오셔서 "하나님을 사랑할 수 있는 완전한 자들로 바꿔놓은 것"을 구원이라고 한다(p. 77)고 말한다. 마찬가지로 이 세상에 있는 모든 문제들도 결국은 하나님 나라의 완성을 위해 그렇게 된 것이라고 표현하고 있다(p. 69). 모든 죄악과 문제도 결국의 완성을 위한 필연이라는 것이다. 바로 이런 이해 때문에 대속론을 비판하게(p. 202)되며 다음과 같은 아주 이상한 주장이 나온다.

"성경은 인류의 구속사의 관점에서 보면 영원히 풀릴 수가 없다. 하나님의 경륜으로 볼 때 성경은 열린다"(p. 204).

또한 하나님이 반드시 창조해야 하는 것으로 말하는 문제도 있다. 그래서 이 책은 "사랑의 대상과 교제를 필요로 하시는 하나님의 사랑"을 말한다(p. 33). 그리고 "하나님의 속성으로는 사랑이 넘치시므로 홀로 계셔서는 결코 행복할 수가 없는 분이시다"(p. 54)라고 한다. 하나님의 창조와 구속이 사랑 때문에 반드시 있어야만 하는 필연적인 것으로 표현되고 있다.

인간 존재방식 이해의 근본적 문제

인간은 원래 하나님 나라에서 영체인 백성의 신분과 사랑의 대상으로 지음을 받고 그곳 천국에 있던 영혼들로, 하나님의 경륜의 계획하심을 따라 이 땅에 육으로 태어난 육신을 입고 살고 있는 영적 존재들이다(p. 35).

온 인류가 아담의 타락으로 인한 죄 가운데 타락한 나라에 있어야 하는 것은, 우리의 영혼이 하나님께로 나와 이 땅에 하나님을 배우고 알기 위하여 유학을 나온 것과 같다(p. 190).

이 부분에서 하나님 나라나 천국에 대한 이해에 근본적인 문제가 나타나고 있으나, 그것은 차치한다고 해도, 인간이 본래 하늘에 있던 영적 존재인데, 하나님의 형상이므로 "심령 속에 하나님의 신성이 있다"는 표현은 잘못된 것이다(p. 84). "인간은 신적인 존재"라고 표현한 것도 문제다(p. 150). 더구나 "하나님이 명령해도 안 되는 것이 있으니 하나님의 형상대로 지음 받은 인간의 마음인 것이다"와 같은 표현은(p. 254) 매우 심각한 문제를 담고 있는 표현이다.

또한 "하와가 뱀에 의하여 유혹을 강하게 받은 것도 본능적 욕구와 성품 때문"이라고 한다(p. 44). 그리고 아마도 이와 연관해서 에덴 동산에서의 "남녀의 성적 관계가 있을 수 없다"고 한다(p. 76, 참고, p. 275). "가정의 개념은 남녀의 육체적 결합으로부터 발생한다"(p. 275)라고 하면서 이 책의 독특한 가정관을 시사한다.

혼과 영을 나누는 문제

여러 이단들이 영과 혼을 나누어 말하듯이 이 책에서도 그 둘을 지나치게 나누어 제시한다(p. 280). 혼의 인격과 영의 인격을 나누어 말하며, 혼의 인격은 (때로는 육의 인격이라고 표현하여 스스로 복잡하게 하고 있다) "타락하여 하나님 반대로 살기를 원한다' 고 하고(이를 옛사람이라고도 한다, pp. 19, 299, 308, 326), "성령으로 다시 태어난 영의 인격"을 새사람이라고 한다(p. 19).

하나님 나라에 대한 이해의 문제점

여러 가지 문제가 있지만 기본적으로 하나님 나라를 가정에서부터 시작된 것으로 말하는 것을 지적할 수 있다(p. 53). "이 땅 위에 최초로 임하신 하나님 나라는 에덴 동산의 가정이었다"(p. 242)와 같은 표현이 그런 문제를 드러내는 대표적인 구절이다. "이 땅의 하나님 나라인 가정"이라는(pp. 55, 248) 표현에도 문제가 있다. "시간이 조금 걸리기는 하나 모두가 가정 천국이 될 것이다"(p. 130)라는 주장의 의미가 무엇인지 매우 수상하다. 이와 연관해서 다음과 같이 아주 심각하고 이상한 주장도 나타나고 있다.

"부부란 성부와 성자의 사랑의 표현이며 하나님이 사랑을 실현하고 하나님의 영광을 나타내는 하나님의 나라이기 때문에 부부가 싸우는 것은 성부 하나님과 성자 하나님이 싸운다고 말하는 것과 다름이 없다"(p. 166).

아무리 비신학적인 글이고 설교와 비슷한 글 모음이라고 해도 이런 식으로 표현하는 것은 신성 모독이라고 보지 않을 수 없다.

중생자와 새사람 됨을 구별하는 문제

이 책에서는 중생한 사람은 아직 새사람이 된 것이 아니라고 주장한다. 그리고 중생자의 단계와 그 다음 단계의 그리스도인으로 구별한다(p. 60). 이를 "중생에 머물러 있는 신앙"과 "영혼 속에 그리스도의 생명이 실화된 것"으로 나누어 설명하기도 하고(pp. 66, 321, 324), "믿음의 단계"와 "말씀이 영혼 속에 살게 되는 단계"로 나누기도 한다(p. 108). 그리하여 결국 이 책은 "중생했다고 모두 다 천국에 들어가는 것은 아니라"는(p. 232) 매우 심각한 주장을 하며, "구원은 언제든지 상실될 수가 있다"고 주장하기도 한다(p. 233).

세대주의적 이해의 문제

구약을 율법 시대라고 칭하고 신약을 은혜 시대로 말하는 문제가 이 책에서 나타나며(pp. 260, 288), 더 나아가 "신약 곧 새 언약 가운데 사는 사람은 율법적 지각을 사용해서는 안 된다"(p. 260)는 주장을 강하게 한다. 인간의 노력을 하지 말고 성령으로 하라는 것은 옳으나, 그것을 율법적 지각을 사용하지 말아야 한다고 표현하는 것은 반율법주의로 나아가거나 그런 오해를 낳을 수 있는 위험을 지닌 표현이다.

잘못된 주해의 문제

주해의 잘못은 여러 부분에서 나타난다. 특히 영해하듯 설명하는 부분에서는 이런 문제점이 더 많이 나타난다.

마치는 말

이외에도 여러 가지 문제가 많으나 이 정도면 이 책이 드러내고 있는 문제를 지각하기에 충분하리라고 본다. 또한 이와 같은 내용을 설명하는 예수왕권

세계선교회 모임에 많은 사람들이 모인다고 하니 그 점에 대해서도 많은 성도들의 각성과 주의를 촉구한다. 시간과 물질을 낭비하게 되고, 바른 성경 이해에서 벗어나게 하는 모임들에 참여하여 이단적 가르침으로 나아가지 않도록 주의하기 바란다. 건전하고 바른 성경 공부 모임에 참석하여 바르게 말씀을 이해하고 성장해가는 한국 교회 성도가 되기를 간절히 원한다.

예수왕권세계선교회의 주장은 극단적 체험주의와 분리주의적 교회론이 심각하다

그릇된 불의 관념이다

심재웅 씨는 불의 개념을 상당히 오해하고 있다. 원래 성경에 나타난 불의 개념은 정결과 능력의 상징이다. 정결이란 영혼의 정결을 의미하는 것으로서, 불과 같은 성령의 은혜를 받음으로 영혼의 죄성(罪性)으로부터 정결케 된다는 사상이었다. 그리고 능력이란 사역의 능력(power for service)을 의미하는 것으로서, 교회와 하나님 나라의 확장을 위해 필요한 성령의 능력으로 무장하는 것을 의미했다.

이같은 불의 진정한 개념과 비교해볼 때, 이 집회에서 소위 불을 받았다고 하는 사람들이 이것을 체험한 후에 "너무 좋았다. 기쁘고 평안해졌다. 그래서 또 왔다"라고 하는데, 성경적 불의 개념으로 볼 때 도대체 어떤 연관성이 있는지 질문하고 싶다. 적어도 불을 받은 결과는 그리스도께 대한 헌신과 복음 사역의 능력이 뒤따라오는 것이어야 한다.

집단 최면이다

그가 "하나 둘 숯 불!" 하는 기합 소리에 불이 들어간다고 하는 것은 지극히 인위적이고 최면적인 현상이다. 기합과 함께 뒤로 넘어지거나 데굴데굴 구르는 것은 인도자에 의해 이미 전제된 집단 최면에 의한 현상이라고 본다.

주관적 체험주의다

그의 성경관은 지극히 주관적 체험 위주의 평가에 기울어져 있다. 성경을 엉터리 번역이라고 하는 것은 결국 자기의 주관적 체험에 호소하고 있는 것이다. 그는 주관적 체험주의가 매우 심한 나머지 신학, 일반 지식, 성경의 내용

등에 대해서 불신하고 있다.

또한 그가 말하는 주님의 음성이라는 것이 성경의 정신이나 내용을 간과한다는 데 그의 체험주의의 문제가 있다. 마찬가지로 그가 인터뷰 중에 '그건 나의 이야기가 아니라 주님이 하신 얘기'라고 하는 표현은 극단적인 주관주의에서 나온 우월의식에 기울어진 표현이 아닐 수 없다. 아마 그는 설교 중이나 상담 중에 그런 표현을 자주 쓸 것이다. 그럴 때 피상담자나 설교를 듣는 회중들은 무비판적으로 그의 말을 받아들일 수밖에 없을 것이다. 그가 설교 중에 성경에 근거하지 않은 자기의 주관적 체험 얘기를 많이 하는 것은 몬타누스파가 걸었던 위험을 향해 가는 것이라고 본다.

결론

예수왕권선교회의 "입을 벌려 불을 먹고 영이 자란다"는 비성경적 주장에 많은 목회자들이 문제 의식 없이 몰려드는 현상은 체험주의와 현실 도피주의에 물든 한국 교회의 비정상적인 단면을 보는 듯하여 안타깝다.

예수왕권세계선교회(회장 심재웅 목사)는 성경의 주관적 해석이 지나치다. 예를 들면 에베소서 5장 22절과 25절의 순서를 뒤바꾸어 남편들이 먼저 죽어야 아내들이 복종한다는 식으로 해석하여 남편 기 죽이기에 앞장서고 있다. 또 갈라디아서 5장 22절을 곡해하여 나라는 존재는 없어지고 껍데기뿐이라는 흡수 통합론을 주장한다. 그러나 이는 "허물로 죽은 우리를 그리스도와 함께 살리셨고"(엡 2:5)라는 말씀을 간과한 극단적인 주관적 해석이다. 성경은 인간 개개인의 존재를 인정한다. 예수님을 믿는다고 개인이 없어지는 것이 아니다. 그런 측면에서 볼 때 심재웅 씨는 자신을 예수와 동일시하는 결과를 낳고 있다. 자신이 하는 말은 실체화된 예수님의 말씀이므로 절대 권위가 있는 것으로 강조하여 심지어 자신이 하는 말, 농담, 욕설까지도 예수님이 하시기 때문에 비판해서는 안 된다고 한다. 또 기존 성경의 25~30%가 오역이라는 것은 지극히 위험한 발상이며, 자신이 천국을 다섯번 다녀온 후에 예수님께서 말씀을 주셨기 때문에 성경을 보지 말고 자신의 말을 들으라는 것은 있을 수 없는 일이다. 더욱이 자신이 만든 교안을 성경 이상으로 신성시하는 잘못을 범하고 있다. 그래서 성경을 보지도 못하게 하고, 집회 현장에 가지고 오지도 못하게 하는 것이다.

신학적으로는 하나님의 경륜이라는 이름 아래 하나님께서 의도적으로 인간에게 죄를 짓게 했다고 한다. 하나님께서 의도적으로 인간을 불완전하게 창조하여 죄를 짓게 했다는 것이다. 이런 주장은 하나님을 죄의 원인자로 규정하여 하나님을 모독하는 행위요, 불신이다. 구원론에서도 옛사람과 새사람이라는 이분 구도로 구원을 다루고 있다. 예수를 믿어도 옛사람 상태에 있으면 율법적인 사람이 되어 구원이 없고, 반드시 자신이 주는 불을 받아서 새사람의 상태가 되어야만 구원을 받는다고 주장한다. 심재웅 씨는 구약의 모든 인물들은 모두 율법의 사람이므로 구원을 받지 못하고 오직 에스겔 한 사람만 구원을 받았다고 한다. 교회론에서도 자신들만이 옳고 기성 교회는 틀렸다고 말한다.

행태적으로는 말씀을 받아먹는 방법이 꼭 입을 벌려서 먹어야 한다는데, 그러면 기성 교회에서 설교를 듣는 사람들 중에는 입을 다물고 있는 사람들이 대부분인데 다 틀렸다는 말인가? 또 불로 넘어지게 하고 구르게 하고 캑캑거리며 구역질하면 죄가 나온다고 하는 등 괴이한 짓을 한다. 심지어 구르는 연습도 시키고 플라스틱 주걱으로 이마를 때려도 불을 받았다고 넘어진다. 이들의 행태는 A. D. 156년에 이단으로 정죄된 몬타누스주의와 흡사하다. 또 여자들은 심재웅 씨를 향하여 아빠라고 부르며 재롱을 떨기도 한다, 30여 명의 경호원은 왜 필요한지 모르겠다.

이런 여러 가지 신학적, 성경적, 행태적인 잘못된 모습을 볼 때 심재웅 씨와 예수왕권세계선교회는 사이비성과 이단성이 농후하므로 우리는 계속하여 예의 주시할 것이다. 현재로서는 본 교단 목회자와 성도들은 심재웅 씨의 강의, 예배, 집회에 참석하지 않는 것이 바람직하다.

진주초대교회(전태식 목사)의 이단성 조사 연구 결과

개요
전태식 씨의 잘못된 주장은 다음과 같이 요약된다.

알미니안주의 구원론
믿음으로 구원을 받으나, 행함이 없으면 구원을 상실한다.
• 사랑의 열매를 맺는 사람이 마지막 때 부활한다
" '그러나 각기 자기 차례대로 되리니 먼저는 첫 열매인 그리스도요 다음에는 그리스도 강림하실 때에 그에게 붙은 자요'(고전 15:23). 그리스도께서 강림하실 때에 어떤 사람이 부활하게 된다고 합니까? '그에게 붙어 있는 자.' 어떤 사람이 그리스도에게 붙어 있는 자입니까? 요한복음 15장에서 그에게 붙어 있는 자는 사랑의 열매를 많이 맺게 된다고 했습니다. 그러므로 사랑의 열매를 맺는 자가 그리스도에게 붙어 있는 자요 이들이 그리스도께서 강림하실 때 부활하게 된다는 것입니다……"(「중언부언기도란 무엇인가?」, p. 144).

"'이러므로 하나님의 자녀들과 마귀의 자녀들이 드러나니 무릇 의를 행하지 아니하는 자나 또는 그 형제를 사랑하지 아니하는 자는 하나님께 속하지 아니하니라'(요일 3:10). 사랑의 열매를 맺느냐 맺지 않느냐에 따라 그가 하나님께 속한 자인지 마귀에 속한 자인지 분별할 수 있다는 것입니다"(「중언부언기도란 무엇인가?」, p. 146).

"예수님께 붙어 있는 자가 그리스도께서 강림하실 때 휴거된다는 것입니다. ……' 사랑의 열매를 맺는 자가 주님께서 강림하실 때 휴거된다는 것입니다. ……'그들이 그의 택하신 자들을 하늘 이 끝에서 저 끝까지 사방에서 모으리라'(마 24:30~31). 그 택하신 자들이란 사랑으로 열매를 맺는 자를 뜻합니다"(「중언부언기도란 무엇인가?」, pp. 207~208).

"고린도전서 12장 3절에는 성령으로 아니하고는 누구든지 예수를 주라고 시인할 수 없다고 했습니다. 따라서 '주의 이름을 불렀다' 는 것은 하나님의 은혜와 성령의 역사로 예수 그리스도의 이름을 믿고 예수님을 나의 주, 나의 하나님으로 영접했다는 뜻입니다. 그러나 예수님은 '나더러 주여 주여 하는 자마다 천국에 다 들어갈 것이 아니요 다만 하늘에 계신 내 아버지의 뜻대로 행하는 자라야 들어가리라'(마 7:21)고 말씀하셨습니다. 또 '주의 이름으로 선지자 노릇 하며, 주의 이름으로 귀신을 쫓아내며, 주의 이름으로 많은 권능을 행하지 아니하였나이까' 할지라도 하나님의 뜻대로 행하지 아니하고 불법을 행하면 결단코 천국에 들어가지 못하게 된다(마 7:22~23)고 말씀하셨습니다"(「성경 속의 신학」, pp. 198~199).

• 중생한 그리스도인의 구원도 상실될 수 있다

"여호와 하나님께서 출애굽(구약)의 때, 신명기를 통해서 증거하신 것은, 하나님의 백성으로 택함받고 하나님의 전적인 은혜로 광야(교회)로 나와 신령한 은혜들을 체험했다 할지라도, 마귀에게 미혹되어 언약(출 19:5) 곧 하나님의 규례와 율례와 법도를 지키지 않고 하나님의 명령에 불순종하면, 안식에 들어갈 약속이 남아 있을지라도 그 약속에 미치지 못하고(히 4:1) 광야(교회)에서 멸망당하게 된다는 하나님의 심판과 구원에 관한 교훈인 것입니다"(「성경 속의 신학」, p. 123).

"'이스라엘아 이제 내가 너희에게 가르치는 규례와 법도를 듣고 준행하라 그리하면 너희가 살 것이요……'(신 4:1). '내가 오늘날 명하는 모든 명령을 너희는 지켜 행하라 그리하면 너희가 살고 번성하고……'(신 8:1). '지켜 행하라 그리하면'이라는 것은 언약이요, 조건입니다. 요한복음 12장 49절에서 하나님의 말씀은 명령으로 나타난다고 했습니다. 시편 95편 11절, 히브리서 3장 11절, 18절, 4장 1절에서는 젖과 꿀이 흐르는 가나안 땅을 안식, 곧 천국이라고 했습니다. 그러므로 이상의 말씀들(신 4:1, 8:1)은 '하나님의 모든 말씀에 죽기까지 복종하라 그리하면 이 땅에서 살고, 즉 이 땅에서 신명기 28장 1~14절의 복락을 누리며 살고, 마지막 날에 천국을 유업으로 얻게 되리라'는 뜻으로, 결과적으로는 마태복음 5장 5절과 동일합니다. 그러므로 마태복음 5장 5절의 '온유한 자는 복이 있나니 그들이 땅을 기업으로 받을 것임이요'라는 말씀은 하나님은 예수님처럼 자기를 낮추어 하나님의 말씀에 죽기까지 복종하는 자에게 신명기 28장 1~14절의 복락을 주시며, 마지막 날에 천국을 유업으로 주시는 분임을 증거하고 있는 것입니다"(「성경 속의 신학」, p. 137~138).

교회에서만의 예배를 주장하는 예배론

"그래서 에덴 동산을 첫 번째 교회라 말하며, 이는 하나님이 택한 백성은 절대 세상 가운데 두지 않으시고 반드시 교회 안으로 들어오게 만드신다는 것을 말하고 있습니다. 이것은 출애굽도 마찬가지입니다. 하나님은 이스라엘 자손이 애굽에서 하나님을 섬기도록 하지 않으시고 광야 교회로 이끌어내어 그곳에서 하나님을 섬기도록 명령하셨습니다"(「법궤를 통한 축복」, p. 90).

"교회가 '에클레시아', 거룩한 사람들의 모임이라면 집에서 가족들끼리 모여서 예배드리면 그곳이 교회인데 왜 꼭 교회에 나가야 합니까?"(「법궤를 통한 축복」, p. 101).

"이미 살펴본 바와 같이 하나님은 택한 백성을 반드시 교회로 인도하시고, 그곳에서 하나님을 섬기라고 명령합니다. 이는 선택이 아니라 명령이며, 그의 명령이 영생이라고 하였습니다. …… 한마디로 세상에서 하나님을 섬기면(예배하면-연구자의 해석) 마귀의 밥이 되기 때문에 반드시 교회에 나가야 한다는 것입니다"(「법궤를 통한 축복」, p. 103).

"그런데 세상에서는 마귀가 우리의 영혼을 죽입니다. 오직 성전에 거할 때 하나님께서 우리의 영혼을 책임져주시고 보호해주실 수 있다는 것입니다"(「법궤를 통한 축복」, p. 108).

"출애굽기 8장 26절에서 이는 세상에서 하나님을 섬기면 마귀가 우리를 죽이기 때문이라고 했습니다. 즉 세상에 있으면 하나님이 우리를 보호해줄 수 없고 마귀의 밥이 되기 때문에 철저하게 광야교회로 나와야 한다는 것입니다. …… 이는 우리가 교회 밖에서, 세상에서 하나님을 섬기면 음부의 권세가 해하고 죽인다는 것입니다. 그래서 예수님은 자신의 몸을 깨뜨려 그 피값으로 교회를 세우셨습니다"(「중언부언기도란 무엇인가?」, pp. 45~46, 「첫사랑을 회복하라」, pp. 97~98).

"따라서 마태복음 18장 19~20절은 예수 믿는 두세 사람이 주 예수의 이름으로 아무 곳에서나 모이기만 하면 주께서 그곳에 함께하사 그들의 기도에 응답하신다는 뜻이 아니라, 엄밀하게 따지면 나에게 죄를 범한 형제를 용서한 두 세 사람이 하나님의 이름이 있는 곳, 교회에 모여 합심하여 기도하면 하나님께서 그들 중에 함께 거하사 그들의 기도에 응답하신다는 뜻인 것입니다"(「법궤를 통한 축복」, pp. 112~113, 「첫사랑을 회복하라」, pp. 93~94).

"그런데 이단 사설이 이미 교회 안에 들어와 성도들로 하여금 이 세 가지에 현혹되게 만들고 있습니다. 물론 어떤 주의 종도 직접적으로 호색하라, 탐심하라, 자기 영광을 구하라고 가르치지는 않습니다. 그러면 이것이 무슨 뜻입니까? 주의 종들이 교회에 날마다 모이도록 하지 않고 주일에 한 번만 나오고 나머지 날은 세상에서 충실하면 된다고 가르치고 있다는 것입니다. ……신약시대에도 초대교회를 교인들은 날마다 성전에 모이기를 힘썼다고 하였습니다. 그러므로 구약이나 신약이나 날마다 성전에 모이는 것은 분명한 하나님의 뜻이요, 명령입니다. 왜? 성전에 거할 때만이 마귀가 우리의 영혼을 잠식할 수 없고 하나님의 보호를 받을 수 있기 때문입니다"(「법궤를 통한 축복」, pp. 116~119, 「사흘 길쯤 광야 깊숙이」, pp. 57~58).

"창세기부터 요한계시록까지 주일에만 교회 나오고 나머지는 세상에 있어도 된다는 성경 구절이 어디 있습니까?"(「중언부언기도란 무엇인가」, p. 47).

'그에게 이르기를 히브리 사람의 하나님 여호와께서 나를 왕에게 보내어 이르시되 내 백성을 보내라 그러면 그들이 광야에서 나를 섬길 것이니라 하였으나 이제까지 네가 듣지 아니하도다'(출 7:16). 어디에서 하나님을 섬기라고 합니까? '광야에서.' 하나님은 분명히 광야에서 섬기라고 명령하셨습니다. 그 광야는 어디입니까? 사도행전 7장 38절을 보십시오. '시내산에서 말하던 그 천사와 및 우리 조상들과 함께 광야교회에 있었고…….' 광야가 어떻게 해석되고 있습니까? '광야교회' 따라서 광야에서 하나님을 섬기라는 것은 교회에서 하나님을 섬겨야 한다는 뜻인 것입니다"(「사흘 길쯤 광야 깊숙이」, p. 37, 「첫사랑을 회복하라」, p. 252).

문제점
• 사랑의 열매가 없으면 마귀에게 속한 사람이며, 그리스도에게 붙은 사람이 아니며, 결과적으로 부활하지 못하며 구원받지 못한다고 주장하고 있다.
예수님과 성경 본래의 의도(예수님 안에 거해야 하며, 사랑의 열매를 맺어야 한다는 당위)를 강조하지 못하고, 사랑의 열매의 유무를 최종적인 구원과 곧바로 연결한다(요 15장을 고전 15:23에 근거하여 해석하고 있기 때문이다).
열매를 강조하는 성경 본문과 '오직 은혜로만 구원 받는다'는 이신칭의의 복음이 어떻게 조화되는지 해석하지 못하고 일방적으로 열매(행위/삶)로 우리의 구원이 결정됨을 강조하고 있다.
'나더러 주여 주여 하는 사람들'을 예수님을 믿고 영접한 신자들로 정의함으로써 중생한 그리스도인도 천국에 들어가지 못하는 가능성이 있음을 주장한다.
• 가나안 땅의 정체성 문제로서, 가나안 땅을 축복의 땅으로 보지 않고 천국으로만 생각한다면, 출애굽 구원 사건을 경험했으나 광야에서 멸망당한 이스라엘 백성들은 천국에 가지 못했다는 결론에 이른다(노골적으로 말하자면 지옥에 갔다).
'지켜 행하라 그리하면 살리라'는 명령을 이 땅에서의 형통한 삶의 비결로 생각하지 않고, 미래의 영원한 구원의 조건으로서 이해하고 있다.
전태식 씨의 주장대로라면, 지금 현재 교회에 다니는 그리스도인들은 모두 출애굽 광야 세대의 사람들처럼 구원은 받았으나 영원한 안식(천국)인 가나안은 경험하지 못한 사람들이며, 이들은 하나님의 말씀에 대한 순종 여부에 따라서 천국에 들어갈 수도 있고 들어가지 못할 수도 있다.

• 에덴 동산과 광야와 가나안 땅은 교회로 간주하고, 에덴 동산 밖과 애굽과 갈대아 우르는 세상으로 보는 관점은 지나친 이분법적 성경해석이다.

에덴 동산을 최초의 교회라고 볼 수 있지만 그렇다고 해서 에덴 동산 밖을 교회가 아닌 곳, 악한 세상으로 보는 것은 옳지 않다.

성경은 '애굽은 세상이고 광야는 교회며, 갈대아 우르는 세상이고 가나안 땅은 교회다' 라는 내용을 담고 있지 않다. 하나님께서는 아브라함과 이스라엘 백성이 가나안 땅에 거주하기를 원하셨기 때문에 이들을 가나안으로 인도하셨다. 가나안이 교회이기 때문에 가나안으로 인도하신 것은 아니다.

이러한 이분법적 사고, 이원론적 생각은 '세상에 있으나 세상에 속하지 않은' 그리스도인의 신분과 삶의 정체성을 제대로 제시하지 못하며 결과적으로 세상 도피적인 그리스도인을 만들 수 있다. 세상에 거할 때, 세상에서 예배드릴 때는 마귀가 우리의 영혼을 죽이며 교회에서 예배드릴 때는 하나님께서 우리를 보호하신다는 것은 하나님의 능력을 제한하는 주장이다. 하나님은 우리가 세상 가운데 있으나 교회에 있으나 언제나 우리를 보호하시고 지키신다.

교회에 잘 모이도록 가르쳐야 하지만, 또한 세상 가운데서 충실하게 살아가도록 선포하는 것은 성경의 가르침이다.

초대교회가 날마다 성전에 모였다는 것이 모든 시대, 모든 곳의 그리스도인들에게 규범으로 적용되는 것은 아니다. 교회에 열심히 모여야 하나, 날마다 모여야 한다고 규범적으로 제시하면 안 된다.

결론

세상의 빛과 소금이라는 그리스도인의 사명을 강조한다는 점에서 열매 맺는 삶을 강조하는 전태식 목사의 메시지를 이해는 한다. 그러나 은혜로 구원받는다는 진리를 훼손하면서까지 열매 맺는 삶을 강조할 수는 없다. 이런 관점에서 전태식 씨의 구원관은 전형적인 알미니안주의 입장으로서 칼빈주의를 지향하는 우리 교단의 개혁주의 신학과 신앙 노선에서는 수용할 수 없다.

또한 주 5일제 근무가 확산되고 주일예배 참석률이 저하되는 현시점에서 주일 예배를 강조하는 전태식 목사의 설교를 이해는 한다. 그러나 날마다 교회에 모이는 것이 규범이며 이렇게 가르치지 않는 것은 이단 사상이라고 하는것, 교회가 아닌 곳에서의 예배는 모두 부정하는 것, 세상에서는 마귀가 우리를 죽게 하고 하나님의 보호를 받을 수 없다는 그의 예배관은 잘못된 주장이다.

그러므로 전태식 씨의 신학과 사상은 지금까지 조사한 바에 의하면 이단과 사이비성이 선명하게 드러나지는 않았으나, 우리 교단이 수용할 수 없는 구원관과 예배관을 담고 있기 때문에 우리 교단과의 교류를 금하는 것이 바람직하다. 즉 목회자들과 성도들은 전태식 목사의 강의, 집회, 예배에 참석하지 않는 것이 바람직하다.

제91회(2006년)

트레스디아스에 대한 질의 건

트레스디아스는 로마 가톨릭에서 시작된 평신도 훈련을 개신교에서 도입한 것으로, 한국에 도입되는 과정에서도 이단 시비가 끊이지 않았을 뿐 아니라 훈련 과정이나 용어(사도적 시간, 사도적 명령, 사도적 사명 등), 방법 등에서도 천주교적 요소가 농후하다. 교파와 관련 없는 초교파적 운동으로 강조하는 점도 전 세계 모든 국가의 지역 교회를 한 체제로 관할하는 로마 가톨릭적 입장을 대변한다고 할 수 있으므로 개신교 교단의 교리적, 신학적 요소를 간과 또는 부정할 위험이 있다.

뿐만 아니라 '교회 속의 진정한 교회'가 만들어질 위험에 대한 보고, 즉 트레스디아스의 상징인 '사흘'을 경험한 사람들이 '어부'가 되어 재회하는 모임이 작은 모임의 한계를 넘어 전체 모임으로 확대되는 등 트레스디아스로 거미줄처럼 얽혀서 지역적, 국가적, 전세계적 공동체로 눈에 보이지 않게 서서히 자라나고 있는 것은 교회가 성령님이 지배하는 유기적, 영적 공동체임을 강조하는 교회론에 도움이 되지 않는다.

또한 트레스디아스의 경험자들이 사용하는 그들만의 독특한 용어 '트레스디아스'(사흘) 등은 스페인어를 그대로 사용하여 신비하고 이색적으로 보일 수는 있으나 기성 교회 안에서 이질적 요소로 존재할 수밖에 없는 등의 문제점이 있다.

따라서 트레스디아스는 위와 같은 이유로 제78회 총회에서 결의된 바, 곧 "우리 총회와 관계가 없으므로 엄히 경계하여 제지하도록 하다"대로 입장을 재확인하였으므로 참가를 제지하여 금함이 옳다.

제92회(2007년)
1. 신천지예수교증거장막성전(교주 이만희)의 연구 보고서

신천지의 창시자 이만희는 누구인가?

경기도 과천시 별양동 1-11 벽산빌딩 5층에 본부를 두고 있는 신천지예수교 장막성전의 대표, 교주는 이만희다. 총회장이라고 하는 이만희 씨는 1931년 경상북도 청도군에서 열두 아들 중 여섯 번째로 태어났다. 그의 이름이 '만희'가 된 이유는 다음과 같다. 그의 할아버지가 꿈속에서 해, 달, 별이 어두워지고 떨어진 후 다시 하늘이 열리더니 빛이 나와 어머니에게 비추는 것을 보고 '빛'이라는 뜻을 지닌 만희(萬熙)라고 지었다고 한다.

이만희 씨는 17세에 서울 성동구 금호동 형님 집에 기거하면서 건축업에 종사하다가 한 전도사의 안내로 창경원 앞에 있는 한 천막교회에서 침례를 받았다. 1969년에는 증거장막성전 유재열 씨의 집회에 참석하며 그를 열성적으로 추종했고, 1970년 초에는 자신이 하나님이라고 주장한 백만봉 씨를 따라 장막성전을 이탈했다. 백만봉 씨를 추종하던 중 "1980년 3월 13일에 천국이 이루어진다"는 주장과 달리 아무 일도 일어나지 않자 그곳을 다시 탈퇴했다. 그 후 1980년 3월 14일 경기도 안양시 비산동에 '새증거장막'이라고 하여 지금의 신천지교회를 세웠다가 1984년 3월 14일에는 열두 지파를 창설하고 출범하게 된다.

출범할 당시 이만희 씨는 홍종효 씨와 함께 자칭 '두 증인', 또는 '모세'와 '아론'으로 행세하기도 했다. 그러나 둘은 1987년에 사소한 문제로 다툰 후 결별하였고, 홍종효 씨는 자신을 '진짜 재림 예수'라고 주장하고 있으나 세력이 극히 미미한 반면 이만희 씨의 단체는 점점 세력을 넓혀 정통 교회를 위협하고 있다. 특히 최근에는 교회에 '추수꾼'들을 파송하여 한국 교회 성도들을 미혹하고 혼란하게 하고 있다. 신천지를 추종하는 자들은 전국의 원생과 교인을 합쳐 약 3만 5천 명 정도가 있는 것으로 파악되며, 이들은 각 지역별로 열두 사도의 이름대로 열두 지파를 만들어 부르고 있다. 이만희 씨는 자신의 전력 때문에 유재열과 홍종효를 비판하고 있지만, 어쩔 수 없이 교리의 뿌리를 저들과 같이 하고 있다.

신천지의 교과 과정

신천지는 '무료성경신학원', '시온기독교신학원', '평신도신학원' 등 다양한 이름으로 활동하며 가능한 한 신천지라는 이름을 숨겨 정통 교회를 미혹하고 있는데, 최근에는 '복음방'이라는 과정을 추가하기도 하였다. 이는 사람들을 신학원에 데리고 가기 전까지 훈련하는 또 다른 위장 단체다. 신천지에는 지파마다 조금의 차이는 있으나 초등, 중등, 고등으로 나누어서 가르치는데 각각 2개월씩 소요된다.

신천지(교주 이만희)의 이단 교리는 무엇인가?

신론

이만희 씨는 자신을 알파와 오메가라고 주장한다

교주 이만희 씨는 자신을 사도 요한 격인 사명자, 요한계시록의 알파와 오메가, 보혜사 성령, 인 치는 천사 등으로 주장하고 있다(이만희, 「계시록의 실상」, 도서출판 신천지, pp. 36~37).

이만희 씨는 자신을 인 치는 천사라고 주장한다

교주 이만희 씨는 자신을 사도 요한 같은 입장의 지상 사명자로서 인을 가지고 해 돋는 데서 올라온 다른 천사라고 한다(「계시록의 실상」, p. 108).

이만희 씨는 자신을 보혜사라고 주장하며 자신이 삼위일체 하나님 중에 성령이라고 주장한다

이만희 씨는 자신을 사도 요한 격인 사람이라고 하며 또한 보혜사라고도 주장한다. 이만희 씨는 자신이 저술한 책 표지에 '보혜사 이만희 저'라고 기재해 놓기도 했다. 즉 이만희 씨는 자신을 삼위 중 하나라고 신격화한다는 얘기다(이만희, 「계시록의 실상 2」, 도서출판 신천지, pp. 37, 52).

계시론

이만희 씨는 성경의 대부분이 비유와 상징으로 되어 있다고 주장한다

이만희 씨는 성경을 비유로 풀어야 한다고 주장한다. 문자로 성경을 해석하는 것은 하나님의 뜻에 맞지 않는다는 것이다(이만희, 「성도와 천국」, 도서출판 신천지, 1995, p. 26). 비유 풀이를 강조하여 성경을 영적으로 풀어야 한다는 주장은 대부분의 가짜 재림주들의 공통적인 주장으로, 이는 이 씨를 재림주로 만들기 위한 방편에 불과하다. 성경을 문자적이요, 신학적으로 해석하면 교주를 재림주로 만들기가 불가능하기 때문이다. 예컨대 예수님은 재림하실 때 하늘로부터 와야 하고, 구름을 타고 오셔야 하고, 호령과 천사장의 나팔도 울려야 한다. 그러나 대부분의 가짜 재림주들이 비유 풀이라는 형식을 빌려 자신을 신격화하듯 이만희 씨도 비유 풀이를 통하여 자신을 재림주로 만들고 있다.

이 씨는 직통 계시자다

많은 이단 교주들의 공통점 중 하나는 직통 계시성이다. 이 씨 역시 자신이 증거한 책은 성령과 천사들로부터 직접 보고 듣고 지시에 의해 하나님의 말씀과 실상을 동시에 증거한 것이라고 하였다(이만희, 「계시록의 실상」, 도서출판 신천지 p. 3). 또한 "필자(주: 이만희)가 하늘의 하나님을 찾아 나선 배움의 길에서 하나님의 계시를 직접 보고 듣고 깨달은 하나님의 말씀(요 6:45)을 본 책 「성도와 천국」에 실어 모든 형제들에게 편지로 전하는 것이니, 보고 깨달아 그토록 원하는 소망의 나라 천국에 이르기를 간절히 바라는 바이다"(이만희, 「성도와 천국」, 신천지 p. 1)라고 하였을 뿐 아니라, 나아가 "이 책은 직통 계시를 받은 것을 기록한 것이며 듣지도 보지도 못한 새 일이요, 천국의 비밀이다. 이 책은 인류 역사상 제일의 책이요, 만국을 다스릴 철장 권세다. 천국에 소망을 둔 자라면 한 번은 꼭 읽고 깨달을 영원한 복음이다"(「성도와 천국」, p. 22)라고 하였다.

기독론
이만희 씨는 자신을 재림주라고 주장한다

그의 모든 교리는 자신을 재림주로 만들기 위한 수단에 불과하다. 이 씨는 예수님께서 구름 타고 오신다는 것은 어떤 인간 육체에 영으로 임하시는 것을 의미한다고 가르친다. 즉, 예수님의 재림을 영적인 것으로 주장하고, 바로 자신에게 영으로 임하신 것이 재림이라고 함으로써 자신이 재림주가 되는 것이다(이만희, 「성도와 천국」, 도서출판신천지, pp. 77~78, 「계시」, 도서출판 신천지, pp. 43, 95).

이만희 씨는 자신이 철장으로 만국을 다스릴 자라고 주장한다

요한계시록 12장의 철장으로 만국을 다스릴 아이(남자)가 바로 자신이라고 가르친다. "아이를 낳은 여자가 뱀의 낯을 피하여 광야 자기 곳으로 도망가서 거기서 1,260일간 양육 받게 된다는 말은 그가 엘리야와 세례 요한의 입장에서 약속의 목자(주: 이만희 씨를 말함)인 이 아이 앞에 먼저 온 것을 알려주는 말이다"(이만희, 「계시」, 도서출판신천지, p. 221)라고 하였고, "초림 예수님은 육적인 말구유에서 나셨지만, 오늘날의 주인공 곧 장차 철장으로 만국을 다스릴 아이는 이곳 영적 말구유에서 탄생된 것이다. …… 그러므로 만백성은 이 아이(남자) 곧 철장을 받은 사명자(주: 이만희를 말함)에게 배워야 하나님의 뜻대로 하는 자가 된다(마 7:21)"(이만희, 「계시」, 도서출판신천지, p. 224)라고 하였다.

구원론

이만희 씨는 교주인 자신을 믿어야 구원 받는다고 가르친다

이만희 씨는 초림 때 예수님을 택하여 심판과 구원의 역사를 이룬 것처럼, 재림 때인 지금은 한 목자인 그를 택하여 심판과 구원의 역사를 이룬다고 한다(이만희, 「성도와 천국」, 도서출판 신천지, pp. 95~96).

"그러므로 우리가 찾고 만나야 할 사람은 사도 요한 격인 야곱(보혜사, 이스라엘-주:이만희를 가리킴) 곧 승리자를 만나야 아버지와 아들의 계시를 받게 되고 영생에 들어가게 된다는 것을 명심해야 할 것이다"(이만희, 「계시록의 실상」, 도서출판 신천지, p. 52).

"성도는 하나님의 편지, 성경의 약속을 먼저 깨달아 알고 믿고 구원 받아 천국에 참여하기 위해서 약속한 목자(요 16:14,; 계 10:11)와 성전(계 15:5)을 찾아 증거를 받아야 한다"(이만희, 「성도와 천국」, 도서출판 신천지, p. 113).

이만희 씨는 새 언약과 새 일을 지키는 자가 구원을 받게 된다고 가르친다

그의 구원론을 한마디로 요약하면, 이만희 씨를 하나님께서 약속한 참 목자로 믿어야 한다는 것이다. 또한 그의 피로 만들어주는 새 언약을 받아야 한다는 것이다. 그가 그렇게 강조하는 새 언약이란, 성경에서 말하는 예수 그리스도의 피로 세워진 신약 즉 구원의 복음을 말하는 것이 아니라, 교주 자신이 혈서로 써서 만들었다는 새 언약서를 말한다(「신천지 발전사」, 도서출판 신천지,

p. 49). 그가 말하는 새 일은 모든 교회나 목자가 다 끝나고 한 목자가 나타나 심판을 하는 것을 말하는데, 이는 이만희 씨를 참 목자로 믿고 이 씨의 집단에 와야 구원받는다는 주장이다(「신천지 발전사」, 도서출판 신천지, pp. 107, 108, 111, 112).

종말론
이만희 씨는 자신을 믿지 않는 것이 곧 심판이라고 주장한다
그는 노아로부터 모세까지의 일들을 심판이라고 주장하는데 이는 자신을 구원자, 심판자로 신격화하기 위한 주장이다. 그는 이 시대에는 교주 자신을 믿는 것이 구원이며 그를 받아들이지 않는 것이 심판이라고 주장한다(이만희, 「성도와 천국」, 도서출판 신천지, pp. 91, 93, 95).

이만희 씨는 종말이 시대마다 온다고 주장한다
한 세대가 끝나고 또 한 세대가 올 때 그때가 바로 종말이라는 것이다. 즉 시대마다 여러 번의 종말이 있었다는 것이다. 다시 말하면 지구의 종말을 부인하고 새로운 인물이 나타날 때 그 인물에 의하여 그 시대의 종말이 온다는 주장이다(이만희, 「성도와 천국」, 도서출판 신천지, pp. 92~93).

이만희 씨는 이 시대는 교주인 자신이 나왔으니 종말이 되었다고 한다
그의 말세 심판 교리는 자신을 믿어야 구원 받을 수 있다는 말로서, 자신이 나왔으니 종말이라고 한다(이만희, 「성도와 천국」, 도서출판 신천지 pp. 111~112).

연구 결론
경기도 과천시 별양동 1-11 벽산빌딩 5층에 본부를 두고 있는 신천지예수교 장막성전의 대표요, 교주인 이만희(1931년 경북 청도 출생) 씨는, 자신을 알파와 오메가로서 인 치는 천사라고 주장하며 심지어 보혜사라고 한다. 또한 자신을 신격화하기 위한 방편으로 성경을 비유와 상징으로 해석한다. 결국 이 씨는 철장으로 만국을 다스릴 자라고 하고, 새 언약과 새 일을 지키는 자가 구원을 받게 된다고 하며 자신을 믿어야 구원 받는다고 가르친다. 그는 이 시대는 교주인 자신이 나왔으니 종말이 되었다고 하고, 자신을 믿지 않는 것이 곧 심판이라고 주장하는 재림주이다.
　이만희 씨는 한국 교회에서 유래를 찾기 어려울 정도로 무서운 이단으로서 모든 교회가 최선을 다하여 대처해야 할 것으로 사료된다.

제93회(2008) 총회 결의내용
JMS에 대한 연구보고

설립배경
　정명석은 1945년 충남 금산군 진산면 석막리(월명동)에서 출생, 유년시절 교회를 출석하였으나 본격적인 활동은 1975년 통일교와 관계를 맺고 통일교의 승공연합에서 반공강사로 활동하며 통일교의 영향을 받은 것으로 추정된다. 그는 1977년부터 통일교의 반공강의를 2년간 한 것으로 돼 있다. 정명석 자신이 통일교에서 강사로서 활동했다는 그의 개인적인 배경은 필연적으로 JMS와 통일교와의 운명적인 연결고리를 맺게 하고 있으며 이론적인 면에서도 연계되어 있다.
　1980년 2월 서울 남가좌동에 애천교회를 개척, 자신을 섭리사, 혹은 선생님으로 칭하며 주로 청년층과 대학생들을 포교대상으로 활동교세를 확장하였으며 자신의 집단을 국제크리스천연합으로 개칭하고 자신의 고향인 금산 석막리 일대를 성역화하고 있다.
　1999년 여신도납치폭행사건으로 사회에 문제가 불거지기 시작, 여신도 성추문 등의 의혹이 끊이지 않던 중 해외로 도피했다가 현재 한국으로 소환돼 구속 수사를 받으며 여성신도 강간, 준강제추행 등과 관련한 재판도 받고 있다.
　이들은 현재 기독교복음선교회(CGM)라는 명칭으로 대학가를 중심으로 활동하며 치어댄스 강습, 모델강습 등을 통해 이에 관심있는 신도들을 포섭해 간다. 그러나 사회적 시선을 받을 때마다 단체의 이름을 수시로 바꾸어 온 것으로 알려져 있다.
　처음에는 애천선교회에서 시작했으며 세계청년대학생 MS연맹, 동서 크리스챤연합, 국제크리스챤연합 등의 이름으로 개명하면서 지속적으로 활동을 하고 있다. 이 단체는 현재 전국 240곳의 지교회가 있다고 하며 전국의 거의 모든 대학교에 동아리가 구성되어 활동하고 있는 것으로 알려져 있다. 현재

이 JMS에 대한 정보는 한 때 이 단체에 가담했다가 뒤늦게 돌이켜서 이들의 활동에 의해 피해를 당하는 사람들을 보호하기 위해 만들어진 인터넷사이트 (www.antijms.net)를 통해서 활발하게 제공되고 있다.

JMS가 주장하는 교리적인 내용은 소위 30개론이라고 체제로 정리되어 있는데 주로 통일교에서 영향을 받은 것으로 알려져 있다. 이 내용에 대해서 그들은 정명석이 하나님께서 상징과 비유로 인봉해 놓은 성경의 비밀을 알아내 만든 교리라고 주장하고 있다. 30개론의 구성은 입문과정(5과목), 초급과정(7과목), 중급과정(8과목), 그리고 고급과정(10과목) 등 4단계로 되어 있다.

신학적 특징과 비판
성경론

정명석의 치명적인 문제는 성경을 자신의 자의적이고 독선적인 방식으로 해석하면서 결국 자신이 재림주라는 초점을 향하도록 해석한다. JMS측의 입문편 교재에서 성경해석의 원리로 제시하고 있는 것 중에서, 시대성적(차원적) 성경해석 원리와 비유적 성경해석 원리, 그리고 주관적 성경해석 원리를 살펴보면, JMS측의 주장의 근거를 이해할 수 있을 것이다. 이 교재는 성경은 때와 시기를 따라 시대성과 차원성을 달리하면서 비유로 해석돼야 한다고 주장하고 있다. 문자로 보면 안 된다는 것이다.

JMS의 성경해석의 오류를 한마디로 정리하자면 다음과 같다.
- 성경을 문자적으로 해석하는 것을 전면 부인하고 있다.
- 성경의 초자연성을 부정하고 있다.

따라서 JMS의 주장에 의하면 성경에 등장하는 초자연적인 이적이나 사실성은 그 근거를 상실하게 된다.
- 오직 정명석이 깨달았다고 주장하는 자의적이고 주관적인 해석이 시대급적인 해석이며 순리적인 해석이요 영혼과 육신의 양면적 해석으로서 완전한 해석이라고 독선적인 주장을 하고 있다.

타락론

성경이 비유와 상징으로 돼 있다는 주장에 근거하여, JMS는 창조와 타락에 대한 이론을 전개하고 있다. 그들에 의하면 창조의 목적은 성장과 번성과 다스림인데 에덴동산에서 타락함으로 그 목적이 깨졌다고 주장하고 있다.

그들은 창조 시에 주어진 생명나무는 문자적인 의미의 생명나무가 아니라 그 시대의 섭리사의 주인인 생명나무라고 주장하고 있다. JMS 측의 자료집에 의하면 구약시대에는 에덴동산의 첫 아담이, 신약시대에는 후 아담인 예수님이, 그리고 그들이 말하는 성약시대에는 재림주가 생명나무라고 말한다. JMS는 생명나무를 비유로 해석한다는 동일한 원칙으로 선악을 알게 하는 나무는 실제 나무가 아니라 하와라고 말한다. 또한 JMS는 남자의 정자를 갈빗대라고 주장한다. 하와가 선악과를 따먹은 것은 성적인 타락이라고 주장한다. 따라서 이런 성적인 타락의 결과는 성적인 고통이며, 그 결과는 뱀(루시퍼), 여자, 아담 모두에게 주어졌다고 주장한다.

정 씨의 대표적 저서 중 하나인 〈비유론〉의 '타락론'에서 정 씨는 하나님의 말씀에 대한 불순종으로 인간이 타락했다는 정통 기독교의 가르침을 따르지 않고 아담과 하와의 성관계로 인간이 타락했다는 해석을 내놓는다. 한마디로 '섹스 타락론'이다. 선악을 알게 하는 나무는 여자인 하와를 비유한 것이기 때문에 정 씨는 아담이 선악과를 따먹었다는 것은 하와를 취하여 '먹는다'는 것으로 해석한다. 즉, 창세기에서 나오는 인류의 타락을 사탄과 하와가 성적 관계를 맺어서 타락하게 됐다는, '성적 타락'으로 풀어가는 것이다.

정 씨의 〈비유론〉 51페이지 도표에는 재림주가 섭리하는 새말씀시대에는 재림주와 추종자의 관계가 신부이자, 애인관계라는 점 또한 명시돼 있다. 신약 시대 때는 시대적 지도자인 주님과 그를 따르는 사람들이 아버지와 아들의 관계를 맺지만 새말씀 시대에는 재림주님과 추종자들이 애인의 관계라는 것을 가르침으로 성적 모티브의 가능성을 열어놓았다는 것이다.

부활·재림론

예수님의 부활에 대하여는 영의 부활이라며 육의 부활을 부정한다. 그리스도의 재림에 대해서는 "기독교에서는 예수님께서 공중으로부터 육신으로 구름을 타고 오신다고 믿고 고대하고 있으나 사실은 엘리야의 영이 세례요한에게 재림하고, 모세의 영이 예수님에게 재림하듯 재림주는 부활 승천하였던 예수님이 육신으로 다시 오시는 것이 아니고 기독교인 가운데서 시대적 중심인물을 선택하여 그에게 예수님이 영으로 재림하여 협조하므로 재림예수의 사명을 다하게 하신다는 것이다"고 주장한다.

구원론

정명석은 역사를 섭리에 따라서 구약 4000년, 신약 2000년, 그리고 성약 1000년으로 나눈다고 주장한다. 따라서 정명석은 역사적으로 초림주인 예수를 통해서 구약에서 신약까지 나온 것이 1차 구원이며 재림주를 통해서 신약에서 성약으로 나가는 것이 2차 구원이라고 주장하고 있다. 따라서 예수님에 의한 1차 구원으로는 불완전하며 2차 구원이 필요하다는 것을 이미 전제하고 있다.

JMS측 자료에 의하면 세례요한은 그가 증거하는 예수님과 하나가 되어야 했지만 실족함으로 증거의 사명을 다하지 못하고 죽게 됐다. 이들의 주장을 따르면 예수님의 십자가의 고난은 원래 예정된 것이 아니었었는데 세례요한의 죽음 이후에 예수님을 메시아로서 증거 할 수 있는 자가 없어지게 됐기 때문에 신약의 역사가 완전히 깨지게 되었다는 것이다. 따라서 현재의 기독교인들도 초림 때 세례요한이 초림주의 길을 예비했던 것처럼 재림주의 길을 예비해야 한다고 강조하고 있다.

결국 JMS가 주장하는 것은 초림으로 오셨던 예수 그리스도의 구속은 불완전하게 끝나서 실패한 것이며, 이제 재림주로 온 그에게 충성을 다해서 구원을 완성해야 할 것을 주장함으로 예수 그리스도의 십자가의 구속을 심각하게 훼손하고 있으며, 자신을 재림주로 자처하는 전형적인 이단의 모습을 드러내고 있다.

교회론

정 씨는 정통교회에 대해 "유대교는 영적인 실패자요 신약시대는 성령이 실패하였으며 기독교는 영적인 실패자이며 기독교에는 희망이 없다"(비유론 p. 14)고 주장한다.

연구결론

정명석의 주장은 성경관, 특히 인간의 타락론에서부터 성적 타락이라고 주장하는 것을 비롯, 부활·재림관, 구원관 등 전 분야에 걸쳐서 반 기독교적인 이단이므로 이들의 주장에 동조함이나 현혹됨이 없도록 성도들을 지도해야 할 것이다.

안상홍증인회 하나님의 교회에 대한 연구보고

설립배경

'안상홍 증인회 하나님의 교회'는 경기도 성남시 분당구 이매동 45-2에 그 본부(총회장: 김주철)를 두고 있는 집단으로 그 동안 가정파괴, 가출, 재산 헌납, 시한부 종말론 등의 문제로 물의를 일으켜 일반 언론에서도 수차례 보도한 바 있는 집단이다.

하나님의 교회는 안상홍을 하나님으로 섬기고 있는데, 그는 1918년 1월 13에 전북 장수군 개남면 명덕리에서 태어나 1947년에 안식교에 입교하였고, 30세에 안식교 목사 이명덕 씨에게 침례를 받고 소위 〈시기파〉로 1962년까지 안식교에서 활동하였다. 그 후 1962년에 〈안상홍 증인회 하나님의 교회〉를 창설하여 활동을 하다가, 1985년 2월 25일 67세에 부산의 모 식당에서 식사 중에 뇌졸중으로 사망하였다.

그가 죽은 후 장길자(1943년 10월 29일생)라는 여자가 교주 노릇을 하고 있는데, 그 여자는 남편 김재훈과 함께 안상홍 증인회의 집사였으나 김재훈과 이혼하고 안상홍의 첩이 되었다. 안상홍이 죽은 후 장길자는 자신을 하나님의 신부, 하늘에서 내려온 새 예루살렘, 위에 있는 어머니 등으로 주장하여 〈안상홍 증인회 하나님의 교회〉의 여자 교주가 되어 현재까지 이 집단을 이끌고 있다. 최근에는 문제가 많이 발생하자 〈안상홍 증인회〉라는 이름은 감추고 〈하나님의 교회〉, 또는 〈하나님의교회 세계복음선교협회〉라는 이름만으로 활동을 하기도 한다.

안상홍과 장길자를 교주로 하고 있는 〈안상홍 증인회 하나님의 교회〉에는 다음과 같은 이단사상이 있다.

신학적 문제점과 비판

〈안상홍 증인회 하나님의 교회〉는 교주 안상홍을 육신을 입고 온 하나님으로 믿는다

〈안상홍 증인회 하나님의 교회〉는 교주 안상홍을 육신을 입고 세상에 온 하나님이며 성경에 예언된 재림 주라고 주장한다(안상홍, 멜기세덱 출판사, 하나님의 비밀과 생명수의 샘, p. 190, 201). 따라서 안상홍의 이름으로 기도하고 있으며, 추종자들은 죽은 안상홍이 다시 강림할 것을 믿고 기다리고 있다.

〈안상홍 증인회 하나님의 교회〉는 안상홍 외에 여교주 장길자를 하나님의 아내 요 신부로 믿는다

여 교주 장길자는 요한계시록 21장 9절과 22장 17절에 나오는 '어린양의 아내' 요 '신부'이며, 요한계시록 21장에 나오는 하늘에서 내려오는 '새 예루살렘'이라고 하며, 갈라디아서 4장 26절에 나오는 '어머니'라고 주장하고 있다(하나님의 교회 구역장 교재, p. 26). 그리고 장길자가 하늘로부터 내려온 어머니, 신부가 된 것은 그들이 하나님으로 믿는 안상홍이 그렇게 신부로 지명했기 때문이라고 한다. 그러나 장길자가 하늘에서 내려온 예루살렘이며 하나님의 신부라고 하는 것은 엉터리 주장이다.

장길자가 요한계시록의 새 예루살렘이 되려면 하늘에서 내려왔어야 한다. 그러나 장길자는 하늘에서 내려온 여자가 아니다. 장 씨 집안의 딸로 태어난 단순한 인간에 불과하다.

〈안상홍 증인회 하나님의 교회〉는 교주 안상홍을 재림주라고 주장한다

안상홍은 자신을 재림예수로 만들기 위하여 여러 가지 교리를 만들었는데 그 중에 하나가 재림과 강림 교리다. 성경에서 구름은 인간의 육체를 가리키기 때문에 구름을 타고 재림한다는 구절은 모두 하나님이 육신의 몸을 입고 온 것을 말하는 것이라고 주장한다. 이렇게 구름을 타고 재림한 예수는 안상홍인데 많은 사람들이 알 수 없게 마지막 암행어사로 왔다는 것이다(안상홍, 하나님의 비밀과 생명수의 샘, p. 201).

그러나 성경은 '구름=인간'을 말하고 있는가? 전혀 그렇지 않다. 성경에서 구름은 어떤 때는 하나님의 영광으로(출 16:10; 겔 10:4), 어떤 때는 인간의 죄와 허물로(사 44:22), 어떤 때는 환란과 고난(사 5:30; 습 1:15) 등으로 다양하게 '묘사'하고 있을 뿐이다. 그런데도 구름을 굳이 '인간'이라고 말한다는 것은 대단히 작위적인 해석이라고 지적할 수밖에 없다.

〈안상홍 증인회 하나님의 교회〉는 토요일 안식일을 주장하고 지킨다

안상홍이 안식교 출신이기 때문에 안식일 교리를 주장하는 방법이나 증거로 제시하는 성경 구절이 안식교와 동일하다. 안식일이 '영원한 표징'이라는 출애굽기 31장 13절, 에스겔 20장 20절의 말씀과, 안식일에 자기의 '규례대로' 회당에 들어갔다는 누가복음 4장 16절, 사도행전 17장 2절의 말씀과, '인

자는 안식일의 주인'이라고 한 마태복음 12장 8절의 말씀을 통해 안식일을 지켜야 한다고 하는 것이 안식교와 동일하다. 그리고 콘스탄틴이 주후 321년에 칙령을 내려 토요일 안식일을 일요일 안식일로 바꾸었다고 주장하고, 가톨릭이 안식일을 주일로 바꾸었다고 하는 것도 안식교와 같다(하나님의 교회, 구역장 교재, p. 4~13).

안상홍 집단은 기성교인들을 미혹할 때 가장 먼저 안식일 문제를 내세운다. 물론 이들의 핵심 교리는 교주 안상홍이 하나님이며, 여교주 장길자가 하나님의 신부이며 어머니라고 주장하는 교주 신격화이지만, 그들이 먼저 내세우는 것은 안식일과 유월절 문제이다. 안식일 문제와 유월절 문제를 가르쳐서 사람들의 마음이 열리면 기성교회를 비판하고 그들의 목적인 교주 안상홍 신격화 교리를 가르치는 것이다.

〈안상홍 증인회 하나님의 교회〉는 예배 시 여자들이 수건을 써야 하나님께서 예배를 받으신다고 주장한다

안상홍 증인회는 예배 시에 여자들이 머리에 수건을 써야 한다고 주장한다. 이들은 고린도전서 11장 2~15절의 말씀을 잘못 해석하여 예배 시에 여자들은 머리에 수건을 쓰고 예배를 드려야만 하나님이 예배를 받으신다고 한다(김주철 발행, 월간 십사만사천, 도서출판 멜기세덱, 1998년 9월호).

그러나 고전 11장에 있는 수건 문제를 언급하며 바울은 이것은 하나님의 명령이 아니라 유전이라고 먼저 밝혔다. "너희가 모든 일에 나를 기억하고 또 내가 너희에게 전하여 준 대로 그 유전을 너희가 지키므로 너희를 칭찬하노라"(2절). 즉 이 수건 문제는 하나님의 계명이 아니고 바울 자신이 전하여 준 유전이라는 것이다. 안상홍 집단은 이 구절을 인용하여 수건교리를 주장하기 전에 먼저 이 내용이 반드시 지켜야 할 하나님의 계명에 관한 것인지, 바울 자신의 의견인지, 유전인지를 살펴보고 주장해야 할 것이다.

〈안상홍 증인회 하나님의 교회〉는 자기들의 교적부를 생명책이라고 주장한다

이들은 생명책이 자기들에게만 있다고 주장하고 있다. 성경 요한계시록 13장 8절, 20장 12절에 보면 하늘에 생명책이 있고 생명책에 이름이 기록되어야만 구원받는다고 되어 있는데, 그 생명책이 자기들에게만 있다고 하는데, 그것은 그들의 교적부를 두고 하는 말이다(월간 교회와신앙, 1997년 11월호, p. 144).

〈안상홍 증인회 하나님의 교회〉는 성탄절을 태양신 숭배일이라고 주장한다

안상홍 증인회는 정통교인들에게 성탄절 축하는 우상숭배이기 때문에 불법을 행하는 것이니 성탄절을 지키는 교회에서 나와야 한다고 미혹하고 있다.

〈안상홍 증인회 하나님의 교회〉는 십자가를 우상이라고 주장한다

안상홍 측은 십자가 사용이 우상이라는 주장을 다음의 세 가지로 이유를 들고 있다. 첫째, 십자가는 기독교에서 사용하기 전에 이교도들이 사용한 것이기 때문에 우상이라고 주장한다. 둘째, 초대교회에서 십자가를 사용하지 않았다는 것이다. 셋째, 십자가 우상이라고 성경에 예언되어있다는 것이다. 그러나 십자가는 신앙의 대상이나 숭배의 대상이 아니라 상징물이요 표식이다. 결코 우상이 아니다. 우상숭배는 하나님 외에 다른 신인 안상홍이나 장길자를 하나님으로 섬기는 안상홍 집단이 하고 있는 것이다.

〈안상홍 증인회 하나님의 교회〉는 성경의 동방을 한국이라고 주장한다

한국 땅의 거짓 그리스도들은 이사야서에 예언된 소위 '동방의 의인, 동방의 독수리'를 자신이라고 주장하기 위해 '성경에 예언된 동방은 한국'이라고 억지해석을 하고 있다. 이렇게 아전인수격으로 해석하여 스스로를 동방의 의인이라고 일컬었던 자들은 '전도관'의 박태선, '통일교'의 문선명, '엘리야복음선교원'의 박명호 등이다. 물론 안상홍도 예외가 아니다. 이들이 동일하게 주장하는 동방의 의인에 대한 성경 구절들은 이사야 41장 1~2절, 46장 11절 등이다.

그러나 성경 어느 곳에도 동방을 한국이라고 해석한 곳은 없다. 특히 계시록 16장 12절에는 "또 여섯째가 그 대접을 큰 강 유브라데에 쏟으매 강물이 말라서 동방에서 오는 왕들의 길이 예비되더라"고 했는데, 유브라데는 한국에 있는 강이 아니라 이스라엘 땅에 있는 강이다(신 11:24; 수 1:4). 동방을 한국이라고 해석하는 것은 비성경적인 엉터리 주장이다.

연구결론

위와 같은 연구 결과, 〈안상홍 증인회 하나님의 교회〉는 정통교회로부터 이단으로 규정받은 안식교 계열에서 나온 또 다른 이단으로서 성경적으로 비판할 가치조차 없는 집단이다. 현재 이들은 한국교회에 너무나 큰 피해를 주고 있는 단체로 모든 교회들이 초교파적으로 연합하여 대처해야 할 것으로 사료되는 바다.

구원파에 대한 연구보고

설립배경

한국교회를 어지럽히는 이단 중 가장 분별하기 힘든 이단이 구원파일 것이다. 그들은 자신들의 경전을 갖고 있지 않다. 그리고 일반 이단들의 특징인 교주 사상도 희박하다. 그들은 성경해석을 통해 자신의 입장을 주장하기 때문에 평신도들이 이들의 주장의 오류를 간파하기는 쉽지 않다. 이들은 기존 교인들의 취약점인 구원의 확신에 대해 문제를 제기하기 때문에 평신도들은 쉽게 이들의 주장에 동화되어 빠져들고 만다.

구원파는 사회적으로 대변혁기였던 1960년대 우리나라에서 활동하기 시작한 외국인에게 교리를 전수받은 한국인들에 의해 국내에 뿌리를 내리게 되었다. 구원파의 교리를 전수했던 외국인 선교사들은 공통적으로 체계적인 신학공부를 하지 않은 사람들이었다. 그들의 세계관은 당시 기성교회 안에는 복음이 없고 구원받은 목회자가 거의 없다는 것이었다. 이런 시각을 갖고 제자들을 양성했다. 특히 딕욕 선교사는 기성교회를 반 복음적인 세력으로 보고 있었으며 체계적인 신학공부를 하는 것은 믿음을 버리고 세상으로 타락하는 것이라고 주장하였다.

구원파 중 유병언 씨는 딕욕이라는 미국인으로부터 복음을 깨달았다는 사람이고 권신찬 씨는 같은 시기에 화란인 독립 선교사 길기수에게 영향을 받고 침례를 받았다. 유병언 씨 계열은 기독교복음침례회라는 간판을 걸고 서울 삼각지에 위치한 서울교회를 중심으로 활동하고 있는데 10여 개 국내 지부를 두고 있다.

이요한 계열의 지도자인 이요한 씨는 기독교복음침례회에서 일하다가 1983년 이탈한 후 대한예수교침례회를 만들어 또 다른 구원파를 이끌고 있다. 경기도 안양의 인덕원역 4거리에 위치한 서울중앙교회를 비롯해 전국에 141개 교회, 해외에 80여 개 교회, 4만 5000여 명의 신도를 갖고 있는 것으로 추정된다.

박옥수 씨는 1960년대 초에 딕욕 · 게이스그래스 · 데릭얼 등 독립 선교사들이 운영하던 대구 성경학교에서 잠시 함께 공부한 적이 있는 권신찬 유병언씨와 결별하고 1968년 미국인 선교사 딕욕에게 목사 안수를 받고 1971년 대구 계명대 앞에 대구 중앙교회에서 목회 활동을 시작하면서부터 서울·대전 등 전국 도시로 진출하기 시작했다.

그는 서울 서초구 양재동에 위치한 기쁜소식 강남교회를 중심으로 2004년 현재 국내에 225개(300여 명의 교역자)지교회와 해외에 70개의 지교회(100여 명의 선교사)를 두고 있는 것으로 알려져 있다. 2001년에는 국제청소년연합(IYF: International Youth Federation)이라는 단체를 창립하여 80개 이상의 대학에서 젊은이들을 대상으로 포교하는데 열을 올리고 있다. 대학교 캠퍼스에 IYF라는 동아리 이름으로 영어 회화를 무료로 가르쳐주며 학생들에게 접근하기도 한다. 매년 IYF 세계대회, 사진전시회 중고생 및 대학생 영어말하기대회를 열어 젊은이들을 상대로 포교 활동을 하고 기쁜소식선교회라는 이름으로 활동하며 인터넷으로 박옥수 씨의 설교를 생중계하고 있다.

이들은 독일, 미국, 일본, 모스크바, 파라과이 등에까지 진출하여 정통교회를 미혹하고 있다. 교세는 약 1만 명으로 추산되는 이들은 기쁜소식선교회(Good News Mission), gnm방송국, 기쁜소식사, 월간기쁜소식, 링컨학교라는 대안학교도 갖고 있다.

구원파의 신학적 문제점
회개론

모든 이단들이 정통교회의 약점을 찾아 공격하고, 기성교인들의 체계나 확신을 뒤흔들어 자기들만의 구원을 주장하는 것처럼 구원파는 회개문제를 그렇게 사용한다. 즉 기성교인들이 회개하는 모습을 공격하기 위하여 새벽마다 울고불고하는 것이 회개가 아니라는 것이요, 또한 회개란 단어를 구원받은 후에 죄를 자백하고 용서를 구하는 데는 적용시키지 않을 뿐만 아니라, 구원받은 자는 회개할 필요가 없다고 주장하는 것이다. 그 논리적 근거는 이것이다. 회개란 '돌이킨다'는 말로써 세상에서 하나님께로 한 번 돌이켰기 때문에 더 이상 돌이킬 필요가 없다는 것이다.

다시 설명하면 회개란 오직 구원을 위해 돌이키는 행위로써 우리의 구원의 확신은 하나님께서 과거, 현재, 미래의 모든 죄를 다 사해 주셨다는 것을 받아들임으로만 가능한데 이미 사해준 죄를 또 다시 사해 달라고 울고불고 회개할 필요가 없으며, 그런 점에서 회개한다는 것은 사죄의 확신이 없는 증거가 된다는 것이요, 결국 울고불고 회개하는 자들은 구원받지 못한 지옥의 자식이라고 단정해 버리는 것이다. 또한 사람들이 자기의 죄를 고백할 때 죄인임을 고백하고 회개하지 않기 때문에 백 날을 울고불고 회개해도 구원을 받지 못한다고 정죄해버리는 것이 구원파이다.

인죄론

구원파는 죄인이냐 의인이냐를 물어서 상대가 죄인이라고 답하면 천국은 의인만 가는 곳이요, 지옥은 죄인이 가는 곳이니 지옥에 간다고 말한다. 물론 우리는 신분적으로 의인임에 틀림이 없다. 오직 예수님의 공로 때문에 죄인을 의인으로 여겨주시는 것이다. 더욱이 기억해야 할 것은 성도가 믿음으로 의인이 되었다고 해도 죄를 안 짓는 것이 아니라 여전히 죄를 짓는다는 점이다. 그런 점에서 우리는 감사 외에 뽐낼 것도 예수님의 공로 외의 자랑할 것도 없다.

그런데 구원파의 문제는 어디에 있느냐, 의인이냐, 죄인이냐를 물어서 "죄인이다"라고 하면 지옥의 자식으로 정죄해버린다. 믿음으로 의인이 되었음을 강조하던 바울은 자신을 죄인의 괴수라고 고백했다(딤전 1:15). 13절에서는 자신이 훼방자요, 행악자였음을 과거시제로 밝히고 나서 죄인임을 고백할 때는 현재시제로 말했다는 것이다.

구원론

이들은 '깨달음'을 통해서 구원받는다고 한다.

권신찬 씨가 '죄사함을 깨닫고' 유병언 씨가 '복음을 깨닫고' 이요한 씨가 '중생을 경험하고' 박옥수 씨가 '거듭난 체험'을 했다는 것은 같은 뜻으로서 '깨닫고 거듭나야 구원을 받는다' 면서 그 구원받은 시각(영적생일)을 알아야 한다고 하며, 육적생일을 기억하는 것과 같이 영적생일을 기억해야 구원받은 증거라고 주장한다. 이들의 말에 따르면 육적생일은 부모나 타인에 의해서 알 수밖에 없는 것인데 영적생일도 타인이 가르쳐 주어야 알 수 있다는 오류가 발생하게 되었으며, 무엇보다도 구원은 하나님의 은혜 안에서 믿음으로 말미암은 것이며 그 깨달음은 믿음에서 오는 것으로 깨달음 자체가 믿음의 전부가 될 수 없는데, 저들은 구원에 대한 피동적 깨달음 자체가 구원을 얻게 하는 것처럼 주장하여 영지주의적으로 잘못 이해하고 있다.

구원받은 날짜와 시간을 모른다고 해도 구원의 확신이 있을 수 있다. 어떤 사람이 자신의 출생 년, 월, 일, 시, 장소를 모른다고 해서 그 부모로부터의 출생을 부정할 수 없는 것과 마찬가지다. 구원의 확신에 관한 문제도 그렇다. 구원받은 날짜와 시간, 장소를 알고 있을 수도 있고 모를 수도 있다.

율법폐기론

구원파는 율법은 십자가에서 끝난 것이기 때문에 구원 받은 사람은 더 이상 율법의 규범에 묶여 가책을 받을 필요가 없다고 주장한다. 주일성수, 십일조, 금식, 새벽기도, 기도생활까지도 율법이라고 하여 부인하고 있다. 구원받을 때 율법에서 해방되었기 때문에 이러한 규범에 매일 필요가 없다는 것이다.

율법의 폐기론은 분명한 이단 교리로서 여러 가지의 문제가 있다. 율법이 없어졌다고 하면 우선 죄가 성립이 될 수 없다. 그래서 구원파는 죄를 지어도 회개할 필요가 없다는 교리를 가르치게 된다. 결국 죄를 지어도 죄가 아니라면 방종의 삶이 된다. 뿐만 아니라 성화의 삶도 없어지게 된다.

그러나 성경이 율법이 폐했다고 말씀할 때는 그 율법이 구약의 이스라엘에게 해당되는 율법일 경우에 한해서다. 구약에서 이스라엘 백성에게 주셨던 모든 율례와 법도 즉 모세의 율법은 다 십자가로 폐한 것이 분명하다. 예를 들어서 할례나 제사제도나 절기 등의 율법이 폐해졌기 때문에 오늘날 우리가 그러한 규례들을 행하지 않고 있는 것이다. 그래서 성경 여러 부분에 율법이 폐했다고 기록됐다.

그러나 그 일부분인 도덕적인 윤리규범은 신약에 와서 다시 강조되었다. 이러한 율법은 아직도 폐하지 않은 것이고 새 계명으로 주신 것이다.

연구결론

믿음의 한 가지 기능인 깨달음으로 구원받는다는 이들의 주장은 영지주의적 사고임에 틀림이 없으며, 구원의 확신이 곧 구원이라고 생각하는 점은 구원의 역사에 대한 하나님의 주권(롬 9:16)을 무시하는 처사이다. 또한 구원을 위한 단회적 회개와 성화를 위한 반복적 회개를 구별하지 못하는 것이나, 스스로를 죄인이라고 하면 지옥에 간다는 주장, 구원받은 날짜를 알아야 구원받은 것이다는 주장, 율법 폐기론적 성향은 성경의 가르침에 위배되는 명백한 이단사상으로 사려된다.

참고자료

- Christie-Murray, David, A History of Heresy(Oxford University Press, Oxford and New York, 1976)
- Haldeman. I. M. Christian Science in the Light of Holy Scripture(Fleming H. Revel Company, London and Edinburg, 1909)
- Hoekema, Anthony A. The Four Major Cults(William B. Publishing Company, Grand Rapids, 1963)
- ____, Jehovah's Witness(William B. Publishing Company, Grand Rapids, 1972)
- ____, Chiristian Science(William B. Publishing Company, Grand Rapids, 1972)
- JMS교리서 〈입문편〉, 〈중급편〉, 〈고급편〉, 〈구원의 말씀〉(도서출판 명, 2005), 〈비유론〉(도서출판 명, 1998)
- Martin R. Walter The Rise of the Cults(Zondervan Publishing Company, Grand Rapids, 1957)
- Reynolds George and Sjodahl Janne M. Commentary on the Book of Mormon(Desert Book Company, Salt Lake City, 1961)
- Ropp Harry L. Are the Mormon Scriptures Reliable?(Intervarsity Press, Downers Grove, 1987)
- www.antijms.net
- 구역장 교재, 하나님의 교회 세계선교협회
- 권성수, 공개 죄 자백에 대한 성경적 반증, 공개 죄 자백에 대한 예수전도협회비판서, (1999)
- 김건남 · 김병희, 神誕-성경의 예언과 그 실상의 증거(서울: 도서출판 신천지, 1985)
- 김영무 · 김구철, 이단과 사이비(서울: 아가페문화사, 2004)
- 김주철, 일어나 빛을 발하라 1권, 멜기세덱 성서통신 교육원
- 노길명, 한국의 신흥 종교(대구: 가톨릭신문사, 1988)
- 대전광역시 기독교연합회 이단사이비대책위원회, 우리시대의 이단들(두란노서원, 2007)
- 박명호, 천국 사람들(석국, 1990)
- 박봉일 · 윤병운 공저, 교회의 거룩함과 회개(인천: 예전협회, 1999)
- 박영관, 이단종파비판 II(서울: 기독교문서선교회, 1992)
- 박옥수, 죄 사함 거듭남의 비밀(서울: 기쁜소식사, 2007)
- 시한부종말론 과연 성경적인가?(서울: 교문사, 1991)
- 심상용, 〈기독교 강단에서 목사들은 어떤 거짓말을 하고 있나〉, (예랑원, 2007)

- 심상용, 장로교인(칼빈주의)들의 인간사냥의 역사, (예랑원, 2007)
- 심상용, 칼빈주의와 5대 교리 그 완전한 허구, (예랑원, 2007)
- 심창섭, 이단의 정의, 판정기준, 발생원인, 특징, 그리고 대책에 대한 연구, 〈총신 100만 연구논문집〉(총신대학교, 2008)
- 심창섭·김도빈 외, 기독교의 이단들(서울: 대한예수교장로회총회, 1998)
- 안상홍, 선악과 복음, 멜기세덱 출판사, 1996년 5월 10일판
- 안상홍, 하나님의 비밀과 생명수의 샘(서울: 멜기세덱 출판사, 1988)
- 월간 〈현대종교〉 1998년 9월~1999년 2월
- 이대복, 이단종합연구(서울: 큰샘출판사, 2002)
- 이대복, 한국교회 100주년 기념 이단종합연구(서울: 큰샘출판사, 2002)
- 이은선 역, 속사도교부들(서울: 기독교문서선교회, 1995)
- 이형기, 정통과 이단(서울: 한국장로교출판사, 1993)
- 이호열, 이단종파(서울: 기독지혜사, 1987)
- 인터넷신문 〈교회와 신앙〉 www.amennews.com 심상용 씨 관련 글
- 인터넷신문 〈교회와신앙〉 '여신도들에게 정명석은 어떤 존재인가' 2007년 5월 28일자 기사
- 인터넷신문 〈교회와신앙〉 www.amennews.com (1997. 11~1998. 2)
- 정동섭, 오류투성이 죄사함 거듭남의 비밀, (현대종교, 1998. 5)
- 진용식, 무료성경신학원 이단논쟁(서울: 도서출판 성산, 2006)
  _____, 그것이 궁금하다(서울: 하나출판사, 1994)
- 진용식, 무료성경학원 이만희의 실체는?(서울: 도서출판 성산, 2005)
  _____, 하나님의 교회 안상홍 증인회는 과연?(서울: 도서출판 복음사역, 1998)
  _____, 하나님의 교회 안상홍 증인회의 실체는?(전주: 도서출판 성산, 1999)
- 진용식, 안상홍증인회의 실체는?, (도서출판성산, 1999. 3. 31)
  _____, 계시록의 실상(안양: 도서출판 신천지, 1985)
  _____, 성도와 천국(도서출판신천지, 1995)
  _____, 천국비밀 계시록의 진상(안양: 도서출판사 신천지, 1985)
- 천세원, 제칠일안식일 예수재림교 기본교리(서울: 시조사, 1989)
- 최병규, 이단 진단과 대응(서울: 은혜출판사, 2004)
- 최삼경, 신천지예수교증거장막성전의 교리적 특성과 비판, 신천지 이단 대책공청회 자료집(총회이단피해대책조사연구위원회, 2007)

- 〈크리스찬트리뷴〉 www.kctn.net 심상용 씨 관련 글
- 탁명환, 한국의 신흥종교(서울: 한국종교문제연구소, 1992)
- 프리츠 리데나워 편, 무엇이 다른가?(서울: 생명의 말씀사, 1993)
- 하나님의교회 홈페이지 http://www.watv.org
- 한국기독교와 사이비이단운동(서울: 숭실대학교 한국기독교문화연구소, 1995)
- 韓國基督敎와 似而非異端運動, 한국기독교연구논총 제8집(통권 14호)(서울: 숭실대학교 출판부, 1995)
- 한국기독교총연합회 이단사이비문제상담소, 이단사이비연구 종합자료 2004(서울: 한국교회문화사, 2004)
- 한국기독교총연합회, 2000년 10월 안상홍 증인회 하나님의 교회에 대한 연구 보고

기독교 정통과 이단, 무엇이 다른가?

초판발행 2009년 11월 13일
초판4쇄 2015년 3월 16일

집   필 총회 이단(사이비)피해대책 조사연구위원회·김인환·심창섭
기획편집 대한예수교장로회총회 교육진흥원
제   작 대한예수교장로회총회 출판부
발   행 대한예수교장로회총회

주   소 서울시 강남구 영동대로 330
전   화 (02)559-5641~9, 559-5655~7
팩   스 (02)539-0203, 564-0782
인터넷서점 www.holyonebook.com

출판등록 제1977-000003호
ISBN   978-89-8490-376-0 03230

ⓒ2009, 대한예수교장로회총회